W0237804

Bauer und Zerling
Das Lexikon der Orakel

Wolfgang Bauer und Clemens Zerling

Das Lexikon der Orakel

Der Blick in die Zukunft

atmosphären

Bildnachweis: Alle Abbildungen entstammen,
wenn nicht anders angegeben, den Archiven der Autoren.

Vordere Umschlagseite:
Stonehenge © Mauritius, Nägele
Handlesen © Tina, www.zukunftsblickdirekt.de
Tarotkarten © Mauritius, Fichtl
Delphi © 2000 Dominik Hermann, www.mysticnet.de

Lektorat: Kristin Bamberg, München
Redaktionelle Mitarbeit: Barbara Aigmüller
und Katja Redemann, Frankfurt a. M.

Originalausgabe
© Atmosphären Verlag, München 2004
Alle Rechte vorbehalten

Umschlaggestaltung: Greenstuff / Iris & Jochen Grün, München
Satz: Nikolaus Hodina, München
Druck und Bindearbeiten: Westermann Druck, Zwickau
Printed in Germany

ISBN 3-86533-006-1

www.atmosphaeren-verlag.de
www.at-verlag.ch

Gewidmet
dem Apollon von Delphi,
dem Licht
in der Finsternis

Verbirg nichts!
Denn die Zeit, die alles sieht
und alles hört, faltet alles auf.
Sophokles

Vorwort

RESPEKTIERE
DIE VERGANGENHEIT ...

Periandros, Tyrann von Korinth, suchte Wissen aus der Vergangenheit. Um 580 v. Chr. schickte er eine Delegation zum Totenorakel am Acheron bei Ephyra, an der Nordwestküste Griechenlands. Hier, wo schon laut Homer der Held Odysseus bei den Seelen der Verstorbenen Rat suchte, sollten die Boten des Korinthers den Geist seiner verstorbenen Gattin Melissa befragen, wo sie das kostbare Pfand eines Freundes versteckt habe, das offensichtlich ein Vermögen wert war. Diese Mission hatte für den Herrscher einen durchaus delikaten Aspekt, nicht nur wegen der rein materiellen Ausrichtung der Orakelanfrage. In dieser Hinsicht tat man sich damals so wenig schwer wie heute. Aber Periandros hatte den Auftrag gegeben, seine Melissa umzubringen.

Die Boten mussten sich einer 29 Tage dauernden Prozedur unterziehen. Zum festgelegten Zeitpunkt erschien dann Melissa. Nackt, bleich und doch noch immer berückend schön schwebte sie göttergleich von der Höhe herab. So sehr sich die Boten aber bemühten und insistierten, Melissa weigerte sich hartnäckig, auch nur den geringsten Hinweis zu liefern, wo der Schatz zu finden sei. Stattdessen klagte sie mit dumpfer Stimme: »Ich friere und bin nackt!« Periandros hatte nämlich den Leichnam seiner Frau entgegen der Tradition ohne ihre Kleidung verbrannt. Ihrem Gatten ließ sie lediglich ausrichten: »Periandros, du hast die Brote in einen kalten Ofen gelegt.« Damit wussten aber weder die Boten noch die Orakelpriester und -deuter etwas anzufangen. So berichtet der griechische Historiker Herodot (V,92).

Seit 1970 graben Archäologen in Ephyra. Unter anderem fanden sie Anlagen für heiße und eiskalte Bäder, denen sich der Orakelsucher zur Reinigung unterziehen musste, fensterlose Schlafräume, in denen er vier Wochen in quälender Finsternis zubrachte, und sackweise schwarze Haschischklumpen. Ein Labyrinth von Gängen unter der Erde ließ jeden Fremden alle Orientierung, jedwedes Gefühl für Zeit und Entfernung verlieren. Die Ausgräber fanden zu ihrer Überraschung auch einen großen bronzenen Kessel, in dem wohl mehrere Personen stehen konnten, samt Teile der Vorrichtung, ihn durch eine Öffnung in der Decke hinunterschweben zu lassen. So räsonieren die einen über den unlauteren Hokuspokus der Priester von Ephyra. Die anderen staunen über eine unzweifelhaft anrüchige, aber zugleich gewiefte psychologische Bearbeitung der antiken Klienten.

Doch woher konnten die Arrangeure eines solchen Theaters zutreffende private Einzelheiten wissen? Zumal, wenn der Fragesteller, wie im Falle des Periandros, sich nicht getraut hatte, selbst zu kommen? Hier war kein geschicktes vorheriges Ausfragen durch die Priester und kaum eine mediale gedankliche Übertragung durch die schauspielernde falsche Melissa möglich. Der Tyrann aber erfasste den Sinn und hielt jeden Betrug für ausgeschlossen. Denn wer außer ihm sollte davon gewusst haben, dass er noch frevelnd mit der Toten den Beischlaf gesucht hatte.

Und so stoßen wir bei Orakel und Weissagung immer wieder auf Phänomene, die sich offenbar einer Erklärung entziehen. Das macht das Thema auch heute noch oder wieder aktuell und umgibt es mit einem faszinierenden Mysterium. Sich aufgeklärt gebende Zeitgenossen wollen gerade dieses entzaubern und erklären lapidar, wir seien über unser Unterbewusstsein alle miteinander verbunden und vernetzt. Manche Menschen würden stärker im Wachbewusstsein davon bestimmt als andere, und so gelängen oder passierten ungewollt mitunter frappierende Übertragungen. Gelegentlich gerieten wir auch in kollektive Informations-, Wissens- oder morphogenetische Felder, die all das wie ein Lagerhaus bereithielten, was jemals zu bestimmten Themen gedacht, beobachtet und erforscht wurde. Unglaublich viele solcher Felder werden in jeder Sekunde weiter mit Erfahrung angereichert, programmieren mit an der Zukunft und konzentrieren sich vielleicht in der so genannten →Akasha(-Chronik).

Beeinflussen sich Makrokosmos (Großes Universum) und Mikrokosmos (der Mensch als kleine Welt) also gegenseitig, ebenso wie im Menschen Unter- und Wachbewusstsein? Dann müssten wir auf eine unüberschaubare Fülle integraler Prozesse schließen, von denen wir immer nur einen kleinen Ausschnitt erfassen. In dieser Fülle wäre ein Ende oder ein endgültiger Ausgangpunkt als Ursache oder Wirkung nicht zu erkennen, für einen Zufall jedoch keinerlei Platz. Schon wenn eine Maus aus ihrem Loch heraus die Welt betrachtet, verändert sich das Universum, witzelte Albert Einstein.

Andererseits bewiesen Wissenschaftler, dass jede noch so kleine Zelle offensichtlich Grundinformationen über ihren Werdegang gespeichert hat. Damit könnte auch in unserem Leben so etwas wie ein roter Faden vorherbestimmt sein. Was liegt also fest, was variiert mit jedem Augenblick?

Von der Antike bis in die Neuzeit hinein haben die Menschen geglaubt, jede von Leben erfüllte Erscheinung in der Welt spiegele das All mit seinen Gesetzmäßigkeiten im Kleinen. So ließen sich die geheimen Ordnungsprinzipien des großen Universums im Detail ablesen. Auf dieser Vorstellung basieren letztlich alle Orakel- und Wahrsagetechniken. Das Wissen des Alls übertrage sich also jederzeit auf den Finger, der das Strich- oder Sandorakel zeichnet, auf die Leber eines geschlachteten Tieres, auf die Blume im Feld oder den Kaffeesatz in der Tasse. Somit könnten wir das universale Bewusstsein jederzeit anzapfen. Doch geht das so einfach, für jeden gleichermaßen und zu jedem Zeitpunkt, an jedem Ort, mit jedem nur erdenklichen Hilfsmittel?

Wir haben versucht, solchen Fragen nachzugehen. Wer die Zukunft erforschen will, sollte ein wenig blättern und die eingeflochtenen Ratschläge, Hinweise und Warnungen lesen: so zum Beispiel bei →Befragung durch Meditation, →Fragestellung bei Orakelverfahren, →Innere Stimme. Überdies bekommt der Leser in diesem Lexikon eine Fülle von Gebrauchsanweisungen und erfährt, so hoffen wir, Unterhaltsames aus der Welt der Orakel, Vorzeichen, Wahrsagungen und etwas über ihre bedeutendsten und skurrilsten Vertreter.

Lange Zeit hielt der Mensch den Blick in die Zukunft für eine heikle Angelegenheit. Nur ein Gott durfte sie wissen. War es für den Menschen nicht viel zu gefährlich, sie zu erforschen? Deswegen beschränkte man sich meist auf die Fragestellung: Soll ich – soll ich nicht? Oder auf Fragen, die nur ein Ja oder Nein erwarten. Dabei ist es völlig legitim, eine solche Entscheidungshilfe zu suchen. Allerdings lässt sich damit keine Verantwortung abwälzen, was manche so gern tun würden. Wir müssen uns bei jeder in diesem Lexikon aufgeführten Technik fragen: Wer antwortet denn eigentlich? Woher stammt die Antwort oder die Information? Kommt sie aus mir, aus dem Selbst? Braucht sie dann überhaupt ein Vehikel, das wir mit bestimmten Orakelverfahren anbieten? Oder bevorzugt sie sogar besondere Techniken? Inwieweit steht meine Zukunft fest? Was kann ich erfragen, welches Schicksal in die Wege leiten oder noch rechtzeitig abbiegen?

In Paulo Coelhos Roman »Der Alchimist« konsultiert ein Kameltreiber einen alten und gefürchteten Wahrsager. Es kommt zu einem Zwiegespräch, in dessen Verlauf er gefragt wird, warum

er denn so an der Zukunft interessiert sei.
»Um einiges in Angriff zu nehmen und anderes abzuwenden, von dem ich nicht will, dass es eintrifft«, antwortete er.
»Dann ist es ja nicht mehr deine Zukunft«, meinte der Wahrsager.
»Vielleicht möchte ich auch die Zukunft kennen, um mich darauf vorbereiten zu können.«
»Wenn es gute Dinge sind, dann wird es eine angenehme Überraschung sein«, sagte der Wahrsager. »Und wenn es unangenehme Dinge sind, dann leidest du schon lange, bevor sie eintreffen.«

... UND GESTALTE DIE GEGENWART!

Und der Wahrsager fährt fort: »In der Gegenwart liegt das Geheimnis; wenn du der Gegenwart Beachtung schenkst, dann kannst du sie verbessern. Und wenn du sie verbessert hast, dann wird das Nachfolgende auch besser sein. Vergiss also die Zukunft und lebe jeden Tag deines Lebens nach den göttlichen Gesetzen und im Vertrauen, dass Gott für seine Kinder sorgt. Jeder einzelne Tag enthält die Ewigkeit in sich.«

Man kann sein Unterbewusstsein durchaus zu einem Verbündeten machen, der gute Ratschläge liefert, das Leben zu meistern. Wer kennt uns besser und wer vermag die Situationen, in die wir hineingeraten, zusammenhängender zu durchschauen? Die Zukunft allerdings lässt sich kaum vorhersagen. Einzelne Details vielleicht. Aber Zukunft lässt sich gestalten, wenn wir fest in der Gegenwart stehen, einen objektiven Rückblick wagen und verantwortungsvoll nach vorne schauen.

Auch Periandros gab nicht auf. Schließlich kannte er seine Frau Melissa gut. Der gewitzte Tyrann ließ alle Korintherinnen im Heraion, dem Heiligtum der Muttergöttin Hera, zusammenkommen. Wusste er doch, dass alle Frauen für einen solchen Empfang ihren kostbarsten Putz anlegen würden. Und so war es dann auch. Zum Erstaunen der Teilnehmerinnen wurden sie dann allerdings gezwungen, sämtliche Kleidungsstücke in eine Grube abzulegen. Periandros betete dann an dieser Grube zu Melissa und ließ ihr zu Ehren die herrlichen Gewänder verbrennen. Als seine Boten erneut das Totenorakel am Acheron aufsuchten, Melissa – oder wer auch immer sich dafür ausgab – noch einmal herbeizitierten und befragten, gab sie, zufrieden gestellt, ohne sich weiter zu zieren, das Geheimnis endlich preis.

Clemens Zerling

Einleitung

Lässt sich die Zukunft abfragen?

Können wir ein verhängnisvolles Schicksal abwenden, Sternstunden herbeiführen, das Glück an uns binden?

Seitdem der Mensch lernte, sich immer stärker seiner selbst bewusst zu werden, fiel er aus einer sinnlichen Einheit mit der sichtbaren und unsichtbaren Natur. Gott und Welt rückten scheinbar von ihm ab, und er empfand sie bald als etwas von ihm Getrenntes. Wer sich nicht aufgehoben fühlt in seinem Dasein, stöbert in der Vergangenheit, sorgt sich um die Zukunft oder spekuliert sogar über das Jenseits. Gelegentlich scheinen schon Träume Türen zu all diesen Bereichen zu öffnen. Neben Angst und Neugier veranlasst vor allem der Wunsch, das Leben unter Kontrolle zu bringen, eine solche Suche.

Zunächst befragte man wohl die Große Göttin als Mutter Erde in dunklen Erdspalten und -kammern. Bereits in der Antike eroberte der Licht- und Sonnengott Apollon die feuchten, düsteren Orakelhöhlen. Er repräsentierte für die Griechen das Unsterbliche im Menschen, das höchste göttliche Bewusstsein und seine verstandesmäßige Erkenntnis. Die Mehrheit der Bevölkerung fand aber nie den Weg zu den wenigen und meist weit entfernten Orakelstätten mit ihren oft erschütternden Prozeduren. Sie suchten nach einfacheren Möglichkeiten, die Götter zu befragen. Seit »unvordenklichen« Zeiten gab es Seher und Visionäre, denen es gelang, prophetische Aussagen zu machen oder es zumindest zu versuchen.

UNSER LEXIKON FÜHRT ZU DEN BEKANNTESTEN ORAKELSTÄTTEN DER ALTEN WELT, STELLT DIE KLASSISCHEN PROPHETEN UND MODERNE WAHRSAGER VOR.

Aus einer unüberschaubaren Anzahl von Orakelverfahren findet der Leser die in Mitteleuropa gängigsten samt Anleitungen zur Vorgehensweise. Er erfährt unterhaltsame Aspekte, aus der Beobachtung ungewöhnlicher Ereignisse (Omen, Vorzeichen) auf scheinbar unabwendbare Folgen zu schließen. Gehören so manche kausale Verstrickungen dabei in den Bereich verzeihbaren Aberglaubens, zeichnen andere konstruierte Zusammenhänge eine absurde Karikatur der Naturgesetze. Sind die Beteiligten aber gut auf ihre Gefühlsebene abgestimmt und haben sie falsche Vorstellungen loslassen können, vermag vom Prinzip her jedes noch so simple Orakel eine brauchbare Antwort zu liefern. Unter einigen Stichwörtern haben wir hinterfragt, wer überhaupt Antworten auf unsere Orakelfragen gibt und welchen Wert diese haben oder gewinnen können.

Die Suche nach der Zukunft und der Fährte des Schicksals ist für die meisten Menschen eine ernste Angelegenheit und bleibt zeitlos aktuell, vor allem in unsicheren und Umbruchszeiten. Mit diesem Lexikon werden allen Suchern vielfältige Möglichkeiten geboten, mehr Klarheit über das Wahrsagen zu gewinnen, um sich diesem Thema von verschiedenen Richtungen und Intentionen her anzunähern. Je mehr Muße wir dabei auf das Stellen einer sinnvollen und konkreten Frage verwenden, desto eher erkennen wir eine kreative Lösung.

A

Abraham von Worms

Abraham von Worms gilt als Verfasser des 1387 geschriebenen (und 1725 auf Deutsch erschienenen) »Buchs der wahren Praktik in der uralten göttlichen Magie«. Im ersten Teil erzählt Abraham die Geschichte, wie er in Oberägypten, nahe dem Ort Araki am Nil, von dem Magus und Eremiten Abramelin über die Magie belehrt wurde und zwei alte Handschriften magischen Inhalts abschreiben durfte. Im zweiten Teil erfahren wir allerlei nützliche Rezepte, beispielsweise wie man bei Gefahr Berg und Felsen zerteilen, Türen aufsprengen oder sich auf der Flucht vor einem Feind unsichtbar machen kann. Im dritten Teil erläutert Abraham, welcher Praktiken man sich befleißigen muss, um ein Meister der magischen Kunst zu werden. Im vierten Teil benennt Abraham die Geister, die man mit Hilfe des heiligen Schutzengels herbeiruft und dienstbar macht, um durch sie Vergangenheit und Zukunft zu erfahren.

Abraham war Berater von Kirchenfürsten wie den Päpsten Johannes XXIII. und Martin V. sowie hoch stehenden Persönlichkeiten wie Kaiser Sigismund. In dieser Funktion sagte er viele Dinge voraus. Ein halbes Jahr, bevor der Amtmann von Ladenburg Verrat an seinem Herrn, dem Bischof von Worms, beging, zeigte Abraham dem Bischof dieses bereits an. Dem byzantinischen Kaiser schrieb er 1424 einen Brief, in dem er ihm den baldigen Ruin seines Reiches prophezeite. 1453 war mit der Eroberung Konstantinopels durch die Osmanen tatsächlich die Zerstörung des byzantinischen Reiches abgeschlossen.

Georg Dehn, der 2001 eine vollständige, kritisch überarbeitete und detailreich kommentierte Ausgabe des Manuskripts vorlegte, identifizierte als historische Person hinter Abraham von Worms den Rabbiner und bedeutenden jüdischen Lehrer Jakob Molin (1359–1427) und hinter der Person des Abramelin Abraham Klausner, der in der Wiener Neustadt lehrte. Molins Grab befindet sich noch heute auf dem »Heiligen Sand«, dem jüdischen Friedhof in Worms. Die Grabinschrift beklagt den Tod des weisen Mannes: »Der Mond verfinsterte sich, als der heimging, der durch die Fülle seiner Einsicht einer köstlichen Frucht vergleichbar war.«

Ein Kapitel des »Buchs Abramelin« fand auch Eingang in die Texte des »Sechsten und Siebenten Buchs Mosis«. Vor allem Samuel Liddel MacGregor Mathers und Aleister →Crowley haben sich intensiv mit den Texten des Abraham von Worms befasst.

Zukünftige Sachen zu wissen

N	A	B	H	I
A	D	A	I	H
B	A	R	A	B
H	I	A	D	A
I	H	B	A	N

Magische Zeichen aus dem Buch des Abraham von Worms, die dazu dienen, sich von Geistern zukünftige Dinge sagen zu lassen. (Umzeichnung: Inge Wolfhard)

Agnesbrünnl im Wienerwald

Oberhalb von Sievering an einer verträumten Stelle auf dem Hermannskogel rinnt aus einer kurzen Röhre ein dünner Wasserstrahl in ein rechteckig eingefasstes Becken. Noch vor 200 Jahren umlagerten sonntags bis zu 20000 Pilger dieses »Jungfernbrünnl«.

Niemand weiß, wie und wann es begann. Deswegen brachten Lokalpatrioten die alten Germanen ins Spiel, archaische Opferkulte und runenwerfende »Heilrätinnen«, die hier bereits vor undenklichen Zeiten den Schleier der Zukunft gehoben hätten. Auf jeden Fall war diese Quelle, deren Wasser Augenbeschwerden lindern sollte, zusammen mit einer heiligen Buche, in der ein Marienbild hing, gegen Ende des 18. Jahrhunderts Ziel frommer Bauern aus der Umgebung. Dann aber hatte plötzlich jemand überirdische Erscheinungen an diesem verehrten Ort gesehen, und bald andere ebenfalls. Gerüchte darüber verbreiteten sich in Windeseile, drangen bis nach Böhmen, Mähren und Ungarn. Es kam zu wahren Massenaufläufen. Wallfahrtsprozessionen strömten aus allen Richtungen heran und Marktbuden wuchsen wie Pilze aus dem Boden. »Während die Abergläubischen auf dem nassen Boden knieten und beteten, winkten feile Dirnen zur Wollust in die Gebüsche«, klagte der zuständige Regierungspräsident. 1817 ordnete Fürst Metternich an, »den Unfug« umgehend abzustellen.

»Und da zeigte das Jungerfernbrünnl zum ersten Mal seine ganze Wunderkraft«, lästert Karl Lukan (1989:14). Obwohl die Behörden das Gnadenbild in die nahe Weidlinger Pfarrkirche brachten, tat dies dem Zulauf keinen Abbruch, im Gegenteil. Darauf ließ Metternich den heiligen Baum mit den Wurzeln ausreißen und abtransportieren, die Quelle sorgfällig zuschütten. Doch die suchte sich einfach einen anderen Weg und trat alsbald wieder ans Tageslicht. Auch der geistige Brunnen sprudelte über. Immer neue Sagen und Geschichten kursierten. Nahe der Quelle sollten die beiden Zaubergestalten Karl und Agnes wohnen. Unter dem Brünnlein führe ein »Grünes Tor« sogar in den »Kristallpalast«.

Im Zuge der von Maria Theresia eingeführten Lotterie hieß es denn auch bald, im sanft vom Wind bewegten Wasser der Quelle, die neuerdings Agnesbrünnl hieß, ließen sich die richtigen Lotterienummern sehen. Spielsüchtige schliefen gleich neben der Quelle, was das Traumleben aktivieren sollte. So genannte Lotterieschwestern halfen bei der Entschlüsselung der Träume und übersetzten diese gegebenenfalls in Zahlenwerte. Im nahen Gasthof »Zur Agnes« hatte ein kluger Wirt wasserfleckige Bilder von Karl und Agnes aufgehängt. Sie lieferten auch – zumindest nach einem Vaterunser – Glücksnummern, ebenso ein dort aufgestellter Glücksspielautomat und das Innere eines besonderen Hausbackwerks, wobei man dort stattdessen auf die übliche Marmelade verzichten musste.

Nach dem Zweiten Weltkrieg geriet das Orakel in Vergessenheit, zunächst auch das Glücksspiel. Und heute verlassen sich Spieler lieber auf mutmaßliche Gesetze von Zahlenserien als auf die Weisheit aus dem Wasser (→Wasserorakel).

Agnesbrünnl, Lithographie von 1817.

Agrippa von Nettesheim

Heinrich Agrippa von Nettesheim begann 1491 mit 13 Jahren an der Kölner Universität an der Fakultät der freien Künste zu studieren und beendete seine Studien im Jahr 1502. Als frisch gebackener Doktor zog er 1503 nach Paris, um seine Studien zu vervollständigen. Hier führte er alchemistische Experimente durch. Früher schon hatte er sich so intensiv mit der Astrologie beschäftigt, dass er sagen konnte, er habe sie mit der Muttermilch getrunken.

Als er wieder nach Köln zurückgekehrt war, nahm er 1509 Kontakt zu dem gelehrten Abt Johannes →Trithemius auf und besuchte ihn und seine berühmte Bibliothek in Sponheim. Angeregt durch Trithemius verfasste Agrippa Entwürfe zu seinem 1530–1533 in drei Bänden mit über 600 Druckseiten erschienenen Kompendium der Magie (» De occulta philosophia«). In mehreren Kapiteln stellte Agrippa die klassischen Orakeltechniken und Wahrsagekünste dar und in einem später hinzugefügten Kapitel diskutierte er die Möglichkeiten der Zukunftsdeutung durch →Los- und →Würfelorakel.

Um wahrsagen zu können, müsse man von den Genien (Geistern) der verschiedenen Himmelssphären göttlich inspi-

Agrippa von Nettesheim.

riert werden, führt Agrippa aus. Ihren Beistand gewinnt man durch folgende Mittel:

Genius	Mittel
Mond	Kräuter, Wurzeln, Steine und Metalle zum Anhängen an den Körper
Merkur	Tierische Stoffe, die man isst, beispielsweise das Herz eines Maulwurfs
Venus	Salben und Räucherungen
Sonne	Erklingenlassen von Gesängen und harmonischen Tönen
Mars	Heftige Erregung der Einbildungskraft und des Gemüts
Jupiter	Moralische Reinigung, Bewunderung und Verehrung des Göttlichen
Saturn	Ruhige Betrachtungen des Verstandes (Meditation)
Sternenhimmel	Beobachtung der Stellung und Bewegung der Himmelskörper
Universum	Betrachtung von Zahlen, Figuren und Charakteren

Er berichtete in seinem Werk auch über die Seelenreisen der Schamanen. »Noch heutzutage trifft man bei den Norwegern und den Lappen sehr häufig Personen, die sich volle drei Tage von ihrem Körper zu trennen imstande sind und zurückgekehrt aus fernen Ländern vieles verkünden.«

Noch nach seinem Tod versuchten Inquisitoren wie Jean Bodin und Antonio Delrio das Ansehen, das Agrippa ungeachtet aller Angriffe genoss, herabzusetzen. Gleichzeitig sollte auch sein immer mehr in der Öffentlichkeit an Glaubwürdigkeit als Vorkämpfer gegen den Hexenwahn gewinnender Schüler Johannes Wierus (Weyer) in ein dunkles Licht gesetzt werden. So behauptete Bodin, der schwarze Pudel des Agrippa sei ein Höllengeist in Hundegestalt gewesen, der ihm Nachrichten brachte und die Zukunft sagte. Dass Agrippa ihn ›Monsieur‹ rief, war für Bodin der Beweis, Agrippa habe den Teufel seinen Herrn genannt. Delrio unterstellte ihm gar, er habe stets den von ihm durch Zauberei und Hypnose verblendeten Wirten seine Zeche mit Hornstücken statt mit Goldstücken bezahlt.

In Agrippa von Nettesheim fand →Goethe das Vorbild für die Gestalt des Zauberers Faust und Agrippas Hund regte ihn zu der Osterspaziergangsszene mit dem als Pudel auftretenden Teufelsgeist Mephistopheles an.

Der Volkskundler Michael Kuper kommt in seiner Biographie über den Magier zu dem Urteil: »Agrippa von Nettesheim war eine der schillerndsten und facettenreichsten Persönlichkeiten der Renaissance. Sein wechselvolles Leben stellt eine Herausforderung für Biographen, Historiker und Literaten dar. Hin und her gerissen zwischen den Polen des magischen und skeptischen Denkens, hinterließ Agrippa der Nachwelt ein widersprüchliches, von faustischem Doppelsinn geprägtes Werk, das bis heute kontrovers diskutiert und aufgearbeitet wird.«

Ahnenorakel

Die Kelten nahmen im Ritual des Grabschlafens Kontakt mit den Geistern auf. Zu diesem Zweck schlief ein Mann, der für empfänglich gehalten wurde, auf dem Grab eines Vorfahren. Gab es eine Botschaft zu übermitteln, fuhr der Geist in den Schlafenden, der die Nachricht aus dem →Jenseits herausschrie. Umstehende interpretierten die Schreie.

Ein Ahnenorakel moderner und moderaterer Art betreibt der Bad Orber Sozialpsychologe Ulrich Freund in seiner hypnotherapeutischen Arbeit mit Patienten, die ihren Partner verloren haben:

»Es handelt sich um meine bevorzugte therapeutische Methode der ›Erlösung von Verwünschten‹. Bei mir haben schon sehr viele Witwen und Witwer gesessen, die untröstlich waren, bis irgendwann in ihrem Inneren ihr Mann / ihre Frau erschien. Es kann keinen anderen als die betrauerte Person geben, der diese Trauernden befreien kann. Klientinnen sagen oft, dass der Verstorbene sage, sie solle ›endlich mit dem Geflenne aufhören‹. Dann versucht man als Therapeut zu bewirken, dass das, was er sagt, auch wirkt. Hier ist der Ahnenkult wirksam, weil der Ahne aus der Vergangenheit heraus in die Gegenwart hinein die Erlaubnis für die andere Zukunft gibt. Die Trauer hört auf. Diese Art von therapeutischem Ahnenkult kann ›unheimlich‹ viel (aus-)lösen und damit erlösen.

Unselbständige Frauen – die oft von ihren Männern unselbständig gemacht werden, weil sie dann ungefährlich bleiben – fangen plötzlich an, eigene Wege zu gehen. Mir fällt das Beispiel einer Frau ein, die sich nicht zutraute, den Vorsitz eines – von ihrem verstorbenen Mann gegründeten – Vereins zu übernehmen. In der zweiten Sitzung habe ich ihren Mann, der ja in ihrem Kopf anwesend ist, in den Raum geführt und der sagte ihr, ›du kandidierst jetzt!‹ Da hat sie den Vorsitz übernommen.«

Freund hat auch für sich ein Ahnenorakel entwickelt: »Wenn ich wissen will, was die Zukunft bereithält und was ich tun soll, dann gehe ich zum Friedhof zu unserem Familiengrab. Dort gibt es drei Personen, die ich befrage, und die geben mir Antwort. Sie geben mir Antwort, weil sie in mir präsent sind. In ihren andersartigen Sichtweisen, die mir ohne ihre Befragung aus mir selbst heraus nicht zur Verfügung stünden. Eine andere Sicht aber führt zu einer anderen Zukunft!«

Um sich auf die inneren Stimmen einzustimmen, legt er sich zu Beginn der Dämmerung auf das Familiengrab. Sicher ein seltsamer Anblick für einen zufällig vorbeikommenden Friedhofsbesucher oder Kurgast.

Akasha

Im Hinduismus bezeichnet Akasha (im Sanskrit = Raum) das fünfte Element neben Feuer, Wasser, Erde und Wind. Im Westen meist mit Äther übersetzt, wird es als Quintessenz und Grundsubstanz aller Elemente verstanden und mit den »kosmischen Wassern« der heiligen Schriften verglichen. In den Upanishaden heißt es: »Es ist das Akasha, aus welchem alle Kreaturen hervorgingen und wohin sie zurückkehrten; das Akasha ist älter als sie alle, das Akasha ist das allerletzte Ende« (Miers 1993:35). Helena →Blavatsky interpretierte es als Seele der Welt, Sitz und Ausdruck universeller Erinnerung und Erfahrung. Hier seien alle Worte, Taten und Gedanken der Menschen seit Anbeginn wie in einer Art Datenbank gespeichert, aber auch die Zukunft. Auch dem Abendland sind solche Vorstellungen nicht fremd. Hier wurden sie dem Mond zugeordnet, als aufnehmendes Prinzip dem Weiblichen und repräsentiert durch die Mondgöttinnen, in jüngerer Symbolik durch die Hohepriesterin.

Mitunter können durchaus Antworten von »gehobenen« Orakeltechniken aus diesem Bereich kommen. Doch bedarf es in aller Regel einer langjährigen und intensiven Übung, Kanal zu werden. Noch schwieriger erweist sich die reine – im Sinn von wahrhaftige – Interpretation und die saubere Trennung von Spreu und Weizen. Rudolf →Steiner unterschied denn auch zwischen der Akasha-Chronik, in der man erst nach gewissen Stufen der Einweihung wahrhaftig lesen könne, und ihrer verworrenen unklaren Widerspiegelung im so genannten Astrallicht, der unsichtbaren Region, die unser Universum mit allem, was es enthält, umhülle und verschleiere. Zu letzterer, wohl eine Art Akasha-Jauche, gewännen mediumistische (→Channeling) und spiritistische Methoden Zugang.

Albertus Magnus

Albert wurde 1193 in Lauingen in Schwaben als Sohn eines wohlhabenden kaiserlichen Beamten geboren. Bis zum Jünglingsalter unterrichtete ihn Meister Scholastes, ein sehr gebildeter Mönch, in Philosophie, Theologie, aber auch in Mechanik, Chemie und Physik. 1222 vervollständigte Albert seine Studien in Padua und Bologna.

Im Traum erschien ihm die Jungfrau Maria und bestärkte ihn, als Novize in den Orden der Dominikaner einzutreten. Als Magister der Theologie lehrte er an der Universität zu Paris mit so großem Erfolg, dass er auf einem Platz im Freien lesen musste, weil der Hörsaal die zahlreichen Studenten nicht fasste. 1254 wurde er Provinzial seines Ordens, 1260 Bischof der Stadt Regensburg. Als es ihm gelang, die desolate Finanzsituation der Stadt in den Griff zu bekommen, munkelte man, Albert sei ein Alchemist und könne Gold machen. Dass Albert mit menschenähnlichen Automaten, mit magischen Tischen, der Laterna magica, mit Feuerwerk, mit Fallschirmen und mit Treibhäusern, in denen zur Winterzeit Bäume und Blumen blühten, experimentierte und auch die erste Figurenuhr schuf, erstaunte seine Zeitgenossen, mehrte seinen Ruhm, nährte aber auch wieder Spekulationen, er sei ein Magier, der so tief in die Geheimnisse der Natur eingedrungen sei, dass er zaubern könne. Aufgrund einer Vision, die ihm die Jungfrau Maria eines Nachts eingab, soll er auch den Urplan des Kölner Doms gezeichnet haben.

Am 9. März des Jahres 1274 brach er in Tränen aus und erzählte seiner Begleitung, dass er gerade in einer Vision gesehen habe, dass sein Schüler und Freund Thomas von Aquin im Sterben liege. Tatsächlich war, wie später bekannt wurde, der Tod des heiligen Thomas genau zum Zeitpunkt der Vision eingetreten.

Albert starb hochbetagt 1280 in Köln. An seinem Grab ereigneten sich Wunderheilungen, so dass er bereits im 14. Jahrhundert mit einem Heiligenschein dargestellt und vom Volk kultisch verehrt wurde. Bei einer Graböffnung 1483 fand man seinen Leichnam unverwest vor. Ihm entströmte ein angenehmer Duft. Im Jahr 1484 wurde Albert selig gesprochen. Papst Pius XI. sprach ihn 1931 heilig. Alberts Reliquien befinden sich in der Andreaskirche in Köln. Seine Gehirnschale wird in der Stadtkirche von Lauingen aufbewahrt. 1941 wurde Albert von Papst Pius XII. zum Schutzheiligen der Naturwissenschaften erklärt.

Im Jahr 1651 erschienen seine theologischen und naturwissenschaftlichen Schriften in 21 Bänden in Lyon. Neben Abhandlungen zur Theologie und Philosophie schrieb Albert über Pflanzenzucht, Landwirtschaft, Gartenbau, Pferde- und

Albertus Magnus.

Hundehaltung, über die Jagd mit Falken, über Gesteinsarten, Astrologie und Wahrträume. In einem Traktat über die Prophetie (»De prophetia«) definiert er als wahre (echte) Prophetie eine von Gott verliehene Gnade *(charisma)*. Gott verleihe die Gnade der Prophetie, wem er wolle. Auch Personen, die im Stande der Sünde seien, heilige er durch diese Gabe. So könne, im Gegensatz zu der gegenteiligen Auffassung des Origenes, auch jemand während des Beischlafs prophezeien. Allerdings fragt Albert, wie bei einer derart intensiven Bindung der Seelenkräfte ans Fleischliche die Ausübung der Prophetie möglich sein soll.

Volkszauberbücher wie der »Große Albert« und der »Kleine Albert«, deren Autorenschaft dem berühmten »Doctor Universalis« zugesprochen wurde, hielten die Erinnerung an das Geheimwissen von Meister Albert bis heute bei der Landbevölkerung wach. In diesen Büchern, die apokryphen Schriften (dem »Liber secretorum Alberti Magni« und dem »De secretis mulierum et virorum«, 1871 ins Deutsche übersetzt) entstammen, werden Vorhersagen über den Charakter und die Neigungen des Menschen anhand der Gesichtsform und Gesichtszüge (Haare, Stirn, Augen, Augenlider, Augenbrauen, Nase und Zähne), anhand des Halses, der Arme, der Hände, der Füße und des Leibs gemacht. Es wird angegeben, welche Tage im Lauf des 30-tägigen Mondlaufs Glück oder Unglück bringen. Und mit dem »Esmondus« wird ein Edelstein genannt, der es dem Besitzer ermöglicht, alle Träume auszulegen, und mit dem »Gena« ein Stein, der die Zukunft wissen lässt: »Leg den Stein unter deine Zunge, und solange du ihn hast, wahrsagst du allweg künftige Dinge, ohne zu irren.«

Ob man sich mit der nachstehenden Wahrsagepraktik bei seiner Partnerin beliebt macht, müssen wir der Klugheit des Lesers überlassen: »Wenn ein Mann wissen will, ob seine Frau keusch und sittsam sei, nehme er den eisenfarbigen Magnet, der in dem Indischen Meere und manchmal in deutschen Landen und auch in Frankreich gefunden wird. Er lege ihn unter das Haupt der Frau. Ist sie keusch, so wird sie den Mann umarmen, ist sie aber unfromm, so fällt sie vom Bette.«

Albruna

Der römische Geschichtsschreiber Tacitus berichtet von Albruna, einer weisen Frau zur Zeit des Kaisers Tiberius, die bei den Germanen als Seherin in hohem Ansehen stand. Der Name Albruna, auch als Aliaruna (»die anders, unverständlich Redende«) oder Alruna (»der Geheimnisse kundig«) überliefert, bedeutet »die Frau, deren Seherkraft einer Elbe gleichkommt«. Auch andere mit »run« zusammengesetzte Namen weisen auf Frauen hin, die bei den Germanen der Weissagung kundig waren. Kundrun ist die mit Runenkraft Begabte, Ortrun kennt Schwertrunen, Fridrun wirkt durch runische Kraft für den Frieden, Sigrun für den Sieg und Alarun ist »aller Runen mächtig«.

In seiner Schrift »Chronik von dem Ursprung und Herkommen der Francken« erwähnt Johannes →Trithemius, der Abt des Würzburger Klosters Sanct Jacob, Alruna als Zauberin, Wahrsagerin und gelehrte Meisterin, die im Ruf stand, mit ihren Künsten sowohl die untersten Geister heraufzubringen und zu erwecken als auch die obersten Götter vom Himmel zu Weissagezwecken herabzuziehen.

Alruna sei einst, so Trithemius, von Marcomir, dem König der Franken, gebeten worden, ihm den Sinn des Erscheinens eines gespenstischen Wesens zu deuten, das sich zuerst mit dreifachem Kopf, dem einer Kröte, dem eines Löwen und dem eines Adlers, zeigte und dann die Gestalt eines Königs mit goldener Krone annahm, der in der linken Hand ein Szepter und in der rechten

Spottbild des Mathematikers Stabius auf den Bericht des Abtes Trithemius über eine Erscheinung des fränkischen Königs Marcomir.

ein Schwert hielt. Alruna gab dem König folgende Erklärung: Das Löwenhaupt bezeichne das Volk, das auf der einen Seite des Rheins wohne und von einem alten trojanischen Geschlecht abstamme. Das Krötenhaupt stehe für das Volk auf der anderen Seite des Rheins, das ein weites und fruchtbares Land besitze. Der Adlerkopf bedeute die Römer, deren stolzer Übermut sie dazu treibe, die ganze Welt unter sich zu bringen. Marcomir solle sich zwischen dem Löwen- und dem Krötenvolk, zwischen dem Meer und dem Rhein niederlassen. Es werde viel Krieg mit dem Krötenvolk geben, und einer seiner Söhne werde alles Land des Krötenvolks erobern und für lange Zeit besitzen. Das Löwenvolk werde seinerseits viele Völker unter sich bringen, auch das Reich der Römer. Ein Nachfahre des Königs werde aber einmal alle diese Reiche unter sich vereinen (»zusammenbracht in eines verhauffet und vermischet«). Über diese Auslegung sehr erfreut, beschenkte der König die Wahrsagerin reich und gebot ihr, ihre Deutung geheim zu halten.

Orakel des Ammon

Das in der ganzen Alten Welt bekannte und berühmte Orakel des Ammon (Amun), des späteren Reichsgottes Ägyptens, lag in der →Oase Siwa. Jeder große Tempel im alten Ägypten besaß aber vermutlich sein eigenes Orakel, auf jeden Fall der des Ammon. Statuen des Gottes in kostbaren Schreinen wurden dazu aus dem Allerheiligsten ins Freie getragen. Einige schienen eine Vorrichtung zu haben, die den Gott zustimmend nicken ließen.

Im Britischen Museum findet sich ein Papyrus mit einem Prozessprotokoll einer Kanzlei aus dem 12. Jahrhundert v. Chr. Amon-em-wia, Bediensteter in der Verwaltung der Totenstadt am Westufer von Theben und wohl zuständig für die Vorräte, musste feststellen, dass dort fünf Röcke oder Hemden aus farbigem Stoff gestohlen waren. Um den Dieb zu ermitteln, eilte er zum Orakel des Amon-pa-Chenti und machte diesem folgenden Vorschlag. Er würde ihm nun die Namen der Bewohner seines Dorfes nennen, und der Gott solle bitte beim Schuldigen ein Zeichen geben. Als der Name des Bauern Pa-zwa-emdi-Amon fiel, nickte der Gott zweimal energisch.

Der Beschuldigte wurde vor den Gott geholt, stritt aber alles ab, wobei das Orakel höchst unwillig reagiert haben soll. Pa-zwa-emdi-Amon suchte nun den Orakelspruch seines eigenen Bezirks, bei Amon-ta-Schenit. Der Heimvorteil nutzte wenig. Auch diese Ammonstatue beschuldigte ihn als Dieb, und als der Bauer leugnete, riet der Gott, ein drittes Orakel einzuholen, »im Beisein von Zeugen«. Doch der Dritte, Amon-Bukenen, bezichtigte ihn ebenfalls des Diebstahls. Jetzt versuchte es Pa-zwa-emdi-Amon noch einmal beim ersten Orakel. Erneut behauptete Amon-pa-Chenti, er und kein anderer habe die fünf Röcke gestohlen, forderte zur Rückgabe auf und verurteilte ihn zur »Züchtigung«. Priester des Gottes ergriffen ihn und prügelten vermutlich gehörig auf ihn ein.

Jetzt endlich gab er auf und gestand. Er handelte sich dafür eine amtlich verordnete weitere Prügelstrafe von 100 Schlägen ein. Außerdem musste er schwören, die Röcke wieder beizubringen, anderenfalls würde er den Krokodilen zum Fraß vorgeworfen.

Ammonisches Orakel

→Oase Siwa

Apfelorakel

Unbestritten reicht die Verehrung des Apfelbaums bis in die Steinzeit zurück. Recht früh tauchen auch seine Früchte als Symbol der Potenzen von Natur und Liebe auf, in höherer Sinngebung als Ausdruck der Sonne, mit ihrer ganzen Verführung praller Fruchtbarkeit und Erleuchtung. Adam und Eva wussten ebenfalls schon davon, aber noch nichts vom Apfelorakel. Sonst wären sie vielleicht vorgewarnt gewesen, und alles menschliche Schicksal hätte einen ganz anderen Verlauf genommen.

Aus guter Tradition bieten sich Äpfel für Weissagungen in Angelegenheiten der Liebe an. Am Andreasabend, Weihnachten, Silvester, Neujahr oder wann immer schäle man einen Apfel so, dass die Schale nicht abreißt. Diesen Schalenkringel werfe man über die Schulter. Nach dem Partnerglück befragt, soll die Figur der Schale am Boden den Anfangsbuchstaben des Vornamens preisgeben. In aller Regel lässt sich aber fast immer nur ein »B« lesen. Damit schränkt man also seine Chancen auf zukünftige Partner (Beate, Beowulf, Balthasar, Barbarella usw.) allzu sehr ein.

Mehr Aufwand erfordern die Apfelbeschwörungen. Der oder die Zukünftige erscheint vor dem geistigen Auge, legt man sich in der Thomasnacht nackt ins Bett, beißt dreimal in einen erbettelten Apfel und zitiert das Glück mit ähnlichen Worten herbei wie beim →Schuhwerfen. Eine Variante dazu soll sich mehr für die Andreasnacht oder zu Allerheiligen eignen: In jener Nacht muss mit dem ausdrücklichen Wunsch, den nächsten Partner kennen zu lernen – gilt auch für konventionelle Dauerpartnerschaften –, ein angebissener Apfel unter das Kopfkissen gelegt werden. Dann soll die betreffende Person zumindest im Traum erscheinen (→Klartraum). Wer die möglichen Kandidaten bereits im Auge hat und auf einen engeren Kreis reduzieren konnte, dem empfiehlt sich folgende Vorgehensweise: Man nimmt drei Äpfel und schreibt auf jeden einen Namen oder ritzt ihn ein, legt sie in der Andreasnacht unter das Kopfkissen und schläft darüber. In der Nacht oder am Morgen, aber noch im Dunkeln (!) lange man spontan und ohne zu zögern nach einem dieser Äpfel und beiße hinein… Jetzt darf das Licht angeknipst und der Name auf dem gewählten Apfel gelesen werden.

Seit der Affäre im Paradies gilt der Apfelbaum für die einen als eher anrüchig, für die anderen als besonders heilig. Wer zu den letzteren gehört und einen Apfelbaum findet oder kennt, der in der Christnacht blüht, der zögere nicht und stelle sich in jener Nacht unter den Baum. Es heißt, man sehe dann den Himmel offen. Da der Himmel nach vor- und unchristlicher Lehre in der irdischen Welt beheimatet ist, könnte der Einblick durchaus interessante Erkenntnisse bieten.

Apollon

Die Griechen beschrieben das Geheimnis der Sonne mit mehreren Göttern. Zeus, zugleich Göttervater, verkörperte die Kraft des Sonnenlaufs durch das Jahr und den Tierkreis. Helios vertrat das kompakte sichtbare Gestirn am Himmel, das als fühlbare Wärme auf die Erde scheint. Apollon aber symbolisierte das Licht, vor allem in seinem geistigen Aspekt.

Auf der Insel Delos soll Apollon unter einer Steineiche geboren sein, dem Baum des Vogels Phönix, und von dort aus eroberte er das Festland. Er wurde immer als »Zugereister« betrachtet. Doch bleibt es ungewiss, aus welcher Kultur er stammte. Vermuten die einen seinen Ursprung in Ägypten oder Babylonien, glauben andere an seine Herkunft aus Britannien.

Wenn auserwählte Menschen von einem unwiderstehlichen Willen aus

Apollon auf dem Thron zu Delphi, mit Lorbeer, Bogen, Köcher, Omphalos und Dreifuß. Vasenmalerei um 440–30 v. Chr., Museo de Spina.

ihrem Innern in die tiefste Form weiblicher Aufnahmefähigkeit gedrängt werden (→Sibyllen, →Propheten), gewinnen sie Zugang zum Urgrund der Seele. Diesen Urgrund verglich man mit einem weiblichen Mutterschoß und verstand ihn als die undifferenzierte Urmaterie, als mythische Dunkelheit und das Chaos vor jeder Schöpfung. Heute sprechen wir vom Unterbewusstsein. In dieser Dunkelheit aber leuchte ewig ein kleiner Funke, das männlich impulsierende und zeugende Licht, der objektive Geist der Seele. Der mittelalterliche Mystiker Meister Eckhart sprach dabei vom Seelenfunken, dem menschlichen Teil der göttlichen Allseele. Die alten Griechen nannten den Funken Apollon. Er steigt aus dieser Finsternis empor an die Oberfläche des Bewusstseins und vertreibt damit Thyphos, das drachenähnliche Ungeheuer beängstigender Chaoskräfte (→Delphi), im übertragenen Sinn: die Finsternis der Unwissenheit und Illusion. Apollon als Vernichter der Dunkelheit repräsentierte nun Gesetz, Ordnung und die verstandesmäßige Erkenntnis. In der griechischen Philosophie wurde dieser Vorgang als das Erscheinen des Logos (= Wort, Denkinhalt), der aus höchsten Höhen oder tiefsten Tiefen kommt, bezeichnet. In Verbindung mit unserem Intellekt entsteht daraus Vernunft – als strahlendster Ausdruck des Göttlichen.

Über dem Portal des Apollontempels in Delphi stand: »Erkenne dich selbst«. Das hieß und heißt nicht nur, seine wahre Natur herauszufinden, die Signatur unseres Charakters. Es bedeutet, das Seelisch-Geistige als das Höhere zu entdecken, unseren apollonischen Anteil, das Unsterbliche, wie die griechischen Mysterienkulte es schon zu vermitteln suchten.

Apollonius von Tyana

Sein Bewusstsein soll die ganze Welt umfasst haben und mit einem Blick erschaute er Vergangenheit, Gegenwart und Zukunft. Dieser Zeitgenosse Jesu habe alle Sprachen der Welt verstanden, selbst die der Tiere. Als er einmal in Gesellschaft seiner Freunde saß, blickte er in einen Baum zu einer Sperlingskolonie. Da flog ein weiterer Sperling heran, zwitscherte laut und aufgeregt, machte sich dann wieder davon und alle Vögel eilten ihm nach. Apollonius berichtete erheitert, jener Bote habe verkündet, ein mit Weizen beladener Esel sei nahe der Stadt zusammengebrochen. Die Körner lägen nun auf dem Boden verstreut wie auf einem Präsentierteller. Erstaunt machten sich die Freunde des Sehers auf den Weg, um das zu überprüfen. Und tatsächlich verhielt es sich genau so, wie er geschildert hatte.

Eine Auflistung seiner Wundertaten stellt die von Jesus fast in den Schatten. Sein Biograph Philostratos, der ihm nach dem Jahr 217 ein Denkmal setzte, erklärte den Asketen, Prediger und überzeugten Pythagoreer zu einem außergewöhnlichen Propheten, der die Pest von Ephesos, das Erdbeben von Jonien und viele andere Ereignisse vorhergesagt habe. Spätere Anhänger zogen Vergleiche zwischen Apollonius und Christus, womit sie aber viel-

Idealbild von Apollonius von Tyana, Stich eines unbekannten Künstlers.

leicht das Bewusstsein des Jesus als Christus meinten.

Apollonius bereiste Ägypten und Kleinasien und kam sogar bis nach Indien. Überall interessierten ihn die Orakelstätten. In →Delphi, →Dodona und Abai führte er kultische Neuerungen ein. In Lebadeia erklärte er den indignierten Priestern, er wolle mit Trophonios über Philosophie diskutieren. Gegen ihren Widerstand betrat er am Abend den Eingang zum Orakel, wobei er nicht die weißen Kleider normaler Befrager trug, sondern seinen Philosophenmantel, als ob er einen gelehrten Vortrag halten wolle. Über das Treffen muss Gott Trophonios so begeistert gewesen sein, dass er seinen Priestern erschien und ihnen auftrug, sich in sieben Tagen im 70 Kilometer entfernten Aulis einzustellen, um Apollonius dort zu erwarten. Tatsächlich blieb der »Meister« wohl sieben Tage unter der Erde, länger als je ein Mensch vorher, und trat in Aulis wieder ins Tageslicht. In seinen Händen trug er die Schriften von Pythagoras, dessen Philosophie Trophronios »als die umfassendste und klarste« bezeichnet haben soll (Rosenberger 2001:27). Damit erhielten die pythagoreischen Lehren göttliche Legitimation, und Apollonius hatte sich als geschickter Marketingvordenker und -stratege erwiesen.

Der Pfarrer von Ars

Schamanistisch zu nennende Vorkommnisse fanden sich gehäuft im Leben des Johannes Maria Baptist Vianney, des 1925 heilig gesprochenen Pfarrer von Ars. Sein Andenken hat sich durch die Bücher von Georges Bernanos, Filme und einen stetigen Pilgerstrom auch aus Deutschland lebendig erhalten. Geboren 1786 als Sohn einfacher, gutherziger Bauern, in deren Haus sich Arme und viele von den Jakobinern Verfolgte die Türklinke in die Hand gaben, liebte es Vianney, sich schon als Dreijähriger in die Einsamkeit zurückzuziehen, »um mit seinem Schutzengel zu sprechen«. In seinen späteren Predigten kehrten mit Vorliebe eigenartige Bilder wieder, die er damals der Natur abgelauscht hatte. Beim Hüten des Viehs seines Vaters auf dem Feld stellte er eine kleine Marienstatue in die Höhlung eines alten Weidenbaums, schmückte und bekränzte sie mit Blumen. Staunend standen die anderen Hirtenkinder vor dem kleinen Altar im Weiden-

Der Pfarrer von Ars.

strunk und ließen sich von ihm zu langen Prozessionen über die grünen Weideplätze führen oder hörten ihm zu, wenn er von den Wundertaten der überirdischen Bewohner des Himmels erzählte.

Als er mit 19 Jahren beim Studium der Theologie Probleme mit dem Latein bekam, wallfahrtete er zum Grab des von ihm verehrten Franz Regis und bat den Heiligen um Hilfe. Danach ging das Lernen sofort viel besser.

35 Jahre lang hatte er, zumeist bei Nacht, Besuch eines Geistes, der sich durch wilden Lärm und Geschrei, durch Pochen und Schläge an die Türen, durch unheimliche Geräusche, die sich wie das Getrappel von Schafherden oder wie das Aufschlagen von Pferdehufen anhörten, bemerkbar machte. Stühle und Möbel des Heiligen wurden durcheinander geworfen, an seinen Bettvorhängen wurde gerissen, das Bett zerbrach und entzündete sich. Der Geist packte Vianney an den Füßen und zerrte ihn umher. Beim Besuch eines jungen Studenten, dem er in seinem Zimmer die Beichte abnahm, schien es dem Besucher, als ob sich das ganze Innere drehe, der Stuhl und alle Gegenstände hin und her rückten. Als er angstvoll hinaus wollte, hielt ihn Vianney zurück und sagte gelassen: »Das ist weiter nichts, nur der Teufel.«

Sah er jemanden in die Kirche kommen, der schwer mit Schuld beladen war, weinte er, schon bevor er mit diesem Menschen ein Wort gesprochen hatte. Als ihn ein Besucher fragte, warum er denn so heftig weine, sagte Vianney: »Ich weine, weil du nicht weinst.« Seine Fähigkeiten steigerte er durch Meditation, Gebet, Kasteiungen und Fasten. Oft aß er zwei bis drei Tage gar nichts. Ansonsten bestand seine Nahrung aus Kartoffeln und gelegentlich Eiern, die er in heißer Asche gekocht hatte, oder aus Pfannkuchen, die er aus Mehl, Wasser und Salz zubereitete.

Häufig sah er in Visionen himmlische Wesen, die zu ihm sprachen. Seiner Umgebung gegenüber benannte er sie als Johannes den Täufer, als die Himmelsmutter (Maria) und als die heilige Jungfrau Philomena. Auch den Himmelsherrn (Jesus) sah er in der Hostie leibhaftig vor sich. Als es immer häufiger zu Aufsehen erregenden unerklärlichen Heilungen durch ihn kam, schickte er die Hilfesuchenden zum Altar der heiligen Philomena, deren Grab in Rom 1802 in den Katakomben entdeckt worden war und von der er eine Reliquie besaß. Sie sei es, erklärte er, die die Wunder wirke. Als weitere Wunder in der Kirche geschahen, ließ er Heilungen erst dann erfolgen, wenn die Besucher wieder zu Hause waren. Vianney hatte die Gabe der Hellsichtigkeit, las in den Seelen seiner Besucher wie in einem Buch und sagte nicht nur Heilungen, sondern auch zukünftige Ereignisse genau voraus. Man glaubt, dass Vianney mit den Schutzengeln seiner Beichtkinder in Beziehung getreten sei. In der Sakristei erteilte er Rat, segnete, weihte und verteilte Bildchen und Medaillen der heiligen Philomena sowie Öl aus den Lampen, die vor ihrem Altar brannten, an Hilfesuchende. Typischerweise ließ Vianney nie ein Bild von sich machen. Als doch heimlich Abbildungen von ihm hergestellt und als Andenken feilgeboten wurden, jammerte er: »Oh, ich armer Mensch, man hängt mich auf, man verkauft mich.«

Als er einst während der Messe die Worte der Wandlung sprach, geriet er in Ekstase und schwebte über dem Boden. Auch im Beichtstuhl, in dem er ab 1830 täglich 15 bis 18 Stunden lang Pilger empfing, überkam ihn die Ekstase. Einmal leuchtete sein Körper eine Stunde lang. Den Beichtstuhl des Heiligen musste man schon früh mit einem Gitter schützen, damit die Pilger keine weiteren Stücke davon als Reliquie abschneiden konnten. Den Zeitpunkt seines Todes, den 4. August 1859, wusste er im Voraus.

Als 1904 sein Grab geöffnet wurde, fand man die Leiche unverwest, die Glieder unversehrt, das Herz noch erhalten. Ältere Bewohner von Ars, die den Pfarrer in ihrer Jugend noch erlebt hatten, riefen: »Das ist unser Pfarrer, wie er unter uns lebte!« Blut, das man seinem Körper entnahm und in ein Fläschchen füllte, war noch flüssig und ist es bis zum heutigen Tag. Sein Körper liegt, unverwest, in einer Glasvitrine in der Wallfahrtskirche.

Artemidor von Daldis

Lexikonartige Traumbücher gab es, auf Tontafeln niedergeschrieben, schon in der Bibliothek des assyrischen Königs Assurbanipal. Darin finden sich bereits Richtlinien, wie Träume zu deuten sind. Das älteste Traumbuch, in einem Papyrus enthalten, stammt aus der Zeit der 12. ägyptischen Dynastie (etwa 1991–1782 v. Chr.). Das erste, ganz erhaltene Traumbuch, das aus der Antike zu uns gekommen ist, ist das fünfbändige Traumbuch des Artemidor. Es wurde bis in die Neuzeit noch eifrig benutzt.

Artemidor lebte zwischen 96 und 180 n. Chr. Geboren wurde er in Ephesus in Kleinasien. Nach dem Heimatort seiner Mutter in Lydien nannte er sich als Schriftsteller Artemidor von Daldis. Apollon selbst habe ihn in Traumvisionen aufgefordert, die »Oneiro-Kritika« zu verfassen, gibt er an.

Artemidor verarbeitete in seiner Schrift nicht nur die gesamte in seiner Zeit vorhandene Fachliteratur, er berief sich weitgehend auch auf empirisches Material, das er auf Reisen, in Gesprächen mit Traumdeutern gesammelt und bei seiner eigenen Tätigkeit als Traumdeuter erfahren hatte. Er unterschied zwischen bedeutsamen, zukunftsweisenden Träumen und solchen, die keinen prophetischen Wert haben. Zu den bedeutsamen Träumen zählte er auch den Visionstraum und den Orakeltraum.

Bei den bedeutsamen Traumgesichten unterschied er theorematische Träume mit alltäglichen Inhalten (man wird im Traum beispielsweise von einem Hund gebissen) und Träume mit allegorischen Inhalten (eine Frau träumt zum Beispiel, sie gebäre einen Adler). Während die ersteren recht bald in Erfüllung gehen, erfüllen sich die letzteren meist erst nach längerer Zeit, weiß Artemidor.

Die Bedeutungen, die Artemidor von Träumen und ihren Ausgängen in seinen Büchern ausbreitet, beziehen sich unter anderem auf Familienmitglieder, Körperteile, Sprache, Krankheiten, Tod, Esswaren, Ausscheidungen, Beischlaf, Ehebruch, Inzest, Verbrecher, Grußformen, Tätigkeiten, Berufe, Pflanzen, Früchte, Tiere, Gegenstände, Geräte, Fahrzeuge, Räumlichkeiten, Metalle, Bauwerke, Naturerscheinungen, Götter und Geister.

Das Interesse Artemidors galt vor allem den allegorischen Traumgesichten. Die Allegorie, die Symbolverkleidung, die Verschlüsselung aufzulösen, um einen Blick in die Zukunft tun zu können, darin sah er seine Tätigkeit als Traumdeuter, damit verdiente er seinen Lebensunterhalt. Bei der Deutung, die – wie er sagt – ohne Begabung, Einfühlung und Allgemeinwissen nicht durchzuführen ist, berücksichtigt er Lebensumstände, örtliche Gegebenheiten des Träumenden und den Symbolgehalt des Traumgeschehens (»wild strömende Flüsse bedeuten rücksichtslose Richter, unangenehme Herren oder die Volksmenge, weil sie ungestüm und mächtig tosen«). Seinem Sohn erläuterte er im vierten Buch die diffizile Kunst des Deutens am Beispiel des Traumsymbols des Drachens, das je nach dem Hintergrund der Person, die von ihm träumt, einer individuellen Deutung bedarf.

»Als Übungsbeispiel für das Herausfinden von Analogien dürfte dir folgendes Traumgesicht genügen:

- *Eine Frau,* die schwanger ging, träumte, sie habe einen Drachen geboren. Der Sohn, den sie gebar, wurde ein hervorragender und namhafter Redner; denn der Drache hat wie ein Redner eine zweischneidige Zunge. Es war das eine reiche Frau, und der Reichtum ist der Zehrgroschen der Bildung.
- *Eine andere* hatte dasselbe Traumgesicht, und ihr Sohn wurde ein Hierophant; denn heilig ist der Drache, heilig auch der Myste. In diesem Fall war die Träumende die Gattin eines Priesters.
- *Eine dritte* träumte dasselbe Traumgesicht, und ihr Sohn wurde ein hervorragender Weissager; der Drache ist nämlich dem Apollon, dem Ur- und Vorbild aller Weissager, geheiligt. Diese Frau war die Tochter eines Weissagers.
- *Eine vierte* hatte dasselbe Gesicht, und ihr Sohn wurde ein zügelloser und frecher Bursche und verführte viele Frauen in der Stadt; denn der Drache geht krumme Wege. Es war aber schon die Mutter ein Ausbund von Geilheit und Hurerei.
- *Eine fünfte* träumte dasselbe Traumgesicht, und ihr Sohn wur-

de als Straßenräuber ergriffen und geköpft; denn der Drache wird, wenn er eingefangen wird, auf den Kopf geschlagen und endet so. Auch dieses Weib war ganz und gar nicht ohne Fehl.

- *Der Sohn einer sechsten,* die dasselbe Traumerlebnis hatte, wurde ein flüchtiger Sklave; denn der Drache windet sich durch die engsten Spalten und versucht, sich den Blicken der Verfolger zu entziehen. Die Mutter selbst war eine Sklavin.
- *Einer siebenten* träumte dasselbe, und ihr Sohn wurde gelähmt; denn der Drache bedient sich zum Vorwärtskommen seines ganzen Körpers, genauso wie die Gelähmten. Als die Frau dieses Traumgesicht schaute, lag sie an einer Krankheit danieder. Es war zu erwarten, dass das während der Krankheit empfangene und ausgetragene Kind sich nicht normal fortbewegen würde.«

Artemidor hütete sich, einseitige Verknüpfungen vorzunehmen, denn Symbole besitzen Mehrdeutigkeit, Ambivalenz und auch die verschiedensten Formen der Ähnlichkeit, wie er am Beispiel des männlichen Glieds als Traumsymbol verdeutlicht:

»Das männliche Glied gleicht den Eltern, weil es zum Samen in Beziehung steht, den Kindern, weil es deren Ursache ist; der Gattin und der Geliebten, weil es für die Freuden der Liebe geschaffen ist; den Brüdern und allen Blutsverwandten, weil vom Geschlechtsglied das verwandtschaftliche Verhältnis der ganzen Familie abhängt. Sodann bedeutet es Körperstärke und Manneskraft, weil es auch deren Urheber ist; deshalb wird es von einigen ›Mannheit‹ genannt. Ferner bezeichnet es die Rede und die Bildung, weil das Geschlechtsglied, ebenso wie das Wort, das Allerzeugungsfähigste ist. Ich habe einmal in Kyllene ein Kultbild des Hermes gesehen, das aufgrund einer natürlichen Auffassung lediglich als männliches Glied gearbeitet war. Ferner zeigt es Überfluss und Besitz an, weil es sich bald vergrößert, bald wieder zurückgeht und sowohl gewähren als auch ausscheiden kann. Weiterhin bedeutet es geheime Pläne, weil diese auch *medea* genannt werden ebenso wie

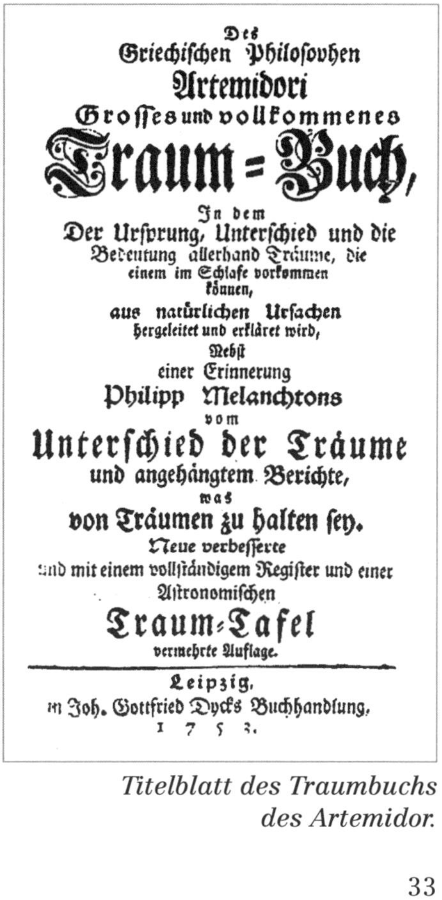
Des
Griechischen Philosovhen
Artemidori
Grosses und vollkommenes
Traum = Buch,
In dem
Der Ursprung, Unterschied und die
Bedeutung allerhand Träume, die
einem im Schlafe vorkommen
können,
aus natürlichen Ursachen
hergeleitet und erkläret wird,
Nebst
einer Erinnerung
Philipp Melanchtons
vom
Unterschied der Träume
und angehängtem Berichte,
was
von Träumen zu halten sey.
Neue verbesserte
und mit einem vollständigem Register und einer
Astronomischen
Traum-Tafel
vermehrte Auflage.

Leipzig,
in Joh. Gottfried Dycks Buchhandlung,
1 7 5 3.

Titelblatt des Traumbuchs des Artemidor.

das Glied; dann gleicht es Armut, Knechtschaft und Fesseln, weil es ›das Notwendige‹ heißt und das Symbol von Not und Zwang ist. Ferner gleicht es der Würde; denn *aidos* bedeutet Scham und Würde.«

Ascheorakel

Asche als Ergebnis der vernichtenden wie reinigenden oder läuternden Kraft des Feuers sollte eine große Macht innewohnen. Die Kirche treibt noch heute mit Aschekreuzzeichen am Aschermittwoch die Fastnachtsdämonen aus.

Eine in der Antike gebräuchliche Form der Wahrsagung beruhte auf dem genauen Beobachten der Brandopfer. Am Orakel von Apollon in Ismenios (Theben) wurde aus der Opferasche geweissagt. Genauere Überlieferungen über die Orakelvorgänge haben sich nicht überliefert. Der römische Grammatiker Servius berichtet aber in seinen Kommentaren zu Vergils »Eclogae« (8,105f.) um 400 n.Chr., die Gemahlin des →Cicero habe nach einem Opfer eine Trankspende auf die Asche gegossen. Als dabei plötzlich eine kleine Flamme aufzüngelte, deutete sie dies als →Omen dafür, dass ihr Mann Konsul werde. Er wurde Konsul.

Im Volksbrauchtum hielt sich folgende Vorgehensweise: Man schrieb die Frage mit dem Finger oder einem Stock in die Asche und setzte diese der freien Luft aus. In der sich nun »bewegenden« Asche wurden neue Buchstaben sichtbar. Diese oder diejenigen Buchstaben, die vom Luftzug nicht verwischt wurden, konnten nun einer kreativen Deutung unterzogen werden. Wollte man durch die Befragung einen Diebstahl aufklären, soll es sich bewährt haben, die Asche eines durch Blitzschlag verbrannten Menschen herzunehmen.

Äskulap (griech. Asklepiós)

Äskulap war ein Sohn des Wahrsagegottes Apollon und der Koronis, der Tochter eines thessalischen Fürsten. Der Überlieferung nach zog ihn der berühmte Sternkundige, Wahrsager und Arzt Chiron, der in Centaurengestalt in einer Höhle auf dem Berg Pelion lebte, auf. Chiron unterrichtete den Knaben von früh an in der Heilkunde.

Eine Schlange soll Äskulap ein wiederbelebendes Kraut gezeigt haben, so dass er mit seiner Kunst wahre Wunder bewirkte und auch Tote wieder zum Leben erweckte. Er zog sich bald den Hass des Unterweltgottes Hades zu, der immer weniger Bewohner in seinem Schattenreich zählte. Auf dessen Beschwerde hin erschlug sein Bruder Zeus den Äskulap mit einem Blitz.

Nach seinem Tod wurde Äskulap als Heilgott verehrt. Man errichtete ihm Tempel in →Epidauros, auf der Insel Kos, in Kleinasien und, nachdem in Rom 291 v.Chr. die Pest durch das Eingreifen des Gottes – in Gestalt einer Schlange – gestoppt worden war, auch auf der Tiberinsel (heute San Bartholomeo). In seinen Tempeln fanden Inkubationen (Traumorakel) statt.

Dargestellt wird Äskulap als wandernder Helfer, mit einem Stab in

Äskulap.

der Hand, um den sich eine Schlange (aufgrund ihrer jährlichen Häutung ein Symbol der Verjüngung, aber auch der Erdkräfte) windet. Der Äskulapstab ist heute noch das Abzeichen der Ärzte. Eine Schale, die er bei sich führt, ist das Sinnbild des heilenden Trankes. Ein anderes Attribut ist der Hahn, der die Wachsamkeit des Arztes anzeigt. Häufig steht neben ihm eine kleine Gestalt, der Genius der verborgenen Lebenskraft, Telespharos, der eine phrygische (persische) Mütze und einen den Körper verhüllenden Mantel trägt.

Äskulaps Gattin war Epione, die Lindernde, seine Tochter Hygiea ist die Göttin der Gesundheit.

Astrologie

Das Weltbild der Astrologie beruht auf dem Zusammenhang alles Seienden. Schon früh hatten die Menschen beobachtet, dass die sich rhythmisch ändernden Lebensbedingungen auf Erden wie die Jahreszeiten mit dem Erscheinen besonderer Sternbilder und Planeten zusammenfielen. Hieraus leiteten sie Entsprechungen ab. Bald entstand aus den Beobachtungen des Firmaments eine mathematische Disziplin, die sich vorrangig mit den Qualitäten der Zeit beschäftigte. »Und Gott sprach: Es werden Lichter am Himmel, die da scheiden Tag und Nacht und geben Zeichen, Zeiten, Tage und Jahre« (1. Mose 1,14).

Da die gängige Astrologie auf einem geozentrischen Ansatz beruht, werden die himmlischen Phänomene aus Sicht der Erde betrachtet. Von grundlegender Bedeutung sind hierbei die zwölf Tierkreiszeichen. Sie entsprechen den sich ändernden Lebensrhythmen mit ihrer spezifischen Qualität, die vom Werden bis hin zum Vergehen reichen. Als Urprinzipien gelten die zehn Planeten, denen Sonne und Mond zugerechnet werden. Sie offenbaren unter anderem Geist, Seele, Intellekt, Liebe, Sexualität, Kampf, Tod und Transzendenz. Die Stellung der Planeten zueinander vor dem Hintergrund der verschiedenen Tierkreiszeichen ist die Basis der Interpretation. Wird der Sternenhimmel auf einen bestimmten Ort zu einer bestimmten Zeit projiziert, ermöglicht dies die Berechnung des individuellen Geburtshoroskops mit den individuellen Gestirnsständen und mathematischen Faktoren wie

Aszendent, Meridian und den zwölf Häusern. Damit vermag Astrologie für jeden Ort und jeden Zeitpunkt die zugrunde liegende Qualität zu benennen.

Darüber hinaus kann sie durch geeignete Methoden, wie die Ermittlung der künftigen Planetenstände und weiterer Berechnungen (beispielsweise Direktionen) auch in die Zukunft blicken. Seit dem alten Sumer wurde Astrologie als Orakeltechnik eingesetzt. Doch hierin liegt die Gefahr, dass der Mensch an eine Determiniertheit des Schicksals glaubt und sich emotional mit seiner vermeintlichen Zukunft so stark beschäftigt, dass Autosuggestionswirkungen eintreten können.

Sollten die Sterne einmal »schlecht stehen«, kann sich jeder durch gründliche Selbsterforschung (→Befragung durch Meditation) dem Massenbewusstsein entziehen und seine Kräfte konstruktiv für sein eigenes Heil einsetzen.

Allegorische Darstellung der Astrologie, umgeben von den drei Moiren (→Nornen), Stich aus dem 16. Jahrhundert.

Auerworld-Argumente

Im Schloss Auerstedt fand eine Weltpremiere statt, als 63 Sprüche des Frankfurter Künstlers Micky Remann und 63 Bilder von Axel →Brück aus Düsseldorf, die völlig unabhängig voneinander entstanden, vor den Augen des Publikums zu 63 Orakelkarten verschmolzen wurden. Aus der Kombination entwickelte sich ein unbekanntes Drittes: die Auerworld-Argumente. Die Künstler erklärten dazu: »Das Ergebnis ist so ungewiss wie die Ziehung der Lottozahlen. Über die Zuordnung von Bildern und Sprüchen entscheidet der Zufall im Verbund mit den Energien der Anwesenden. Wir vertrauen dem Prinzip der orakulösen Selbstorganisation. Die Ordnung der Bilder und Texte, die sich in der Geburtsstunde der Auerworld-Argumente bildet, kann danach weder aufgelöst noch angefochten werden.« Das wundersame Wirken des Zukunftsorakels, »welches Probleme löst, die Sie noch gar nicht haben«, ereignete sich am 23. März 2002.

Augenbrauen- und Wimpernweissagung

Nicht nur in der Lehre der →Physiognomie spielte die Partie der Augen eine herausragende Stellung, einen Menschen zu bestimmen. Augen sind das Fenster der Seele, wissen wir, und ihre Einfassung unter Brauen- und Wimpern erhöht den Aussagewert. Niedergeschlagene Wimpern deuteten auf Neid, kurze auf Aggressivität und Ungeduld, lange auf Hoffart und Unverschämtheit. Heute werden lange Brauen mit femininer Feinfühligkeit und Aufmerksamkeit verbunden. Dichte buschige Brauen galten als Ausdruck eines dämonisch unheimlichen Charakters, zumindest eines energischen. Starke und borstige Brauen sollen zu nachdenklichen Menschen gehören, die zur Traurigkeit neigen und sich oft einer groben und verletzenden Sprache bedienen. Wellenförmige Brauen, zur Nase hin abwärts und zu den Schläfen hin aufwärts gerichtet, ließen Schamlosigkeit und Stumpfsinn erahnen, geschwungene Brauen Ehrgeiz und Stolz.

Bereits Aristoteles hielt zusammengewachsene Augenbrauen für ein Zeichen von Griesgram und Melancholie. Im Mittelalter dichtete man solche auch den Hexen, Zauberern, Vampiren, Werwölfen oder bösen Menschen an, und alle wären grundsätzlich damit gegen jeden bösen Spuk gefeit gewesen. Menschen ohne Augenbrauen sollten direkt aus dem Reich der Geister kommen. Zumindest wären sie faul, antriebsschwach und könnten weder geradeaus noch in die Ferne schauen, hieß es im Mittelalter. Die besonders auffälligen Brauen des ehemaligen deutschen Bundesfinanzministers Theodor Waigel aus Bayern veranlassten den frechen Volksmund zu der Behauptung: Wem solche buschig wilden und schwarzen Augenbrauen wüchsen, der lerne nie zu rechnen.

Auguren

Eines Tages soll auf dem Forum von Rom ein Specht aufgetaucht sein und sich dem Praetor Aelius Tubero, der gerade zu Gericht saß, auf die Hand gesetzt haben. Er ließ sich sogar von ihm anfassen. Die Zutraulichkeit des Vogels alarmierte die Auguren, handelte es sich doch um den Vogel des Kriegsgottes Mars. Sie prophezeiten, Rom werde von Katastrophen heimgesucht, ließe man ihn frei. Töte man ihn aber, müsse der Praetor ob dieses Sakrilegs sterben. In dieser aussichtslosen Lage drehte Aelius Tubero, ein ausgesprochener Patriot, dem Tier kurzerhand den Hals um. Der Praetor soll darauf ein gewaltsames Ende gefunden haben, was einige Kolporteure dieser Geschichte aber bezweifelten und als reines Augurenmarketing qualifizierten (Ranke-Graves 1981:576).

Als Hüter und Deuter der himmlischen Zeichen, der Entscheidung über Art der Götterbefragung, Opfer oder anderer Wiedergutmachungen bei göttlicher Verstimmung standen die römischen Auguren in höchsten Ehren. Im römischen Staat fiel keine wichtige Entscheidung, ohne vorher ein Orakel zu befragen. Viele undeutliche und widersprüchliche Zeichen

Phantasie-Stich aus dem Jahre 1675, unbekannter Meister.

traten dabei auf, und oft gab es ungebetene oder aber überhaupt keines! Hier bedurfte es einer soliden Fachkompetenz. Der Einfluss der Auguren war also beträchtlich, zumal sie ihr Amt auf Lebenszeit bekleideten. Lange wählten besondere Gremien oder später der Senat von Rom die Mitglieder des ursprünglich drei- und schließlich 15-köpfigen Augurenkollegiums aus den höchsten Würdenträgern des Staates, später konnten auch Plebejer dazu aufsteigen. Das Kollegium genoss hohe Privilegien: Nießbrauch staatlichen Grundbesitzes, Dienstleistung öffentlicher Sklaven, eine purpur-scharlachrot gestreifte Ehrentoga für feierliche Auftritte samt fester Plätze auf der Ehrentribüne des Circus Maximus. Wichtigste Ausstattung aber war der *lituus,* der knotenlose Augurenkrummstab, mit dem sie unter anderem den Himmel in *vier* Bereiche einteilten, wenn sie ihrer Aufgabe nachgingen.

Auguren oblag die Aufsicht über jede offizielle Vorzeichensuche und der dazu vorgesehenen Bezirke *(templa)* sowie die rechtliche Überwachung aller mit diesen Vorgängen betreuten Beamten. Dazu gibt es unterschiedliche Überlieferungen. Setzen die einen den Augur selbst in die Mitte des *templum,* um die Zeichen zu suchen, betonen andere, dass dies in strenger Arbeitsteilung nur der ausgewählte Auspex (→Vogelschau) durfte. Auguren hatten nur zu kommentieren, und das mit verbundenen Augen. Ihr ungeheures Fachwissen verbreitete Achtung und ehrfürchtige Scheu. Die so genannte *disciplina auguralis,* ein Kompendium aus Protokollen und Gutachten, umfasste eine kaum überschaubare Fülle von differenziertesten Vorzeichendeutungen, die ein Augur – ähnlich einem Juristen – weitestgehend auswendig kennen musste, wurde er in strittigen Fragen als Sachverständiger hinzugezogen. Neben Anzahl, Richtung, Flug und Geschrei von Vögeln konnten auch die heiligen →Hühner oder das Auftreten vierfüßiger Tiere wie beispielsweise Hunde, Füchse, Wölfe den himmlischen Willen äußern. Daneben spielten vor allem Blitz und Donner eine große Rolle nebst anderen Wettererscheinungen (→Luftorakel). Letztlich besaß jedes halbwegs ungewöhnliche Ereignis Aussagewert (→Omen).

Zur Zeitenwende aber ließ das Interesse an der Suche nach dem göttlichen Willen bei gebildeten Bürgern, zu denen sie ja vor allem zählten, stark nach. Die Götter selbst ernteten von manchen Frühaufklärern nur noch Spott und Hohn. Ein geflügeltes Wort machte die Runde: »Ein Augur lächelt, wenn er einen Auguren sieht.« Setzen heute Politiker ihr »Augurenlächeln« auf, haben sie dem gutgläubigen Volk wieder einmal einen Bären aufgebunden. Der Augur Marcellus reiste nur mit geschlossenen Vorhängen in seiner Sänfte, um erst gar keine Zeichen mehr zu sehen.

Auspicien →Vogelschau

Axtorakel

Die Weissagung mit Axt oder Beil (Axinomantie) soll aus der Antike stammen. Wir sind aber ausschließlich durch mittelalterliche Bräuche über Einzelheiten unterrichtet. Diese Form der Weissagung schien ausschließlich der Suche nach Schuld und Schuldigen zu dienen. Dazu warf man eine Axt flach ins Wasser und deutete aus den Wellen oder der Zeitspanne des Sinkens. Wenn für eine leidige Angelegenheit mehrere Täter in Frage kommen, schlage man eine Axt so in eine Eiche, dass sie nicht allzu fest sitzt. Vorher entschuldige man sich beim Baum und bekräftige der Umgebung, man wolle ja nur den Täter herausfinden. Dann nenne man die Namen. Erzittert die Axt bei einem Namen, könnte man diesen Hauptverdächtigen nun einfach selbst befragen.

Die Axt als frühes Symbol der höchsten Himmelsgötter und ihres Richteramts ähnelt der Symbolik des Schwertes und weist auf Gewalt, Herrschaft und Macht, aber ebenso auf die Schärfe der Unterscheidungskraft. Unterscheiden hat mit Denken zu tun, mit Analyse. Australische Aborigines gehen bei der Schuldigensuche mitunter direkter vor. Sie besuchen den vermeintlichen Täter und schmuggeln dabei, in einem Beutel oder Sack verborgen, eine Axt in die Wohnung. Dann setzen sie sich dem Gastgeber gegenüber und stellen den Beutel scheinbar in Gedanken dazwischen. Bald beginnt ein schonungsloses Verhör mit präzise gestellten Fragen. Das Schneidende deutet dabei auf den Befragten. Solange die Axt im Raum liegt, muss die Wahrheit gesagt werden.

B

Bachblüten-Orakel

Der Arzt Edward Bach entwickelte ab 1930 in England sein Blütensystem. Die 38 Blüten beziehen sich weniger auf körperliche Krankheitssymptome, sondern sollen zu einem tieferen Verständnis des jeweils zugrunde liegenden geistigen Konzepts verhelfen und damit einen »Selbstauseinandersetzungs-Prozess« unterstützen. Das System zielt darauf ab, vorübergehende negative Gemütsstimmungen wie Unsicherheit, Eifersucht oder Kleinmütigkeit in den Griff zu bekommen. Ziel ist die seelische Reinigung, Selbsterkenntnis, harmonische Entfaltung, damit eine größere Stabilität der Persönlichkeit mit der Folge einer höheren Resistenz gegenüber seelischen und psychosomatischen Störungen (Scheffer 1990:7).

Es gibt dazu ein Kartenset. Auf jeweils einer Karte wird eine Bachblüte in ihren Wirkungen vorgestellt und mit den jeweils zu überwindenden Schwächen und zu erarbeitenden Stärken. Mit diesen soll sich der Heilung Suchende intensiv befassen und die individuelle Zuordnung der Essenzen aus einer »inneren Gestimmtheit« erspüren. Der das Orakel Befragende werde dabei häufig verblüfft sein, mit welch erstaunlicher Weisheit sein höheres Selbst die Wahl der Karten trifft, verspricht der beiliegende Text.

Barbara-Orakel

Barbara (= griech.: fremd; sumerisch: Sonne) war nach einer Legende die einzige und wunderschöne Tochter des Dioscorus (= Gottes Sohn) aus Heliopolis, dem Zentrum der mystischen Sonnenverehrung Ägyptens. Aus Angst, sie vorzeitig durch eine Heirat verlieren zu können, schloss der Vater sie in einen hohen Turm ein. Hier, in der Einsamkeit wie Rapunzel oder →Veleda, hatte sie genügend Zeit, über allerlei Heidnisches oder Christliches zu kontemplieren. Im deutschen Sprachbereich verwob Barbara mit einer der drei Saligen (Barbet, Borbet usw.), hinter deren unzähligen Namensvarianten sich verschiedene Aspekte der dreifachen Großen Mutter vorchristlicher Zeiten verbergen. Grund genug, Barbara in die Weissagungsbräuche mit einzubeziehen.

Die am 4. Dezember geschnittenen und ins Wasser gestellten »Barbarazweige« verkünden ein Orakel, wenn sie an Heiligabend aufblühen. An jedem Zweig hängen Zettelchen mit Bitten. Die Bitten an den Zweigen, die sich am 24. Dezember entfalten, sollen in Erfüllung gehen. Als Zweige dienen gewöhnlich Weichsel, wilde Kirsche, Tanne, Fichte, Holunder, Apfelbaum oder Rotdorn. Brauchtumsforscher sehen einen Zusammenhang des Barbara-Orakels mit dem Sprießen des Lebenszweigs zur Sonnenwende; ebenso mit dem Sinnbild der Wurzel Jesse, die »mitten im kalten Winter« ein »Blümelein bracht«, das Jesuskind, das zum Christus wurde, zum Erlöser.

Der Tag der heiligen Barbara, der 4. Dezember, galt früher als Lostag für die Getreideernte. Im österreichischen Burgenland stellte man zu St. Barbara einen Teller mit befeuchteten Weizenkörnern auf. Waren bis Heiligabend viele Keime aufgegangen, versprach dieser »Barbaraweizen« ein fruchtbares Jahr. Ganz besonders aber verband sich die Aussicht auf eine Obst- oder Kirschernte mit den Barbarazweigen. Dazu dient natürlich der entsprechende Zweig. Es sei noch verraten, dass der in der Christnacht blühende Zweig eine besondere magische Kraft besitzt. Wer den Weg zur Christmette nicht scheut, vermag mit dem Barbarazweig in der Kirche höchst verborgene Dinge zu sehen …!

Baumorakel

Der Lebensbaum, in allen Kulturen Symbol der Weltenachse, reicht mit seinen Wurzeln tief in das Reich der Erde, während seine Äste sich hoch zum Himmel recken. Er war Ausdruck der göttlichen Ordnung, der Geheimnisse des vegetativen, geistigen und seelischen Zyklus. Einige seiner irdischen Vertreter schienen besonders prädestiniert, den Keim des Zukünftigen preisgeben zu wollen. Die germanische Weltenesche Yggdrasil spielte den Mittler zwischen Himmel und Erde, Gott und Mensch. Das Alte Testament erwähnt die Palme von →Beth-El. Von der ließ sich die Prophetin Deborah

Uralt und viel wissend, selbst noch im abgeholzten Zustand.

inspirieren. David, der den Herrn fragte, wann er die Philister angreifen solle, bekam als Antwort ein Seufzen aus den Kronen der Maulbeerbäume.

So gut wie keines der alten Orakelzentren kam ohne seinen heiligen Baum aus. In →Dodona, wo nach vorhellenischer Legende das Menschengeschlecht entstand, wuchs die berühmte »sprechende Eiche«. Entweder säuselte der Wind in den raschelnden Blättern oder er verfing sich in den zusätzlich aufgehangenen Klanginstrumenten. →Delphi am Parnass verherrlichte seinen heiligen Lorbeerbaum. Delos wurde mit der Palme und dem Mond in Zusammenhang gebracht. Das Orakelzentrum in Thenae nahe Knossos, wo auch der Omphalos Kretas stand, verehrte eine heilige Weide. An der Südküste Zyperns, an dem symbolischen Geburtsort der Göttin Aphrodite, stand das ehemalige Orakel mit einer heiligen Zypresse in Zusammenhang. Athenes Geburtsort am Tritonsee (an der Grenze zwischen Libyen und Tunesien) verehrte eine Orakelzeder.

Das berühmte Apurimac-Orakel in Peru bestand aus einem mit Frauenkleidern behängten Baumstamm, der in einem öffentlichen Gebäude stand. Im Jahr 1534 hörte ein spanischer Gefangener, der bei einer Befragung durch Manco Inka zugegen war, den Baumstamm mit weiblicher Stimme antworten.

In Mitteleuropa wurden dürre Bäume, die plötzlich wieder zu grünen begannen, gern mit den Weltendsagen verbunden, so der Birnbaum von Werl in Westfalen und der im Walserfeld bei Salzburg. Ungewöhnliche Blütezeiten und plötzlich im Wald umkrachende Bäume deuteten auf mittelschwere Unglücke.

Wer das Baumorakel sucht, bedarf einiger Sensibilität, um Antworten zu finden. Der Baum kann mit einem herabgeworfenen Blatt oder Ast reagieren und damit signalisieren, zunächst müsse etwas Verbrauchtes losgelassen oder Platz für Neues geschaffen werden. Er kann den Blick auf eine bestimmte Bewegung in seinen Zweigen lenken oder im Rascheln raunen. Man braucht hier schon eine besondere Intuition. Da der Lebensbaum zu den Grundsymbolen und Archetypen des Menschen gehört, sollten es ohnehin grundsätzliche Fragen sein, die man hier stellt. Partnerfragen zählen durchaus dazu. In der Andreasnacht schüttelten junge Frauen Obstbäume zum Liebesorakel. Aus welcher Richtung dann ein Hund bellte, aus der sollte ein ernst zu nehmender Freier kommen.

Bedeutung antiker Orakelstätten und ihre Schließung

Als der Philosoph Zenon um 300 v. Chr. das Orakel in Delphi befragte, wie er sein Leben gestalten solle, bekam er zur Antwort: Er solle sich mit den Toten paaren. Zenon deutete dies als Aufforderung, sich intensiv dem Studium der alten Schriftsteller zu widmen.

Berichte über die antiken Orakel und deren Ausgrabungen lassen erkennen, wie oft Integrität und Schwindel Hand in Hand gingen. Auch die Besucher selbst schienen die göttliche Weissagung nicht immer so ernst zu nehmen, wenn sie nämlich das Orakel so lange befragten, bis es endlich eine günstige Aussage machte. Doch dürfen wir davon ausgehen, dass die meisten Priester und Priesterinnen ihre Aufgabe mit dem größten Ernst versahen. Zeitweise und manchen Orts mögen sie dabei Drogenpflanzen benutzt haben, damals vermutlich sogar eine legitime flankierende Maßnahme. Stellte der durch Drogen herbeigeführte Zustand der Bewusstseinserweiterung eine Art unverzichtbares Showelement dar? Trance als Beweis der Gottesnähe (→Tibetisches Staatsorakel)? Oder waren Drogen notwendig geworden, weil ein wachsendes mentales Bewusstsein die Zugänge zum Unbewussten langsam verriegelte?

Seitdem →Apollon die Orakelstätten beherrschte, suchte ein Teil der Priesterschaft wohl die intuitive Antwort des Gottes mit der nüchternen Logik zu verbinden. Viele recht weise Sprüche der Orakel haben sich überliefert, oft verbunden mit Rätseln, die der Klient mit oder ohne Beistand zu lösen hatte. Zum Teil weisen die Antworten inhaltlich wie sprachlich-dichterisch einen hohen intellektuellen Anspruch auf. Manch einer mutmaßte dahinter sogar Absicht seitens der Priester, das kulturelle Niveau ihrer Zeit anzuheben. An einigen Orakelstätten rekrutierte sich die Priesterschaft nur aus hochgebildeten Familien, die zur intellektuellen Elite gehörten. In →Didyma (auch »Branchidae« genannt) »beherrschten« Jahrhunderte lang die berühmten »Branchiden« das Orakel, die Nachfahren des mythischen Sehers Branchos, eines Sohns des Apollon.

Die Orakel vermittelten wichtige Verhaltensformen zur Krisen- und Konfliktbewältigung, im öffentlichen wie im privaten Bereich. Was die göttliche Interpretation anging, pflegte man oft unkonventionelle Vorstellungen. Die Orakel stifteten kraftvolle neue Ideen, Normen oder Kulturtechniken (→Sibyllinische Bücher) und mahnten Verantwortung an, selbst für die Taten der Ahnen. Sie wiesen darauf hin, wie sorgfältig Fragen bedacht sein sollten (→Fragestellung bei Orakelverfahren) und dass manches Schicksal hingenommen werden muss, da unser Verhalten unausweichliche Folgen nach sich ziehe. Im Zeitalter Hunderter von Stadtstaaten suchte vor allem Delphi nach einer panhellenischen Identität, wirkte damit staatsbildend und -tragend, dachte sogar schon in globalen Ansätzen. Deswegen wurde es auch von Nichthellenen ernst und in Auftrag genommen. Sein Einfluss erstreckte sich auf weite Teile des Mittelmeerraums.

Ob durch Absicht oder Zufall, die Orakelstätten der Alten Welt entwickelten sich unter der Führung Delphis zu Zentren eines neuen Denkens. Ihre »Gedanken waren überraschend«, fand sogar Aristoteles, und er zog Vergleiche mit der Philosophie, wo auch »ein scharfsinniger Geist Ähnlichkeiten zwischen zwei weit auseinander liegenden Dingen erkennt«. Die Orakelstätten stellten dank ihrem Einfluss »eine ständige Herausforderung für überkommene Denkschemata dar, indem sie zur Lösung von Problemen animierten – kraft der Autorität eines heiligen Ursprungs und mit Billigung der Götter« (Temple 1982:91).

Doch alles folgt den Gesetzen der Natur, wächst, gedeiht, um irgendwann abzusterben. Einige Orakelstätten verloren schon früh ihre Bedeutung, andere, wie →Didyma, blühten im 2. Jahrhundert n. Chr. erst richtig auf. Doch setzte gerade in dieser Zeit der rapide Verfall ein. Seit der Politik Alexanders des Großen lösten sich die *poleis* zugunsten von Flächenstaaten auf. Damit verloren die Orakel ihre bedeutendste Klientel, die für alle wichtigen politisch-gesellschaftlichen Entscheidungen den Spruch der Götter gesucht hatte (Rosenberger 2001:183). Stattdessen drängten sich immer mehr Privatpersonen in den Heiligtümern, um selbst für alltägliche und geschäftliche Absichten Entscheidungshilfe zu finden. Für solche Fragen stand ihnen aber auch ein öffentliches →Würfel- und →Losorakel zur Verfügung. In der römischen Kaiserzeit wuchs gleichzeitig die Kritik aufgeklärter Intelligenz, die es ablehnte, sich fremdbestimmen zu lassen. Einige nahmen die Orakelverfahren kritisch rationalistisch unter die Lupe und versuchten die Spreu vom Weizen zu trennen. →Cicero ließ kaum noch Weizen übrig. Gleichzeitig setzte aber auch, vor allem bei den römischen Kaisern sichtbar, eine Tendenz ein, immer mehr auf sich selbst bezogene Vorzeichen und Träume zu interpretieren. Als unter dem fanatisch christlichen Kaiser Theodosius (379–395 n. Chr.), dem schon ein →Hühnerorakel geweissagt hatte, symbolträchtig die Eiche von →Dodona 391 gefällt, selbst deren mannsdicke Wurzeln ausgegraben und im Zuge seiner Zerschlagungspolitik der Kulturbetrieb an den anderen Orakeln verboten wurde, hatte sich nicht nur das Christentum fremder und heidnischer Kulte entledigt. Der Mensch war verstärkt auf dem Wege zu Selbstbewusstsein. Das Wissen um den eigenen Weg brauchte nicht mehr außen gesucht zu werden, sondern fand sich in jedem selbst. →Sibyllen und →Propheten hatten weitestgehend ausgedient. Die Orakelverfahren wanderten nun in die Hände des einfachen Volkes, verbanden sich mit abstrusem Aberglauben und überlebten bis heute.

Im Jahr 362 versuchte Kaiser Julian Apostata das Orakel von Delphi noch einmal zu beleben. Es vegetierte zu dieser Zeit schon vor sich hin. Bis auf eine →Pythia und ein paar Priester war es verlassen. Der Abgesandte Julians ließ das Orakel fragen, was es für seine eigene Rettung vorschlage. Die Pythia sprach noch einmal und formulierte damit schon den Nachruf: »Künde dem König, das schöngefügte Haus ist gefallen. Phoibos →Apollon besitzt keine Zuflucht mehr, der heilige Lorbeer verwelkt. Seine Quellen schweigen für immer, verstummt ist das Murmeln des Wassers.«

Befragung durch Meditation

Der Begriff »Meditation« wird heutzutage so inflationär gebraucht, dass er für ganz unterschiedlich seelisch-geistige Prozesse bis hin für jede Art von Entspannung herhalten muss. Im Begriff steckt *medium* = Mitte, und in der ureigensten Begrifflichkeit geht es darum, zur Mitte unseres Wesens vorzudringen, zum innersten Sein. Dort sprudelt die Quelle aller schöpferischen Gestaltungskraft und wandelnder dynamischer Kreativität (→Akasha). Doch so einfach ist es nicht, diese Quelle anzuzapfen, wie jeder weiß, der es ernsthaft versucht.

Meditation kann uns einen Zugang dorthin eröffnen. Dabei kursieren erstaunlich viele Formen, zumeist auf verschiedene Ziele abgestimmt. Nicht jede eignet sich für Anfänger. Glaubt man, die für sich passende gefunden zu haben, bleibe man dabei. Haben wir einen Kontakt mit unserem inneren Bewusstsein aufgebaut und halten ihn durch regelmäßige Kontemplation aufrecht, dürfen wir irgendwann eine immer befriedigendere Zwiesprache und wertvolle Intuitionen erwarten. Doch liegen hier auch viele Fallen für uns bereit (→Innere Stimme, →Channeling).

Wollen wir unser inneres Bewusstsein befragen, bedarf es zunächst wieder der gründlichen Vorbereitung, durch Nachdenken so weit wie möglich zum Kern des Problems vorzudringen (→Fragestellung bei Orakelverfahren). Je gründlicher wir dabei vorgehen, und das erfordert Zeit – manchmal Tage oder Wochen – und einiges an Anstrengung, desto näher kommen wir dem Lösungsbereich. Dafür eröffnen sich neue und tiefere Fragen. Gelangen wir an den Punkt, an dem es nicht mehr weiterzugehen scheint, legen wir einen Tag und die Stunde fest, um in die Meditation einzutreten. Es eignen sich dafür mehr die stillen ungestörten Stunden am frühen Morgen oder späten Abend. Manchen

Adad, der babylonische Gott des Orakels mit Blitzen in den Händen.

hilft es, eine Kerze anzuzünden und sich mit Musik einzustimmen. Andere bevorzugen die freie Natur. Ein voller Magen oder die vorherige Einnahme von Kaffee oder schwarzem Tee erschweren die Arbeit sehr. Nun setze man sich so entspannt hin, dass nichts die Konzentration beeinträchtigt, wie lange es auch dauern mag. Bewährt hat sich für westliche Menschen die so genannte Pharaonenhaltung: in aufrecht gerader Haltung mit entspannter Wirbelsäule, die Hände auf den Oberschenkeln – ein Ausdruck von achtsamer Gesammeltheit. Der Atem sollte ruhig fließen. Man halte sich bewusst offen, vorurteilsfrei und ohne bestimmte

Erwartungen oder Wunschvorstellungen. Jetzt fasse man noch einmal seine Überlegungen zusammen, formuliere die Frage und gebe sie dann mit der Bitte um Beantwortung nach innen ab.

Von jetzt an versuche man alle Gedanken auszuschalten, die aber stattdessen verstärkt und von allen Seiten auf uns eindringen. Mit Gewalt richten wir hier nichts aus. Eher lasse man sie wie Wolken vorüberziehen. Wenn es gelingt, gelangen wir irgendwann zu einem wenn auch anfangs nur kurzen Moment wirklicher Stille. In diese Stille kann die Antwort fallen. Zunächst lasse man sie einfach auf sich wirken, doch notiere man sie. Jetzt aber sollten wir sie gründlich mit unserem Verstand überprüfen. Ist sie auch wirklich stimmig? Passt sie zu allen Zügen unseres Wesens? Zunächst haben wir nämlich nur unser persönliches Bewusstsein erreicht, dem wir eine subjektive und objektive Ebene zuordnen können. In diesem Bereich, mit dem wir uns vielleicht lange Zeit zufrieden geben müssen, finden sich nur unzulängliche Antworten.

Nutzen wir diese Form der Meditation häufiger, vergrößert sich auf Dauer unmerklich das Hintergrundfeld. Plötzlich können wir Zusammenhänge erfahren, die über unser persönliches Bewusstsein hinausgehen. Wir haben die Ebene des so genannten kollektiven Bewusstseins erreicht, die Schatzkammer der gesammelten menschlichen Erfahrungen. Dieser Kontakt bleibt allerdings flüchtig wie ein scheues Reh. Zu den Sternstunden im Leben zählt, Zugang zum so genannten allumfassenden oder kosmischen Bewusstsein zu finden, das häufig als göttliches Bewusstsein oder Überseele verstanden wird. Doch dies passiert nur sehr wenigen und auch diesen nur höchst selten. Solche Botschaften oder Inspirationen äußern sich dann auch nur in Sekundenbruchteilen und meist in abstrakter Symbolik. Die alten Mythen sprachen vom zündenden Blitz, und alle Donner- und Blitzgötter waren zuständig für äußeres und inneres Wetterleuchten.

Im Allgemeinen gilt: Stellt sich innerhalb von maximal 15–20 Minuten kein Bild, kein Raunen, kein Gefühl oder eine Gewissheit ein, können wir getrost abrechen. Das heißt aber nicht, dass wir erfolglos blieben. Wenn der Kontakt mit dem inneren Bewusstsein noch nicht steht, dauert es manchmal Tage oder gar Wochen, bis die Antwort auftaucht. Sie kann uns dann auch von außen durch Medien, Bekannte oder im beiläufigen Gespräch mit Unbekannten erreichen. So lange muss man aber nicht an derselben Stelle verharren.

Berlin-Orakel

»1600 Jahre nach →Delphi entsteht im Herzen Berlins Europas Orakel der Neuzeit«, preisen die Konzeptkünstler ihre unbestritten großartige Idee. 1995 haben die Arbeiten begonnen, den kreisrunden Mehringplatz in Berlin-Kreuzberg zum ersten begehbaren Orakelplatz umzuwandeln, am ehemaligen Südtor der Stadt und dem Beginn der Friedrichstraße. An diesem Ort wird – neben vielen an-

»Ask me«, Zeichnung des künftigen Orakels von Berlin am Mehringplatz.

deren – die Lage des heiligen Hains der germanischen Semnonen vermutet (Zerling 2000:98ff.). Auf den Dächern des inneren Gebäuderondells werden im festgelegten Ablauf des Farbspektralkreises mit weithin sichtbarer Wirkung 64 Windtafeln installiert. Jede Windtafel nimmt Bezug zu einer im Boden eingelassenen Texttafel aus dem →I Ging. Darauf finden sich auch noch Lebensphilosophien von 64 international bekannten Persönlichkeiten. Schon der Weise →Konfuzius, der das I Ging niederschrieb, hatte jedem der aus 64 Zeichen bestehenden Weisheitssprüche eine Farbe zugewiesen. Wind und Licht werden das Orakel von Berlin in ständigem Wechsel der Farben mitgestalten.

Hinweistafeln fordern den Besucher auf, sich eine Frage zu stellen, die nicht mit Ja oder Nein zu beantworten ist. Dann lasse man sich von einer der Farben anziehen, trete zu den installierten Texten und sinniere über den Spruch aus dem 2500-jährigen »Buch der Wandlungen«.*

* Nähere Informationen, auch zu den internationalen Künstlern und dem gegründeten gemeinnützigen Verein, unter www.DasOrakelvonBerlin.de.

Bes

Der Kult um Bes (oder Besa) kam in der 12. Dynastie (etwa 2500 v.Chr.) vom Sudan nach Ägypten. Dargestellt wird Bes als Zwerg mit einem Schwanz, der ein Pantherfell und eine hohe Federkrone trägt und auf einer Harfe spielt. Andere Darstellungen zeigen ihn, wie er mit einem Tamburin um Mütter und ihre Neugeborenen tanzt, Späße macht und mit einem Schwert die bösen Geister vertreibt. Bes war im Volk einer der beliebtesten Götter. Er, der Gott der Musik, des Gesangs und des Tanzes, brachte Glück, beschützte bei Geburten das neue Leben und war der Hüter des Schlafes und sandte Träume. Leute, die an Schlaflosigkeit litten, riefen ihn in Ritualen, zu denen auch die Einnahme seltsamer Tränke gehörte, um Hilfe an.

Priester teilten in seinem Namen Orakel in versiegelten Briefen aus. Zur Zeit Konstantins des Großen soll der Kult des Bes noch bestanden haben. Angehörige des Hofes, so ist überliefert, fragten den Gott um Rat, sehr zum Ärger des christlich gesinnten Kaisers.

Beth-El

Beth-El (= Haus Gottes), heute etwa 16 Kilometer nördlich von Jerusalem, gilt als ältestes Höhenheiligtum der Hebräer und Frühisraeliten. Archäologen wiesen eine Besiedlung seit der Mittelbronzezeit nach. Der Patriarch Abraham soll hier bereits einen Altar errichtet haben (1. Mose 12,8). Der Ahnherr der zwölf Stämme Israels, Jakob, empfing hier seine Vision der »Himmelsleiter«, die auch als Aufstieg der Bewusstseinsstufen des Menschen gedeutet wird. Jakob sah deswegen in Beth-El die »Pforte zum Himmel« und errichtete einen Stein als Säule und Altar.

In der Richterzeit standen hier die Stiftshütte mit der Bundeslade, die heilige Palme und das Orakel von Urim und Thummin (→Losorakel). Als König Salomon den Tempel in Jerusalem baute, schwand die zentrale Bedeutung des Ortes. Für die nördlichen Stämme blieb er noch religiöser Mittelpunkt, obwohl →Propheten die dortigen Kulte als Götzendienst verdammten. König Josia vernichtete Beth-El dann 621 v. Chr. als Teil einer Reform, die sich gegen die Kulte auf allen alten Höhenheiligtümern richtete (2. Könige 23,15).

Bibelorakel →Däumeln

Bienenomen

Wie alle Haus- und Nutztiere, deren Verhalten man ausgiebigst beobachtete, eigneten sich Bienen für Wetterdiagnosen. Imker geben noch heute recht viel darauf. Verfolgten Bienen sich und bissen sich gegenseitig tot oder kam es zu organisierten Schlachten benachbarter Bienenstaaten, schloss man auf einen baldigen Krieg.

Einmalig in der Tierwelt aber bleibt die Weissagung der Bienen hinsichtlich der Dichter- und Rednergabe. Wem eine Biene an die Lippe fliegt, ohne dort schnöde hineinzustechen, der mag sich an den heiligen Ambrosius, Bischof von Mailand, erinnern oder, wem das lieber ist, an den antiken griechischen Tragödiendichter Sophokles. Diesen wurde durch ein solches →Omen klar, dass ihnen die Worte künftig »wie Honig von

Der Liebesgott Amor auf der Flucht. Albrecht Dürer: Venus und Amor, 1514, Wien, Sammlung Albertina.

den Lippen« fließen würden. Und während Platon in der Wiege schlummerte, machten es sich Bienen auf seinem Mund geradezu bequem. In der Antike strebte man in einem solchen Fall an, der Muse über Literatur und Philosophie Ausdruck zu verschaffen. Oder man stellte sich in den Dienst von Staat und Religion. Heutzutage scheinen aber Vertreter von Politik und Kirche nicht mehr so gern von Bienen angeflogen zu werden.

Bileam

Als die landhungrigen Hebräer auf der Suche nach dem »gelobten Land Israel« sich dem Gebiet von Moab näherten, schickte der König der Moabiter, Balak ben Zippor, zum Seher Bileam. Er solle kommen und die Israeliten mit einem Zauber verfluchen. Deswegen aber zürnte Jahwe und stellte dem reisenden Bileam einen Engel mit gezücktem Schwert in den Weg. Bileam ritt eine Eselin, und die sah den Engel, der Seher nicht. Die Eselin versuchte, den Engel weiträumig zu umgehen. Es misslang. Zum einen trieb sie der Engel zu immer schmaleren Stellen, zum anderen wurde sie ständig vom entnervten Bileam, der ihr Verhalten nicht verstand, heftig mit einem Stock geprügelt. Schließlich ließ sich die Eselin so resigniert wie empört fallen und sprach: »Was hab' ich dir getan, dass du mich schon dreimal schlägst?« Habe er nicht immer gut geritten auf ihr? Habe sie nicht immer alles für ihn getan? Habe sie also so etwas verdient? Durch sein Vehikel, das plötzlich zu reden vermochte, in einen Schockzustand geraten, erschaute plötzlich auch Bileam den Engel. »Wäre die Eselin vor mir nicht ausgewichen, hätte ich dich umgebracht«, verkündete dieser unmissverständlich.

Bileam wollte nun gleich beflissen umkehren, doch die Fügung hatte anderes im Sinn. So ritt er weiter zum König nach Moab, der von ihm verlangte, das Heer der Israeliten mit einem dreifachen Fluch zu vernichten. Als aber die Opferaltäre errichtet waren, »überkam es Bileam«, und er wurde zum →Propheten Jahwes. »Es sagt Bileam, der Sohn Beors, es sagt der Mann, dem die Augen geöffnet werden, während er niederkniet: Ich sehe ihn, aber nicht

Rembrandt van Rijn: Bileam und die Eselin. Musée Cognacq-Jay, Paris.

jetzt. Ich schaue ihn, aber nicht von nahe. Es wird ein Stern von Jakob aufgehen und ein Szepter aus Israel aufkommen und wird zerschmettern die Fürsten der Moabiter und zerstören alle Kinder des Getümmels.« Dann wandte sich Bileam in alle Richtungen und weissagte die Unterwerfung aller kanaanitischen Völker unter dem Joch der hebräischen Einwanderer, der Nachkommen Jakobs. Sprach's vor den entsetzten Moabitern, setzte sich auf seine Eselin, mit der er sich mittlerweile versöhnt hatte, ritt wieder heim – und damit hielt der biblische Erzähler diese Geschichte auch für abgeschlossen (4. Mose, 22–24).

William Blake

Der englische Dichter, Maler und Mystiker William Blake (1757–1827) hatte zeitlebens Besuch aus dem Jenseits. Dauergäste waren zum einen der Geist seines Bruders, der bald nach seinem Tod zu ihm kam und vor Freude in die Hände klatschte, als er William sah, und zum anderen auch der Geist des jüdischen Propheten →Jeremias, ein Zeitgenosse des babylonischen Königs →Nebukadnezar.

Mit zehn Jahren hatte Blake bereits eine Vision gehabt. Als er zu Hause erzählte, dass er auf einem Hügel einen Baum gesehen hatte, der gänzlich mit Engeln bedeckt war, riskierte er eine Tracht Prügel durch seinen Vater, der eine solche Lügerei nicht dulden mochte. Ein andermal sah er Bauern Heu machen und unter ihnen engelhafte Personen umhergehen. Als Blake 1770 in seinem 13. Lebensjahr mit seinem Vater einen Graveur aufsuchte, sagte er anschließend zu seinem Vater, er möge diesen Mann nicht, er habe ein Gesicht, als solle er eines Tages gehenkt werden. Zwölf Jahre später wurde der Mann wegen Banknotenfälschung vor Gericht gebracht und zum Tod am Galgen verurteilt.

Von 1819 bis 1821 hielt Blake zusammen mit den Malern John Varley und John Lenney regelmäßig Seancen zwischen neun Uhr abends und fünf Uhr morgens ab. Geister, die sich in dieser Zeit zeigten, wurden von Blake befragt und porträtiert. Eines Abends sah Blake sogar den Geist eines gerade dahingeschiedenen Flohs. Mit Hilfe von Varley, der ihm schnell seine Malutensilien reichte, brachte der aufgeregte Blake ein Bild für die Nachwelt aufs Blatt, bevor das Wesen wieder verschwand. Vorher erzählte der unheimliche Besucher noch, dass alle Flöhe von den Seelen von extrem blutdürstigen Menschen bewohnt würden. In weiser Voraussicht des Schöpfers seien Flöhe deshalb an die Größe von Insekten gebunden. Würde man ihm, gestand der Besucher, in seiner nächsten irdischen Wiederverkörperung als Floh die Größe eines Pferdes geben, würde er ganze Landstriche entvölkern.

Am 14. Oktober 1819, nachts um Viertel vor zwölf, fand sich auch der Geist von Richard Löwenherz ein, um für den Künstler Porträt zu sitzen. Und der Geist des Königs Saul erschien freundlicherweise ein zweites Mal, um sich malen zu lassen, weil er sich das erste Mal zu undeutlich manifestiert hatte.

Porträt eines Flohgeistes, der William Blake 1819 erschien. Der Geist hält in der Hand eine Schüssel, in der er ausgesaugtes Blut aufbewahrt. Als Gewand trägt er eine schuppige grüngoldene Haut. Am Boden sieht man den entseelten Leib des Flohs, aus dem der Geist gerade entwichen war.

Blake war klar, dass er sich nur wenigen seiner Zeitgenossen mit seinen prophetischen Gedichten (»Vala or the four Zoas«, »Milton«, »Jerusalem«) und seinen mystischen Bildern (»Europe, a prophecy«; »America, a prophecy«) verständlich machen konnte. Er sah sich als Sekretär von Autoren, die die Ewigkeit bewohnten und die ihm freundlicherweise ein paar Einsichten in die himmlischen Wissenschaften schon zu seinen Lebzeiten visionär vermittelt hatten. Er hoffte aber, wie er in einem Brief schrieb, mit einem Werk einmal zukünftige Generationen ansprechen zu können.

Helena Petrowna Blavatsky

Das Leben der bedeutendsten, faszinierendsten und sicher umstrittensten Okkultistin des 19. Jahrhunderts umranken zahllose Legenden, die sie aber meist selbst in die Welt gesetzt hat. Bereits in frühester Jugend zeigte sie mediale Fähigkeiten, die sie später zum wohl bekanntesten Medium werden lassen sollten. 1831 im heutigen Dnjepropetrowsk (Ukraine) geboren, verheiratete ihr deutschstämmiger Vater, ein Oberst von Hahn, die 17-Jährige mit dem russischen General Blavatsky. Bereits nach wenigen Monaten floh sie aus dieser Ehe nach Konstantinopel. Von nun an sind wir auf ihre eigenen Nachrichten angewiesen. Und in ihrer Gabe, Wahrheit und Phantasie miteinander zu verweben, übertraf sie vermutlich nur noch ihr diesbezüglicher Vorgänger, Abt →Trithemius von Sponheim.

Ihr Weg scheint sie quer durch die Welt geführt zu haben. Sie erwähnt Ägypten, Amerika, Indien, Tibet. Überall sei sie auf bedeutende Magier, Adepten, irdische und nichtphysische Meister getroffen. Im Juli 1873 betrat sie erneut amerikanischen Boden und lernte den Journalisten Henry Steel Olcott kennen. Alle weiteren Angaben sind von Biographen wieder abgesegnet. 1874 stieß sie auf die Eddy-Family, die gerade den modernen Spiritismus bekannt gemacht hatte. HPB, wie sie kurz genannt wird, arbeitete bei ihnen als Medium und machte dabei der Öffentlichkeit sich und ihren Schutzgeist John King bekannt und berühmt. Zusammen mit Olcott gründete sie bald einen eigenen Kreis,

Helena Petrowna Blavatsky.

den Miracle Club, den sie 1875 in Theosophische Gesellschaft umbenannten. Diese Theosophen wollten alte wie neue magische Praktiken und Lehren erforschen. Erste Ergebnisse veröffentlichte Helena Blavatsky 1877 in »Isis entschleiert«. Das Buch verschaffte ihr viele Gegner aus den unterschiedlichsten Lagern.

HPB und Olcott entzogen sich diesen zum Teil heftigen Angriffen und wanderten 1878 nach Indien aus. Hier traten sie zum Buddhismus über. Von nun an flossen verstärkt Elemente indischer und vermeintlich tibetisch spiritueller Überlieferungen in ihr Werk.

Dabei verkündete sie zum ersten Mal der Öffentlichkeit vom Wirken der Großen Weißen Bruderschaft, die eine Zeit lang ihren Sitz in Tibet gehabt haben soll. Während noch heute bei diesem Namen der geheimen geistigen Führung der Welt viele vor Ehrfurcht erschauern, ächteten schon Zeitgenossen HPB als begabte, aber notorische Erfinderin. Aus John King war längst der kosmische Meister El Morya geworden, der nun mit seinen »Brüdern in Weiß« unter anderem die »Geheimlehre« diktierte, das Hauptwerk Blavatskys. Diese Meister enthüllten ihr ganz ungefragt die Geheimnisse vom Ursprung der Welt und deren Zukunft, das »Urwissen der Menschheit« – noch heute für die einen Lehren von bodenloser Tiefe, für die anderen ein bodenloses Missverständnis.

Bleigießen

Früher verband sich mit der Molybdomantie, dem Wahrsagen mit Blei zu Andreas (30. November) oder auf Martin (11. November), die Sorge vor einem Wechsel des Dienstverhältnisses. Zu diesem Datum kündigten die Herrschaften Knechten, Mägden und dem Dienstpersonal oder stellten neu ein. Da lag es nahe, vorher ein Orakel zu befragen (→Schuhwerfen). Im 18. Jahrhundert verkam das Bleigießen zu einem harmlosen Gesellschaftsspiel.

Blei oder Zinn wird nun auf einem Löffel oder einer anderen geeigneten Unterlage über einer Kerze erhitzt und dann in kaltes Wasser gegossen. Eine größere Bedeutung maß man früher dem Bleigießen bei, indem ein Erblöffel benutzt wurde. Dieser Kälteschock führt zum sofortigen Erstarren des Bleis. Aus dieser teilweise höchst bizarren Form suche man ein auf sich bezogenes Symbol oder Zeichen zu erkennen. Ähnlich-

Franz Kollarz: Bleigießen in der Neujahrsnacht, 1884.

keiten mit Sternen sollen Glück, mit Kreuzen Leiden bringen, Männchen oder Sackformen Reichtum, Tiere den Tod.

Beim Kauf von Blei findet man oft eine Liste mit Symboldeutungen beigefügt. Die vergesse man besser und befrage die eigene Intuition. Die lässt allerdings meist auf sich warten. Aber was lange währt, wird endlich gut!

Die mittelalterliche Alchemie wies dem Blei Dummheit zu, Unverstand, ein sehr an das Irdisch-Leibliche gebundenes Bewusstsein, das Saturnische. Saturn, so die Astrologie, binde aber nicht nur an unsere hinderlichen Gewohnheiten und Muster, sondern liefere zugleich die Energie zur Auflösung und Transformation alles »Gefestigten«.

Blitzorakel →Luftorakel

Blumenzupforakel

»Sie (oder er) liebt mich, liebt mich nicht, liebt mich…« Wer kennt nicht dieses alte Orakelspiel, bei dem nacheinander die Blütenblätter einzeln abgezupft werden. Damit lassen sich theoretisch alle Probleme behandeln, die auf der Ja-Nein-Fragestellung beruhen. Meist dient es dazu herauszufinden, ob man geliebt wird. Es eignen sich alle Blumen mit einem dichten Kranz von Strahlenblüten wie Gänseblümchen, Margeriten oder Wucherblumen. Doch scheint die eigentliche Orakelblume (Leucanthemum vulgare) die angesehenste Grundlage für solcherlei Verfahren geliefert zu haben. Es kursierten einige Erweiterungen: Er (sie) liebt mich – von Herzen – mit Schmerzen – ein wenig – oder gar nicht, oder Fokussierungen für ledige Mädchen: Edelmann – Bettelmann – Bauer – Soldat; König –

Blumenzupforakel mit einem Gänseblümchen.

Kaiser – Advokat. In den USA zählten sie: *rich man – poor man – beggar man – thief; doctor – lawyer – Indian chief.* Im Dreier-Abzählreim ging es häufig um heiraten – ledig bleiben – ins Kloster abmarschieren, alternativ: Himmel – Hölle – Fegefeuer. Das letzte übrig gebliebene Blütenblatt liefert die Antwort. Wir raten aber, sich nicht allein auf dieses Orakel zu verlassen, obwohl alle drei Blumen Maria geweiht sind, was sie verdächtig macht, früher heilige Pflanzen der Großen Mutter gewesen zu sein.

Einen Brautkranz oder -strauß aus Blumen wirft die Braut nach der Hochzeitszeremonie unter die wartende Menge. Wer die Blumen auffängt (gilt meist nur für Frauen), steht stark unter Verdacht, als nächste zu heiraten.

Jakob Böhme

Jakob Böhme, der »Philosophus teutonicus«, wie die Nachwelt ihn nannte, wurde 1575 in Alt-Seidenberg bei Görlitz als Sohn von Bauern geboren. Den zart gebauten Sohn von kleiner Statur, der für die Arbeit als Bauer nicht tauglich schien, schickten die Eltern in die Dorfschule, bevor sie ihn zu einem Schuhmacher in die Lehre gaben. Als er einmal Vieh hütete, sonderte er sich von den anderen Knaben ab und bestieg einen nahe gelegenen Berg. Bei einer Ansammlung großer roter Steine sah er einen Eingang. Im Innern stand eine große Bütte mit Geld. Jakob begann es zu grausen und er ging, ohne von dem Geld etwas zu nehmen, schnell wieder hinaus. Bei späteren Besuchen auf dem Berg war dieser Eingang nicht mehr zu finden. Sein Schüler und Biograph Abraham von Franckenberg (»Bericht von dem Leben und Abscheiden Jacob Böhmes«, Amsterdam 1682) sah darin eine Vorbedeutung auf seinen »geistreichen Eingang in die verborgene Schatzkammer der göttlichen und natürlichen Weisheit«.

Während Jakob Schusterlehrling war, kam einmal ein geheimnisvoller Fremder zu ihm, kaufte Schuhe und rief, nachdem er das Geschäft verlassen hatte, von der Straße aus mit lauter Stimme: »Jakob, komme heraus!« Jakob wunderte sich sehr, woher der Fremde seinen Namen kannte. Als er hinausging, fasste der Fremde ihn bei der rechten Hand, sah ihm in die Augen und machte ihm die folgende Prophezeiung: »Jakob, du bist klein, aber du wirst groß und gar ein anderer Mensch und Mann werden, dass sich die Welt über dich verwundern wird.«

1599 erwarb Böhme das Görlitzer Bürgerrecht und ließ sich in die Schuhmacherinnung aufnehmen. Im selben Jahr heiratete er und gründete einen Hausstand. 1600, als sein erster Sohn geboren wurde, widerfuhr ihm, als er in den »lieblich jovialen Schein« eines Zinngefäßes blickte, die große Schau. »Im 25. Jahr seines Lebens wird er vom göttlichen Licht ergriffen und mit seinem gestirnten Seelengeiste zu dem innersten Grunde oder *centro* der geheimen Natur eingeführt«, berichtet Franckenberg. Auch als Böhme das Haus verließ, um im Grünen die vermeintliche Phantasie abzuschütteln, blieb der Erleuchtungszustand

Der Schusterjunge Jakob Böhme und der Fremde.

bestehen. »Vermittels der angebildeten Signaturen konnte er in das Herz und in die innerste Natur hineinsehen.« Böhme erzählte niemandem von dem, was ihm widerfahren war, schrieb seine Erfahrungen aber 1612 unter dem Titel »Morgenröte im Aufgang« nieder. Ein Freund Böhmes, dem er das Manuskript zum Lesen gab, ließ es heimlich kopieren und verbreitete den Inhalt in weiteren Abschriften. Nach einer längeren Periode, in der ihm, wie er sagt, »das Gnadenlicht entzogen ward«, schrieb er in den Jahren von 1619 bis 1623 Manuskript um Manuskript über seine Gesichte, darunter auch die Hauptwerke »Von der Geburt und Bezeichnung aller Wesen« und den 900-seitigen Genesis-Kommentar »Mysterium Magnum«.

Die Quelle all seiner Schauungen lag, wie er einmal sagte, in ihm: »Ich trage in meinem Gewissen nicht erst Buchstaben zusammen aus vielen Büchern, sondern ich habe den Buchstaben in mir. Liegt doch Himmel und Erde, dazu Gott selber, im Menschen; soll er denn in dem Buche nicht dürfen lesen, das er selber ist? Wenn ich gleich kein ander Buch hätte als nur mein Buch, das ich selber bin, so hab' ich Bücher genug.«

In seinen »Theosophischen Sendschriften« gab er auch Aufschlüsse über die Bereitung des Steins der Weisen. Doch warnte er: »Aber das Silber und Gold in der toten Begreiflichkeit ist nur ein finsterer Stein gegen die Wurzel der himmlischen Gebärung.« Eine Wiedergeburt, eine Neugeburt erreiche der Mensch nur, indem er Christusweisheit erlange, nicht durch die Anwendung irgendeiner Kunst, sagt Böhme. Dazu brauche es des rechten wahren Glaubens: »Die lebendige wirkliche Kraft Gottes, die feuerflammende Liebe Gottes, welche herausbricht und das Werk tut.«

Er warnte seine Zeitgenossen dringlich vor einem bevorstehenden großen Krieg und sagte richtig Aufruhr, Empörung und Sterbensnot voraus.

Am 17. November 1624, an seinem Todestag, rief er nach Mitternacht seinen Sohn Tobias zu sich und fragte, wie viel Uhr es sei. Als man ihm sagte, es sei zwei Uhr, sagte er: »Das ist noch nicht meine Zeit, nach drei Stunden ist meine Zeit.« Tatsächlich starb er nach drei Stunden. Vorher hatte er seiner Frau richtig vorhergesagt, dass sie nicht mehr lange leben werde.

Bohnenorakel

Bohnen *(Vicia fabae)* zählen auch in der Alten Welt zu den ältesten Ackerfrüchten. Die eigentliche Gemüsebohne züchteten aber Indianer in Mittel- und Südamerika, von wo sie die Konquistadoren im 17. Jahrhundert nach Europa brachten. Sie gewann große Bedeutung als Symbol für Neuanfang und völlige Umgestaltung durch Tod als Transformation, als Frucht voller magischer Sexualkraft. So wollte man allein aus Wachstum und Aussehen auf Leben und Sterben schließen. Entwickelte beispielsweise eine Bohne weiße Blätter, sollte das Ende des Gemüsebauern nahen.

Die Azteken warfen 20 rote Bohnen auf eine Decke. Ordneten sich die Bohnen dabei kreisförmig an, deutete dies auf ein Grab. Fielen die Bohnen so, dass ihre Zahl durch das Ziehen einer geraden Linie genau halbiert werden konnte, wies das Orakel auf Genesung einer Krankheit. Lagen die Bohnen aber ohne sichtbare Struktur verstreut, musste man für den Ausgang einer Krankheit Schlimmes befürchten. Das Verfahren lässt sich auf alle grundsätzlichen Nöte übertragen, wenn jemand dazu eine Bohnenantwort sucht.

Für ein mittelalterlich europäisches Orakel werfe man fünf Bohnen auf den Tisch. Lässt sich aus ihrer Lage mit viel gutem Willen ein Kreuz erkennen, bedeute es Glück in der Liebe und in anderen emotionalen Verfänglichkeiten.

Ein bis in das 16. Jahrhundert zurück zu verfolgender Brauch in vielen Ländern Europas ermittelt am Vorabend von Dreikönig (6. Januar), am Feiertag selbst oder Silvester den Bohnenkönig. Bei einem Festessen im Kreis der Familie oder einer größeren Gesellschaft findet jemand die Bohne, die eigens dazu in Kuchen oder Brot hineingebacken wurde. Dieser König – es kann ebenso eine Bohnenkönigin sein – hat nun die Aufgabe, alles Unheil für die Personen abzuwehren. Er oder sie erwerben damit allerdings auch gewisse erotisierende Vorrechte, über die man sich aber vorher einigen sollte.

Der Runenmeister Axel Brück

Aus seiner engagierten Beschäftigung mit den Runen, die er in erster Linie als eine Sammlung uralter magischer Zeichen sieht, hat der in Thüringen lebende Runenexperte Axel Brück ein faszinierendes Wissens- und Weisheitssystem (»Die Runentexte. Eine Einführung«, Marksuhl 2002) entwickelt, das anhand von 55 von ihm gestalteter Runenkarten eine Reihe von praktischen Anwendungen ermöglicht:

- Die Runen als visuellen Fokus für Meditation und schamanistische Reisen nutzen (Runen als »Tore«/ »Pforten«).
- Charakterbilder für sich und andere durch die Runen erstellen (Runen als »Persönlichkeitsindikator«).
- Die Runen für den Ausgleich physischer und psychischer Defizite und Ungleichgewichte begleitend zu medizinischen und psychologischen Therapien nutzen (Runen als »Hausapotheke«).

- Die Runen für den Runenwurf verwenden (Runen zum »Wahrsagen«).

Die Runen hätten ihn, erzählte er in einem Interview, über 30 Jahre hinweg nicht losgelassen und sogar seine Frau zu ihm geführt. Seit sie als Kind eine Geschichte über germanische Seherinnen und Runen gelesen und dabei erfahren habe, dass ihr Name »Gudrun« sich von den Runen ableitet (Gudrun = die, die Runenbegabung besitzt), fühlt sie sich von dem Thema angezogen. 1997 kam sie zu einer seiner Veranstaltungen, sprach ihn im Anschluss daran an und fragte ihn Löcher in den Bauch. 2002 haben sie geheiratet.

Brunnenorakel in der Bretagne

Nirgendwo sonst in Europa haben sich Orakel, die an Quellbrunnen durchgeführt werden, so bewahrt wie in der Bretagne. Ein steinzeitlicher Urmutterkult hat sich mit dem keltisch-gallischen Kult um die drei göttlichen Matronen und schließlich mit dem Christentum vermischt und ist in heutigen Bräuchen noch gut erkennbar. Der Kult um die Erdgöttin Ana-Dana, die *Mamm goz ar vretonded* (die alte Mutter der Bretonen), findet in der Verehrung der Sainte Anne la Palud und in der Verehrung der »drei Marien« seinen Niederschlag. Die Orakelbräuche, die teilweise bis heute praktiziert werden, ließen sich auch von der katholischen Kirche nicht unterdrücken.

- Wollte ein junges Mädchen wissen, ob es im neuen Jahr heiraten werde, musste es zum Jahresanfang eine Nadel aus seinem Umschlagtuch in die Fontaine von Barenton werfen und dazu sagen: »Lache, lache, du Quelle von Barenton, ich gebe dir eine schöne Nadel!« Wenn die Nadel das Wasser zum Blubbern (= Lachen) brachte, war die Hochzeit noch vor Ostern fällig.
- Wollte ein Liebhaber wissen, ob seine Geliebte ihm noch treu ist, musste er die Nadel von ihrem Brusttuch entwenden, die sie dem Herzen am nächsten trug und auf die Wasseroberfläche des Brunnens in Bodelis (bei Landivisiau) legen. Schwamm die Nadel auf dem Wasser, waren alle seine Befürchtungen unbegründet.
- Wollte eine Schwangere wissen, welches Geschlecht ihr Kind haben wird, ging sie zum Brunnen des St. Goulrain (Gonval) und legte ein Jungen- und ein Mädchenhemd auf das Wasser. Das Hemd, das oben schwamm, bezeichnete das Geschlecht des Kindes.
- Wollte man wissen, ob ein kleines Kind eine Krankheit überlebt, tauchte die Mutter das Hemd des Kindes in das Becken des Brunnens des St. Ivy (bei Loguivy-Lannion). Stieg das Hemd auf oder schwammen die Ärmel oben, war dies ein Zeichen für das Weiterleben des Kindes.
- Wollte die Frau eines Fischers wissen, wie es um ihren Mann auf See stand, warf sie ein Brotstück in den Brunnen von Portzmoguer. Sank es auf den Grund, hatte der Mann große Gefahren zu gewärtigen.

- Um zu erfahren, ob eine Ehefrau treu war, legte man auf die Wasseroberfläche des Brunnens des St. Efflam (Plestin-les-Grèves) drei Stück Brot, die den Heiligen, den Ehemann und die Ehefrau symbolisierten. Näherte sich das Brot des Heiligen den Brotstücken der Eheleute, war die Ehefrau treu, entfernte sich das Brot des Heiligen, war die Gattin untreu gewesen.
- Brauchte man Regen, so ging man in den Wald von Cranou zum Brunnen des St. Conval, entnahm dem Becken Wasser und schüttete es auf den Kopf der Statue des Heiligen.
- Wer sein Schicksal wissen wollte, ging in der ersten Mainacht um Mitternacht zum Brunnen Feunteun-An-Ankou (bei Plouégat-Guérand) und beugte sich darüber. Sah man statt seines Gesichts einen Totenkopf, musste man bald sterben. In den Brunnen von St. Leger (Vieux-Quimerch) legte man aus denselben Motiven ein Reisigkreuz. Drehte es sich aufgrund der Wirbel der Quelle, war der Tod noch weit. Blieb es unbeweglich stehen, stand der Tod bald bevor.
- Um zu erfahren, wie sich eine chronische Krankheit entwickelt, suchte man die Statue des heiligen Diboan (»der von allen Leiden heilt«) in der Kapelle des St. Min in der Gemeinde Le Saint auf und informierte ihn über den Fall. Danach schöpfte man den Brunnen des Heiligen ganz aus. Wenn das frische Wasser, das aus der Erde quoll, beim Sprudeln Lärm machte, so war dies ein Zeichen, dass sich der Kranke auf des Todes Schwelle befand, breitete sich aber das Wasser lautlos aus, bestand Hoffnung, dass er weiterlebte.

Buchstabenorakel →Stab- und Pfeilorakel →Würfelorakel

Der Brunnen von Barenton en Tréhorenteuc im Wald von Brocéliande, Ille-et-Vilaine, Frankreich. Stickstoffblasen bringen die Quelle zum Blubbern. Hier sollen Merlin und die Fee Vivien ihr romantisches Rendez-vous gehabt haben.

C

Cagliostro

Giuseppe Balsamo, ein 1743 in Palermo (Sizilien) geborener Abenteurer, faszinierte seine europäischen Zeitgenossen unter dem angenommenen Namen Graf Alexandre de Cagliostro als Heilkünstler, Magier, Alchemist und Hermetiker. Er betätigte sich immer wieder auch als Wahrsager.

Elisabeth von der Recke hinterließ einen Bericht über ein magisches Experiment, das er im Haus des Kammerdieners ihres Vaters mit dem jüngsten, fünf Jahre alten Sohn ihres Onkels durchführte. Cagliostro goss – eine schon aus der Antike bekannte Praxis nutzend – in die linke Hand des Kindes Öl und ließ nach der Rezitation eines Psalms den Knaben in die gesalbte Hand sehen. Der Onkel hatte Cagliostro gebeten, er möge dem Kind seine Mutter und seine Schwester, die noch zu Hause seien, erscheinen lassen. Nach zehn Minuten, in denen Cagliostro Beschwörungen rezitierte, rief der Knabe, er sehe seine Mutter und seine Schwester. Die Mutter greife sich nach dem Herzen, als wenn ihr etwas weh täte, und seine Schwester küsse seinen Bruder, der gerade für alle völlig unerwartet nach Hause gekommen sei. Als die Gesellschaft nach dem Haus des Onkels schickte, fand man alles so, wie der Knabe es gesagt hatte. Der Mutter war wegen eines starken Herzklopfens unwohl gewesen und der ältere Sohn war tatsächlich zufällig, ohne dass jemand davon wusste, nach Hause gekommen.

1789 wurde Cagliostro in Rom von Beamten der Inquisition festgenommen und wegen Häresie, Freimaurerei und Wahrsagerei zum Tod, später zu lebenslanger Haft verur-

Graf Cagliostro.

teilt. Cagliostro starb 1795 in der Engelsburg in Rom, nach anderen Angaben im päpstlichen Gefängnis San Leone in Urbino.

Schiller (»Der Geisterseher«) und →Goethe (»Der Großkophta«) beschäftigten sich intensiv mit dem Grafen. Goethe besuchte Cagliostros Familie in Palermo und erstellte ihren Stammbaum.

Edgar Cayce

Edgar Cayce wurde am 18. März 1877 auf einer Farm in Kentucky (USA) geboren. Bei seinem Tod im Jahr 1945 hinterließ er mehr als 14000 stenographierte Protokolle seiner telepathisch-hellseherisch entstandenen »Readings«.

Ab seinem sechsten Lebensjahr hatte er Erscheinungen, in denen er mit verstorbenen Verwandten sprach. Einmal als er schon zu Bett gegangen war, erwachte er und fand sein Zimmer erfüllt von Licht. Eine Stimme verkündete, ihm werde dereinst eine besondere Kraft verliehen werden, um anderen zu helfen. Später fiel er willentlich in Trance und verkündete seinen Zuhörern dann seine Eingebungen, sei es zur Ursache einer Krankheit oder zu einem zukünftigen Ereignis. Das brachte ihm den Ruf, ein Wunderdoktor zu sein, und den Beinamen »der schlafende Prophet« ein. Nach der Rückkehr aus der Trance hatte er keinerlei Erinnerung an die Aussagen, die er gemacht hatte.

Um in Trance zu gehen, zog er die Schuhe aus, nahm Schlips und Kragen ab und legte sich auf eine Couch, um sich völlig zu entspannen. Er fand heraus, dass es das Günstigste war, wenn er mit dem Kopf nach Süden lag und mit den Füßen nach Norden. Wenige Minuten nach dem Hinlegen hatte er sich in Trance versetzt. Die Suggestivformel, die von einem Helfer gesprochen wurde, lautete: »Du wirst jetzt ... (Name der Person) vor dir haben, der sich in ... (Straße, Stadt, Staat) befindet. Du wirst seinen Körper jetzt sorgsam und gründlich untersuchen, mir die gegenwärtigen Symptome und deren Ursachen mitteilen und auch Ratschläge zur Behebung der Übel geben. Du wirst meine Frage, die ich stellen werde, beantworten.«

Oftmals begann Edgar Cayce seine »Readings« für diese räumlich entfernten Menschen mit Bemerkungen über deren Umgebung: »Winterthur, Schweiz. Eine wirklich reizende Stadt! Schöner Fluss.« »Er will gerade das Haus verlassen und begibt sich in den Fahrstuhl.« »Kein hässlicher Schlafanzug.« »Da haben wir den Körper. 11.17 Uhr. Der Mann hat gerade die Zeitung weggelegt, die er gelesen hat.« Diese Angaben wurden nachgeprüft und bestätigt gefunden.

Cayce sagte den Schwarzen Freitag von 1929, den Zweiten Weltkrieg, die Erfindung des Laserstrahls, die Entdeckung der Schriftrollen vom Toten Meer, die Flutwellen und Erdbeben am Ende des 20. Jahrhunderts und das Ende der kommunistischen Herrschaft voraus. In den Worten von Cayce: »Der Versuch des Marxismus, nicht nur das ökonomische, sondern auch das geistige und spirituelle Leben zu nivellieren, wird sich nicht halten.«

In Botschaften, die an ihn selbst gerichtet waren, erfuhr er, dass er in einer früheren Inkarnation in Ägypten ein hoher Priester mit großen okkulten Fähigkeiten gewesen war.

Eine Botschaft, die Cayce uns hinterließ: »Wir neigen dazu, uns selbst ein größeres liebevolles Herz zuzuschreiben, wenn wir nur großzügig sind. Wir halten uns für weise, wenn wir nur belesen sind. Wir halten uns für liebevoll, wenn wir nur besitzen wollen.«

Chaldäische Orakel

Die Chaldäer, ein semitischer Volksstamm, wanderten vermutlich um 3000 v. Chr. in Babylonien ein und kamen zeitweise dort zur Herrschaft. Das Volk Israel, Griechen und Römer nannten das Reich Babylon später meist Chaldäa. Über dieses Volk der Chaldäer entstanden viele Legenden. So sollen sie im Besitz aller Weisheit gewesen sein, Astronomie und Astrologie zur Wissenschaft erhoben haben. Die Chaldäischen Orakel, den leitenden Orakelpriestern Chaldäas zugeschrieben, beeinflussten die frühen griechischen Philosophen.

Diese Orakel, eine Heilslehre, sind selbst nicht erhalten. Ihre Texte wurden von Neuplatonikern übersetzt, in Hexameter gebracht und kommentiert. Doch auch diese Schriften und Kommentare der Neuplatoniker – Porphyrios, Jamblichus, Syrian und Proklos – sind verloren gegangen. Auszüge finden sich nur in zahlreichen Zitaten und Paraphrasen ihrer Zeitgenossen. Diese überlieferten »Splitter« vereinigen orientalische, pythagoreische, platonische und stoische Elemente, samt Lehren des Zoroaster. Manche Forscher glauben, der Urtext sei von dem unter Kaiser Marc Aurel (161–180) lebenden Theurgen Julianus verfasst. Er empfängt darin die Mahnungen der Götter. Die Hierarchie dieser Götter gipfelt in einem »Vater«, der zugleich den Intellekt personifiziert. Er hat sich der Sinnenwelt entzogen und wirkt allein durch seinen »zweiten Intellekt«, den Willen. Zahlreiche Zwischenwesen, Engel und *Iynges* vermitteln zwischen Sinnenwelt und dieser Intelligenz. In ihm hat die menschliche Seele ihren Ursprung. Erinnert sie sich an ihre göttliche Herkunft, vermag sie ihre irdisch körperliche Bindung zu lösen und dem Licht entgegenzustreben.

Die Texte beschreiben unter anderem verschiedene Stadien und Bewusstseinsebenen des menschlichen Weges, vervollständigt durch eine Vision einer wirbelnden feurigen Wolke, die sich selbst ineinander faltet, »das eine, erste und jenseitige Feuer – der Vater«. Wenn diese Wolke wahrgenommen wird, sprechen die Orakel: »Hörst du die Stimme des Feuers?«

Channeling

Vielleicht seitdem die bekannte Schauspielerin Penny McLean ihre Erfahrungen aus der vierten Dimension mit höheren Schutzgeistern und Intelligenzen, darunter mit Rudolf Steiner, mediengerecht, aber zuletzt recht nachdenklich differenziert verbreitete, heißt der gesuchte mediale Verkehr mit Sternenwesen, Ufolenkern und anderen »Nichtinkarnierten« Channeling (Channel = Kanal). Dabei wird das Wach- oder Oberbewusstsein zumeist sträflich übergangen und mit ihm das rational-empirische Bewusstsein. Nur schwer lässt sich deshalb die Spreu vom Weizen trennen. Die meisten dieser Lichtwesen und Meister verkünden ihren Anhängern und »Zugeschalteten« nur gehobene Gemeinplätze über Liebe und Humanisierung der Zukunft, Ganzheitlichkeit von Mensch und Natur, über integrales Bewusstsein oder sie erwarten, wie schon die frühesten →Propheten, den baldigen Weltuntergang, wenn die Menschheit sich nicht bessere. Sie freuen sich über jede an sie gerichtete Frage, über jede Art von Beachtung, denn sie wachsen mit und nähren sich von der Aufmerksamkeit, die ihnen entgegengebracht wird.

Gewöhnlich entspringen solche Botschaften unserem Unterbewusstsein, das alles widerspiegelt, was »von oben und unten« kommt, so auch jeden Input von Informationen, Verlangen, Emotionen, weswegen es auch von alters her mit Wasser und Meer symbolisiert wurde. Penny McLean sprach zuletzt von ihrem ziemlich kommunikativen Geist als »Energiekonglomerat, das den eigenen Absichten entspricht« (1991: 40). Doch können wir auf verschiedenen Wegen durchaus über das persönliche ins kollektive Unbewusste geraten, wo die Menschheitserfahrungen gesammelt sind. Leider stecken auch diese neben den höchsten und weisesten Errungenschaften voller falscher Wertmuster, voller Wunsch-, Wahn- und Fehlvorstellungen. Allzu leicht verlieren wir uns in diesem Irrgarten. All diese Kontakte oder Eingebungen erfordern von uns immer die mitunter schwierige Überprüfung durch die Vernunft, mit dem »scharfen Schwert der Unterscheidung«, wie es die alten Mythen formulieren. Wahre weil »übermenschliche« Weisheit erreicht uns nur aus den so genannten kosmischen Ebenen und sie tröpfelt leider höchst selten auf die Menschheit (→Innere Stimme, →Befragung durch Meditation).

Helena →Blavatsky ließ sich ihre »Geheimlehre« von »Kosmischen Meistern« diktieren und verstand darunter Aufgestiegene zu höherem und höchstem Bewusstsein. Anhänger und Gläubige von Enthüllungen »echter und wahrer« Meister oder besser: Intelligenzen erklären, dass es als Voraussetzung dafür einer sehr langen Vorbereitungsphase bedürfe, die in einem Leben kaum zu bewältigen sei. Dazu gehöre ebenso eine besondere Nervenstruktur, die ohne Schaden den Kontakt mit höheren Schwingungsfrequenzen überstehe. Nicht zuletzt auch die Fähigkeit, solche Botschaften ohne Verfärbung durch egoistische Wünsche und falsche Vorstellungen von sich, der geistigen Welt und deren »Entitäten« lupenrein zu interpretieren. Schließlich wiederum die kritische Kontrolle, bei solchen Vorgängen eine Störung nichtmeisterlicher »Einmischungen« auszuschließen.

Es bleibt also nicht ungefährlich, sich allen geistigen Kräften, Eindrücken und Einflüssen zu öffnen. Nur höchst selten gelingt es Menschen, sich vorher genügend rein, frei und leer zu machen, so dass der Kontakt ohne Missverständnisse und Irrtümer abläuft. Wer sich ohne solche Voraussetzungen in meditativer Erwartungshaltung einfach nur »leer macht«, dem schrieb der amerikanische Rosenkreuzer Erwin Watermayer ins Gedächtnis: »Jede Leere wird sofort mit Blödsinn gefüllt!«

Cheiro

Der Wahrsager Cheiro.

Der Ire William Warner, der sich später als Wahrsager Cheiro nannte, brachte sich das Handlesen auf einer Zugreise von Liverpool nach London bei, als er eine Übersetzung von Johannes →Hartliebs »Die Kunst der Chiromantie« las und das Gelernte gleich an dem irischen Politiker Charles Stewart Parnell, der zufällig mit im Abteil saß, ausprobierte.

Bevor er 1899 in London in der Bond Street 108 eine Praxis unter dem Künstlernamen Graf Louis le Warner de Harmon eröffnete, hatte er seine Studien der Wahrsagekünste in Indien und Ägypten vertieft.

Einer seiner ersten Klienten war Arthur Balfour, der Präsident der Society for Psychic Research und spätere Premierminister von England. In der Folge strömten die Reichen und Berühmten zu ihm, darunter Könige und Königinnen, der amerikanische Präsident Grover Cleveland, der Forscher Ernest Shackleton und die Dichter Oscar Wilde und Mark Twain. Mark Twain schrieb in Cheiros Besucherbuch: »Er hat mir meinen Charakter beschämend exakt aufgezeigt. Ich sollte nicht zugeben, dass er in allen Punkten recht hatte, dennoch fühle ich mich gedrängt, es zu tun.«

Mit Hilfe von Cheiros Vorhersagen wurde ein Mord aufgeklärt und ein Attentat verhindert. 1894 hatte er General Kitchener vorhergesagt, er werde seine größten Erfolge 1914 erringen. Tatsächlich wurde Kitchener 1914 zum Lord gemacht und zum Kriegsminister ernannt. Cheiro hatte Kitchener davor gewarnt, in seinem 66. Lebensjahr eine Schiffsreise zu unternehmen. Als Kitchener sich 1916 aufgrund politischer Zwänge an Bord der HMS Hampshire begab, war sein Lebensende nah. In der Nähe der Orkney Inseln lief das Schiff auf eine deutsche Mine und Kitchener fand den Tod.

In der Öffentlichkeit bekannt machte Cheiro seine Behauptung, der Vers 7 des 37. Kapitels des Buches Hiob sei falsch aus dem Hebräischen übersetzt (»Da versiegelt er die Hand aller Menschen, damit die Leute insgesamt sein Tun erkennen.«) und müsse richtig heißen: »Gott schrieb Zeichen und Spuren in die Hände aller Menschensöhne, dass alle Leute ihre Taten wissen sollten.«

1904 bei einer Reise nach Russland traf er mit Rasputin zusammen und forderte ihn zu einem hypnotischen Duell heraus, das aber unentschieden ausging. Keiner konnte den anderen hypnotisieren.

Cheiro starb 1936 in Hollywood, wo er einen Film über den Abenteurer, Alchemisten und Wahrsager →Cagliostro drehen wollte. Mit Cagliostro identifizierte sich Cheiro »Graf Harmon« sehr, hatte sich dieser doch genauso wie Cheiro selbst zum Grafen ernannt.

Chiromantie

Beim Handlesen unterscheidet man die Chirologie und die Chiromantie (Chiromantik). Bei der Chirologie wird der Charakter eines Menschen aus der Handform und der Innenhand gedeutet. Bei der Chiromantie wird das Schicksal eines Menschen aus den Linien der Hand geweissagt: sowohl Ereignisse, die geschehen sind, wie auch Begebenheiten der Zukunft. Chirologen deuten bei Rechtshändern die linke Hand als Spiegel angeborener Persönlichkeitsmerkmale, die rechte Hand gibt Auskunft über erworbene Fähigkeiten. (Bei Linkshändern wird umgekehrt verfahren.)

Deutungen können über folgende Handlinien vorgenommen werden:

Die **Lebenslinie** *(linea vitae)* zeigt die Länge des Lebens an, kündet Krankheit, Unglück und Unheil an. Ist die Lebenslinie an der Basis dicker als bei anderen Menschen, erreicht man ein hohes Lebensalter.

Die **Schicksalslinie** zeigt wichtige Ereignisse im Leben an (Karriere, Tod von Familienangehörigen, gesellschaftliche Position). Wer eine doppelte Schicksalslinie hat, darf sich auf eine besonders gute Zukunft freuen.

Die **Herzlinie** kennzeichnet das Gefühlsleben und den Charakter eines Menschen. Hat Ihr Gegenüber keine Herzlinie, nichts wie weg: Dieser Mensch nutzt andere aus, Liebe und Freundschaft sind Fremdwörter für ihn.

Die **Kopflinie** (Hauptlinie) drückt die geistigen Fähigkeiten und Begabungen aus. Eine kurze, gerade Kopflinie weist auf gesunden Menschenverstand hin.

Die **Glückslinie:** Wohlstand, Reichtum, vorteilhafte Geschäfte, Erbschaften werden angezeigt, aber auch Verluste und Rückschläge. Wessen Glückslinie bei der Kopflinie beginnt, muss hart arbeiten und schwer sparen, um zu Reichtum zu kommen.

Die **Gesundheitslinie** zeigt Krankheiten und körperliche Schwächen an. Wer keine Gesundheitslinie hat, kann sich freuen: Er ist sein Lebtag gesund und voll Kraft.

Die **Intuitionslinie** haben nur wenige Menschen. Ist sie auf beiden Händen stark ausgeprägt, zeigt sie einen starken sechsten Sinn an.

Die **Venuslinie** (Venusgürtel) zeigt Unglück, Verlust, Enttäuschung, Sorgen, Verhängnis an. (Am besten verbirgt man sie unter einem täglich neu aufgeklebten Heftpflaster.)

Die einzelnen Finger werden – nach alten Vorstellungen – mit den Planeten verbunden: der Daumen mit der Venus, der Zeigefinger mit dem Jupiter, der Mittelfinger mit dem Saturn, der Ringfinger mit der Sonne und der kleine Finger mit dem Merkur. Mars und Mond sind in der Handinnenfläche repräsentiert. Damit in Verbindung gebracht werden die Handballen (Berge), zum Beispiel der Jupiterberg unterhalb des Zeigefingers.

Auch die Form der Finger wird in den chirognomischen Deutungen beachtet. Eine kurze, dicke und fette Hand weist auf die Neigung zu sinnlichen Vergnügungen hin, spitze Finger deuten auf ein großes Interesse an allem Wunderbaren und zeigen auch die Fähigkeit zur Ekstase und zu geistiger Erhebung an. Lange Finger zeigen Unentschlossenheit an, kurze Finger Impulsivität und ein energisches Temperament. Haben Sie einen kurzen kleinen Finger? Dann steht Ihnen ein harter Lebenskampf bevor. Ist auch Ihr Ringfinger kurz? Dann werden Sie Ihr Hab und Gut in Glücksspielen und riskanten Spekulationen verlieren. Reicht aber Ihr kleiner Finger dem Ring- bzw. Goldfinger über das Oberglied, dann bedeutet dies, beständig Glück im Leben zu haben.

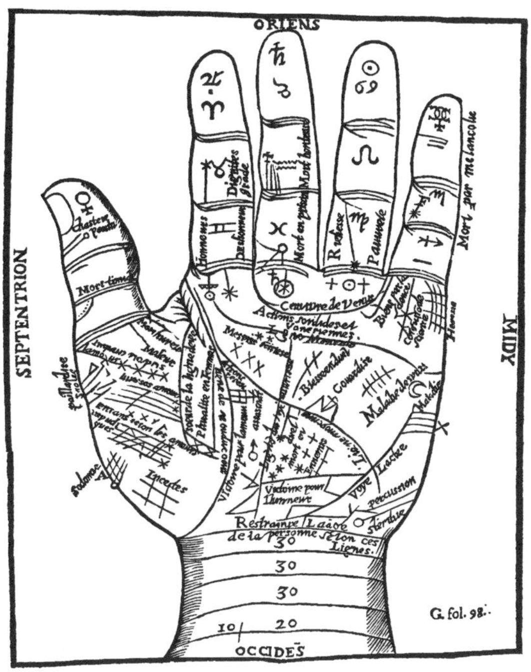

Diagramm der Hand nach Belst.

Treffen Sie auf jemanden, der viereckige (= Streitsucht) oder runde (= Reizbarkeit) Nägel hat oder gar Rillen in den Nägeln (= Neigung zu Haut- und Geschlechtskrankheiten), sollten Sie sich schnell davon machen, ebenso wenn Sie bei einer Frau Haare auf dem Handrücken (= Grausamkeit) entdecken.

Cicero

Der berühmte Redner Marcus Tullius Cicero (dt.: Kichererbse) wurde am 3. Januar 106 v. Chr. in der alten Volskerstadt Arpinum im Liristal als Sohn eines römischen Ritters geboren. Seine Amme hatte eine Erscheinung, die ihr prophezeite, sie ziehe ein großes Heil für alle Römer auf. Er studierte in Rom und Athen Rhetorik, Philosophie und Rechtswissenschaft. Einer seiner Lehrer war der Augur Quintus Mucius Scaevola. Cicero arbeitete in Rom sehr erfolgreich als Anwalt und Ankläger, war Quaestor, Aedil, Praetor und ab 63 v. Chr. Konsul. Ihm wurde als erstem Römer der Ehrentitel »Vater des Vaterlandes« verliehen. Zu anderen Zeiten bewarf man ihn auch schon mal mit Kot und Steinen. Im Jahr 53 v. Chr. wurde er zum Auguren ernannt. In diesem Amt weissagte er aus dem Flug, aus den Stimmen und dem Fressen der Vögel, aus der Beobachtung anderer Tiere und aus Himmelserscheinungen. Cicero war ein Freund des gallischen Druiden Divitiacus, mit dem er sich über die Kunst des Wahrsagens, aber auch über die Vorhersage zukünftiger Dinge durch Mutmaßungen austauschte. Neben vielen anderen Schriften schrieb er im Jahr 44 v. Chr. drei Bücher über das Wesen der Götter (»De Natura Deorum«) und zwei Bücher über die Weissagung (»De Divinatione«).

In seiner Schrift über die Weissagung bezieht er sich auf ältere Werke von Chrysipp, Diogenes von Babylon, Antipater und Poseidonios, in denen die Mantik, die Orakelfindung und die Traumdeutung behandelt wurden. In Anlehnung an Aristoteles, dessen Schriften er überaus schätzte (»Aristoteles ist ein Strom fließenden Goldes«), benutzte Cicero die Form eines Dialogs, der bei einem fiktiven Spaziergang in den Hallen von Ciceros Landgut in Tusculum geführt wird. Einer der Redenden, sein Bruder Quintus, hält die Wahrsagung für möglich und trägt im ersten Buch in einem längeren Vortrag viele Argumente dazu vor. Cicero antwortet im zweiten Buch ebenso ausführlich, nimmt aber eine eher skeptische Position ein. Einerseits anerkannte Cicero die politische Wichtigkeit des Glaubens an Weissagungen, wie sie von Auguren vorgenommen wurden, andererseits aber wandte er sich gegen abergläubische Orakelpraktiken und Traumdeutungen und belegt dies mit Beispielen aus der griechischen und römischen Geschichte. Er kritisiert – mit der ihm eigenen Beredsamkeit – auch das berühmte Orakel von Delphi, in dem seiner Meinung nach schon lange keine Orakel mehr in der alten, authentischen Weise erteilt würden:

»Nicht nur in unserer Zeit, sondern schon länger, so dass jetzt nichts verachteter sein kann: Wenn sie (die Befürworter der Weissagungen) an diesem Punkt angegriffen werden, so sagen sie, die Kraft des Ortes, aus dem jene Ausdünstung der Erde hervordrang, durch die begeistert die Pythia Orakel gab, sei durch die Länge der Zeit verschwunden. Man sollte glauben, sie sprächen von Wein und Salzfischen, die durch das Alter verdunsten. Es handelt sich um die Kraft eines Ortes und nicht bloß um eine natürliche, sondern auch um eine göttliche Kraft. Wohin ist denn diese verschwunden? Durch das Alter, wirst du sagen. Welches Alter kann denn wohl eine göttliche Kraft aufzehren? Was ist aber so göttlich wie ein Hauch aus der Erde, der den Geist so erregt, dass er die Zukunft vorauszusehen imstande ist, so dass er dieselbe nicht nur lange vorher erblickt, sondern auch in Rhythmen und Versen verkündigt? Wann aber ist diese Kraft verschwunden? Etwa seitdem die Menschen angefangen haben, weniger leichtgläubig zu sein? Demosthenes wenigstens, der vor ungefähr 300 Jahren lebte, sagte schon damals, dass die Pythia philippisiere, das heißt, sie halte es gleichsam mit Philippos. Damit zielte er aber darauf hin, dass sie vom Philippos bestochen sei. Hieraus lässt sich abnehmen, dass auch in anderen Delphischen Orakeln manches nicht aufrichtig gewesen sei.«

Lag Ciceros Abneigung eine Saure-Trauben-Reaktion zugrunde? In seiner Jugend hatte Cicero in Delphi nämlich angefragt, wie er zu höchstem Ruhm kommen könne. Die Pythia hatte seinen Eifer kräftig gedämpft und ihm beschieden, er solle sich einzig an seine Natur halten und sich nicht von der Meinung der Massen abhängig machen. Später in seinem Leben bekannte er sich selbst dazu, dass der politische Ehrgeiz etwas Furchtbares sei: »Alle Erwägungen der Vernunft vermag er aus der Seele wie einen Firnis wegzuspülen.«

Cicero warnte davor, Träumen zu viel Beachtung zu schenken, denn es könne dem Träumenden viel Falsches erscheinen. »Wir träumen ganze Nächte, und es ist fast keine einzige, in der wir nicht schliefen, und wundern wir uns, dass einmal das, was wir geträumt haben, eintrifft? Wenn man zu anderen Zeiten falschen Erscheinungen nicht vertrauen darf, so sehe ich nicht ein, was der Schlaf voraus hat, dass bei ihm das Falsche als wahr gelten soll?«

Paradoxerweise brachte Cicero sich ausgerechnet durch die Fehlinterpretation eines Traums um sein Leben. Ciceros Biograph Plutarch berichtete darüber. »Es kam ihm (im Traum) vor, als berufe irgendjemand die Söhne der Senatoren aufs Kapitol, da Jupiter einen von ihnen zum Führer Roms zu machen gewillt sei. Die Bürger strömten in voller Hast herbei und stellten sich um den Tempel, die Knaben aber nahmen schweigend ihre Plätze ein, bekleidet mit der purpurfarbenen Toga. Plötzlich gingen die Pforten des Tempels auf, die Knaben erhoben sich vom ersten bis zum letzten in der Runde und zogen an dem Gott vorüber, der jeden Einzelnen musterte und sie zu ihrem Verdruss wieder entließ. Wie nun aber der junge Cäsar an die Reihe kam und sich Gott näherte, da soll Jupiter die Rechte erhoben und gesagt haben: ›Römer, wenn dieser euer Führer geworden ist, dann sind eure Bürgerkriege zu Ende.‹ – Das – so erzählt man – war Ciceros Traum. Das Bild dieses Knaben soll er sich eingeprägt und deutlich bewahrt haben, ohne ihn zu kennen.«

Am nächsten Tag, auf dem Weg zum Kapitol, sah Cicero einen jungen Mann, den er für den Jüngling aus seinem Traum hielt. Cicero schmeichelte sich bei ihm, dem Großneffen und späteren Adoptivsohn von Julius Caesar, ein, weil er glaubte, sein Traum bedeute, dass der junge Mann in Rom zu höchster Macht kommen müsse und er davon profitieren werde. Tatsächlich wurde Octavian als einer von Julius Caesars Nachfolgern gehandelt und unterstützte Cicero und den Senat anfänglich im Kampf gegen Marc Anton und besiegte ihn, kehrte dann aber seine Waffen gegen den Senat und bildete mit Marc Anton und Lepidus das zweite Triumvirat. Er hinderte Marc Anton jetzt nicht mehr, Cicero zu verfolgen. Cicero floh und ließ sich im Dezember 43 v. Chr. per Schiff nach Cajeta bringen, wo er eine Villa besaß. Von einem Heiligtum des Apollon flog ein Schwarm von Raben krächzend auf Ciceros Boot zu, was alle an Bord als böses Vorzeichen ansahen. Cicero suchte, als er an Land kam, sein Landgut auf, legte sich zu Bett und zog die Decke über sein Gesicht. Die Raben waren ihm gefolgt und setzten sich auf den Fenstersims. Einer flog zu Cicero und zupfte ihm mit dem Schnabel die Decke vom Gesicht weg. Die Diener nahmen dies als Zeichen, dass Cicero nicht länger im Haus bleiben solle, und trugen ihn in der Sänfte wieder zum Meer, wo ihn aber der von Marc Anton geschickte Mörder fand und erstach. Ciceros Kopf und seine Hände, mit denen er die Reden gegen Marc Anton geschrieben hatte, wurden vom Körper abgetrennt und auf der Rednerbühne in Rom angenagelt.

Gerard Croiset

1949 erschienen dem niederländischen Krämergehilfen Gerard Croiset (1909–1980) zwei Engel, die neben einem Vorhang standen. Durch den Vorhang sah er sich selbst in orientalischer Kleidung auf einer Bühne stehen. Auf dem Kopf trug er einen Turban mit einem diamantenbesetzten Stirnband. Croiset interpretierte diese Erscheinung dahingehend, dass eine höhere Macht ihn berief, große Dinge als Zauberer zu tun.

Croiset war im In- und Ausland bald genauso bekannt wie die KLM oder die Bilder von Rembrandt im Amsterdamer Museum. Man nannte ihn »Zauberer von Utrecht« und wegen seiner verblüffenden Fähigkeiten als Hellseher gab man ihm den Spitznamen der »Niederländer mit den Röntgenaugen«. Seine Mitbürger sahen in ihm, dem Abkommen jüdischer Vorfahren, einen modernen →Nostradamus. Der Parapsychologe Professor Tenhaeff fand heraus, dass Croiset, wie die Angehörigen von Naturvölkern, in Bildern dachte: »Es ist, als geben diese Bilder einen Überblick über das Leben anderer Menschen, oft mit großen Lücken, sie zwingen sich ihm geradezu auf.«

Über sich selbst sagte Croiset: »Ich bin nur ein einfacher, gewöhnlicher Mensch. Jeder hat dieselbe Gabe wie ich – nur ist sie in mir mehr entwickelt, so wie es die Fähigkeit zu singen bei Caruso war. Ich habe keine besonderen übernatürlichen Kräfte. Alle menschlichen Wesen, einerlei, wer und wo sie sind, haben dieselben Gaben in verschiedener Stärke. Alle Menschen stehen miteinander in Verbindung, obwohl sie sich dessen nicht bewusst sein mögen. Ich habe nur außerdem die Fähigkeit, mich im rechten Augenblick in andere Menschen hineinzuversetzen und mit ihnen Verbindung aufzunehmen. Aber ich bin wirklich nicht anders als andere.«

Croiset nahm für seine parapsychologische Tätigkeit, auch bei seiner Arbeit für die Polizei, kein Geld. »Ich habe von Gott eine Gabe, die ich nicht verstehe. Ich kann sie nicht gebrauchen, um damit für mich Geld zu verdienen. Wenn ich das tue, verliere ich vielleicht diese Gabe.« Seinen Lebensunterhalt für sich und seine Familie verdiente er als Heilpraktiker, indem er zeitaufwendige, magnetopathische Behandlungen durchführte.

Für Tenhaeff war Croiset ein Paragnost, jemand, der die Schranken von Zeit und Raum durchbrechen konnte und Vergangenes und Zukünftiges gleichermaßen sehen konnte.

Um zu richtigen Vorhersagen zu kommen, benötigte Croiset eine gefühlsmäßige Beteiligung. »Ich kann meine Gabe nicht nach Belieben anwenden. Ich muss fühlen, dass sie von Nutzen ist, bevor ich jemandem helfen kann.« Besonders zutreffend waren seine Angaben, wenn es um

Cover eines Buches von J.H. Pollack, Freiburg 1969, mit einer Zeichnung des Hellsehers Croiset.

Vermisste ging, die wahrscheinlich ertrunken waren. Er selbst war von einem Passanten aus einem Kanal gerade noch gerettet worden, in den ein Spielkamerad den damals Achtjährigen gestoßen hatte.

Um einen Fall zu klären, genügte es ihm, einen Gegenstand aus dem Besitz einer Person, ein Lichtbild, einen Ring, einen Handschuh oder ein anderes Kleidungsstück, einen Brief, in die Hand zu nehmen, um über diesen »Induktor« Szenen aus Vergangenheit, Gegenwart und Zukunft dieser Person zu sehen.

Für Aufsehen sorgte Croiset mit einem »Platz-Zuordnungs-Versuch« im Jahr 1955. Am 13. Februar machte er Angaben über Personen, die bei einer Sendung des Süddeutschen Rundfunks bestimmte Plätze einnehmen würden und die erst am 28. Februar vom Rechtsberater des Rundfunks per Los den Plätzen zugeordnet wurden. Die Vorhersagen, die Croiset vorher schriftlich gemacht hatte, waren zumeist richtig bis sehr richtig.

Aleister Crowley

Edward Alexander Crowley wurde am 12. Oktober 1875 als Sohn eines Bierbrauers geboren, der in seiner freien Zeit als Wanderprediger für eine Sekte, die strenggläubigen Plymouth-Brethren, unterwegs war. Seine Mutter habe nach dem frühen Tod des Vaters versucht, einen religiösen Musterknaben aus ihm zu machen, sie sei eine »hirnlose Bigotte des engstirnigsten, logischsten und unmenschlichsten Typs« gewesen, berichtet er in seiner Autobiographie (»The Confessions of Aleister Crowley«). Da sie ihn wegen seines flegelhaften, blasphemischen Verhaltens als Tier *(beast)* beschimpfte, verlieh sich Crowley, nachdem er sich auch einen neuen Vornamen (Aleister) gegeben hatte, den Namen des Antichristen (Das Tier 666) aus der »Offenbarung des Johannes« als zukünftigen Nom de Guerre.

Am 18. November 1898 legte er in London im »Hermetic Order of the Golden Dawn« Eid und Gelübde ab und erhielt den Ordensnamen Bruder Perdurabo. Nach kurzer Zeit bekleidete er den Grad eines »Philosophus«. Über Samuel Liddel MacGregor Mathers, das Oberhaupt des Ordens, lernte Crowley das »Buch Abramelin« des →Abraham von Worms kennen. Crowley entnahm dem mittelalterlichen Traktat, dass Magie nur dann funktioniert, wenn man seinen heiligen Schutzgeist in sich erwecken kann, um mit dessen Hilfe den Geistern zu befehlen. Begeistert richtete Crowley in seiner Wohnung schon mal zwei seiner Räume als Tempel ein, einen für die Weiße, den anderen für die Schwarze Magie.

Im Jahr 1904 in Kairo, wo Crowley mit einer seiner vielen »Scarlet Women« als Fürst Chioa Khan wohnte, erschien ihm in Aiwass, einem Boten des Gottes Seth, sein heiliger Schutzengel. Innerhalb von drei Tagen empfing Crowley in Trance von Aiwass das »Buch des Gesetzes«, ein Evangelium des Neuen Aeon, das Crowley der Menschheit verkünden sollte. Ein »Kompendium von Dithyramben mit mehr Ausrufezeichen als jedes andere Opus vergleichbarer Länge« nennt Crowleys Biograph John Symonds den von Crowley ehrfurchtsvoll mit einem teuren Swan-Füllfederhalter niedergeschriebenen Text.

Crowley konnte als Verkünder der neuen Lehre zuweilen recht nervig sein. Am 7. Juli 1907 sagte George Montague, der 7. Earl of Tankerville, der gehofft hatte, durch Crowleys Lehren geistige Stabilität zu bekommen, zu Crowley: »Ich habe die Nase voll von Ihren Lehren–Lehren–Lehren–Lehren, als wären Sie der allmächtige Gott und ich ein Stück Scheiße.«

Crowley, der sich als Reinkarnation und Nachfolger des in seinem Geburtsjahr gestorbenen französischen Magiers Eliphas Levi sah, legte 1944 mit seinem »Book of Thoth« eine überarbeitete Fassung der Texte von Levi über den Zusammenhang des Kabbalistischen Baums mit dem Ägyptischen Tarot vor. Die nach seinen Angaben von Lady Frieda Harris exquisit gemalten Karten sind als »Crowley-Tarot« bis heute ein Bestseller in Okkultläden.

»Der Tarot sollte im Leben so früh wie möglich erlernt werden«, schreibt Crowley, »als eine Stütze für das Gedächtnis und ein vorbildliches System für den Geist. Er sollte ständig, im Sinne einer täglichen Übung, studiert werden; denn er ist unendlich elastisch, und sein Wert wächst im Verhältnis zu seiner von Verstehen und Intelligenz erfüllten Anwendung. Auf diese Weise wird er zu einer äußerst geistreichen, fruchtbaren und vorzüglichen Methode, sich der Gesamtheit der Existenz bewusst zu werden.«

Crowley hat häufig das Yi King (→I Ging) befragt, auch zu Problemen des Alltags. So hat ihn einmal das Hexagramm XIII (Tung Jen / »Gemeinschaft mit Menschen«) an einem Weihnachtstag zum Konsum von Roastbeef, Plumpudding, einer Flasche alten Portweins und einigen Brandies animiert. Aus der Wahl des Hexagramms XII (Pi / »Die Stockung«) leitete er ab, warum er an diesem Tag in seinem Lebensmittelgeschäft keinen Milchrogen für seinen Toast erhalten hatte. Und als er nach einer Idee für ein Bild suchte, das er malen wollte, gab das Yi King ihm über das Hexagramm XXXVIII (Kui / »Der Gegensatz«) die Antwort, ein Schwein zu malen, das auf dem Rücken eine Ladung Schmutz mit sich herumträgt oder eine Kutsche voller Geister. Crowley, der kein besonderes Talent zum Zeichnen gehabt hat, beschloss daraufhin, nur noch Bilder zu malen, die rein aus Farben, ohne figürliche Anteile, komponiert waren.

Als er 1944 durch die Bombardierung Londons seine Wohnung in der Jermyn Street verlor, fragte er das Yi King, ob er in eine Pension in Hastings (Sussex) ziehen solle. Auf seine Anfrage erhielt er das Hexagramm XLIX (Ko / »Die Umwälzung« bzw. »Mauserung«), was er als »und ob« interpretierte. Die Pension »Netherwood« stellte sich als großer, finsterer Herrensitz aus dem 19. Jahrhundert heraus, der inmitten eines großen Parks gelegen war. Im Speisesaal hingen die Hausregeln:

Die Gäste mögen bitte nicht die Geister verärgern.

Allen, die die Nacht überlebt haben, wird das Frühstück um neun Uhr morgens serviert.

Der Städtische Friedhof von Hastings kann vor hier aus bequem zu Fuß in fünf Minuten erreicht werden (im Falle der Mitführung einer Leiche in zehn Minuten). Flugweg für Geister eine Minute.

Wir bitten alle Gäste höflichst, vom Abnehmen der Leichen in den Bäumen abzusehen.

Im Büro finden Sie eine kleine Garderobe. Es handelt sich um die Gewänder derer, die des irdischen Tands nicht mehr bedürfen.

In der Nacht des 1. Dezember 1947 starb Crowley in »Netherwood«. Ein Pergamenttalisman unter seinem Kopfkissen, der »für einen großen Schatz« geweiht war, nutzte Crowley nichts mehr, verhalf aber einem Unbekannten, der sich heimlich in Crowleys Zimmer schlich, zur goldenen Taschenuhr des Großen Tiers 666.

Cumae

Im dritten Gesang der »Aeneis« (V,439 ff.) des Vergil (70–19 v. Chr.) erteilt der Seher Helenos dem trojanischen Helden, der mit seinen Gefährten eine neue Heimat sucht, folgenden Ratschlag: Aeneas solle von Sizilien nordwärts nach Cumae segeln, mit seinen heiligen Seen, »dem Averner im Kranz der rauschenden Wälder«. Dort

wirst die Prophetin du sehen, die
gottbegeistert in tiefer
Felsgrotte weissagt und Namen
wie Zeichen einträgt auf
Blättern.
Sämtliche von der Jungfrau hier
festgehaltenen Sprüche
werden gezählt und geordnet von
ihr und bewahrt in der Grotte,
unter Verschluss; sie bleiben dort
unbeeinträchtigt liegen.
Wenn allerdings beim Öffnen der
Tür ein mäßiger Luftzug eindringt
und durch den Spalt die leichten
Blattseiten hochreißt, lässt die
Prophetin sie ruhig die Höhle
durchflattern, sie sammelt nicht
das Verstreute und stellt nicht
die Sprüche aufs Neue zusammen.

Und dann gibt Helenos dem Aeneas noch mit auf den Weg, Geduld aufzubringen. Es könne dauern mit der Weissagung. Wer aber die Sibylle »nicht selber befragt, erhält kein Orakel, scheidet verärgert«!

Griechische Kolonisten, vermutlich aus Euböa, siedelten im 8. Jahrhundert v. Chr. an der Westküste Italiens nahe Neapel. Cumae wurde eine ihrer bedeutendsten Städte. Hier residierte die Sibylle von Cu-

Zeitgenössische Postkarte aus Cumae.

mae, von Vergil und später von Ovid (43 v. Chr. – 18 n. Chr.) ins Rampenlicht der Öffentlichkeit gezogen. Selbst frühe Christen und Kirchenväter fanden Grund, an ihre prophetischen Fähigkeiten zu glauben. Denn zumindest manche der amtierenden Sibyllen weissagten auch ohne spezifische Fragen eigens herangereister Kundschaft und in geradezu zeit- und raumsprengenden Dimensionen (→Sibyllen).

Lange Zeit hatten Forscher ihre Grotte gesucht, und bis ins 20. Jahrhundert hinein glaubte man sie vor allem in einer geräumigen Höhle am Averner See gefunden zu haben. 1932 entdeckte aber der Archäologe Maiuri unterhalb des Apollontempels von Cumae einen trapezförmigen »Dromos« von 136,5 Meter Länge und fünf Meter Höhe, der genau den Angaben von Vergil entsprach und keinen Zweifel mehr aufkommen ließ. Dieser Dromos führt zur eigentlichen Orakelgrotte – ein feucht dunkler und grünbemooster Ort voller ungeklärter Fragen. Was allerdings an einer Orakelstätte nicht verwundern darf. Hier vollzog sich nach Vergil das so eigenartige Verfahren. Die Priesterin schien aus bereits vorhandenen Spruchweisheiten zu schöpfen, vielleicht ähnlich wie beim →I Ging. Dem Frager aber wurde die schier unmögliche Arbeit aufgelastet, das Puzzle der Botschaft selber wieder zusammenzusetzen. Ein makabres Spiel der Orakelgötter? Eine raffinierte Sicherheitsmaßnahme der Orakelverwaltung, damit die Weisheit des Ortes so immer unanfechtbar blieb? Oder handelt es sich hier nur um eine Metapher des respektvollen Vergil, wie manche vermuten, der damit auf die außergewöhnliche und geheime Kunst der →Sibyllinischen Bücher anspielte, deren Verse mit Hilfe von Akonstrichons oder Anagrammen verschlüsselt war?

Der Dichter Ovid erzählt in seinen »Metamorphosen« (V, 129–153), einst habe →Apollon die Sibylle von Cumae heftig geliebt. Auf ihren Wunsch verlieh der Gott ihr so viele Lebensjahre, wie die Teilchen in einer Handvoll Staub zählen. Leider hatte sie aber vergessen, sich eine ebenso lange Jugend zu wünschen. Deshalb schrumpfe jetzt nach 700 Jahren ihr Leib immer mehr, so dass am Ende der noch folgenden 300 Jahre als Ergebnis ihrer »Verwandlung« nur noch ihre Stimme übrig bleibe. Und schließlich nur noch der allerdings unvergängliche Mythos, möchte man hinzufügen.

D

Daniel

Der Prophet →Hesekiel bezeichnete im Alten Testament seinen Vorgänger Daniel als weisen und gerechten Menschen der Urzeit. Archäologen wollen ihn mit dem weisen König Dan-el in Ugarit gleichsetzen, von dem dort vorgefundene Tontafeln berichten. Daniel (= El, das höchste Göttliche, ist gerecht oder ist mein Richter) soll um 606 oder 586 v. Chr. als Knabe aus königlichem Hause mit den Gefangenen aus Juda nach Babylon geführt worden sein. Dort erhielt er von der Zunft der Chaldäer, der Magier, Wahrsager und Sterndeuter, eine dreijährige Ausbildung und wurde in ihre exklusive Gesellschaft aufgenommen. Während des Babylonischen Exils des Volkes Israel (→Jeremias) bekleidete er am Hofe unter mehreren babylonischen Königen das Amt des obersten Weisen, Astrologen und Traumdeuters. Bei einem Gastmahl des Königs Belsazer, Sohn des letzten babylonischen Königs Nabuna'id, erschienen plötzlich in Flammenschrift an der Wand die Worte »Mene, Mene Tekel U-pharsin«. Der zu Rate gezogene Daniel übersetzte, Gott habe Belsazers Regierung »gezählt, gewogen, aber zu leicht befunden«. Das Reich werde zerfallen und von den Persern übernommen, was 538 v. Chr. auch ge-

Daniel. Aus: »Die Heilige Schrift«. Dargstellt in den berühmten 230 Illustrationen von Gustave Doré, 1865.

schah. Belsazer erhob trotz dieses Menetekels den →Propheten zum dritten Mann des Reiches.

Das Buch Daniel, bestehend aus Visionen und Erzählungen, enthält im zweiten Kapitel eine der hochrangigsten Prophezeiungen. Daniel sah das Weltreich der Babylonier, der Perser, der Griechen und der Römer kommen und vergehen. Das Römerreich würde in zehn selbständige Königreiche zerfallen, auch die ohne Bestand. Gott aber throne über allen Weltreichen, und am Ende folge sein ewiges Reich unter der Herrschaft des »Menschensohnes«. Dieses göttliche Reich bezeichnete Daniel als Stein, hebräisch *ehben.*

Jüdische und europäische kabbalistische Schulen verstehen unter diesem Stein, auf dem auch Jesus sicherlich seine »Kirche« bauen wollte, die wiedergefundene Verbindung vom »Vater mit dem Sohn«, dem höchsten mit dem menschlichen Bewusstsein, die Vervollkommnung des Menschen.

Däumeln

Die Kirchenväter Augustinus, Hieronymus und Papst Gregor der Große wetterten dagegen. Zahlreiche Synoden erließen vom 5. Jahrhundert an Verbote gegen das *sortilegium.* Selbst Karl der Große reihte es unter die abergläubischen Praktiken ein, die er in seinem Capitulare de Vilis aus dem Jahr 789 bei Strafe untersagte. Es war alles umsonst. Bis heute däumeln viele Menschen und werden es auch morgen tun. Aber wie däumeln sie?

Die Bibel als Heilige Schrift galt seit Beginn als Offenbarungsbuch. Daran änderten auch die Reformatoren nichts. Calvin betont die »göttliche Lehrautorität« der Bibel und Luther unterstrich: »An einem Buchstaben, ja an einem einzigen Titel der Schrift ist mehr und Größeres gelegen, denn an Himmel und Erde.« Was lag näher, als mit diesem Buch das Göttliche Orakel zu befragen. Man brauchte nur aufs Geratewohl eine Stelle aufzuschlagen und das Auge von einer Stelle anziehen zu lassen. Dann lag alle göttliche Antwort in den Aussagen des betreffenden Kapitels. Da man beim Aufschlagen nun vor allem den Daumen benutzte, äugte man besonders dahin, auf welcher Höhe der Seite der gerade liegen geblieben war und »gepackt« hatte. So sollen es schon die Griechen mit ihrem Homer oder Euripides getan haben, die Römer mit den →Sibyllinischen Büchern oder mit den Schriften von Vergil, so tun es Muslime noch heute mit dem Koran oder dem »Mesnewi« des Dschelaladdin Rumi. Greifen oder Händeln gehören mit zu den sensiblen Noten mancher Orakeltechnik (→Holzscheitorakel, →Zaunrütteln, →Pendeln, →Wünschelrute).

Für das »christliche« Däumeln gibt es im Wesentlichen zwei Herangehensweisen. Dazu konzentriere man sich auf eine Frage, bitte um Antwort, verharre einige Zeit in meditativer Haltung und versuche alle anderen Gedanken so gut wie nicht zu beachten oder an sich vorbeiziehen zu lassen. Dann darf man langsam an den Daumen lecken und die Heilige Schrift aufschlagen. Die zweite Methode geht in der Praxis gleich vor. Doch sucht man hier keine Frage, sondern bittet Gott oder andere Ansprechpartner um eine Anregung, die als Führung dienen könnte (→Losungen). In vielen Kirchen liegt auch heute noch ein Exemplar der Bibel aus. Durch einen Hinweis aufgefordert oder unaufgefordert soll der Besucher irgendeine Seite aufschlagen und sich eine Belehrung für den Augenblick oder den Tag geben lassen.

Eine Variante war das Buchstechen. Man öffnete die Bibel, einen Lieblingsroman oder Gedichtband und stach mit einer Nadel hinein. Die letzte Seite, die noch den Stich oder zumindest deutlich den Druck aufwies, führte zur Antwort. Der Absatz, das Gedicht oder nur das Wort selbst, ja sogar der Buchstabe, den die Nadel getroffen hatte, gab Aufschluss – manchmal zumindest.

Für solche Weissagungen wurden auch das Gebetbuch oder das Gesangbuch genutzt, mehr Wert besaß natürlich das Orakel der Bibel. Selbst →Franz von Assisi däumelte dreimal, bevor er den Franziskanerorden gründete. So berichtet jedenfalls die »Legenda secunda« seines Schülers und Biographen Thomas von Celano (etwa 1180–1260).

John Dee

John Dee wurde am 13. Juli 1527 in London geboren. Er entstammte einem altadeligen Geschlecht aus Wales. Er studierte in Cambridge, ab 1547 in den Niederlanden Mathematik, Astronomie und Astrologie und wurde nach seiner Rückkehr Mitbegründer des Trinity College in Cambridge. Nachdem er 1548 zum Magister ernannt worden war, studierte er in Löwen noch Alchemie und Magie.

Man bezichtigte ihn erstmals der Zauberei, als er für eine Aufführung einer Komödie des Aristophanes einen mechanischen Käfer konstruierte, der mit einem Menschen beladen zum Thron Jupiters flog.

1551 wurde er, wahrscheinlich wegen der Freundschaft mit Prinzessin Elisabeth, der späteren englischen Königin, beschuldigt, Königin Maria I., der Katholischen, mit Zauberei nach dem Leben getrachtet und Kinder durch Hexerei getötet zu haben. Man warf ihm auch vor, Hausgeister zu besitzen. Dee wurde der Gerichtsbarkeit des berüchtigten »blutigen« Bischofs Bonner übergeben und saß gemeinsam mit dem später als Ketzer verbrannten Barlett Green im Gefängnis. Im Herbst des Jahres 1553 ließ man Dee überraschend frei.

1555 erstellte er für Prinzessin Elisabeth ein Himmelsschema, das den für die Krönung geeignetsten Tag bestimmte, und er diente ihr auch später als Berater, Astrologe, Bote und Geheimagent.

In seinem Landsitz in Mortlake besaß Dee eine große Bibliothek* mit 4000 Büchern und Manuskripten, darunter die Werke von Roman Lull, →Albertus Magnus, Roger Bacon, →Paracelsus und →Trithemius, eine »wahre Wunderkammer der Gelehrsamkeit« (M. Kuper). Das Haus enthielt dazu ein Laboratorium mit einer Fülle von Apparaturen. Dee

* Eine Liste der Bücher hat sich erhalten.

sammelte Altertümer aus seiner walisischen Heimat, alte Siegel und Stammbäume. Er besaß Bilder von Dürer und Skizzen von Leonardo da Vinci. Er experimentierte mit magischen Spiegeln und Laternen, entwarf Kryptogramme und magische Zeichen. Aus dieser Beschäftigung entstand 1564 sein Werk »Monas Hieroglyphica«. Nur wenigen Menschen wie Königin Elisabeth I. und Kaiser Maximilian II. erläuterte er persönlich den Schlüssel zur Entzifferung der Monade.

Ab dem Jahr 1581 begann Dee mit magischen Experimenten unter Zuhilfenahme einer Glaskugel und eines polierten Obsidians (seine »Zeigesteine«), nachdem er selbst in einem Kristall ein Gesicht hatte und es in seinem Haus zu spuken angefangen hatte. In dem Kristallseher Eduard Kelley fand er ein begabtes Medium, das die Geister und Engel, die in den *glasses* auftauchten, beschrieb und auch mit ihnen in der Sprache der Engel, dem Henochischen, kommunizierte. Dee zeichnete alle diese »Actions« in seinem noch vorhandenen »Private Diary« und in der 500 Seiten starken Schrift »A true and faithful Relation of what passed for many years between Dr. John Dee and some spirits« auf. Am 21. November 1582 erschien am westlichen Fenster seines Studierzimmers ein Engel in der Gestalt eines vierjährigen Knaben, der den »Shew« (Dees berühmt gewordenen Zauberspiegel), einen Kristall aus glänzender Steinkohle, übergab.*

* Horace Walpole, der bekannte Verfasser von Schauerromanen, in dessen Besitz sich der »Shew« befand, soll ihn 1752 an Katharina die Große verkauft haben.

Dee hing sehr an seiner Bibliothek, die zu erwerben das von seinem Vater ererbte Vermögen in hohem Maße aufgebraucht hatte. Zwei Tage, nachdem er den Shew erhalten hatte, hatte er nachts einen Warntraum. »Ich träumte, ich sei tot«, berichtet Dee in seinem Tagebuch, »und mir seien die Eingeweide herausgenommen worden. Ich lief umher und sprach mit verschiedenen Leuten, darunter auch dem Lordschatzmeister, der zu meinem Haus gekommen war, um meine Bücher zu verbrennen. Mir kam es vor, als schaue er mich missgünstig an.«

Als Dee sich Ende 1583 mit seiner Familie und Kelley länger auf dem Festland aufhielt, auch um sich Verfolgungen in England zu entziehen, stürmte ein von Dees Feinden aufgehetzter, abergläubischer Mob sein Haus, plünderte die Bibliothek, verwüstete das Labor und ließ auch eine geheimnisvolle gummiartige Substanz, die fünf Pfund wog, mitgehen. Der Verlust dieser Substanz traf Dee schmerzhafter als alles andere.

In den Sitzungen mit den Engeln ging es um Alchemie, Kosmologie, Eschatologie, Theologie, Naturphilosophie, Fragen der Politik, der Kirche und der Religion. Für ihren Gönner, den polnischen Fürsten Albert Laski, ließen die beiden Kristallomanten die Geister auch über zukünftige Geschehnisse Prophezeiungen abgeben. Er werde binnen Jahresfrist König (»die Sonne soll nicht ihren Lauf vollenden, so wird er König werden«), werde die Juden bekehren und Kreuzzüge gegen die Türken unternehmen, beschieden ihm die Geister freundlich, aber falsch.

Der Geist Jubanladace beruhigte den finanziell in Nöten befindlichen Dee, über die Königin werde ihm wunderbare Hilfe zukommen. Tatsächlich ließ Elisabeth dem Fürsten bald darauf 40 Taler aushändigen, damit er für eine standesgemäße Bewirtung eines Hofbeamten wenigstens etwas Geld zur Verfügung hatte.

Dr. John Dee.

Als Dee den weiblichen Geist Galvah einmal fragte, was man gegen das anhaltende Nasenbluten seines Nachbarn Charles Stad tun könne, schämte sich Galvah nicht zu antworten: »Ich kenne ihn nicht, er hat noch keinen Namen bei uns.«

Später, als Dee mit Kelley nach Europa gegangen war und in Deutschland, Polen und Ungarn von Fürstenhof zu Fürstenhof zog und in immer schlimmere Geldnöte geriet, fragte er in seiner Verzweiflung am 20. März 1585 den im Kristall erschienenen Engel Levaniel nach der Bereitung des Steins der Weisen. Der Engel antwortete zwar sofort, seine Auskunft war aber trotz einer von Dee 1584 verfassten Schrift über die Kommunikation mit den Engeln (»48 claves angelicae«) und einer beigegebenen Übersetzung des Henochischen ins Englische nicht zu entschlüsseln. »Audcal ist Gold; Dlasod ist Schwefel; nimm also Lulo von roten Roxtan. Roxtan ist guter reiner Wein an sich; Lulo ist seine Mutter. Lulo ist Weinstein von Rotwein; diesem muss Quecksilber hinzugefügt werden. Darr ist in der Sprache der Engel der wahre Name des Steins.«

Nach Dees Rückkehr nach England hatte er als Präfekt des Kollegs in Manchester ein Unterkommen und auch bis zum Tod seiner Gönnerin Elisabeth I. im Jahr 1604 eine kleine Pension.

Der hexengläubige König Jacob I. entzog Dee, dessen Engelmagie er für Teufelsbeschwörung hielt, die Pension, so dass er nach Mortlake zurückgehen musste, wo Alter, Krankheit und Armut sein Leben verbitterten.

In einer letzten »Action« am 7. September 1607 manifestierte sich in seinem Zauberspiegel der Engel Raphael und versprach, ihn bald die Bereitung des Steins der Weisen zu lehren und ihm auch die tiefsten Geheimnisse Gottes zu offenbaren. Nicht lange danach starb Dee und – wie sein Biograph Kurt Kiesewetter es treffend ausdrückte – »gesellte sich zu seinen Geistern«.

Orakel von Delphi

Als der englische Dichter Byron 1812 nach Delphi kam, waren von dem Heiligtum nur Ruinen zu sehen, was ihm – ob des Anblicks von »Delphis ödem Hain« – schwermütige Seufzer entlockte. Der Schriftsteller empfand die Lage des Heiligtums als eine Landschaft voller Schrecken.

»Man ist in Delphi den Naturgewalten fürchterlich preisgegeben. Erdrutsche sind häufig, und seit den ältesten Zeiten fallen immer wieder große Felsblöcke von der Höhe herab und zerstören unten die Häuser. Erdbeben erschüttern die Mauern, Herbst- und Winterstürme toben hier mit besonderer Wildheit, der Donner rollt und hallt von den Bergwänden wider«, schrieb er.

In uralter Zeit, so weiß es die Sage, soll in Delphi die große Schlange Python die Orakelstätte der Erdgöttin Gaia bewacht haben, bis Gott Apollon den Drachen mit Pfeilen bezwang und Delphi zu seinem Wohnsitz deklarierte. Dort, wo später Apollons Tempel stand, soll, so erzählt Diodor (der um 1100 v.Chr. lebte), ein Spalt im Felsen gewesen sein. Die Ausdünstungen aus diesem Spalt versetzen Menschen in die Lage, die Zukunft zu schauen: »Die, welche die prophetische Kraft des Orakels um Rat zu fragen wünschten, wahrsagten in der ersten Zeit einer dem anderen. Schließlich, als viele von ihnen unter dem Einfluß der Ausdünstungen in den Spalt gefallen und ohne Ausnahme verschwunden waren, schien es den Einwohnern der Gegend angebracht, sich gegen die Gefahren zu schützen, und sie wählten eine Frau als einzige Prophetin für sie alle. Man baute ein Gerüst, auf das sie stieg und wo sie in völliger Sicherheit die Eingebung empfangen konnte. Dies Gerüst hatte drei Stützen und wurde deshalb Dreifuß genannt.«

Nachdem Delphi zur Heimstatt des Apollon geworden war, sprach die →Pythia Orakel nur einmal am Geburtstag des Gottes, Ende Februar.

Später wurden am 7. eines jeden Monats, außer in den drei Wintermonaten, Orakelsprüche gegeben. Nach der Tradition zog sich der Gott im Winter in das Land des mythischen Nordvolks der Hyperboreer »in seinen alten Garten« zurück. Im Winter übernahm der Ekstasegott Dionysos das Heiligtum. Dort und auf dem Götterberg Parnass wurde dann ausgelassen gefeiert.

Auf die Rufe der Delphier hin kehrte Apollon in seinem Schwanenwagen aus dem Land der Hyperboreer in seinen Schrein zurück, wo ihn der Frühling empfing und »ihm Nachtigallen sangen und Schwalben und Zikaden ihn am frisch sprudelnden kastalischen Quell willkommen hießen«.

Seit dem 8. Jahrhundert v.Chr. kam der Orakelstätte als eine Art Informationsbörse eine herausragende politische Bedeutung für die ganze griechische Welt zu.

Apollon besaß in Griechenland noch weitere Orakelschreine. Den Schreinen in Lykaion und auf der Akropolis von Argon stand eine Priesterin vor. In Ismenion wurden die Orakelsprüche von Priestern aus den Eingeweiden von Opfertieren gelesen. In Klaros tranken die Priester Wasser aus einem geheimen Brunnen und verkündeten das Orakel in Versen und in Telmissos wurden die Träume der Klienten gedeutet.

Ab dem Jahr 1892 wurden die Ruinen des antiken Delphi von französischen Archäologen ans Licht gebracht. Vorher musste man aber die Gebäude des Dorfes Kastri abtragen und das Dorf an anderer Stelle wieder errichten. 1893 wurde der Apollontempel freigelegt. Bereits 1840 hatte man die Fundamente des Tempels gefunden. Überraschenderweise fand man keine Erdspalte, aus der die die Pythia zu ihren Weissagungen inspirierenden Dämpfe hätten austreten können.

Ursprünglich war der erste Schrein des Apollon aus Bienenwachs und Federn gefertigt gewesen, der zweite bestand aus ineinander gewachsenen Farnstängeln, der dritte aus geflochtenen Lorbeerzweigen und der vierte aus Bronze mit goldenen Vögeln auf dem Dach. Der fünfte, den man im 6. Jahr v. Chr. aus behauenen Steinen als Tempel baute, wurde infolge von Bränden, Erdrutschen und Erdbeben immer prachtvoller wieder aufgebaut. Der Tempel trug Aufschriften von Sprüchen der sieben Weisen wie »Erkenne dich selbst«, »Nichts zu sehr«, »Bürgschaft – schon ist Unheil da«, »Alles ist Übung«, »Maß ist das Beste«, »Erkenne den passenden Augenblick« und »Die meisten sind schlecht«. Im Laufe der Zeit kamen Brunnenanlagen, Altäre, ein Theater und zahlreiche Weihestätten und Schatzhäuser hinzu.

Als im 3. Jahrhundert n. Chr. der Tempel brannte, wurde er nur flüchtig wiederhergestellt. Die Pythia be-

Apollontempel in Delphi.

klagte sich bei dem Arzt Oreibasius, der im Auftrag von Kaiser Julian nach Delphi gekommen war: »Sage deinem Herrn, dass der prunkvolle Tempel zusammengefallen ist, Apollon hat nicht länger mehr ein Zuhause noch den inspirierenden Lorbeer noch eine Quelle, die Weissagungen ermöglicht. Ihr Wasser ist versiegt.«

Der christliche Kaiser Theodosius der Große schließlich, ein fanatischer Heidenverfolger, erklärte am Ende des 4. Jahrhunderts das Orakel von Delphi für erloschen. Der Tempel des Apollon wurde von den Christen exorzisiert: Der große Altar wurde mit Kreuzen überzogen, um die heidnischen Dämonen zu bannen, und das Adyton, das Allerheiligste des Tempels, wurde vollständig zerstört. Der Bezirk um das Heiligtum wurde in ein Geschäftsviertel umgewandelt, der Tempel dem Verfall preisgegeben.

Eine moderne Interpretation des Orakels von Delphi findet sich in einem Internettext vom Januar 2004 des Zukunftsforschers Matthias →Horx:

»Neben den Zeichendeutern, Zauberern, Zungensprechern, den Nostradamussen und Astrologen, die unser mediales Universum bevölkern, gab es immer auch schon säkulare Versuche, etwas über das Kommende zu erfahren. Einer der bekanntesten ist das Orakel von Delphi, das fälschlicherweise nur für seine magische Inszenierung (heute würde man dazu ›Event-Charakter‹ sagen) bekannt wurde.

Aber Delphi war weit mehr als nur die berühmte Pythia, die, auf einem dreibeinigen Stuhl über einer Felsspalte sitzend, unverständliche Laute ausstieß. Delphi war eine Art Geheimdienst, ein Think Tank, ein McKinsey der Antike. Ein wohlhabender Priesterorden sammelte im Tempel des Apollon mehr als 400 Jahre lang das Wissen der hellenischen Welt und formte daraus mal politische, mal profane Ratschläge, die von Staatsmännern und Bürgern immer wieder gerne in Anspruch genommen wurden.«

Didyma

Nach Delphi beanspruchte das Apollonorakel Didyma am Berg Latmos, auf dem gleichen Breitengrad wie Delos und Milet, den zweiten Rang. Zumindest was seine gigantisch aufwändigen Anlagen betraf, bestand der Ruf zu Recht. Seine Orakelsprüche blieben wohl weniger bedeutsam. Im Tempel entsprang die heilige Quelle, und in ihrer Nähe wuchs der Lorbeerbaum, unter dem Zeus mit der Nymphe Leto einst →Apollon gezeugt hatte. Lange Zeit rekrutierten sich die Priester am Heiligtum aus der berühmten Familie der Branchiden (→Bedeutung antiker Orakelstätten).

Ab dem 4. Jahrhundert v. Chr. kündete eine Priesterin das Orakel. Sie tauchte dazu nach dreitägigem Fasten ihre Füße in die heilige Quelle, atmete den Dunst des Wassers ein und erhielt damit weissagende Kräfte. Den Spruch der Prophetin überbrachte ein Priester mündlich dem Konsultierenden.

Laut Sage hatte der Trojaner Paris den berühmten Dreifuß der Pythia in →Delphi mitsamt der schönen Helena (= Selene: Mond) geraubt und später ins Meer (= Symbol für das Unbewusste) geworfen. Fischer sollen ihn wieder herausgezogen haben. Um dieses Objekt der Begierde stritten sich einige hellenische Städte, zwischen Kos und Milet kam es sogar deswegen zum Krieg. Nachdem sich keine Seite militärisch durchzusetzen vermochte, rief man das Orakel zu Didyma an. Apollon weissagte, der Streit fände erst dann ein Ende, wenn der Dreifuß ins Haus des Mannes gelange, »der mit Schärfe erkennt, was ist, was kommt, was gewesen«. Daraufhin übergab man ihn Thales von Milet, einem der Sieben Weisen. Über alle sieben dieser Weisen wanderte er weiter, und Solon brachte ihn dem Apollon nach Delphi.

Nach einer anderen Version kam der Dreifuß nach Didyma, auf jeden Fall zum weisesten Mann, zu →Apollon selbst – ein kluger Rat (Rosenberger 2001:123).

Dodona

Das älteste griechische Orakel befand sich im wasserdurchströmten Tal von Dodona im Gau von Epirus, umgeben von einer rauen, unwirtlichen Gebirgslandschaft. Der Menschenvater Deukalion soll der Sage nach der Gründer gewesen sein.

Der Geschichtsschreiber Herodot erfuhr im ägyptischen Theben, in dem es ein Orakel aus dem Wehen des Windes aus alter Zeit gibt, eine thebanische Priesterin habe in Dodona das Orakel begründet und eine

Zeus und Dione vor der Eiche von Dodona. Stich des 18. Jahrhunderts

zweite das Orakel des Zeus Ammon in der →Oase Siwa. In Dodona wurde ihm die Geschichte anders erzählt: Zwei schwarze Tauben seien von Theben weggeflogen, die eine habe das Orakel in Libyen gestiftet, die andere habe sich in Dodona auf eine Eiche gesetzt und mit menschlicher Stimme die Einrichtung eines Orakels gefordert.

Eine riesige Eiche mit einer an ihrer Wurzel entsprungenen Quelle stellte den Mittelpunkt des Orakels dar. Den Willen des Blitze schleudernden Himmelsgottes Zeus erkundete man aus dem Rauschen der Blätter oder (hier ist sich die Forschung unsicher) aus den Tönen, die der Wind mit den Schnüren einer von einem Knaben gehaltenen Peitsche in einem Erzbecken verursachte.

In späterer Zeit wurden Fragen auch schriftlich auf Täfelchen eingereicht und vermutlich durch ein Losverfahren beantwortet: »Theris und Onesimus fragen, ob es gut für sie ist, sich eine Frau zu nehmen?« / »Ist das von meiner Frau geborene Kind tatsächlich von mir?«

Neben dem Zeus Naios (*naios* = Quellfeuchte) wurde auch die Titanin Dione Naia, als weiblicher Aspekt des Gottes, verehrt. Die Gläubigen erwarteten von dem Götterpaar nicht nur Aussagen zur Zukunft, sondern auch Heilung von Krankheiten durch die Quelle, die neben der Eiche aus dem Boden kam.

Dodona wurde schon bei Homer erwähnt. Achill bezieht sich in einem Gebet auf Zeus, den Herrn von Dodona. Und von Odysseus wird gesagt, »er sei nach Dodona gegangen, um dem Rat des Zeus aus dem Gipfel der Eiche zu lauschen.«

Lange Zeit wurde der Kult in der freien Natur ausgeübt. Später wurden ein Tempel und andere Gebäude errichtet, um die Bilder des Gottespaares und kostbare Weihegeschenke zu bergen. Obwohl die Tempelanlagen im 3. und im 1. Jahrhundert v.Chr. in Kriegszeiten zerstört wurden, hielt die Verehrung und Befragung der Orakelstelle bis in christliche Zeiten an.

Im Jahr 392 n.Chr. ließ Theodosius der Große, der das Christentum zur Staatsreligion erklärt und die heidnischen Kulte verboten hatte, die heilige Eiche fällen.

Domino-Orakel

Der chinesische Kaiser Wie-tsung habe das von einem Staatsmann geschaffene Dominospiel für so wertvoll befunden, dass er es in seiner Schatzkammer verschloss. Erst sein Sohn Kao-tsung habe es im Jahr 1127 freigegeben. Jedenfalls kam dieses Spiel wohl aus fernöstlichen Ländern im 18. Jahrhundert nach Europa. Es besteht aus 28 rechteckigen, flachen Steinen, die je zwei Felder mit jeweils ein bis sechs Punkten aufweisen oder die Null, angezeigt durch leere Felder. Neben der schlichten Aneinanderreihung der Steine, die interessante graphische Muster ergeben, dient das Spiel auch als Orakel. Dazu entnimmt der Frager nacheinander oder gleichzeitig dem verdeckten Spiel drei Steine, die nun gedeutet werden. Zum Spiel gehört eine Deutungsliste. Ihre Deutungen gehen inhaltlich auf die →Losbücher der Antike und des Mittelalters zurück.

Im schlichten Domino-Orakel reichen die Weisheiten vom besten Gelingen in allen Bereichen, hat man unter den drei Steinen zweimal die Sechs erhalten, bis hin zum schlechtesten aller →Omen, findet man zweimal die Null vor. Aber selbst manche Staaten müssen heutzutage mit Nullwachstum leben.

John William Dunne

Der berühmte englische Flieger und Flugzeugkonstrukteur John William Dunne hatte ab dem Jahr 1899 im Traum Enthüllungen über die Zukunft. Er gewöhnte sich an, seine Träume nach dem Erwachen aufzuschreiben, um später nachprüfen zu können, ob sich ein geträumtes Geschehen bewahrheiten würde. 1927 veröffentlichte er seine →Wahrträume in einem Buch (»An Experiment with Time«).

Dunne sah neben Trivialem auch Fabrikbrände, Eisenbahnkatastrophen und das große Erdbeben von Martinique voraus. Er schloss, auch aus der Analyse der Wahrträume vieler anderer Menschen, die ihm nach dem Erscheinen seines Buches zugeschickt wurden, dass das träumende Ich nicht vollständig an die Grenzen der Zeit gebunden ist, wie man üblicherweise annimmt, sondern dass es partiell zu »Zeitverschiebungen« kommen kann, wo ein zukünftiges Ereignis im Traum bereits schon im Voraus gesehen wird.

Wie aus den Aufzeichnungen hervorgeht, die seine Witwe einige Jahre nach seinem Tod 1949 herausgab (»Intrusions«, London 1955), hatte er öfter auch Erscheinungen von Engeln und von Geistern, die zu ihm sprachen. Einmal sah er – in einem Arbeiter – sogar Gott selbst vor sich.

E

Eierorakel

Bereits die Römer suchten zur Wintersonnenwende das Eiorakel. Ein Ei von einer schwarzen Henne oder einem erstlegenden Küken erbrachte dabei wohl die besten Ergebnisse.

Mit dem Aufkommen des Christentums drängte sich das zu Karfreitag gelegte Ei in den Vordergrund. Ein solches Ei sollte nie zerbrechen, aber auch keine Osterfarbe annehmen. So stelle man in der Karfreitagsnacht unter freiem Himmel Wassergefäße, in die Karfreitagseier geschlagen werden. Am nächsten Tag lassen sich aus der Figurenbildung mit einiger Kreativität Antworten auf wichtige Fragen finden. Früher suchte man in den Figuren zu lesen, welche Früchte im nächsten Jahr geraten würden.

Bei der Behandlung des Magenfiebers, aber auch anderer schwerer Krankheiten, zeige ein ins Feuer gelegtes Ei durch den Zeitpunkt, an dem es zerplatzt, Grad und Zustand des Leidens an. Für ein Schnellaugurium genügt es, ein Ei in die Pfanne zu schlagen: Halten Eiweiß und Eigelb weitgehend zusammen, stehe es gar nicht schlecht um den Patienten. Breiten sich aber die Innereien des Eis über die ganze Pfanne aus und zieht das Eigelb aggressiv Bahnen durchs Eiweiß, müsse man das Schlimmste befürchten.

Wem in der Neujahrsnacht ein Ei herunterfällt, wer eines zerdrückt oder zerbricht, dem drohe Unglück oder sogar der Tod binnen Jahresfrist. Wer vom Fünfminutenei die Schale nicht abzupellen vermag, weil sie zu sehr an der Haut klebt, könne – Silvester hin oder her – einen hässlichen Lebenspartner bekommen, sogar einen pockennarbigen. Schält sich die Schale dagegen ohne Mühe, wird's ein glatter und gut aussehender Mann oder eine schöne Frau. An Neujahr vor Sonnenaufgang könne jeder durch ein frisch gelegtes Hühnerei, in das zwei Löcher gebohrt sind, die Zukunft sehen.

Lässt man aber das erste an Karfreitag von einer schwarzen Henne gelegte Ei unter seiner Achsenhöhle neun Tage ausbrüten, so werde ein kleines Männlein geboren, das auf alle Fragen antworte und von dem man sich alles wünschen könne. Hier scheinen Aufwand und Ertrag wirklich in einem akzeptablen Verhältnis zu stehen.

Eingeweideschau

Als König Prusias den Beginn einer Schlacht nicht erlauben wollte, weil die Eingeweide ein ungünstiges Bild boten, fragte sein großer Feldherr Hannibal ungläubig: »Schenkst du einem Stück Kalbfleisch mehr Glauben als einem altgedienten General?« Eine wichtige Funktion antiker Priester, Magier oder Seher lag in der Vorhersage der Eingeweide- (Haruspicium) und dabei zumeist Leberschau (Hepatoskopie) von Opfertieren. Die Leber galt als Sitz der Seele und Zentrum der Lebenskraft. In ihr hatte man ein verkleinertes Abbild der Wirkungszusammenhänge im Universum gefunden. Und weil ein vernünftiger Geist alle Dinge durchdringt und lenkt, müsse es ein gemeinsames Band zwischen allen Teilen geben, so dass sich selbst im kleinsten Mikrokosmos der Makrokosmos widerspiegele. Jeder Kulturraum bevorzugte zur Untersuchung andere Tiere, wobei das einzelne Exemplar innerhalb seiner Gattung meist durch das Los bestimmt wurde. Der Gott selbst sollte sich das Opfer aussuchen, durch das er seine Meinung oder Antworten kundtat.

»Wissenschaftliche Autopsie« verlangte die sorgfältige Listenführung aller beobachteten →Omen. Dazu gehörte eine Protokollierung vom Bau jeder Leber. Da man die Originale nicht aufbewahren konnte, verfertigte man von jeder ein Tonmodell und hielt die Ereignisse sorgfältig fest, die der Leberschau folgten oder mit ihr in Zusammenhang gebracht werden konnten. Volkswahrsager oder Metieranfänger konnten auf solche Tonmodelle mit allgemeinen Anleitungen zurückgreifen. Darauf hatte man die Punkte markiert, auf deren Beobachtung es besonders ankam. Bis heute haben Wissenschaft-

Verschiedene Arten der Weissagung: Im Vordergrund ein Feuerbeschauer und ein Sterndeuter, auf der Bank ein Eingeweidebeschauer, im Hintergrund ein Chiromant, unbekannter Zeichner.

ler das detaillierte und komplizierte Beziehungsgeflecht kaum entschlüsseln können.

Der Senat von Rom berief bei wichtigen Entscheidungen die berühmten etruskischen Haruspices aus der Toskana nach Rom. Später leistete man sich selbst ein staatlich besoldetes Gremium, geleitet vom Haruspex Maximus. Der Haruspex Alexander Severus richtete in Rom einen Lehrstuhl für die Leberschau ein. Besonders zu Beginn eines Krieges oder vor einer Schlacht schien die Eingeweideschau unabdinglich. Mitunter führten unterschiedliche Auslegungen selbst zu Problemen. Da nämlich oft jede Einheit ihren eigenen Beschauer mit sich führte, konnte es passieren, dass der eine Truppenteil aufgrund des Orakels mutig in den Kampf zog, während ein anderer Teil resigniert zum Rückzug blies.

Noch bis ins 5. Jahrhundert hielten sich die Volks-Haruspices außerhalb Europas bis heute (→Meerschweinchenweissagung). Für lange Zeit hatte die Anwendung der Haruspicia selbst die der Astrologie in den Schatten gestellt. Und wenn sich das enorme Fachwissen der Etrusker und Babylonier hinsichtlich der Eingeweidebefragung ebenso überliefert hätte, fänden wir vielleicht heutzutage in den Wochenendzeitungen auch eine Kolumne über die Lebervorzeichen der nächsten sieben Tage für private, gesellschaftliche und staatliche Entscheidungen, für Börsenschwankungen und Politbarometer.

1963 legte Dr. H. von Mayersbach aus Nymwegen in Holland seine Experimente mit Ratten vor und bewies, dass sich der Glykogen-Gehalt ihrer Leber den Schwankungen im magnetischen Kraftfeld der Erde anpasste (Temple 1982:118). Veränderungen im Kraftfeld ließen sich so in der Rattenleber ablesen. Hatte nicht der Römer Vitruvius als einer der Architekturväter empfohlen, vor jedem Bau und zur Wahl des geeigneten Standorts zunächst einmal eine frische Tierleber zu befragen (»De Architectura«)?

Der Wahrsager Ashlati El Fantadu

Der himmelblaue, mit Sonne, Mond und Sternen geschmückte Wagen des Wahrsagers Ashlati El Fantadu ist auf Jahrmärkten, Kirmesfeiern, Stadtfesten und auf Weihnachtsmärkten ein Anziehungspunkt für viele, die eine Entscheidung suchen, etwas über ihre Zukunft oder ihre Vergangenheit erfahren wollen. Seine Klienten sind Politiker, Prominente und einfache Leute. Kinder kommen schon mal mit ihrem Hund vorbei, um dessen Zukunft zu erfahren. Für Rundfunksender sagt er das Ergebnis eines Fußballspiels voraus und in der Jahresprognose für eine Zeitung gelang es ihm, das erste Attentat auf das World Trade Center, das am 26. Februar 1993 stattfand, vorherzusagen.

Ashlati El Fantadu schwört bei Konsultationen auf seine innere Stimme. Seine innere Stimme war es, die ihm riet, nein zu sagen, als sein Banknachbar in der Berufsschule, der Metzgersohn Jürgen Bartsch, ihn zum Wochenende einlud. Das »Geheimnis«, das er ihm zeigen woll-

Der Wahrsager Ashlati El Fantadu.

te, endete für viele Jungen, die der (wie später herauskam) vielfache Kindesmörder zu sich gelockt hatte, tödlich.

Beim Wahrsagen sind für El Fantadu das Pendel, die Karten, die Kristallkugel und die Hand eines Klienten Hilfsmittel, seine innere Stimme anzuregen und gleichzeitig die Möglichkeit für den Klienten, Magie hautnah zu erleben. »Im Grunde ist die Kugel ein Symbol für meinen Job. Du kannst draußen an die Tür in tausend Schriften ›Wahrsager‹ dranschreiben, aber Leute, die es nicht sehen wollen, die lesen das nicht. Aber die Kugel auf dem Tisch öffnet die Schublade ›Wahrsager‹, ›Magier‹, ›Zauberer‹.«

Tarotkarten sind für ihn ein Vergrößerungsglas für die Seele. »Tarot ist das, was die Seele im Moment berührt, was es mit mir macht und was ich damit mache. Die Tarotkarten sind ›Märchenbilder‹, die uns daran erinnern, was in uns passiert.«

Für El Fantadu ist das Wahrsagen ein Talent, vergleichbar mit dem Klavierspielen oder dem Fußballspielen: »Das Talent ist da, ich habe es akzeptiert und damit komme ich klar. Ich kann halt nun mal wahrsagen.« Bei seiner Tätigkeit geht es ihm darum, Menschen Wege zu zeigen, wie sie zu Lösungen für ihre Probleme kommen können: »Wichtig ist mir«, schreibt er in seiner 2003 erschienen Autobiographie »Der Mann hinter dem Spiegel«, »dass die Leute, die zu mir kommen, auf einmal ein Lächeln in die Augen bekommen und sagen: ›Ich glaube, ich habe Hoffnung, ich glaube, ich habe eine Idee‹.«

Mittlerweile hat El Fantadu ein unbedingtes Vertrauen in seine Fähigkeit und fühlt sich auch in Situationen sicher, in denen man ihn auf den Arm nehmen will. Als ihm eine Frau acht neutrale Umschläge hinlegte, die angeblich Bilder von Männern enthielten, die ihr auf eine Heiratsannonce geantwortet hatten, und sie wissen wollte, was das für Menschen seien, blockierte sein Pendel bei einem der Bilder. Er mischte die Briefe mit geschlossenen Augen neu, hatte aber wieder eine Blockade bei einem der Umschläge. Als die Frau den Umschlag öffnete, war ein Bild des Papstes drin. »Dieses Luder wollte mich testen! Dass sie mir durch diesen Test geholfen hat, erst recht Vertrauen zu mir und meinem Pendel zu finden, wusste sie nicht.«

Für El Fantadu braucht ein Orakel, das er jemandem mitgibt, Zeit, um sich mit Leben zu füllen. »Ein Orakel ist so, dass man beim ersten Sehen, Hören oder Lesen noch gar nichts begreift. Ein Orakel entwickelt sich genau wie ein Zeitungshoroskop, das man morgens liest, und man sagt ›Was ein Scheiß‹ und abends sagt man ›Das passt‹.«

Die Wahrsagerin von Endor

Im Alten Testament (1. Samuel 28) finden wir die Geschichte der berühmten Hexe von Endor: Als im 12. Jahrhundert v. Chr. die Philister ein großes Heer versammelten, um gegen Israel zu ziehen, kamen dem jüdischen König Saul große Bedenken über den Ausgang des Kampfes. Er bat Gott vergebens, ihm einen Traum mit einem Zeichen zu schicken. An wen sich also wenden? Der Hofprophet und Seher Samuel war gerade gestorben. Wahrsager und Zeichendeuter waren auf Befehl Sauls aus dem Lande getrieben worden. Saul beauftragte seine Diener, ihm unbedingt eine Frau zu suchen, die über einen Wahrsagegeist verfügte. In Endor (heute Endur) südwestlich vom See Tiberias wurden die Diener fündig. Saul verkleidete sich und ging mit zwei der Diener bei Nacht zu der Frau. Er bat sie, ihm durch den Wahrsagegeist wahrzusagen und dazu eine bestimmte Person heraufzuholen und erscheinen zu lassen. Die Frau wehrte sich, sie mache sich strafbar und werde getötet, wenn sie sich gegen das Verbot des Königs stelle. Saul schwor bei Gott, dass ihr nichts geschehen werde, wenn sie ihm nur Samuel erscheinen lasse. Bei der Nennung des Namens wurde der Wahrsagerin klar, wer der fremde Besucher war. Der König beruhigte sie aber und hieß sie ihre Arbeit tun. Nach einer Reihe von Gestalten, die vorüberzogen, meldete sie dem König schließlich, dass ein alter Mann heraufkomme, der mit einem Priesterrock bekleidet sei. Saul verneigte sich, entschuldigte sich bei dem Geist Samuels, dass er ihn belästige, und bat ihn, ihm zu sagen, was die Zukunft bringe. Samuel verkündete dem König nichts Gutes. Israel werde in die Hände der Philister fallen, der König und seine Söhne würden am folgenden Tag getötet und das Reich werde später an David gegeben werden. Als Saul, der weder in der Nacht noch am Tag zuvor etwas gegessen hatte, dies hörte, fiel er der Länge nach entkräftet hin. Die Wahrsagerin, die ihn nicht länger bei sich haben wollte, bot ihm ein Stück Brot an, damit er sich kräftige und dann seiner Wege gehe. Erst als sie (anscheinend mit einem sehr guten

Der Geist Samuels erscheint König Saul und der Wahrsagerin von Endor.

Honorar versehen) ein gemästetes Kalb schlachtete und aus Mehl ein ungesäuertes Brot gebacken hatte, bequemte sich der König schließlich zu essen und zu gehen, seinem geweissagten Schicksal entgegen.

Eifrige Bibelbearbeiter machten aus der im Urtext »Weib« genannten Frau gleich eine Hexe und so mancher Theologe sprach der Wahrsagerin in seinem Kommentar die Ehre ab. Die Erscheinung sei Betrug gewesen. Der »Geist« sei mit Hilfe von Rauch und durch Bauchreden erzeugt worden.

Edward Burne-Jones: The Evening Star, 1872/73.

Engelomen

Engel (von *angelos* = Bote) sind die Vermittler zwischen Mensch und Transzendenz (→Bileam). Seit etwa 2002 Jahren haben sie sich erstaunlich vermehrt, und wir unterscheiden dabei Gefallene und nicht Gefallene. Lächelt ein Kind im Schlaf, gewahre es einen nicht Gefallenen, heißt es. Manchmal hören wir nur ihre Musik, ihren lieblichen Gesang oder das leise Klingen ihrer Glöckchen (→Geräuschwahrsagung).

Dann dürfen wir auf eine frohe Botschaft hoffen, auf eine glückliche Wendung. Tauchen sie unvermittelt in ihrer gängig geflügelten Form vor unserem irdischen oder geistigen Auge auf, spielen sie uns eine Warnung zu, eine Ermahnung oder halten uns zur inneren Stille an. Weinende Engel sähen keine Chance mehr, ein Unheil von uns abzuwenden. Trage der Engel Flammenhaar und rosenrote Wangen, kündige er Scharlach an. Ein Engel von hoher Statur in Linnen gehüllt, der sich von einem Russen schultern lässt, verspreche Pestilenz oder ähnliches. Tritt ein Engel elegant in Schwarz auf und mit Sense, sollte man schon einmal das Testament aufsetzen. Versperrt ein strahlendes Exemplar einen Eingang, spiegelt er unsere mangelnde Entwicklung, diese Pforte passieren zu dürfen, oder er will unsere Schatzsuche vermasseln.

Entwicklungshelferorakel

Vorzeichen und Orakel können eine enge Verbindung eingehen, wie wir immer wieder feststellen können. Der Kommunikations- und Informationswissenschaftler Matthias Rhein berichtete 2001 über Orakel als Schnittstelle oder Mittler zwischen Natur und Zivilisation. Er zeigte dabei, wie breit die Palette der Entwicklungshilfe sein kann:

»Ich bin während meiner Reisen schon oft als Zeichen der Zukunft interpretiert worden«, erzählte er 2001 in einem Interview für eine Dokumentation zur Ausstellung Museutopia im Karl-Ernst-Osthaus-Museum in Hagen, »oftmals einfach durch mein anderes Aussehen. Als ich für die Asiatische Entwicklungsbank gearbeitet habe, musste ich – zusammen mit meinem philippinischen Kollegen Richard Fernandez – in entlegene Gegenden der Philippinen wandern (was nebenbei bemerkt recht beschwerlich war). Wir sind dabei in Dörfer gelangt, die noch nie zuvor Fremde gesehen hatten. Manche [der Menschen] waren noch Jäger und Sammler, nur mit Holz- und Steinwerkzeugen ausgerüstet. Dabei ergab es sich, dass wir in ein Dorf kamen, wo sie noch nie zuvor einen Weißen erblickt hatten. Ich wurde vom Schamanen als Zeichen für den kommenden Regen gedeutet, wurde also selbst Teil des Orakels. Der Regen stellte sich aber nicht ein, und Richard war darüber ebenso beunruhigt wie der Stammeshäuptling. Es endete letztlich damit, dass wir ob des ausbleibenden Regens meinen Kopf und mein Leben mit vier Liter Rum erkaufen und rasch die Flucht ergreifen mussten. In einem anderen Dorf wurde ich dann höflich gezwungen, einen Fruchtbarkeitstanz auf den lokalen Feldern aufzuführen, was ich nur mit einem traditionellen grünen Lendentuch bekleidet, russische Volksweisen dabei singend, auch getan habe. Die Qualität meines Tanzes – oder was auch immer die Schamanen darin sahen – bestimmte dann die Qualität der Ernte.

In Ghana habe ich folgendes erlebt: Um eine gute Beziehung zu einer Gemeinde am Rande eines Naturschutzgebiets aufzubauen, mussten wir eine Ziege als Orakelopfer spenden. Mehr als das: man verlangte auch noch, dass wir an den Zeremonien teilnahmen, barfuß über weiße Hühnerfedern liefen, einen heiligen Berg bestiegen etc. Das Orakel auf dem Berge sagte dann Regen noch am gleichen Tag voraus. Unsinn, dachte ich, denn wir befanden uns zur Trockenzeit im Bereich der Trockensavanne – da gibt es bezüglich des Wetters keine Überraschungen. Umso überraschter war ich dann, als wir auf dem Rückweg ins Dorf ein heftiges Gewitter über uns ergehen lassen mussten. Auf der Rückfahrt nach Accra mussten wir – triefend nass im Auto sitzend – zudem feststellen, dass es nur in diesem einen Dorf geregnet hatte. Die übrigen Dörfer waren trocken geblieben.« (KEOM 2001: 93f.)

Epidauros

Epidauros, eine Hafenstadt auf einer Landspitze am Saronischen Busen, war berühmt durch das nahe Heiligtum des →Äskulap, das von Kranken aus ganz Griechenland besucht wurde und das bis zur Plünderung durch Sulla in Blüte stand.

Am Eingang des Tempels gab es einen Spruch: »Rein sei jeder, der tritt in den weihrauchduftenden Tempel. Rein aber heißt, wer im Sinn heilige Gedanken nur trägt.« Im Tempel stand das Standbild des Gottes aus Gold und Elfenbein. Am Sockel konnte man Szenen von der Bezwingung dämonischer Mächte sehen.

In einer großen Halle legten sich die Kranken nieder, nachdem sie sich rituell gereinigt und Opfer, meist einen Widder, dargebracht hatten, um im Tempelschlaf ein Traumorakel (Heiltraum) zu empfangen.

Im 4. Jahrhundert v. Chr. wurden Stelen mit Berichten über Wunderheilungen im Tempel aufgestellt. Eine Spezialität des Heiligtums war die Heilung von Augenkrankheiten. Ein Text erzählt die Geschichte einer Kranken aus Athen.

»Ambrosia aus Athen, einäugig. Diese kam als Hilfeflehende zum Gott. Als sie herumging im Heiligtum, verlachte sie einige der Heilungen als unwahrscheinlich und unmöglich, dass Lahme und Blinde allein dadurch schon gesund würden, dass sie einen Traum gesehen hätten. Als sie (im Abaton) schlief, hatte sie ein Traumgesicht: Es schien ihr, dass der Gott zu ihr trat und sagte, dass er sie gesund machen werde, dass sie jedoch dazu verpflichtet sei, als Lohn im Heiligtum ein silbernes Schwein zu weihen zum Gedenken an ihre Unwissenheit, nach diesen Worten ihr krankes Auge aufschlitzte und ein Heilmittel hineinträufelte. Nach Tagesanbruch ging sie gesund hinaus.«

Erbpantoffelaugurium

Wie der Schuh (→Schuhwerfen) verlangte auch der Pantoffel mitunter als Symbol von Macht, Herrschaft und sexueller Kraft die Ehranbietung. Dieses Symbol konnte sich mitunter abnutzen oder bewusst angekratzt werden. Dann hatte man es nur noch mit »Pantoffelhelden« zu tun. Aber an den Pantoffeln der Ahnen oder Großeltern klebte meist noch ihr volles Prana. Aufrecht ins Gurkenbeet gesteckt, ließ sich die Potenz dieses Erbes in der Pracht der heranwachsenden Frucht ablesen.

Verliert ein junger Mensch seine Pantoffeln, habe er auch die Jungfräulichkeit oder Jungmännlichkeit verloren, im übertragenen Sinn die jugendliche Unverdorbenheit. Sind es sogar die Erbpantoffel, müsse man von einer drohenden Abnabelung der familiären Wurzelkraft ausgehen. Ganz anders, wird ein Pantoffel vom Wind, einem Adler oder Greif entführt.

Dann könnte das Schicksal dieses Utensil in die Hände von jemandem spielen wollen, der oder die, vor Liebe entbrannt, alles, aber auch wirklich alles in die Wege leitet, um die dazugehörigen Füße zu finden, wissen die Märchen. Das muss aber nicht immer so gut ausgehen wie bei Aschenputtel!

Fliegt auf der Hochzeit ein Pantoffel gegen das Brautpaar, erhebt eine Frau Einspruch gegen die Ehe. Schlurft eine Single-Frau mit nur einem Pantoffel durch die Stube, erhält sie möglicherweise einen lahmen Partner. Wirft man auf den in einer hohlen Eiche von einem schwarzen Hund bewachten Schatz einen Pantoffel und der fliegt postwendend zurück, halte das Schicksal einen nicht für würdig genug. Dann sollte man es mit dem Erbpantoffel noch einmal versuchen.

Erdorakel →Geomantie

Milton H. Erickson – Der Meister der Hypnose

Der Arzt und Psychologe Milton H. Erickson gilt wegen seiner hoch entwickelten Kommunikationsfähigkeit und seiner verblüffenden Interventionstechniken als unerreichter Meister auf dem Gebiet der Hypnose. Die Geschichten, die von Schülern und Klienten über ihn erzählt werden, machen ihn bereits zwei Jahrzehnte nach seinem Tod zur Legende.

Schon in den siebziger Jahren hatten die Bewusstseinsforscher Robert Masters und Jean Houston mit ihrem Weltbestseller »Mind Games«, in dem die von Erickson entwickelten Tranceinduktionen zur Durchführung von Phantasiereisen abgewandelt worden waren, auf Erickson aufmerksam gemacht. Auch Ericksons Zusammenarbeit mit dem Dichter Aldous Huxley und der Ethnologin Margaret Mead hatte seine Arbeit bekannt gemacht. Ericksons Schüler verbreiteten seine Techniken nach seinem Tod in der ganzen Welt. Milton-Erickson-Institute gibt es mittlerweile überall, sogar in Sibirien.

Dass er quälende körperliche Beschwerden seiner Klienten bessern oder zum Verschwinden bringen konnte, hatte damit zu tun, dass er durch eine schwere Kinderlähmung in seinem 17. Lebensjahr gezwungen war, seinen eigenen Körper in seinen Reaktionen und Abläufen genau kennen zu lernen. Anfänglich war er in einem Zustand völliger Lähmung. Er konnte noch nicht einmal mehr die Lage seiner Arme oder Beine im Bett lokalisieren, nur noch sprechen und die Augen bewegen.

Als er hörte, wie der Arzt draußen im Flur seiner Mutter bedauernd mitteilte, dass ihr Sohn die nächsten 36 Stunden wohl nicht überleben würde, schwor er, dass der Arzt nicht Recht behalten sollte. Und als er wieder einigermaßen hergestellt war und erfuhr, dass seine Beine für immer gelähmt bleiben würden, schaffte er es innerhalb eines Jahres – mit Hilfe von Stöcken – wieder zu gehen. Immer wieder hatte er sich darauf konzentriert, wenigstens ein Flimmern an Bewegung in den Muskeln der Beine zu spüren. Die Kinderlähmung, erklärte er einmal, sei für seine spätere Tätigkeit die beste Lehrerin gewesen, die er je gehabt habe.

Wenn ihn Familienangehörige, Kollegen, Schüler oder Patienten um Rat fragten, antwortete er gern mit einer Anekdote. Patienten, die Erickson beim Geschichtenerzählen zuhörten, merkten plötzlich, dass sie sich schon lange in Trance befanden. Anekdoten dienten Erickson dazu, Empfindungs-, Denk- und Verhaltensweisen anzuregen und wiederzubeleben, sodass die Klienten Möglichkeiten und Fähigkeiten (Ressourcen) in sich entdeckten, die sie sich vorher nicht zugetraut hatten. Erickson setzte Anekdoten sowohl bei der Vorbereitung einer hypnotischen Induktion ein als auch in der Nutzungsphase des hypnotischen Prozesses, zum Beispiel bei dem Versuch durch »Ideen säen«, einen Weg für die Zukunft des Patienten aufzuzeigen (Zukunftsbahnung).

In die Geschichten streute er Suggestionen ein, in denen es um Wachstum, Reifung und zukünftige Veränderungen ging und die auch posthypnotisch suggerierte Verhaltensweisen einschlossen. Erickson war davon überzeugt, dass Patienten aus ihrem eigenen Vorleben die Fähigkeit mitbringen, ein Problem, das sie beschwert, durch die in ihnen schlummernden Heilkräfte letztlich selbst zu lösen.

Die Kunst, mit Geschichten Fragen, die die Zukunft betreffen, zu beantworten, ist bis heute auch bei indianischen Stammesältesten *(elder)* in ihrer Kommunikation mit Stammesangehörigen gebräuchlich. Erickson hatte eine indianische Vorfahrin, deren Andenken ihm wichtig war. Er trug – anstelle eines Schlipses – gern eine Lederschnur mit einer indianischen Schmuckarbeit.

Schüler und Klienten regte er an, den höchsten Berg in der Gegend um Phoenix, den 350 Meter hohen Squaw Peak, zu besteigen. Diese Wanderung auf den Berg wurde zu

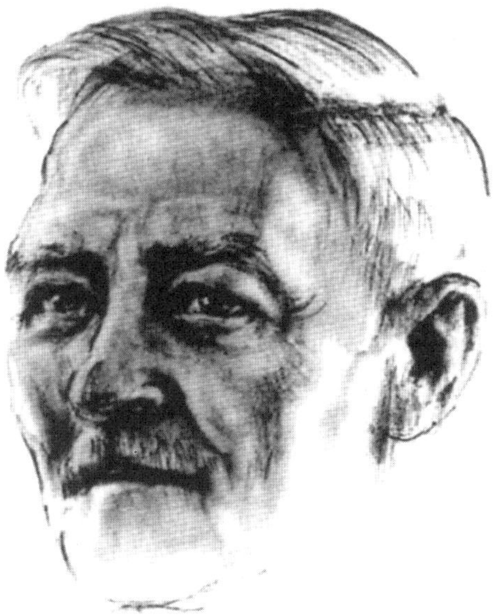

Milton H. Erickson, als er in Phoenix (Arizona) lebte. Zeichnung von Ida L. Dengrove (1982).

einem Teil seiner Therapie. Der beschwerliche Weg hinauf hatte – wie das Leben – viele Biegungen, viele Steigungen, aber auch Strecken mit Gefälle. Oben angekommen, genoss man eine sehr schöne Aussicht. Auch dass man auf dem Gipfel einen höheren Standpunkt einnahm und einmal anders auf die Welt blickte, gefiel Erickson. Er glaubte, dass Hypnose immer auch beinhaltet, Dinge zu tun und körperlich aktiv zu sein: »Patienten oder Studenten lernen dann besser, erinnern sich besser.« Ein solches Hinausschicken in die Natur, um ein Problem zu bearbeiten, praktizieren auch indianische Heiler.

Meisterhaft gestaltete er Rückführungen in die Vergangenheit (»... und nach einer Weile wird Ihnen so sein, als ob die Seele sich vom Körper trennt und im Raum schwebt und in der Zeit zurückfliegt ... bald haben wir 1960 und bald 1955 ... und dann werden Sie wissen, da sind Sie ein kleines Mädchen ...«), in denen er Klienten das Plantschen in einem Wasserbecken oder den Genuss eines Bonbons lustvoll wieder erleben ließ. Oder Erickson ließ Klienten ein gewünschtes Erlebnis in Trance schon einmal so evident halluzinieren (etwa das Fliegen in einem Flugzeug), dass sie glaubten, sie hätten das wirklich erlebt.

Erickson erreichte mit seinen Interventionen zuweilen lang andauernde Änderungen körperlicher Funktionen. Als seine Enkelin Nicole als Kind einmal zu ihm zu Besuch kam, fiel sie beim Spielen auf einen Stein und verlor einen Zahn. Erickson »verschrieb« ihr sofort für die Behandlung im Krankenhaus eine Schmerzunempfindlichkeit (hypnotische Anästhesie). Als sie sich im Alter von 15 Jahren in einem Krankenhaus auf einen anderen kleinen Eingriff vorbereiten ließ, stellte man fest, dass die Schmerzunempfindlichkeit noch immer (und zwar am ganzen Körper) bestand. Beim Zahnarzt brauchte sie keine Spritze, als einmal eine Wurzelresektion vorgenommen werden musste.

Freude gehabt hätte Erickson am weiteren Lebensweg seiner ebenso energetischen wie neugierigen Enkelin, die im Jahr 2000 die Welt »einfach mal so« umrundete. Als sie in Indien von einem Saddhu hörte, der mit seinem Penis einen schweren Stein anheben konnte, scheute sie keine Mühe, ihn in seinem abgelegenen Tempel aufzusuchen. Ob er denn bitte die besondere Aktivität mal vorführen könne, fragte sie den Einsiedler. Der Saddhu bedauerte, es funktioniere leider nur in der Anwesenheit von Männern.

Menschen, die ihn kannten, schildern Erickson als eine Person, die Bescheidenheit, Weisheit, Güte und Menschlichkeit ausstrahlte, trotz seiner körperlichen Einschränkungen voller Lebensfreude war und einen guten Sinn für Humor besaß. Bei Lehrveranstaltungen bewarf er schon mal einen Teilnehmer mit einem Felsbrocken, der sich beim Auftreffen als Imitat aus Schaumstoff entpuppte. »Die Dinge sind nicht immer, was sie scheinen«, war sein Kommentar.

Besucher warteten im Wohnzimmer, wo Ericksons Kinder und ein halbes Dutzend Hunde herumtollten. Kamen sie dann in sein winziges, karg ausgestattetes Büro, in dem sich außer Tisch und Stühlen nur einige Kakteen und ein ausgestopfter Rochen befanden, den Erickson liebevoll »Graf Dracula« nannte, bekamen sie erst einmal einen Schock. Da Erickson farbenblind war und nur die Farbe Lila sehen konnte, trug er lila Kleider, hatte ein lila Telefon, und auch Bad und Toilette waren in Lila gehalten. Auch diesen »Farbschock« wusste Erickson therapeutisch zu nutzen. Er hatte entdeckt, dass Klienten dann, wenn sie verwirrt oder verunsichert sind, was sich an minimalen Körpersignalen ablesen lässt, besonders offen dafür sind, etwas Neues zu lernen.

Ericksons Schüler Ernest Rossi schrieb ihm die Gabe zu, in Menschen mit seiner »hypnotischen Lyrik« (»... meine Stimme begleitet Sie überall hin, sie verwandelt sich in die Stimme Ihrer Eltern, Ihrer Lehrer, Ihrer Spielgefährten und in die Stimmen des Windes und des Regens …«) einen besonderen kreativ-spirituellen Sinn für das zu wecken, was mysteriös und faszinierend ist. Schon in der Zeit, als er in Phoenix bei Erickson lernte, fiel Rossi, wenn er sich nachmittags zu einer Siesta auf das Sofa in Ericksons Haus niederlegte, in »die wunderlichsten Zustände«. Er erlebte Visionen von weit entfernten exotischen Städten, begleitet von einem brillanten, klaren Licht und verbunden mit einem numinösen Gefühl zum Leben und seinen unendlichen Möglichkeiten.

Als Erickson im März 1980 mit einem Infekt im Hospital lag, hatte Rossi gegen vier Uhr nachts einen Traum. Er hörte einen himmlischen Chor, der zu einer mittelalterlichen Melodie die Worte sang »Dort geht der liebenswerte Mann in die Ewigkeit«. Durch einem Anruf bei der Erickson-Familie einige Stunden später erfuhr er, dass Milton etwa zur Zeit des Traums gestorben war.

F

Faust

Georg (in der Sage: Johann) Faust, aus dem württembergischen Knittlingen stammend oder aus Heidelberg, erregte in den Jahren 1507–1540 offensichtlich einiges Aufsehen. Im Hexenwahn seiner Zeit schürte der fahrende Student die

Illustration zu Faust von Wilhelm von Kaulbach.

Ängste der Mitmenschen und prahlte mit seinen Künsten als Astrologe und Zauberer, wobei er wohl die Gesetze der Physik und der Moral gleichermaßen verachtete. Historisch belegen diesen Faust nur neun Briefe, in denen sich Zeitgenossen über ihn auslassen. Bei den sagenhaften Nachrichten seines Lebens, die aber bald überall in Europa als Volksroman und in einer beliebten Theaterfassung kursierten, spielten biographische Züge von →Paracelsus, John →Dee, →Agrippa von Nettesheim, →Albertus Magnus und Abt →Trithemius von Sponheim hinein. Vielleicht hat der historische Georg für einen sich immer weiter verselbständigten Mythos Doktor Faustus auch nur eine ganz geringe Rolle gespielt.

Die mündlich volkstümliche Überlieferung dichtete Faust ein zeitlich befristetes Bündnis mit dem Teufel an, für das er dem »Gott sei bei uns« seine Seele verschreiben musste. Dafür erwarb er enorme Kenntnisse, vermochte Bauern und hohe Herrschaften zu verblenden, Heuwagen oder anderes sperrige Gerät zu fressen, die Helden des Trojanischen Krieges erscheinen zu lassen und sich die Schönen der Antike ins Bett zu holen. Sein schwarzer Diener Mephistopheles verhalf ihm dienstbeflissen bei zahllosen Wundertaten, erledigte den engen Terminplan auf Geisterpferden, beschaffte ergiebige Zaubermahlzeiten und deckte Fausts derbe Eulenspiegeleien an Zeitgenossen. Die reiche und angesehene Zeit des Lebemannes endete mit Ablauf des Bündnisses unter warnendem Schrecken. Und Faust musste auch erkennen, dass er in all dem dichten und schönen Treiben vergessen hatte, seinen höllischen →Hilfsgeist für wirklich wichtige Fragen als Orakel zu nutzen. Zu mitternächtlicher Stunde unter grauenhaftem Sturmgeheul in Stücke gerissen, soll er dann in der Hölle wieder genügend Zeit für alles gehabt haben.

Fee →Nornen

Feuerorakel

Seit der frühen Menschheit spielte Feuer eine existenzielle Rolle. Es vertrieb die beängstigende Finsternis, verlieh Wärme und später die Chance, Ton zu härten, Metalle zu schmieden. Außerdem machte es das Essen schmackhafter und entschieden bekömmlicher. Vielleicht entstand die Ausdeutung des Feuers in den Feuerkulten des Orients, vor allem in Persien. Ursprünglich spielten für die Vorzeichen mehr das Verhalten der im Feuer brennenden Opfer und die →Asche eine Rolle. Nahe von Vulkanen warf man Gegenstände in die Schlote. Fingen sie sofort Feuer, betrachtete man dies als gutes →Omen. Wehe aber, wenn die Energie des Feuerschlots sie postwendend zurückwarf!

Im häuslichen Bereich von Herd, Ofen oder offener Feuerstelle beobachtete man die Flammen selbst. Brannte es hell, assoziierte man Glück: Hochzeit, Geburt, Gold und Geld. Qualmte es nur dunkel vor sich hin, sollten auch nur dunkle Ereignisse bevorstehen. Bläuliche Flammen kündeten von baldigem Tod im Haus oder strengem Winter. Sprühten und stieben viele Funken, folgerte man Unglück schon für den folgenden Tag oder aber vornehmen Besuch. Knisterte das Feuer, nahte ein freudiges Ereignis; bullerte es, drohte Streit und Verdruss im Haus; knackte es, stand Schlimmeres bevor. An bestimmten Tagen wie zu Fastnacht oder Johannis ließ sich durch das Beobachten des Feuers das ganze Jahr prognostizieren. Brannte es ruhig, musste es ein gutes Jahr geben; brannte es unruhig, drohten viele Gewitter; brannte es hoch, schien die Zukunft in vieler Hinsicht fruchtbar.

Mit Beginn der Vier-Elemente-Lehre gehörte das Feuerorakel mit zu den »elementarischen Divinationen«. Jetzt symbolisierte Feuer zugleich die seelischen Erschütterungen durch Intuition und Inspiration. Die Flamme wurde Ausdruck des Heiligen Geistes, der göttlichen Verbindung nach oben und unten, zum Kanal für ein höheres Bewusstsein. Diese Flamme erschien im Innern des Menschen. Eine brennende Kerze symbolisierte nur die Anwesenheit eines »größeren Lichts«, das sich auf seine ihm eigentümliche Weise manifestieren sollte.

Und doch hat sich das äußere »Feuergaffen« bis heute erhalten, vornehmlich am abendlichen Lagerfeuer oder am offenen Kamin. Man lege seine Frage vor und bitte um Antwort. Dann versuche man alle Gedanken auszuschalten und einen bestimmten Punkt im Feuer zu fixieren. Manchen gelingt es auch, sich von den lodernden Flammenspitzen, dem Funkenregen oder ständigen Wechsel der Farbschattierungen in eine Art Trance führen zu lassen. Nach einiger Zeit formt sich ein Bild oder eine Bilderfolge, deren Interpretation mitunter einiges an Kreativität abverlangt. Diese Art der Visionsprojektion gelingt aber nur, wenn man sich mit dem Feuer als Element anfreunden kann, keine Ängste aufbaut und einen recht innigen Kontakt aufzunehmen vermag.

Fingerlabyrinth

Bestimmt einmalig in Deutschland ist das Fingerlabyrinth in der Stadtkirche St. Oswald im oberbayerischen Traunstein. Allerdings befindet sich die Uridee dazu im Dom St. Martino der italienischen Stadt Lucca. Das Labyrinth symbolisiert unser oft schwieriges und recht verschlungen wirkendes Dasein. Der Weg hindurch vermittelt unsere Mühen, Umwege und Kämpfe, aber auch unsere Erfahrungen und erfolgreiche Wandlungen, wenn wir das Ziel, die Mitte oder den Ausgang erreicht haben (→Befragung durch Meditation). So finden wir durch das Bearbeiten des Labyrinths eine neue Ordnung, unsere Gedanken werden wieder frei und offen für Neues. Oft lösen wir dabei auch wichtige Fragen und Probleme, die uns auf der Seele liegen.

Wenn wir uns diese klar gemacht haben, fahren wir mit dem Zeigefinger den Linien entlang und achten darauf, auf welche Weise es zur Mitte geht. Auf verschlungenen Kreisen müssen insgesamt elf Kreise gemeistert werden. In christlicher Symbolik gilt die Elf als Zahl der Unvollkommenheit. In der mystischen Symbolik steht sie für Verdopplung (1+1) und Balance durch die Dualitäten. Das Naturgesetz des Gleichgewichts führt zur Ausgewogenheit und damit zur Gerechtigkeit.

»Nichts kann auf diesem Weg ausgelassen oder übersprungen werden, keine Kehre, keine Abkürzung, keine guten oder schlechten Erfahrungen, kein Tag, kein Schritt«, heißt es in einem Text zum Fingerlabyrinth. »Der Weg zur Mitte ist ein anspruchsvoller Weg. Rasch und billig ist er nicht zu haben.«

Fingerlabyrinth in der Stadtkirche von Traunstein, Oberbayern.

Fingerorakel

Altirische Ollaven, hochgelehrte Meisterdichter und vom Rang einem König fast ebenbürtig, beherrschten die Meisterschaft der »Vorträge aus den Fingerspitzen«. Diese Form »extemporierter Prophezeiungen oder Dichtungen« bestand aus unerhörten Gedächtnisleistungen, vielleicht mit Hilfe von assoziativen Tricks oder Eselsbrücken über die Finger. War doch das altirische Alphabet auch den Hand- und Fingergliedern zugeordnet. Das System überlebte als Fingerorakel in der →Chiromantie und in mittelalterlichen Hexenkulten Britanniens. Ranke-Graves, der solches beschreibt, vermutet dahinter eher poetische Trancezustände, bei denen die Fingerspitzen als Orakelwerkzeuge benutzt wurden (1981:231f.). Übrig geblieben sind davon heute mehr profane Deutungen.

Der Daumen sollte übernatürliche Kräfte besitzen. Noch heute spielt er die Rolle des Glücksfängers bei Daumenhalten oder -drücken. Dieses Bild gewinnt eine durchaus anrüchige Note, wenn man weiß, dass der kräftigste unter den Fingern dem Planeten Venus zugewiesen, Sinnbild für den Phallus und für jegliches Wachstum war. Die so genannte Neidfeige weiß noch davon.

Beim zweiten Finger deutet schon der Name auf seine Bedeutung für das Zeigen und Hinweisen. Es galt als unhöflich und geradezu unanständig, ihn auf Menschen, Engel oder Himmelskörper zu richten. Denn er agierte oft genug als Schmutzfinger, der bei der Stoffwechselentsorgung eine herausragende

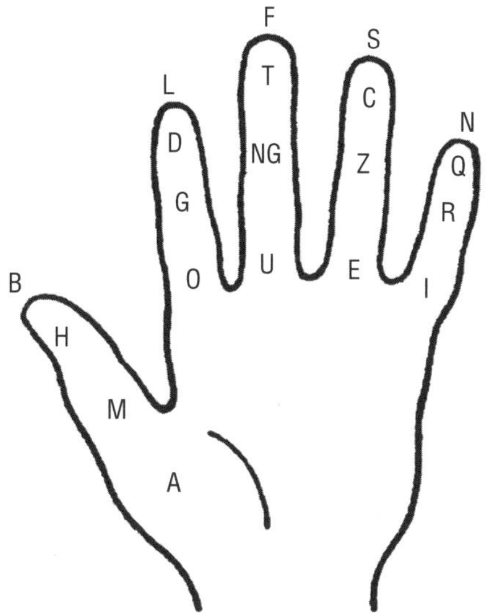

Die Buchstaben des altirischen Alphabets sind den Finger- und Handgliedern zugeordnet.

Rolle spielte, als man dazu noch kein dreilagiges Papier gebrauchte. Trotzdem hatte man ihn planetarisch Zeus/Jupiter geweiht, umgab ihn mit dem Odem der »glücklichen Führung« und nannte ihn gar in Griechenland Paionios (= Bewahrer von Übel).

Römer und Griechen vermittelten mit dem ausgestreckten Mittel- oder Narrenfinger ihren höchsten Schimpf oder ihre stärkste Verachtung. Er war dem Planeten Saturn zugeordnet und hieß auch Epimedes, was so viel bedeutet wie: wer zu spät denkt. Dafür hingen andere Talente an diesem *digitus infamis* oder *obscenus,* die mehr in den Bereich erotischer Leidenschaften gehören.

Mit dem Ring-, Herz-, Gold- oder Arztfinger zogen frühe Heiler die beschwörenden Krankheitskreise um den Krankheitsherd. Das hat sich bis heute bei Besprechungen von Warzen oder Gürtelrose erhalten. Er hieß auch Jasios, der Heiler, beherrscht vom Planeten Sonne. Früher schworen manche Ärzte noch darauf, allein mit dem Lachner oder Lachener (= altgermanische Bezeichnung für Arzt; hier der Ringfinger), Tränke und Medizinen anzurühren. Seit der Antike glaubte man, von diesem Finger führe eine feine, aber wichtige Arterie direkt zum Herzen, was ihn auch prädestinierte, den Ehering zu tragen.

Manch einer behauptet: »Der kleine Finger hat es mir gesagt!« Diesem, auch Ohrfinger genannt – nicht nur, weil er bei der Schmalzsuche so gut hineinpasst –, ordnete man die Gabe der Wahrsagung, das innere Hören und allerlei perfiden Zauber zu. Sein Planet, Merkur, spielte passend unter anderem den Boten zwischen »oben und unten«, übertragen zwischen Unter- und Oberbewusstsein. Zu Teufelspakten, die mit Blut unterschrieben werden mussten, benutzte man den kleinen Finger. Deswegen nimmt der Teufel gleich die ganze Hand, reicht man ihm nur den kleinen Finger. Als Däumling verbindet sich der Finger mit der Verschlagenheit und Spitzfindigkeit mancher Kobolde und Dämonen.

Kreativer Volksmund brachte solche Weisheiten auf die knappe Formel:

Das ist der Daumen,
der schüttelt die Pflaumen (Zeigefinger),
der liest sie auf (Mittelfinger),
der trägt sie nach Haus (Ringfinger),
und der kleine frisst sie alle alleine.

Nicht nur Ollaven zuckt es in Trance oder während der Träume in den Fingerspitzen. Doch bedarf es großer Übung, den Herd genau zu lokalisieren und dem Kribbeln über Buchstaben oder andere Zuordnungen eine sinnreiche oder zumindest sinnvolle Deutung unterzuschieben. Sonst saugt man sich womöglich noch was aus den Fingern.

Fragestellung bei Orakelverfahren

Schon das Orakel von →Delphi wies darauf hin, wie sorgfältig die Fragen bedacht sein müssen, die man bei der Weissagungssuche stellt. Zunächst sollten wir uns klar machen, wer eigentlich antwortet, wenn wir zum Beispiel die Elemente, Tiere oder Blumen befragen? Die Verschiedenartigkeit der Orakeltechniken darf nicht darüber hinweg täuschen, dass wir nur die Bandbreite von Möglichkeiten für unser inneres Bewusstsein erweitern, uns Hinweise zu liefern. Selbst beim →Blumenzupforakel, wo die Anzahl der Blütenblätter in den Bereich des wirklichen →Zufalls gehört, kann unser Bewusstsein unsere Hand lenken, eine »bestimmte« Blume zu pflücken. Doch wer vermag uns bessere Entscheidungshilfe zu bieten als unser innerster Wesenskern, der Zugriffsmöglichkeiten auf alle individuellen wie kollektiven Erfahrungen samt übermenschlichem Wissen besitzt? So könnte man natürlich gleich diese Quelle aller Weisheit anzapfen (→Befragung durch Meditation). Die Beschäftigung mit →Tarot, →Astrologie und ihrer Symbolik vertieft den Aufbau einer solchen Kommunikation, die dann auch verstärkt in unsere Träume (→Klartraum) und →Omen einfließen kann.

Letztlich dienen alle Orakelverfahren dazu, den Kontakt zum inneren Bewusstsein überhaupt erst einmal aufzubauen (→Bedeutung antiker Orakelstätten). Man mache sich aber nicht davon abhängig, vor allem nicht bei Ja- oder Nein-Entscheidungen. Eine gründlich sachliche Auseinandersetzung mit dem Problem kommt der Lösung oft schon mindestens auf dem halben Weg entgegen. Eine solche Auseinandersetzung bleibt auch für ein Orakelverfahren unabdingbar. Bei schwerwiegenden oder emotional geladenen Problemen brauchen wir als wichtigste Voraussetzung zunächst einen Zeitpunkt, an dem unsere Gefühlswelt halbwegs ausgeglichen ist. Wir müssen einer Antwort so distanziert wie möglich gegenüberstehen. Der Selbsttäuschung sind bei allen Verfahren Tür und Tor geöffnet. Wir sollten uns an einen ruhigen Ort begeben, wo wir weitestgehend ungestört sind und uns wohl fühlen. Glauben wir, in der richtigen Verfassung zu sein, beginnen wir mit der Suche nach der geeigneten Frage. Nur die präzise gestellte Frage lockt eine brauchbare Antwort. Verfehlt die Frage ihr Ziel, nämlich zum Kern des Problems vorzudringen, bleibt die Antwort vage, missverständlich und führt uns in die Irre. Die Erkenntnis, dass niemand »draußen« antwortet, verlangt nach einer Konsequenz.

Bei der beliebten Fragestellung »Werde ich bald eine neue Partnerschaft eingehen können?« wird sicherlich immer ein »Ja« auftauchen. Der Begriff »Partnerschaft« lässt sich auf alles Mögliche anwenden. Außerdem richten wir unsere Frage an einen Bereich, wo es weder Zeit noch Raum gibt und »man« deswegen recht großzügig mit diesen Vorstellungen umgeht. Soll es denn nun diese Frage sein, muss man/frau sich vorher klar werden: Warum will ich eine neue oder überhaupt eine Partnerschaft eingehen? Was wird dann anders und was wird besser sein? Soll es nur ein Zweckbündnis bleiben, eine Lebensabschnittsaffäre oder eine Dauerbeziehung? Biete ich selbst alle Voraussetzungen dafür? Habe ich nur Erwartungen oder will ich auch geben?

Damit sind wir schon beim eigentlichen Problem angelangt. Warum bin ich zur Zeit allein? Woran mangelt es mir wirklich und was habe ich bisher getan, um dieses Problem zu lösen? Es ist sinnvoll, Stift und Zettel oder Notizbuch zur Hand zu haben, um gleich niederzuschreiben, was einem dazu in den Sinn kommt. Man wird staunen, was man alles in Bewegung setzt, nimmt man sich genügend Zeit für diese Vorbereitung. Gehen wir zu einem →Wahrsager oder zu seinem modernen Nachfolger, zum Psychologen oder Therapeuten, wird er uns in ähnlicher Weise geschickt zu unserem wirklichen Problem lenken. Was hindert mich daran, dass …? Was soll oder kann ich aus meiner derzeitigen Situation lernen? Stoßen wir auf das eigentliche Problem, finden wir auch schon Lösungen, zumindest Ansätze dafür. Lösungsorientierte Ansätze verlangen weitere Überlegungen. Was will ich langfristig? Wie kann ich in einzelnen Schritten darauf zugehen? Was soll ich heute, jetzt, sofort als ersten Schritt dafür unternehmen?

Grundsätzlich vermeide man Fragen mit suggestivem Tatbestand und einengende Fragen wie: Wann werde ich reich, endlich wieder gesund, wieder eine neue Arbeit finden? Suggestionen führen die mächtige Kraft der Wünsche mit ein, obwohl das Schicksal vielleicht etwas viel Vernünftigeres plant. Ängste, Wut, Schmerz oder andere Erregungszustände sind besonders starke Suggestionen. Die ungeheure Kreativität der Orakelintelligenz darf nie in ihren Möglichkeiten geknebelt werden.

Außerdem sollte man ein Orakel nicht überstrapazieren. Wie könnte eine korrekte Antwort auf eine Frage lauten, die konkrete Einzelheiten aus einer fernen Zukunft wissen will? Unterliegen wir denn einem festgelegten Schicksal oder haben wir nicht von jedem Augenblick an alle Möglichkeiten, neue Wege und Verhaltensweisen einzuschlagen? Wir schaffen das Schicksal, aber unterliegen ihm nicht. Wir können es jeder Zeit und augenblicklich mit der Veränderung unserer Verhaltensmuster beeinflussen. Ein Orakel vermag nur vom Status quo, der sich jedoch jeden Moment ändert, auf die Zukunft zu schließen. Über unser Unbewusstes sind wir zwar mit allen anderen Menschen verbunden. Das lässt mitunter erstaunliches Wissen und Prognostizieren zu. Doch gerade hier sollten uns die Grenzen der Weissagung bewusst werden.

Unpräzise Fragen wie nach Glück, Liebe, Gesundheit, Zufriedenheit, Wohlstand oder ängstliche nach dem Gegenteil, fordern immer eine banale Antwort. Tasten wir uns an die eigentlichen Wünsche und Hoffnungen heran, begeben wir uns an das irgendwann ohnehin fällige »Erkenne dich selbst«. Dann hilft uns →Apollon.

Hat man nun die Frage gefunden, spreche man sie laut aus oder schreibe sie nieder. Dann darf das Verfahren starten. Früher fanden Bittende, wenn sie vom göttlichen Orakel einen Rat, Wink oder eine Botschaft erhalten wollten, es angemessen, als eigenen Beitrag etwas dafür zu opfern. Wer dazu bereit ist, schafft schon wichtige Voraussetzungen der Bereitschaft und Reife für das Neue, Bessere. Unser Opfer muss nicht unbedingt eine materielle Form haben. Wir können auch eine schlechte Gewohnheit aufgeben oder eine gute aufnehmen.

Der raffinierte Xenophon, berühmter griechischer Heerführer und Literat (um 430–355 v. Chr.), befragte das Orakel von Delphi, welchen Göttern er opfern müsse, um sein geplantes Vorhaben erfolgreich durchzuführen.

Franz von Assisi

Franziskus (Französchen) rief der reiche Kaufmann Peter Bernardone seinen 1182 in Assisi geborenen Sohn Johannes, weil er als Kind die französischen Minnelieder so schön nachsingen konnte. Einmal Troubadour zu werden war denn auch Franziskus' erster Berufswunsch. Im 25. Lebensjahr träumte Franziskus, sein Haus werde mit

Franz von Assisi,
in einer vermutlich schon zu seiner Lebenszeit gemalten Darstellung.

Waffen und Kriegsgerät gefüllt sein und eine Stimme sagte, dass dies alles ihm und seinen Rittern gehören werde. Anfänglich nahm Franziskus diesen Traum als Vorzeichen, dass er als Krieger zu Ruhm kommen solle. In einem zweiten Traum fragte ihn die Stimme, ob er Herr oder Knecht sein wolle. Als er antwortete: »Herr«, fragte die Stimme zurück: »Warum suchst du dann den Knecht statt des Herrn?« Franziskus erkannte in der Stimme jetzt die Stimme Gottes, verließ die Schar der Kriegsknechte, der er sich angeschlossen hatte, und kehrte nach Assisi zurück, wo er die Einsamkeit suchte und sich in eine Höhle zurückzog.

Als Franziskus in einem Olivenhain in einem kleinen Kirchlein vor einem großen byzantinischen Kruzifix um Erleuchtung bat, kam vom Kruzifix eine Stimme und sagte zu ihm: »Geh hin und baue mein Haus auf, das am Einstürzen ist.« Fortan machte sich Franziskus auf, mit seinen Jüngern als Rittern und Worten als Waffen die Welt für den Himmelskönig zu erobern.

Als er im Alter von 28 Jahren zwölf Brüder um sich gesammelt hatte, pilgerte er mit seiner Schar nach Rom, um sich vom Papst den Bund der Jünger und das Recht zum Predigen bestätigen zu lassen. Durch Fürsprache des Kardinals Johannes Colonna erhielt Franziskus eine Audienz bei Papst Innozenz III. Diesem hatte in der Nacht zuvor geträumt, die gewaltige Laterankirche drohe einzustürzen, das wankende Gebälk sei aber durch die Riesenschultern eines eintretenden Mönches gestützt worden. Als ihm anderntags Franziskus vorgestellt wurde, erkannte er in ihm sofort den Mönch aus seinem Traum. Franziskus selbst hatte seinerseits vor der Begegnung mit dem Papst geträumt, unter einem Baum von gewaltiger Größe zu stehen. Plötzlich wuchs er, bis er so groß war wie der Baum, fasste dann den Wipfel des Baumes und beugte ihn bis zur Erde. Die Jünger deuteten den Traum so, dass der Papst den Wünschen des

Heiligen wohlwollend gesinnt sein werde.

In den »Fioretti«, den »Blümlein«, jenem Kranz von Berichten und Legenden, die man 100 Jahre nach dem Tod des Heiligen für die Nachwelt aufschrieb, wird berichtet, dass Franziskus nachts im Wald, wenn er betete, von himmlischen Wesen, Engeln, Jesus, Maria, dem heiligen Johannes und den Evangelisten besucht wurde und mit ihnen Gespräche führte. Durch solche Offenbarungen seien ihm zukünftige Dinge und das Schicksal seiner Mönchsbrüder, deren Fehler und Vorzüge, bekannt geworden. Dem Bruder Giovanni della Capella sagte er voraus, er werde sich erhängen, und von einem anderen Bruder wusste er, dass diesen der Teufel wegen seines unbotmäßigen Lebenswandels holen werde.

Franziskus warf nichts Geschriebenes weg. Buchstaben, auch wenn Heiden sie niedergeschrieben hatten, waren seiner Meinung nach geheiligt, denn auch aus ihnen könne einer der 100 heiligen Namen Gottes zusammengesetzt werden. Aber selbst wenn man alle Sprachen, alle Wissenschaften und alle Schriften verstünde und auch wenn man prophezeien und künftige Dinge kundtun könne, so sei dies, warnte Franziskus seine Mitbrüder eindringlich, noch lange nicht die Glückseligkeit.

1227, ein Jahr nach Franziskus' Tod, wurde ein Freund von Franziskus, der Kardinal Hugolin, als Gregor IX., zum Papst gewählt. Für Hugolin war dies keine Überraschung. Franziskus hatte ihm die Erhebung auf den Heiligen Stuhl vorhergesagt. Hugolin bedankte sich auf eigene Weise und verkündete ein Jahr später, dass Franziskus in den Stand der Heiligen aufgenommen worden sei. Der englische Essayist Gilbert K. Chesterton, Verfasser einer Franziskus-Biographie, weist uns aber darauf hin, dass sich Franziskus den höchsten Titel noch zu Lebzeiten selbst verliehen hatte. »Der kleine arme Mann, der sich von allem entblößt und sich als Nichts bezeichnet hatte, legte sich denselben Titel zu, den die maßlose Eitelkeitsprahlerei jener prachtliebenden asiatischen Autokraten für sich in Anspruch genommen hatte – er nannte sich Bruder der Sonne und des Mondes.«

G

Gänsebeinorakel

Die alten Symboltiere der Großen Mutter hatten eine besondere Affinität zu Leben und Tod, zu den Zyklen und Kreisläufen der Natur.

Das Brustbein einer Gans, am besten einer, die am Martinstag (11. November) oder zu Weihnachten verzehrt worden war, hing in so mancher Diele und diente der Wettervorhersage. Färbte es sich ganz weiß oder knallrot, stand ein strenger und schneereicher Winter bevor; färbte es sich braun oder hellrot, wurde es mild. Traten schwarze Flecken auf, wurde der Winter eher regnerisch. Die Interpretationen des Orakels verlautbaren gelegentlich aber auch genau das Gegenteil.

Der Deutschorden vertraute im Jahr 1455 in Preußen der Wetterprophetie eines Gänsebeins für die Durchführung eines Winterfeldzugs. Das hätte er besser nicht getan. Seitdem sprach man auch vom Lügenbein (Gattiker 1989:515). Das Problem mit der langfristigen →Wettervorhersage scheint bis heute noch nicht recht gelöst.

Geomantie

Der Begriff »Geomantie« bezeichnet heute die Lehre von Energiefeldern und -flüssen auf und in der Erde oder wird mit Feng Shui gleichgesetzt. Früher verstand man darunter das Erd- oder Sandorakel. Dieses entstand vermutlich in der arabischen Welt und gelangte im 12. Jahrhundert nach Europa. Anfangs war es die Deutung von Linien und Mustern im Treibsand. Daraus entwickelte sich die Punktierkunst, ein umfassendes Divinationssystem, das sogar an einigen Universitäten gelehrt wurde.

Es beginnt harmlos damit, dass der Frager auf dem Boden in der freien Natur oder auf Papier nach dem Zufallsprinzip 16 Reihen mit Punkten zeichnet, ohne letztere zu zählen, von rechts nach links. →Agrippa von Nettesheim, der diese Technik verbreitete, schrieb vor, mit dem Zeigefinger zu arbeiten und die Erdgeister zu veranlassen, dabei die Hand zu führen (→Hilfsgeister). Nun werden diese Punkte gezählt. Neben eine Reihe mit einer geraden Summe malt man zwei Punkte, neben eine mit einer ungeraden Summe nur einen. Jeweils vier der Summierungs-

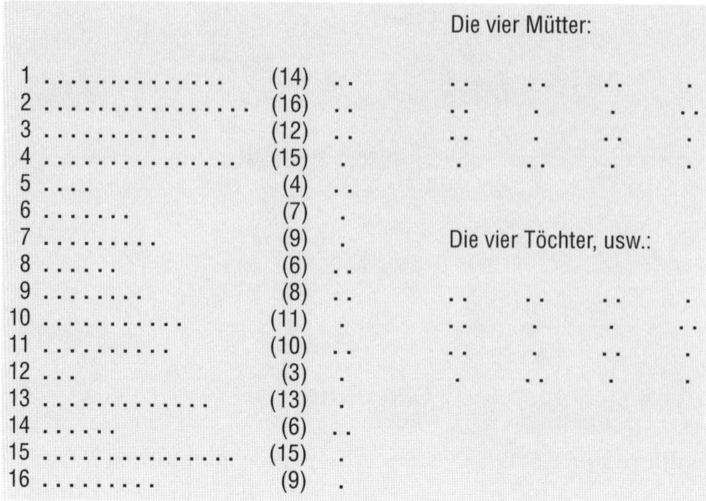

Arbeitsmuster des geomantischen Punktierens.

punkte ergeben ein Muster und zusammen die vier »Mütter«. Diese Mütter werden nun mit ihren Mustern von rechts nach links nebeneinander gesetzt. Ihre vier waagerechten Reihen mit Mustern bilden die »Töchter«. Aus Müttern und Töchtern lassen sich nun vier »Enkel« und daraus zwei »Zeugen« herstellen. Aus diesen entsteht der Richter, der zugleich der Orakelverkünder ist.

Insgesamt gibt es 16 verschiedene Punktkombinationen, die bestimmte Bezeichnungen und Bedeutungen tragen, verbunden mit Zuordnungen zur →Astrologie, →Numerologie und anderen Verfahren. Jetzt werden die Figuren in ihrem Verhältnis zueinander interpretiert. Die Meister des Verfahrens lösten mit solchen »Familienaufstellungen« alle Lebensprobleme bis hin zur möglichen Erbschaft. Wer das Erdorakel selbst durchführen wollte, dem standen vorgefertigte Deutungslisten zur Verfügung, ähnlich den →Losbüchern. Gerhard von Cremona, der im 12. Jahrhundert das Punktierbuch des Alfadhol (Fadhl ben Sahl Sarachsi, † 818) übersetzte, warnte davor, die Geomantie bei »regnerischem, nebeligem, stürmischem Wetter oder in zorniger Stimmung oder im Drang anderer Geschäfte« durchzuführen. Bei »Ungläubigen« funktioniere es ohnehin nicht (Bächtold-Stäubli 1930/31:III,642).

Geräuschwahrsagung

Unerwartete, unheimliche und ohne ersichtlichen Grund auftretende Geräusche zählten von alters her zu den wichtigen und elementaren →Omen. Sie werden von Geräuschen ohne mantische Bedeutung unterschieden – beispielsweise dem Lärm. Wer plötzlich klagende und stöhnende Stimmen vernimmt, ein unheimliches Lachen oder das grollende Rollen einer Kugel, das Kreischen einer Säge, das Flattern von Vögeln, das Knistern von Flammen (bei einer Zentralheizung), Kettenrasseln, Sensenklirren, Schlürfen oder rauschende Wassermassen, der muss sich auf eine drastische Änderung in seinem Leben gefasst machen. Noch deutlicher wird eine solche Ankündigung, wenn nicht vorhandene Uhren schlagen, Webstühle klappern, ein Schlüsselbund klimpert, Drachen am Himmel dröhnen oder Ufos hupen. In diesen Bereich fallen auch das Klopfen am Fenster oder das Klingeln an der Tür, ohne dass jemand zu sehen ist; das Klingeln des Telefons ohne Verbindung, Rufe seines Namens, Glockenläuten ohne Glocken. Alle diese Geräusche können auch im Traum auftreten, und dann schreckt man auf und weiß nicht, was davon real ist. Besonders wichtig nehmen sollte man solche Omen an den so genannten Lostagen: zum Beispiel Weihnachten und Neujahr.

Tritt etwas Neues ins Leben, muss ihm in aller Regel Altes Platz machen. Jede Änderung hat somit etwas mit Loslassen, Verabschieden und Sterben zu tun. Erklinge ohne Grund Musik zur rechten Zimmerwand, trete ein Todesfall in der Familie ein, hieß es. Klinge Musik zur linken Seite, ereigne sich der Trauerfall im Freundeskreis. Höre man irgendwo, wo es nicht sein kann, Begräbnismusik, werde man an den eigenen Tod erinnert. Indianer behaupten, der Tod spiele seine eigene Musik. Und unter dieser Musik kündige er sich an. Die »Melodie vom Tod« könne dabei schon als Kind erfahren werden. Stehe man unmittelbar vor dem Exitus, erklinge sie wieder, dröhne – und man erinnere sich staunend.

Ertönte an Orten aber ein unheimlicher und ungewöhnlich langer Pfiff, hielt dort bald die Bahn ihren Einzug, wusste man im 19. Jahrhundert. Im 21. Jahrhundert bedeutet der gleiche Pfiff vielleicht, dass die Bahn wieder eine Strecke stilllegt.

Zeichnung von L. Bailly, 1824.

Gerbert von Aurillac

Von dem Gelehrten Gerbert (zwischen 940 und 950–1003) berichtet die Sage, er sei bereits als Novize zur Zauberei verführt worden. Später habe er bei einem Magier die »vollständige Schwarze Kunst« erlernt. Doch Undank ist der Welten Lohn. Gerbert stahl seinem Lehrer ein Zauberbuch, beschwor den Teufel und wurde mit dessen Hilfe Papst (Silvester II.).

Der erste Franzose auf dem Stuhl Petri galt als gelehrtester Mann seiner Zeit, eine damals allein schon höchst verdächtige Angelegenheit. Außerdem hatte der Absolvent der Medizin und Mathematik auf einer arabischen Hochschule in Spanien studiert und vermutlich auch die arabischen Ziffern für das Abendland eingeführt. Gerbert erfand nebenbei die erste von Gewichten angetriebene Uhr, konstruierte ein Astrolabium (einen auf den Sternenhimmel bezogenen Kompass) für die Seefahrt und vervollkommnete die Orgel.

Wie →Albertus Magnus soll er all diese Geheimnisse einem →Sprechenden Kopf als Orakel abgelauscht haben. Der Teufel, der ihn unentwegt – wie →Albertus Magnus und →Agrippa von Nettesheim – in Gestalt eines kleinen Hundes begleitete, hatte diesem Urbild des →Faust versprochen, ihn erst in die Hölle zu holen, wenn er in Jerusalem eine Messe lese. Daher besuchte Gerbert diese Stadt erst gar nicht. Als er aber einmal in Rom in einer kleinen Kapelle mit Namen Jerusalem die Messe las, fühlte sich der Teufel völlig im Recht, ihn vom Altar weg zu ergreifen. Schnell bereute Gerbert noch seine Sünden. Das mag ihm geholfen haben. Denn die Pferde, die seinen Leichnam führten, blieben von selbst vor der Laterankirche stehen. Alle Beteiligten nahmen nun an, er sei doch noch selig geworden, und begruben ihn dort. Seit dieser Zeit soll Knochengerassel hinter seiner Grabplatte im Lateran den baldigen Tod eines Papstes ankündigen.

Die Historiker behaupten stattdessen, der deutsche Kaiser Otto III. habe seinen einstigen Lehrer Gerbert auf den Papstthron gesetzt, um eine spirituelle Erneuerung der römisch-katholischen Kirche einzuleiten. Als Silvester II. bekämpfte Gerbert Ämterkauf und Unsittlichkeit im Leben der Geistlichen. Die Römer vertrieben aber den »Anhänger des Teufels« samt seinem Kaiser Otto aus ihrer Stadt nach Spoleto, wo beide kurz nacheinander starben.

Gilgamesch

Dieser mythische König von Uruk im Zweistromland Babylonien galt zu zwei Dritteln als Gott, zu einem Drittel als Mensch. Er besaß ungeheure Kräfte, verrichtete die ungewöhnlichsten Heldentaten und suchte dabei das ewige Leben. Als sein geliebter Freund und Bruder Enkidu starb, packte ihn die Angst, ihm könne das gleiche Schicksal beschieden sein. Wild bäumte er sich gegen diesen Gedanken auf und plante, seinen Ahnen Utnapischtim zu besuchen, der von den Göttern unter die Unsterblichen aufgenommen und an die Mündung aller Ströme versetzt worden war. Gilgameschs schwierige und langwierige Suche voller Prüfungen nach Utnapischtim, wobei ihn ein Fährmann über das Meer des Todes schiffen musste, gilt als vermutlich älteste literarische Bearbeitung, Ahnen in der Unterwelt aufzusuchen und sie zu befragen. Der Unsterbliche stand bereits am anderen Ufer und sah der Überfahrt in stummer Verwunderung entgegen. Nach der Landung durfte Gilgamesch seine Geschichte und Suche erzählen, erfuhr aber nichts Tröstliches. Jedem Menschen sei das sterbliche Ende beschieden, niemand könne diesem Schicksal entrinnen. »Und du«, fragte Gilgamesch, »warum bist du dem Tod nicht verfallen?« Da berichtete sein Ahn von der Sintflut, wie die Götter ihn und sein Weib als einzige gerettet und hierher gebracht hatten. Doch wer vermöge sie zu bewegen, mit Gilgamesch das gleiche zu tun?

Utnapischtim hatte aber Mitleid, wollte helfen und riet Gilgamesch, sieben Tage und sieben Nächte zu wachen, um damit seine Voraussetzungen unter Beweis zu stellen. Denn ewiges Leben hieße, immer zu wachen, nie müde zu werden. Doch diese Probe bestand der König nicht, er schlief ein. Und Utnapischtim sprach empört zu seinem Weib: »Das ist nun der Mann, der ewiges Leben begehrt!«

Doch bevor Gilgamesch geknickt aufbrach, vertraute ihm der Ahn noch ein Geheimnis an. Am Grunde des Meeres, am Ort des verborgenen und erneuernden Lebens, wachse ein Kraut mit Namen »Als Greis wird wieder jung der Mensch«. Das solle er heraufholen und damit getrost nach Hause zurückkehren.

Gilgamesch. Relief am Palast von Sargon in Chorsabad, 8. Jahrhundert v. Chr.

Glücksräder

Aus Indien stammt die Lehre vom Rad der Geburten, die zum ersten Mal in den Upanishaden auftaucht. Alle Lebewesen scheinen an ein Rad der kosmischen Ordnung gebunden, das zum einen die Bewegung und den Rhythmus in der Natur, die Unbeständigkeit und Vergänglichkeit alles Irdischen, aber ebenso die Wiederkehr aller Dinge und die Wiedergeburt der Seele spiegelt.

Von dort wanderte dieser Glaube über Griechen und Römer auch zu uns und formte eine Vorstellung vom

Glück, das als Rad oder auf einem Rad das mitunter recht kurzlebige Auf und Ab unserer Existenz bestimmt. Auch in mittelalterlichen Kirchenvorhallen hingen so genannte Lebensräder. Das sich drehende Rad der Fortuna war mit vier Bildern von Menschen besetzt: einem aufsteigenden, einem thronenden, einem herabstürzenden und einem unten liegenden. Wer wissen wollte, wie es künftig um ihn bestellt sei, musste den Punkt oben oder unten als →Omen bestimmen und dann das Rad in Bewegung setzen. Hielt es an und der vorher bestimmte Punkt lag beispielsweise zwischen dem Thronenden und dem Herabstürzenden, konnte man gleich in der Kirche für sich beten.

Später fanden sich an solchen Stellen auch so genannte Apostelräder, mit den Namen der Apostel versehene Scheiben. Von jedem Namen hingen kleine Fäden herab, an die häufig Glöckchen angebunden waren. Die Scheibe wurde gedreht – was manchmal nur der Messner tun durfte –, und der Hilfesuchende griff dann nach einem Faden, um das Rad anzuhalten. Der zugehörige Apostel als neuer Schutzpatron oder direkter Ansprechpartner für ein besonderes Problem war gefunden (→Kerzenorakel).

Lebensrad: »Allegorie auf die Gerechtigkeit«. Holzschnitt eines Nürnberger Meisters, der so genannte Michelfelder Teppich aus dem 15. Jahrhundert.

Daneben kursierten mantische Glücksräder, häufig als Beilage zu →Losbüchern. Am Rand einer kreisförmigen Pappe waren Buchstaben und Zeichen aufgezeichnet. Ein auf der Pappe angebrachter Zeiger wurde gedreht, und zu dem Symbol, an dem er anhielt, konnte man im Buch einen Vers lesen. Dieser gab die Antwort auf die vorher gestellte Frage, die aber weiterhin salomonisch oder spielerisch im Dunkel blieb.

Auch die ersten großen Lotteriespielautomaten hatten eine Radform und wurden deswegen Glücksrad genannt. Und dann sollte da noch nach einer im Mittelalter bekannten und in mehreren Versionen bekannten Sage ein großes und waagerecht verlaufendes Glücksrad existieren. Es war im Besitz des Teufels und »Sitz« einer Hochschule für Wahrsagen, Schatzfinden und Zauberei. 12, 13 oder 14 fahrende Schüler konnten darauf Platz nehmen, die in einer Version der Sage alle ausnahmslos Johannes (Johann →Faust) hießen. Dieses Rad setzte nun der Leiter der Hochschule in Bewegung, es drehte sich höllisch schnell, und wer hinunterpurzelte, fiel gleich in das Reich der Finsternis.

Johann Wolfgang von Goethe

Goethe, der mit auguralen Praktiken sehr vertraut war, sah in der Weissagung, die sich aus der Betrachtung der Natur ergibt (»wenn die Natur ihr offenbares Geheimnis zu enthüllen anfängt«), die höchste Kunst: »Sie erkennet aus dem Offenbaren das Verborgene, aus dem Gegenwärtigen das Zukünftige, aus dem Todten das Lebendige und den Sinn des Sinnlosen.«

Die Natur als Orakel zu nutzen war Goethe selbstverständlich. Bei einer Lahnwanderung im Jahr 1772 hatte er mit Hilfe eines Messers darüber orakelt, ob er besser die Laufbahn eines bildenden Künstlers einschlagen oder sich ganz der Dichtkunst widmen sollte (→Messerorakel).

Wenn Goethe als Kind mit seinem Puppentheater spielte, das ihm sein Großvater geschenkt hatte, zeigte er seinen Zuschauern gern Stücke, in denen Zauberer und Wahrsager vorkamen. Später führte Goethe im Tiefurter Park bei Weimar mit seinem Freund, dem Herzog von Weimar, und den Damen und Herren des Hofes bei Nacht im »Wald- und Wassertheater« Sing-, Orakel- und Schaustücke auf. Künstlich geschaffene Einsiedeleien, Grabmäler, Pyramiden, Kirchen- und Burgruinen, Tempel, Höhlen bildeten die romantische Staffage. Bei der Uraufführung eines Orakelstückes im Jahr 1778 trat Goethe in der Rolle des Königs Andrason als Orakelbefrager auf.

Bereits in seiner Heimatstadt Frankfurt am Main hatte er seine Mitbürger mit einem Geisterspuk genarrt. Bettina von Arnim erzählt davon. »Einmal zur Herbstlese, wo denn in Frankfurt am Abend in allen Gärten Feuerwerke abbrennen und von allen Seiten Raketen aufsteigen, bemerkte man in den entferntesten Feldern, wo sich die Festlichkeit nicht hin erstreckt hatte, viele Irrlichter, die hin und her hüpften, bald aneinander, bald wieder eng zusammen. Endlich fingen sie gar an, figurierte Tänze aufzuführen. Wenn man nun näher drauf los kam, verlosch ein Irrlicht nach dem anderen, manche taten noch größere Sätze und verschwanden, andere blieben mitten in der Luft und verloschen dann plötzlich, andere setzten sich auf Hecken und Bäume, weg waren sie. Die Leute fanden nichts, gingen wieder zurück, gleich fing der Tanz von vorne an, ein Lichtlein nach dem anderen stellte sich wieder ein und tanzte, um die halbe Stadt herum. Was war's? – Goethe, der mit vielen Kameraden, die sich Lichter auf die Hüte gesteckt hatten, da draußen herumtanzte.«

Als Goethe 1765 zum Studium nach Leipzig fuhr, begegneten ihm auf dem Weg zwischen Hanau und Gelnhausen bei Nacht einmal auch wirkliche Irrlichter: »Ich sah an der rechten Seite des Wegs, in einer Tiefe, eine Art von wundersam erleuchtetem Amphitheater. Es blinkten nämlich in einem trichterförmigen Raume unzählige Lichtchen stufenweise übereinander, und leuchteten so lebhaft, dass das Auge davon geblendet wurde. Was aber den Blick noch mehr verwirrte, war, dass sie nicht etwa stillsaßen, sondern hin und wieder hüpften, sowohl von oben nach unten als umgekehrt und nach allen Seiten.«

Als er sich nach einem gesellschaftlichen Skandal, in den er als junger Mann verwickelt war, sehr unglücklich und von seinem Freundeskreis enttäuscht fühlte, zog es ihn eine Zeit lang tagtäglich in die Einsamkeit der Wälder um Frankfurt, um »mein armes verwundetes Herz darin zu verbergen«. Im Zeichnen von Bäumen kamen seine aufgewühlten Gefühle zur Ruhe. Zu Bäumen hatte Goethe zeit seines Lebens ein ganz besonderes Verhältnis. Mit ihrer »stillen, leidlosen Vegetation« gaben sie ihm Erbauung und Trost. Dass ein »ehrwürdiger« Wacholderbaum, der in seinem Weimarer Garten am Stern noch aus alter Zeit stand, 1809 von einem gewaltigen Sturm niedergeworfen wurde, erfüllte ihn mit Wehmut. Diesen »Zeugen glücklicher Tage« ließ er vermessen, zeichnen und aus seinem Holz kleine Gebrauchsgegenstände fertigen, die in seinem Haushalt besonders in Ehren gehalten wurden. Nach einer alten Sage sollte darunter ein Schulmann begraben sein. Bei Nacht wollte man gespensterhafte Mädchen, die den Platz rein hielten, gesehen haben. Goethe erzählte Jenny von Pappenheim die folgende Geschichte: »Ich habe eine unsichtbare Bedienung, die den Vorplatz des Gartenhauses immer rein hält. Es war wohl ein Traum, aber ganz wie Wirklichkeit, dass ich einst in meiner oberen Schlafstube, deren Tür nach der Treppe zu auf war, in der ersten Tagesfrühe eine alte Frau sah, die ein junges Mädchen unterstützte. Sie wandte sich zu mir und sagte: ›Seit 25 Jahren wohnen wir hier, mit der Bedingung, vor Tagesanbruch fort zu sein, nun ist sie mir ohnmächtig und ich kann nicht gehen.‹ Als ich genauer hinsah, war sie verschwunden.« Am 28. August 1831, seinem letzten Geburtstag, ließ er sich von Weimar nach Martinroda zu einer alten, von ihm verehrten Eiche fahren, die er über 60 Jahre hin besucht hatte, um sich zu verabschieden.

Immer wieder hatte Goethe in seinem Leben Erlebnisse gehabt, die ihn in andere Welten haben schauen lassen oder ihn einen Blick in die Zukunft tun ließen:

Als sich Goethe 1771 von seiner Jugendliebe Friederike Brion in Sesenheim verabschiedet hatte und auf einem Fußpfad nach Drusenheim ritt, überfiel ihn eine sonderbare Ahnung. In »Dichtung und Wahrheit« schreibt er: »Ich sah nämlich nicht mit den Augen des Leibes, sondern des Geistes, mich selbst, denselben Weg, zu Pferde wieder entgegenkommen, und zwar in einem Kleide, wie ich es nie getragen: es war hechtgrau mit etwas Gold. Sobald ich mich aus diesem Traum ausschüttelte, war die Gestalt hinweg. Sonderbar ist es jedoch, dass ich nach acht Jahren in dem Kleide, das mir geträumt hatte und das ich nicht aus Wahl, sondern aus Zufall trug, mich auf demselben Wege fand, um Friederiken noch einmal zu besuchen.«

1783 läutete Goethe seinem Kammerdiener mitten in der Nacht und erklärte ihm, dass in diesem Augenblick ein Erdbeben stattfinden müsse. Nach einigen Wochen kam die Nachricht, dass in derselben Nacht ein Teil von Messina durch ein Erdbeben zerstört worden war.

1827, als Goethe am 8. Oktober im Gasthof »Zum Bären« mit seinem Sekretär Eckermann noch nachts aufsaß und Erinnerungen über allerlei merkwürdige Vorfälle austauschte, äußerte sich Goethe dazu folgendermaßen: »Wir wandeln alle in Geheimnissen. Wir sind von einer Atmosphäre umgeben, von der wir noch gar nicht wissen, was sich alles in ihr regt und wie es mit unserm Geist in Verbindung steht. So viel ist wohl gewiss, dass in besonderen Zuständen die Fühlfäden unserer Seele über ihre körperlichen Grenzen hinausreichen und ihr ein Vorgefühl, ja auch ein wirklicher Blick in die nächste Zukunft gestattet ist.«

Wenig bekannt ist Goethes sich dramatisch gestaltende Orakelfahrt 1777 zum Brocken, von der er sich ebenso wie beim Orakeln beim Wandern an der Lahn 1772 ein Zeichen der Götter versprach.

Im Dezember 1777 hatte Goethe von Weimar aus einen 500 Kilometer langen und 16 Tage dauernden »wunderlichen« Ritt durch Schlamm und Schnee in den Harz unternommen. Die Reise unternahm er heimlich. Sie war eine Wallfahrt in die Einsamkeit, ein Abenteuer, das man – wie er selbst sagte – bizarr nennen könnte. Am 29. November brach er noch vor dem Morgengrauen in Weimar auf. Briefe, die er an seine Vertraute, Frau von Stein, schrieb, chiffrierte er in Bezug auf die Absendeorte. Einen Bussard, damals von Jägern und Vogelstellern als »Geyer« bezeichnet, den er beim Ritt in den Harz »im düstern und von Norden her sich heranwälzenden Schneegewölk« über sich schweben sah, nahm er – ganz im Sinne der antiken Ausdeutung des Flugs der Auguralvögel – als gutes Vorzeichen für sein Vorhaben.

Am 1. Dezember besuchte er die Baumannshöhle bei Rübeland und verbrachte am 2. Dezember sinnend den Tag darin. Am 6. Dezember schrieb er, er habe einen Wunsch an den Vollmond: »Wenn ihn die Götter erhöhren, wärs großen Dank werth.« In einem Fremdenbuch trug er sich am 8. Dezember als Johann Wilhelm Weber, Maler aus Darmstadt, ein und reiste inkognito weiter. Am 9. Dezember entging er um Haaresbreite dem Tod. Auf seinen Begleiter fiel in einem Bergwerk ein Brocken Erde von fünf Zentnern, der Goethe nur um Haaresbreite verfehlte.

Am 10. Dezember war er mit einem Führer durch tiefen Schnee zu dem am Fuß des Brockens gelegenen Torfhaus heraufgestapft. »Wie ich«, schreibt Goethe, »zum Torfhause kam sas der Förster bei seinem Morgenschluck in Hemdsermeln, und diskursive redete ich vom Brocken und er versicherte die Unmöglichkeit hinauf zu gehen. – Die Berge waren im Nebel, man sah nichts, und so sagt er ists auch iezt oben, nicht drey Schritte vorwärts können Sie sehn. Ich war still und bat die Götter das Herz dieses Menschen zu wenden und das Wetter, und war still … So sagt er zu mir: nun können Sie den Brocken sehn, ich trat ans Fenster und er lag vor mir klar wie mein Gesicht im Spiegel, da ging mir das Herz auf und ich rief: Und ich sollte nicht hinaufkommen! haben Sie keinen Knecht, niemanden – Und er sagte, ich will mit Ihnen gehen!«

Dass Johann Christoph Degen, der seit 13 Jahren als Förster amtierte und der noch nie im Winter den Brocken bestiegen hatte, so plötzlich einwilligte, war für Goethe der Anfang von dem von den Göttern erhofften Wunderzeichen. Am 11. Dezember erreichte Goethe sein Ziel: »Früh nach dem Torfhause in tiefem Schnee. Ein viertel nach zehn aufgebrochen von da auf den Brocken. Schnee eine Elle tief, der aber trug. Ein viertel nach eins droben, heitrer herrlicher Augenblick, die ganze Welt in Wolcken und Nebeln und oben alles heiter.« Die geglückte Besteigung und den unerwarteten Anblick der Sonne nahm Goethe als Zeichen der Götter, dem Wunsch des Herzogs, in Weimar ab sofort verantwortlich in der Regierung als Minister mitzuarbeiten, zuzustimmen.

Gottesurteil

Mit einem Gottesurteil oder Ordal gedachte man, meist bei Fragen von Schuld oder Unschuld, die Weisheit des Göttlichen mit einzubeziehen. Diese Art von Zwingzauber kannten alle Völker. Gottesurteile suchten einen Weg zur Wahrheit und Gerechtigkeit und beabsichtigten keine Strafe. Bis zum Verbot ihrer Anwendung im Jahr 1235 zählten sie in Mitteleuropa zu den Beweismitteln für Ordentliche Gerichte. Regional hielten sie sich bis ins ausgehende 18. Jahrhundert.

Ihre vielleicht älteste Form bestand im Zweikampf, mit dem manchmal auch ein drohender Waffengang zwischen Heeren vermieden werden sollte. Verbreiteter waren die Elementeproben. Bereits Kelten kannten das Kesselurteil, wobei aus einem großen Kessel voller kochendem Wasser ein Stein oder Ring herausgeholt oder ein Arm hineingelegt werden sollte. Auch die Wasserprobe blickt wohl auf eine lange keltisch-germanische Tradition. Noch nicht gänzlich überführte oder geständige Delinquenten wurden gefesselt und gebunden ins Wasser geworfen. Gingen sie nicht unter, hatte das Wasser sie als Schuldige abgestoßen. Ertranken sie, mussten sie im Nachhinein für unschuldig erklärt werden. Manchen Orts galt aber das Gegenteil.

Bei der Feuerprobe musste der Verdächtige barfuß über glühende Kohlen gehen, durch das offene Feuer laufen, oft dabei mit einem »Wachshemd« bekleidet, eine Hand ins Feuer halten oder ein glühendes schweres Handeisen neun Schritte weit tragen. Wie bei der Kesselprobe wurden danach Arme, Hände oder Füße gerichtlich bandagiert, versiegelt und nach drei Tagen vor behördlichen Zeugen nach Verletzungen überprüft. Hierbei sprach die Unbeschadetheit für die Unschuld.

Auf Island und in Skandinavien praktizierte man die Erdprobe. Dazu hoben sie ein längliches Rasenstück aus, das an beiden Enden aber noch mit der Erde verbunden sein musste. Darunter buddelte man die Erde aus und stützte den Rasen nach oben mit einem Stab oder Speer ab. Der Verdächtige musste nun darunter her schlüpfen, und im Falle einer Schuld sollte die Erdbrücke über ihm zusammenstürzen.

Zu den Gottesurteilen zählten auch Giftproben und so genannte Schlingorakel. In Kirchen verabreichte man Delinquenten ein Stück geweihtes oder mit Weihewörtern versehenes

Wasserprobe: »Der Hexenpoth«. Zeichnung aus dem 19. Jahrhundert

Stück Brot oder Käse. Waren sie schuldig, quoll es ihnen im Mund auf und blieb im Halse stecken.

Neben simplen Losverfahren, Nadel- und Waageproben – Hexen waren angeblich unempfindlich und federleicht – gab es noch das »Bahrgericht«. Um einen Mordfall aufzuklären, schleifte man Verdächtige zur Totenbahre des Ermordeten. Dort mussten sie ihre Hand oder Finger in die Wunden oder auf den Nabel legen. Brachen die Wunden in diesem Augenblick auf, hatte der Tote den Täter entlarvt. Dazu reichte es aber auch schon, wenn der Tote bei diesem Vorgang sichtbar ins Schwitzen geriet.

H

Haarorakel

Zeige mir dein Haar, und ich sage dir, wer du bist! Zumindest die →Physiognomie fand in Haupthaarwuchs und -farbe wichtige Kriterien für das Bild der Persönlichkeit. Zarte und empfindliche Haare deuteten beispielsweise auf sensible und weiche Naturen mit Neigung zur Eifersucht, krauses Haar auf krausen Sinn und Beliebtheit. Starke Behaarung am Kopf, Hals und Arm wies auf vitale Kraft und Reichtum, ein Löckchen über der Stirn auf Suizidgefahr, ein strahlenförmiger Wuchs an der Stirn auf Gelehrsamkeit. Noch heute ziehen Rosskäufer kräftig am Schwanz des Pferdes. Festsitzende Haare, die nicht leicht ausfallen, halten sie für ein Indiz guter Gesundheit.

Ebenso wichtig war die Haarfarbe. Mit Rot verband man, zumindest im Mittelalter, Jähzorn, Hexen, Untreue und sanguinisches Temperament. Schwarz konnte zumindest in Norddeutschland bereits früh das Thema Ausländer problematisieren, die Neigungen eines Blaubarts sollte man besser verschweigen, Grün gehörte zu Nixen und Wasserwichteln, Weiß und Grau schienen eher problemlos. Traumfrauen und Heldenmänner hatten blond und goldig zu sein.

Vagabund und Troll, die sich gegenseitig »erkennen«. Unbekannter Zeichner.

Um in dieser Hinsicht Klarheit beim zukünftigen Partner zu gewinnen, bot sich das Haarorakel an. Sieht man die erste Schwalbe im Frühling, verharre man und blicke sogleich unter seine Schuhe. Liegt just darunter ein Haar, hat es die gleiche Farbe wie das Haar der Zukünftigen, heißt es. Das Verfahren für die Frau ist ebenso kurzweilig, aber gefährlicher. Dazu greife sie in der Christnacht einfach rücklings zur Stubentür hinaus und ihr geraten irgendwie aussagekräftige Männerhaare in die Hand.

Das genau versuchte 1630 eine Magd des heutigen »Klösterlein Zelle« im sächsischen Kreis Schwarzenberg. Kaum hatte sie zum korrekten Termin die Stubentür geöffnet und hinter sich gegriffen, als ihre Hand gepackt wurde. Draußen wurde sie dann von einem unsichtbaren Wesen so traktiert, dass sie ihr Lebtag hat hinsiechen müssen.

Wer also die Details des Partners unbedingt vorher wissen möchte, befrage vielleicht lieber das →Wasserorakel!

Halmorakel

Korn symbolisierte die Fruchtbarkeit der Erde, das Erwachen und Keimen des Lebens. Gras repräsentierte als *pars pro toto* die Erde selbst, der Halm wiederum den Nährstoffversorger der Pflanze.

In der mittelalterlichen Rechtssymbolik konnte das Brechen eines Halms den Vertragsabschluss besiegeln. Bei Kündigungen, Verpfändungen, Auflassungen, Abtretungen oder Übertragungen von Haus, Hof oder Grundstücken wurde vom Richter oder von den Rechtsparteien ein Grashalm auf die Erde oder in einen Hut geworfen, von der Erde oder aus einem Hut gegriffen oder gereicht. Unter Bauern ist dies mitunter heute noch üblich. Aus dem alten Rechtsbrauch resultiert ebenso die Befragung des Schicksals durch das Losen mit einem Halm. Dazu kann man die Knoten eines Gras- oder Kornhalms im Wechsel von »ja«, »nein« abzählen. Die ungewisse Herkunft eines Gegenstands oder Kleidungsstücks klärten Kinder durch das Abzählen der Knoten mit »geschenkt, gekauft, gefunden, gestohlen«.

Bis heute hat sich der Brauch erhalten, strittige Fragen schnell und unbürokratisch zu klären, indem ein Halm gezogen wird. Einer hält mindestens zwei unterschiedlich lange Halme mit der Hand so verdeckt, dass der Unterschied nicht zu sehen ist. Wenn die Gegenseite nun »den kürzeren zieht«, hat sie verloren. Selbst der Minnesänger Walther von der Vogelweide zog bei Schicksalsfragen auf diese Art schon den »kürzeren«.

Harnorakel

Bereits in der Antike pflegten Ärzte und solche, die es sein wollten, die Uroskopie, die Weissagung aus dem Harn. Die Schutzheiligen der Ärzte, Cosmas und Damian, trugen oft ein Uringlas mit sich. Der Urin galt wie das Blut als lebenserzeugender und lebenserhaltender Saft und Träger der Lebenskraft. Viele Menschen, vor allem in Indien, schwören bis heute auf die ganzheitliche Heilkraft und den Wert ihres eigenen Urins. Das Galgenmännlein, ein geheimnisvolles Alraunwesen, wurde oft als Pissdieb verdächtigt und beschimpft.

Der römische Naturkundler Plinius wusste: Bildet der Urin Blasen oder Bodensatz, erscheint er dickflüssig oder rot, so ist das kein gutes Zeichen. Färbt er sich schwarz, dann läuten alle Alarmglocken. Dem würde heute jeder Arzt zustimmen. Wer den Weg zum Arzt oder zur Apotheke scheut, kann selbst einen Fruchtbarkeits- und Schwangerschaftstest vornehmen. Wenn man seinen Harn auf die wilde Pappel gießt, und es tut sich drei Tage lang nichts, liegt der Verdacht einer Unfruchtbarkeit nahe. Grünt sie aber und schlägt weiter aus, darf man an Fruchtbarkeit glauben. Will man jedoch auf Nummer Sicher gehen, wirft man Linsen in den Harn von Mann oder Frau. Keimen sie nach einigen Tagen oder keimen sie nicht?

Färbt sich eine »englische Nähnadel«, die über Nacht in ein kupfernes Gefäß mit dem eigenen Urin gelegt wird, blutrot, deutet das auf Schwangerschaft. Anderenfalls laufe die Nadel schwarz an oder gehe ins Rostrot über. Vielleicht sollte man aber zur Sicherheit zusätzlich einen Abstrich machen lassen.

Johannes Hartlieb

Johannes Hartlieb ist um 1400 im Württembergischen geboren. Er studierte in den dreißiger Jahren in Padua Medizin und lernte dabei auch die astronomischen Prognostiken als Teil seines Studiums kennen. 1439 promovierte er zum Doktor der freien Künste und zum Doktor der Medizin. 1440 wurde er Leibarzt und später politischer und geistiger Berater des Münchner Herzogs Albrecht III. 1444 heiratete er Sibilla, die Tochter des Herzogs aus erster Ehe mit der als Hexe hingerichteten Agnes Bernauer.

Für den Markgrafen Johann von Brandenburg, der vom Volk den Beinamen »der Alchemist« erhielt, verfasste er um 1455 das »Puch aller verpoten Kunst, Ungelaubens und der Zauberey«. 1433 hatte er schon ein »Mondwahrsagebuch«, 1438 eine »Namensmantik« (eine Zukunftsschau aus dem Vornamen) und 1448 die erste deutsche Chiromantie (»Das Puch von der Hand«) abgefasst.

In seinem »Buch aller verbotenen Künste« bezieht sich Hartlieb auf viele zu dieser Zeit in Abschriften vorliegenden geheimwissenschaftlichen Zauberbücher wie das »Buch Raziel«, die »Vraniden« des Raimundus Lull, die »Clavicula« und »Sigellae Salomonis« (Schlüssel und Siegel des Salomon), das »Liber Spiritum« (Buch der Dämonen), die »Piccatrix« (Ziel des Weisen), die »Hierarchie der Engel« von Pseudo-Dionysus Areopagita, das »De malificus« des Arnoldus von Villanova und Leopold von Österreichs Schrift »De astrorum scientia«. Hartlieb bezog sich aber auch auf die magischen Praktiken, die im Volk verbreitet waren oder durch Zigeuner ausgeübt wurden.

Hartlieb behandelt, der Superstitionslehre des Thomas von Aquin folgend, die sieben verbotenen Künste, die Nigromantie (Totenorakel), die Geomantie (Erdorakel), die Hydromantie (Wasserorakel), die Aeromantie (Luftorakel), die Pyromantie (Feuerorakel), die Chiromantie (Handorakel) und die Spatulamantie (Knochenorakel). Dem standen die sieben freien Künste *(artes liberales)* gegenüber: Grammatik, Rhetorik, Dialektik, Arithmetik, Geometrie, Musik, Astronomie (inklusive Astrologie).

»Verpoten« (verboten) war die Wahrsagerei, weil die Kirche annahm, dass bei einem Teil der Praktiken der Teufel explizit gerufen werde (wie zum Beispiel bei dem Totenorakel, dem Erd-, Wasser-, Luft- und Feuerorakel) oder sich ungerufen wie bei der Astrologie, dem Handlesen und dem Knochenorakel einmische. Damit betrieb die Person, die solche Praktiken anwendete, für die Kirche Teufelsdienst.

Hausbauorakel

Was auch immer errichtet werden soll, es beginnt mit der Frage nach dem richtigen Platz. Ursprungssagen berichten von überzeugenden Omen: Ein fliegender Hahn weist die korrekte Baustelle für eine Burg, ein Pferd, Kühe oder Ochsen den Platz für eine Kirche, auf Klöster haben sich auch Maultiere spezialisiert. Als Eigenheimvorzeichen reicht ein fröhlich trällernder Singvogel auf dem Grundstück. Diffizilere Herangehensweisen verlangen nach einem Wünschelrutengänger (→Wünschelrute), extravagante nach einem Feng-Shui-Berater, vorsichtige nach einem soliden Baubiologen.

Um sicher zu gehen, ob der Geist des Ortes (Genius loci, früher: Stetewalden) keine anderen Pläne daselbst hat, lege man einen Kompass in die künftige Mitte der Baustelle. Zeigt die Nadel brav nach Norden, steht dem beabsichtigten Bau wohl nichts im Wege. Bleibt die Nadel unruhig, macht keine korrekten Angaben oder steht wie festgebannt, wohnen vermutlich Naturgeister auf dem Grundstück. Dann sollte man seine Pläne für diesen Ort ohne Wenn und Aber aufgeben. Wer hier sicher gehen will, schließe noch die Befragung des →Erdorakels an. Wer überheblich darüber hinweggeht, darf sich nicht wundern, wenn sich sein Haus zu seltsamer Metamorphose wandelt …

Ein Vor-Orakel kann sehr wichtig werden! Unbekannter Zeichner.

Hebeorakel

Der Hebekult gehört zu den spezifischen Wallfahrtsbräuchen, die sich im Alpenbereich ausbildeten. Ursprünglich waren es nur Männer, die sich an besonders schweren Heiligenstatuen versuchten. Oft standen in den Vorhallen der

Kirchen auch so genannte Würdiger, simple mächtige Figuren aus Eisen oder (seltener) aus Stein, die den Heiligen vertraten. Nur der von Todsünden Reine brachte es fertig, sie aufzuheben und um den Altar zu tragen (Circumambulatio). Vielleicht stecken hinter dieser Gewissensprobe noch Reste früher Mannbarkeitsriten.

Doch bald drangen auch heiratslustige Mädchen, Frauen und Witwen in diese Brauchdomäne. Sie pilgerten mit diesbezüglichen Anliegen vor allem zum heiligen Leonhard im oberösterreichischen Gaflenz auf den Heiligenstein zum heiligen Sebaldus. Frauen zeigen oft mehr praktischen Sinn. Sie machten aus dem Hebekult ein Heiratsorakel. Ließ sich der Würdiger nur ein wenig – oder zu zweit – anheben, sollte man noch im gleichen Jahr unter die Haube kommen. Da die Statuen vorher oft gestreichelt, umarmt und umgarnt wurden, kam es wohl gelegentlich zu kuriosen Szenen. Männer sollen nämlich manchmal die Rolle des starren Heiligen gespielt haben, um die Huldigungen entgegenzunehmen – eine nicht ganz ungefährliche Angelegenheit. Wie die Wallfahrtschroniken berichten, bissen Frauen dem Heiligen oft in die Zeh, hielten brennende Wachsstöcke unter seine Sohlen oder trieben dort eine Nadel hinein. Die Nadel wurde erst dann entfernt, wenn es tatsächlich zu einer Heirat kam – eine Art antiker Götterzwang. Das machte die Statue zwar nicht leichter, vielleicht aber gefügiger? Jedenfalls zementierte die Kirche in Gaflenz ihren St. Sebaldus vorsorglich ein, um allen weiteren Unfug mit diesem Brauch auszuschließen (Gugitz 1954: 5,26).

Seit dem Zweiten Weltkrieg scheint dieser Brauch überall erloschen. Ob dieser Heilige aber auch wirklich der geeignete Schiedsrichter für ein Liebes- und Heiratsorakel war? Der Legende nach verließ Sebald bereits kurz vor der Hochzeitsnacht schnöde seine Braut, um sein Leben fürderhin als Einsiedler zu fristen.

Hesekiel

Hesekiel oder Ezechiel (= Gott macht stark), Sohn eines Priesters aus Jerusalem, gehörte zu den Israeliten, die 597 v. Chr. nach Babylon deportiert wurden. Fünf Jahre nach der Vertreibung erlebte er seine Berufung zum Propheten und wirkte über 20 Jahre unter seinen Landsleuten im Exil, von denen ihn einer dann ermordet haben soll.

Seine Weissagungen zeichnen zum einen ein düsteres Bild vom Elend und göttlichen Schreckensgericht über das Volk Israel (= Volk Gottes) und Jerusalem. Doch knüpfen sich daran die Heilsverheißungen. Wie ein guter Hirte werde der Herr sein Volk wieder sammeln und ihm ein neues Reich errichten. Die Feinde dieses Reiches, Gog und Magog, würden besiegt, der Tempel wieder aufgebaut. Hesekiel, der »Prophet des Gesetzes«, liefert genaue architektonische Vorstellungen von dem neuen Tempel samt neuer Kultvorrichtungen, von der Aufteilung des Landes unter den Stämmen Israels und einer neuen Stadt mit Namen »Gott ist

Ezechiel (= Hesekiel).
Aus: »Die Heilige Schrift«. Dargestellt in den berühmten 230 Illustrationen von Gustave Doré, 1865.

hier«. Seine detaillierten und phantastisch anmutenden Beschreibungen in hoher dichterischer Qualität beeinflussten nachhaltig die jüdischen Vorstellungen und schufen unter anderem die Vorlage zur Engellehre samt ihrer Gegenkräfte.

Hesekiel und →Jeremias heben den Menschen aus der Kollektivverantwortung heraus und lenken ihre Zeitgenossen daraufhin, die Ursache des Leidens im eigenen Denken und Handeln zu suchen. So enthalten ihre Weissagungen immer auch und vor allem eine allgemeine Bedeutungsebene, die zeitlos bleibt und für jeden gilt, der das endgültige Reich des Friedens in seiner Seele sucht. Die wohl bekannteste Vision Hesekiels, die auch seine Berufung einleitete, zeigt Gottes Thronwagen mit seinen ineinander und in jeder Richtung rollenden, mit Augen bestückten Rädern. In einer feurigen Wolke erkennt er darin vier Tiere, anzusehen wie Menschen, jedes mit vier Gesichtern und vier Flügeln: Löwe, Adler, Ochse und Mensch, denen später die vier Evangelisten zugeordnet wurden. Ersetzt man das vierte Wesen »Mensch« durch die Schlange, gleicht dieses Bild den Symbolen des frühen mittelmeerischen Kalenders mit vier Jahreszeiten. Noch heute lehren mystische Schulen, dass man nur die Gesetze und Zyklen der äußeren Natur studieren muss, um auch die Ordnung unseres Bewusstseins und unseres Lebens zu erfassen. In Kenntnis dieser Ordnung lassen sich so manche scheinbaren Schicksalsschläge als naturbedingte Zerfallserscheinungen begreifen.

Hildegard von Bingen

Seit ihrem Tod vor mehr als 800 Jahren wird die Äbtissin Hildegard von Bingen als Heilige, Seherin und Prophetin verehrt. Sie gilt als Dichterin, Komponistin und erste schreibende Ärztin des Mittelalters. Schon zu ihren Lebzeiten pries man sie als Prophetissa Teutonica und als rheinische Sibylle.

Hildegard war überzeugt, dass ihr die visionäre Begabung von Anfang an gegeben worden sei: »Bei meiner ersten Gestaltung, als Gott mich im Schoße meiner Mutter durch den Hauch des Lebens erweckte, prägte er dieses Schauen meiner Seele ein.« Anfänglich war sie von ihren Schauungen befremdet. Sie merkte, dass andere nicht das sahen, was sie sah. »In meinem dritten Lebensjahr sah ich ein so großes Licht, dass meine Seele erbebte, doch wegen meiner Kindheit konnte ich mich nicht darüber äußern ... Und bis zu meinem 15. Lebensjahr sah ich vieles, und manches erzählte ich einfach, so dass die, die es hörten, sich sehr wunderten, woher es käme und von wem es sei. Da wunderte ich mich auch selbst ... Darauf verbarg ich die Schau, die ich in meiner Seele sah, so gut ich konnte ... Ich schämte mich sehr, weinte oft und hätte häufig lieber geschwiegen, wenn es mir möglich gewesen wäre. Denn aus Furcht vor den Menschen wagte ich niemandem zu sagen, was ich schaute.«

Sie sträubte sich innerlich dagegen, die Schauungen niederzuschreiben, weil sie sich für zu ungelehrt *(indocta)* hielt. 1141 hörte sie eine himmlische Stimme. »Ich sah einen sehr großen Glanz. Eine himmlische Stimme erscholl daraus. Sie sprach zu mir: ›Gebrechlicher Mensch, Asche von Asche, Moder von Moder, sage und schreibe, was du siehst und hörst! Doch weil du schüchtern bist zum Reden, einfältig zur Auslegung und ungelehrt, das Geschaute zu beschreiben, sage und beschreibe es nicht nach der Redeweise der Menschen, nicht nach der Erkenntnis menschlicher Erfindung noch nach dem Willen menschlicher Auffassung, sondern aus der Gabe heraus, die dir in himmlischen Gesichten zuteil wird.‹«

Zwischen 1141 und 1173 diktierte sie ihren Helfern drei in dieser Weise visionär entstandene Schriften: Eine Glaubenskunde, das »Scivias Domini« (Wisse die Wege des Herrn), eine Lebenskunde, das »Liber Vitae Meritorum« (Buch der Lebensverdienste) und eine Welt- und Menschenkunde, das »Liber Divinorum Operum« (Buch der göttlichen Werke).

Hildegard schaute im Sinnbild von fünf Tieren auch das Ende der Welt. Im Zeitalter des feurigen Hundes werden, sagt Hildegard, Menschen von bissigem Charakter leben, im Zeitalter des gelben Löwen kampfeslustige Menschen, die viele Kriege verursachen, dabei aber nicht auf die Gerechtigkeit Gottes schauen. Das Zeitalter des fahlen Pferdes zeugt Menschen, die sich zuchtlos in eine Flut von Sünden stürzen und in der Raschheit ihrer Begierden über das Wirken der Tugenden hinwegspringen. Im Zeitalter des schwarzen Schweins werden die Menschen dem göttlichen Gesetz durch Unzucht und andere Abscheulichkeiten zuwiderhandeln und in der Darstellung einer heuchlerischen Heiligkeit die Gebote Gottes spalten. Im letzten Zeitalter, dem des grauen Wolfs, dem Symbol der Zeit des Antichristen, werden die Menschen viel Raub verüben, an Machthabern und an anderen, denen das Glück günstig gewesen war. »Wegen ihrer Verschlagenheit erscheinen sie in diesen Kämpfen nicht schwarz und nicht weiß, sondern grau.«

1150 hatte Hildegard sich mit Friedrich I. (Barbarossa) in der Kaiserpfalz von Ingelheim getroffen und ihm eine Prophezeiung, möglicherweise über die von Friedrich ersehnte Krönung, gegeben.

Friedrich schrieb alsbald an die Äbtissin: »Friedrich, durch Gottes Gnade römischer Kaiser und ständiger Mehrer des Reiches, entbietet Frau Hildegard von Bingen seine Gunst und alles Gute. Wir machen deiner Heiligkeit bekannt: Das, was du uns vorausgesagt hast, als wir dich bei unsrem Aufenthalt in Ingelheim gebeten hatten, vor uns zu erscheinen, halten wir bereits in Händen.«

Nicht nur die theologischen Werke habe sie in der Schau empfangen, sondern auch vieles von ihrem natur- und heilkundlichen Wissen sei ihr in Visionen geschenkt worden, auch in ihren Briefen offenbare sie Gottes Wort, bekundete Hildegard. Mit »Der da ist, spricht« oder mit »Die Weisheit lehrte mich in wahrhaftiger Schau folgende Worte« beginnen deshalb viele ihrer Briefe an Herrscher, hoch gestellte Geistliche und Laien.

Hildegard legte Wert darauf, dass sie ihre Visionen in wachem Zustand und nicht »in der Bewusstlosigkeit der Ekstase« empfangen habe. In ihren Gesichten sah sie manchmal auch ein Licht, das sie lebendiges Licht *(lux vivens)* nannte. »Solange ich es schaue, wird alle Traurigkeit und alle Angst von mir genommen, so dass ich mich wie ein einfaches junges Mädchen fühle und nicht wie eine alte Frau.«

Am 17. September 1179 starb Hildegard im Kloster auf dem Rupertsberg. In der Nacht ihres Todes erschienen am Himmel farbige Lichtbögen aus allen Himmelsrichtungen,

Hildegard von Bingen. Illustration in einem Prospekt der österreichischen Firma Sonnentor zu Bio-Waren

bis schließlich der ganze Rupertsberg in ein strahlendes Licht gehüllt war. Zwei Kranke, die den aufgebahrten Leichnam berührten, wurden von schwerer Krankheit geheilt. Nach ihrem Tod wurde Hildegard als Heilige verehrt, ohne aber offiziell heilig gesprochen worden zu sein. Der Zustrom zur Grabstätte nahm in den folgenden Jahren dermaßen zu, dass der Erzbischof von Mainz nach Rupertsberg kam und der Heiligen in ihrem Grab gebot, weitere Wundertaten zu unterlassen, um den Alltag des Klosters nicht länger durch die vielen Heilsucher zu stören.

1220 entnahm Gebeno, der Prior des Klosters Eberbach im Rheingau, aus Hildegards Schriften allgemein gefasste Zukunftsaussagen und veröffentlichte sie in seinem »Speculum Futurorum Temporum« (Zukunftsspiegel). Durch diesen Zukunftsspiegel, der im ganzen Abendland bekannt wurde, entstand das verbreitete Bild von Hildegard als Wahrsagerin.

Hilfsgeister

In Mitteleuropa unterschied man früher diverse Naturgeister von den Legionen der Totengeister, wozu auch die Ahnen gehörten. Man brauchte schon ausgesprochene Geistermanager, um sich in diesem Wesenswust noch durchzufinden. Der Einfachheit halber sprach das Christentum nur noch von bösen Geistern, den Teufeln. Sie alle konnten unterschiedlichste Charaktere aufweisen und galten fast immer schlauer als der Mensch, wozu es aber auch meist nicht viel bedurfte.

Nirgendwo konnte man vor ihnen sicher sein. Doch zu den bevorzugten Aufenthaltsplätzen gehörten Wälder, Teiche, Felsen, alte Heiligtümer, alte Kirchen, Kreuzungen – einsame Orte, Orte der inneren Einkehr, aber auch Orte praller äußerer Vergnügungen. Und man konnte ihnen zu jeder Zeit begegnen. Aber auf Walpurgis, an Dreikönig, zu Weihnacht war ein zufälliges oder »von der anderen Seite« arrangiertes Treffen fast unweigerlich. Die Mitternachtsstunde schien der geeignetste Zeitpunkt des Tages.

Noch heute treibt es Zeitgenossen zu einem solchen Stelldichein, um an vermeintlich hohem Wissen zu partizipieren. Dabei können die zu Befragenden nostalgisch als heidnische Götzen auftauchen, als religiöse Frömmler, als Tiere, Lichter oder modern im Outlook fescher Yuppies. Der große Schlapphut, Augenbinde, Pferde- oder Ziegenfuß sind völlig aus dem Gebrauch gekommen. Doch es wird noch immer eiskalt in ihrer Nähe, und zumeist flackert das Licht.

Für den, der ihre Begegnung sucht, sei gesagt: Sie mögen keinen Krach außer dem, den sie mitunter selbst verursachen; sie mögen keine unangenehmen Gerüche, wie zum Beispiel Körperschweiß, da sie selbst genug Gestank verbreiten; sie mögen keine unordentliche Umgebung, keinen Schmutz, kein Glockengeläut, kein Feuer, kein Metall, keine spitzen Gegenstände, kein zu starkes Licht und keine Hähne, die zum falschen Zeitpunkt zu krähen beginnen. Die meisten mögen natürlich keinerlei Einengung oder Sklaverei. Auf den Trick, sie in Topf, Schlauch, Flasche oder sonst ein dicht zu verstöpselndes Gefäß einzusperren, fällt kaum noch einer herein. So genannte Softis unter ihnen schicken sich allerdings in jedes Los, bestehen dann aber wohl auf ihrem Recht nach längerem Urlaub. Diesen verbringen sie gern in Krähen- oder Rabengestalt.

Wie man im Einzelnen vorgeht, um sie herbeizuzwingen oder zu bitten, zu bannen, zu befragen und ihre Antworten auf Wert und Unwert ordentlich zu überprüfen, lese man beispielsweise bei →Agrippa von

Nettesheim nach. Es gibt auch Nachdrucke von Verzeichnissen der Stundengötter und Stundendämonen, die zur bestimmten Zeit besonders leicht ansprechbar seien, sogar Verzeichnisse der Geister, die als besonders fügsam gelten. Aber die Befragung bleibt zeitraubend, aufwändig und ungeheuer gefährlich. Wir raten dringend davon ab! Obwohl »angeblich bewährte« Tipps kursieren, eine existenzielle Bedrohung durch solche illustren Gesprächspartner ließe sich auch dadurch abwenden, indem man eilig die Schuhe wechsele (von rechts nach links), einen vorher bereitgestellten Ziegenbock rufe (also den Teufel mit Beelzebub austreibe) oder die Geister persiflierend nachahme. Übrigens sollen zu Zeiten von Napoleon die Geisterbeschwörungen fast durchweg ergebnislos verlaufen sein. Es gab wohl außerhalb der irdischen Sphäre zu viel Respekt vor diesem notorischen Aufklärer.

Manchmal ist jede Hilfe willkommen. Aus: J. Collin de Planncy: »Dictionnaire Infernal«, Paris 1863.

Hochwasservorzeichen

Überschwemmungen standen bereits während des Altertums im Verdacht, Warnung oder Strafe der Götter zu sein. Psychologie und Mystik fanden im Wasser ein geeignetes Symbol, unser Unterbewusstsein zu charakterisieren (→Wasserorakel). Wenn wir nicht mit unserem Wach- oder Oberbewusstsein, mit Intellekt und Verstand Vernunft walten lassen, kann es bei labilen und für ihr Unterbewusstsein sehr offenen Menschen zu gefährlichen Überflutungen kommen, die in einer Nervenklinik enden. Auch Drogenkonsum vermag hier die Schleusen und damit die Tore der Unterwelt zu öffnen.

Doch es gibt Vorzeichen für jede Art von Hochwasser: Drachen, die in Bergen hausten, aber schon lange als entschlafen oder nur noch als dummes Sagengespinst galten, brechen unmittelbar vor der Katastrophe hervor. Oder sie werden auf einer hohen Vorreiterwelle gesichtet. Anderen Orts gleitet eine Hexe, auf einem Baumstamm sitzend, mit großer Schnelligkeit den Fluss herab. Es kann ebenso ein grünes Männlein auf einer riesenhaften Schlange sein, einen Stab heftig hin und her schwenkend. Trifft man im Flussbett auf ein Männlein, das mit seinem Stock links und rechts ans Ufer schlägt, werde es nicht mehr lange dauern, ehe die erste Flutwelle heranrollt. Andere wollen wenige Tage vor dem Hochwasser den Wassermann auf einem halben Bock reitend gesehen haben, wie er den Quellbach herabjagte. Fällt im März Nebel, folge hundert Tage später eine Überschwemmung. Bläst jemand mit einer Schalmei oder Posaune in eine stark fließende Quelle, könne als Folge die Hochwasserkatastrophe apokalyptische Ausmaße annehmen. Im bayerischen Inntal stellte man in der Weihnachtsnacht eine Schüssel mit Wasser vor die Tür. War das Wasser durch Niederschlag oder andere Einflüsse am Morgen übergelaufen, musste man annehmen, im kommenden Jahr trete auch dieser Fluss über die Ufer. Die Chinesen glauben, da das Wasser dem Yin zugeordnet ist, dass bei Überschwemmungen das Weibliche bedrohlich überhand nehme.

Meteorologen behaupten, Hochwasser drohe, wenn in den höheren Lagen größere Schneemassen schmelzen oder wenn es tagelang wie aus Kübeln schiffe. Volksmythen sprechen davon, dass ein Riese (Naturgeist) aus dem Winterschlaf erwacht sei und starken Druck in der Blase verspüre.

Auch Rabelais' Gargantua (»Gargantua und Pantagruel«), ein Riese, der durch den Zauber Merlins aus Walfischknochen gezeugt wurde, sorgte für eine Überschwemmung durch »Dauerpissen«. Er überflutete damit zugleich die Scholastik und alle überholten wissenschaftlichen Lehrmeinungen, behaupten die Literaturwissenschaftler.

Holzscheitorakel

Diese Form der Wahrsagung betrifft nur Menschen und Haushalte, die noch mit Holz heizen, zumindest ihren offenen Kamin damit speisen. Holz verkörpert in der Symbolik die Ganzheit des ursprünglichen Zustands. Aus Holz bestand die Wiege und besteht meist noch immer der Sarg. Mit dem Holzscheitorakel lässt sich denn auch mehr Grundsätzliches abfragen. Ursprünglich nur in Fragen zukünftiger Partner genutzt, bietet es sich auch für die nach eigenen Werten an und nach allgemeinen Zukunftsaussichten.

Aus dem gelagerten Holz ziehe man wahllos ein Scheit heraus, dessen Qualität nicht auf den ersten Blick erkennbar ist. Ein tadellos gerade gewachsenes Stück deutet auf Gutes, Gediegenes, Geradlinigkeit, auf anspruchsvolle Qualität. Ein krum-

Der Wassergeist sitzt bereits mit im Boot. Unbekannte Zeichnerin.

Ordnung in der Vielfalt bleibt eine Voraussetzung.

mes, knorriges Scheit zielt mehr auf Umwege, Individualität statt Stromlinienform, auf notwendige Toleranz in Angelegenheiten, die eigentlich Brillanz und Attraktivität verlangen. Bei extrem kurzen oder langen Hölzern kommen Wert oder Unwert auf die Ausgangsfrage an. Trägt das Scheit noch die volle Rinde, spricht vieles für Reichtum, Fülle, Aufwand, in negativer Hinsicht für Verhüllung, Maske und harte Schale. Wirksamer soll das Orakel sein, sucht man sich das Holz aus einem fremden Haufen, rücklings gegriffen, mit verbundenen Augen oder gar noch in tiefer Dunkelheit.

Eine Variante nutzt das Zählen der Scheite in der ins Haus geholten vollen Kiepe. Wenn man nicht gerade unvorsichtigerweise eine Frage stellt, die eine bestimmte Zahl verlangt, beschränkt sich diese Form des Orakels auf die Ja-Nein-Möglichkeit. Dabei kann man sich der Tradition anschließen, gerade Zahlen als gutes →Omen und ungerade als ungünstiges ansehen.

Doch lässt sich so gut wie jedes Orakelsystem auch auf andere Wertigkeiten ein. Das allerdings muss vorher klar und eindeutig festgelegt werden. Man kann die Wirksamkeit der Aussagekraft verstärken, wenn man drei Kiepen holt und das Zählergebnis nur wertet, wiederholt sich die gerade oder ungerade Zahl mit jedem Mal.

In der Thomasnacht sollen drei Holzscheite, unter das Kopfkissen gelegt, den Bräutigam zeigen. Interessanter ist es da schon, ein Stück Holz, als sei es verloren, vor die Haustür zu legen. Bei einer personenbezogenen Frage (wer war, ist oder wird ...?) kann es recht spannend sein, wer das Scheit aufhebt, einsteckt oder an der Tür klingelt, um es abzugeben.

Der Zukunftsforscher Matthias Horx

Er sei in der sehr zukunftseuphorischen, fast schon zukunftsbesoffenen Zeit der sechziger Jahre aufgewachsen, erzählte der Zukunftsforscher Matthias Horx in einem Interview. »Es war nur eine Frage der Zeit, bis wir auf dem Mond leben und in Überschallflugzeugen dinieren.« Die achtziger Jahre, in der sehr negative apokalyptische Bilder der Zukunft entwickelt wurden, regten Horx dazu an, zwei Weltuntergangs-SF-Romane zu schreiben.

Heute als Soziologe und Geschäftsführer eines renommierten Instituts für Trend- und Zukunftsforschung, das in Wien, London und in Frankfurt am Main Filialen hat, sieht er sich hinter der Zukunft hereilen, unfähig, sie je zu erreichen. »Zukunft ist ein Raum, der unerschlossen ist, der niemals erreicht wird, weil morgen ist ja die Zukunft schon wieder weiter in die Ferne gerückt. Wir können Zukunft eigentlich nie erreichen, wir können sie auch nicht wirklich vorhersagen.«

Für Horx ist das allgemeine Interesse an der Zukunft eine menschliche Urkonstante. Der Mensch als einziges Tier, das weiß, dass es sterben wird, habe die Sehnsucht, über den eigenen Tod hinaus zu schauen. »Es ist das Urmotiv des In-die-Zukunft-Schauens, sich im Kontext des großen Ganzen zu begreifen.«

In seiner Funktion als Zukunftsforscher fühlt sich Horx als jemand, der den Wandel darstellt, ihm Worte verleiht und damit auch zum Anwalt und zum Agenten des Wandels wird. »Dafür braucht man gar nicht weit in die Zukunft zu greifen. Man muss im Grunde nur das Werdende in seinem Nach-vorne-Drängen darstellen.«

Horx nutzt eine Reihe von Szenariotechniken, wie das »Experten-Delphi«, um sagen zu können, diese oder jene Möglichkeiten der Zukunft treten zu den und den Prozentwahrscheinlichkeiten ein.

Seit 1992 gibt er jährlich eine fundiert recherchierte »Trendanalyse« heraus, und einmal im Monat versorgt er Entscheider in Handel, Industrie und Politik mit einem »Zukunftsletter«.

Hühnerorakel

Das wohl berühmteste überlieferte Hahnorakel (Alektryomantie) sollte die Nachfolge des römischen Kaisers Valens (364–378 n. Chr.) klären. Es gibt unterschiedliche Berichte darüber mit unterschiedlichen Protagonisten. So heißt es bei Zonaras, zwei syrische Sophisten, Libnios und Jamblichos, hätten die 24 Buchstaben des (damaligen) Alphabets in den Sand geschrieben, auf jeden ein Getreidekorn gelegt und dann einen Hahn davor gesetzt. Wirkungsvolle Beschwörungen waren natürlich vorausgegangen. Nun beobachteten sie, welche Buchstaben der Hahn aufpickte. Die ersten vier Buchstaben ergaben Th-e-o-d. Valens, der noch lebte und nicht daran dachte abzudanken, soll daraufhin einen hohen Ministerialbeamten mit Namen Theodoros und andere verdächtige »Theodoroi« beiseite geschafft und den verdächtigen Veranstaltern des Orakels im Jahr 371 den Prozess gemacht haben. Die Kaisernachfolge trat übrigens Theodosios an.

Man kann mit den 26 Buchstaben unseres Alphabets auch unverdächtigere Zukunftsfragen stellen – wenn Hühner oder Hähne brav mitspielen. Wer die Kleinschrift beherrscht, suche eine Frage, die sich auf einen Namen oder Begriff zuspitzt, etwa: »Ist unter den mir noch nicht bekannten Gegebenheiten XY der oder die Richtige für eine Beziehung?« – »Ist es für mich richtig und sinnvoll, die Anstellung bei der Firma XY anzustreben?« Die Namen schreibe man dann jeweils auf mehrere Gersten- oder Weizenkörner und werfe sie den Hühnern vor. Die Anweisungen sollten immer so präzise wie möglich sein! Von Abkürzungen bleibt abzuraten. Hat man es mit modernen Überlängen zu tun, beispielsweise wie »Sabine Leutheusser-Schnarrenberger« oder »Bayerische Hypotheken- und Vereinsbank«, greife man besser auf andere Orakelsysteme zurück.

Fressen die Hühner die Körner, dürfe man aber von einer Bejahung ausgehen, im anderen Falle eher nicht. Nach der Zahl der übrig gebliebenen Körner könne man auf die größeren und geringeren Schwierigkeiten beim Zustandekommen des Wunsches schließen, behaupten die Experten.

Sowohl der Hahn als Vogel der Sonne und ihres Boten Merkur/Hermes als auch die Henne als Ausdruck der Großen Mutter spielten in der staatlichen wie in der Volks-Weissagung einst eine bedeutende Rolle. In Rom wurden von eigens dazu beauftragten Wärtern, den Pullarii, Hühner gezüchtet und beobachtet. Nicht immer waren für die →Vogelschau wilde Vögel zur Stelle, um Auskunft zu geben. Neben der Feinfühligkeit

Altgriechische Befragung des Hühnerorakels.

für alle Wetteränderungen, die alle Hühnervögel auszeichnet, interessierte die →Auguren vor allem deren Fressverhalten. Man warf ihnen Kuchen vor, den sie im günstigen Fall gierig verschlangen. Über die Zuverlässigkeit dieses Orakels gingen die Meinungen aber auseinander. Im Ersten Punischen Krieg berichteten die Auguren voller Schrecken dem Feldherrn und Konsul Claudius Pulcher, die Hühner weigerten sich zu fressen, die Seeschlacht gegen die Karthager sei in diesem Fall aussichtslos. »Dann sollen sie saufen«, spöttelte Pulcher und warf die heiligen Tiere ins Meer. Die Römer zogen in die Seeschlacht (249 v.Chr.), erlitten eine schmähliche Niederlage und verloren fast ihre ganze Flotte.

Hypnos

Hypnos, der Gott des »Schlafes«, lat. Somnus, ist der Sohn der Nyx (griech.: Nacht) und der Bruder des Todes.

Für die Griechen war Hypnos einer der mächtigsten Götter, ihm unterliegen Götter und Menschen, wenn er seine Lethetropfen auf die Augen sprüht oder mit seinen Fittichen einen schlummerkräftigen Hauch darüber weht.

Seine Kinder sind die Traumgötter Phantasus, Morpheus, Icelus und Phobetor. Hypnos wurde als schlafender Jüngling mit Mohn bekränzt dargestellt.

Hypnos hat der Hypnose den Namen gegeben.

I

I Ging

»Du musst unbedingt das I Ging lesen. Ich will nicht darüber reden, ich will nur so viel sagen: Es ist das einzige, was phantastisch wahr ist. Du liest es, und du weißt einfach, daß es wahr ist. Es ist etwas, an das man glauben kann«, sagte Bob Dylan zu einem Freund.

Das »I Ging«, das »Buch der Wandlungen«, ist eines der herausragenden Bücher der Menschheitsgeschichte. Man kann es als Orakelmedium verwenden, das heißt, mit ihm in die Zukunft blicken, um herauszufinden, wie sich die Dinge entwickeln könnten und werden. Man kann es aber auch als Weisheitsbuch lesen, als einen großen philosophischen Versuch, die Welt zu begreifen, wie sie ist.

Für das Orakeln mit dem I Ging (auch »I-ching« und »Yijing« geschrieben) gibt es zwei Mittel: 50 Schafgarbenstängel oder 3 Münzen. Bei beiden Methoden geht es darum, jeweils ein Zeichen zu ermitteln, das auf eine konkrete Frage eine Situation und den in ihr liegenden Keim einer Entwicklung beschreibt. Ein weiteres Zeichen, das sich aus dem ersten ergeben kann, zeigt den möglichen weiteren Verlauf dieses Entwicklungsprozesses – eben die Wandlung.

Das zu ermittelnde Zeichen besteht aus 6 Linien und wird »Hexagramm« genannt. Es gibt zwei Arten von Linien: die durchgezogene und die unterbrochene. Damit hat das I Ging bereits vor Urzeiten einen fundamentalen binären Code vorgegeben, wie wir ihn heute mit der 0 und der 1 für die Zerlegung von Allem und Jedem in digitale Daten haben.

Jedes Hexagramm besteht wiederum aus zwei Trigrammen, also Hälften aus je 3 Linien. Es gibt insgesamt 8 Möglichkeiten, 3 Linien von zweierlei Art miteinander zu kombinieren, also insgesamt 8 Trigramme. Und wenn man diese 8 Trigramme jeweils in Zweierpaaren miteinander verbindet, erhält man die 64 Hexa-

Eines der 64 Hexagramme des I Ging.

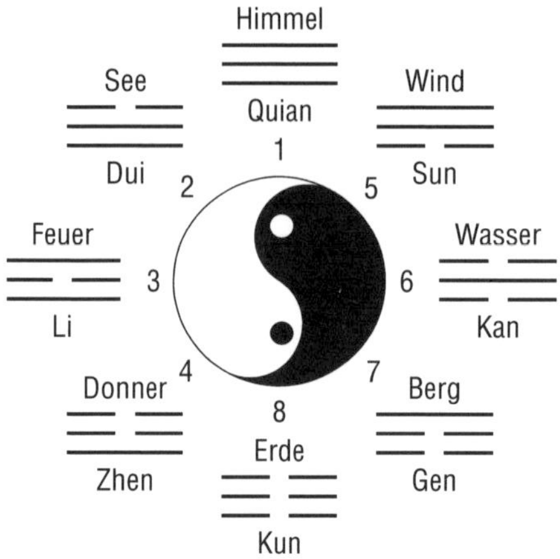

Die acht Trigramme des I Ging mit dem Yin-Yang-Zeichen in der Mitte.

gramme (8 mal 8 Möglichkeiten), die zusammen das I Ging bilden.

Somit ist das I Ging, das die Welt in seiner Prozesshaftigkeit systematisch erfasst, ein philosophischer Ansatz, der stark auf der Zahl gründet: 2 Linientypen, 8 Trigramme (aus 3 Linien), 64 Hexagramme (aus 6 Linien). Die Anzahl der Hexagramme korrespondiert mit der Anzahl der Felder des Schachbretts – 64 – und kann auch auf die Genpaare der menschlichen Doppelhelix – 64 – bezogen werden. So ergeben »Chaosforschung, I Ging und genetischer Code« ein sinnvolles Forschungsfeld, wie es bereits 1992 Katya Walter in ihrem gleichnamigen Buch grundlegend benannt und bearbeitet hat.

Entstanden ist das I Ging vor ungefähr 5000 Jahren. Sein Ursprung liegt im mythischen Dunkel. Die Forschung spricht von Gründerfiguren wie dem Kulturheros und Schamanen Fu-hsi und dem Zhou-König Wen Wang. Der früheste Fund eines I-Ging-Textes datiert in das Jahr 168 v. Chr.; er kam erst 1973 ans Licht, als man bei Mawangdui, einem Vorort der Provinzhauptstadt Changsha in Süd-China, ein altes Grab öffnete.

Für den Westen wurde das I Ging, das Buch der Wandlungen, von Richard Wilhelm erschlossen, der sich als evangelischer Missionar lange in China aufhielt und 1924 seine Bahn brechende Übertragung des chinesischen Textes ins Deutsche im Eugen Diederichs Verlag in Jena veröffentlichte. Zuvor hatte er das I Ging in China einmal ins Deutsche und dann, ohne das Original zu verwenden, ins Chinesische rückübersetzt, damit sein taoistischer Lehrer, Lao Nai Süan, das Ergebnis seiner Arbeit überprüfen konnte – bevor Richard Wilhelm es erneut ins Deutsche übertrug.

Seine Übersetzungsfähigkeit, seine sprachliche Kraft, seine Nähe zum Original und sein poetisches Einfühlungsvermögen in das Wesen des I Ging gelten bis heute als unerreicht. Richard Wilhelms deutscher Text ist seinerseits in zahlreiche Sprachen weiter übersetzt worden. So konnte das I Ging, das uralte chinesische Weisheitsbuch, weltweit unzählige Menschen erreichen und in ihrem Alltag wie auch auf ihrem Lebensweg Rat gebend begleiten.

C. G. Jung hat mit Richard Wilhelm über das I Ging diskutiert, Hermann Hesse hat sich mit ihm beschäftigt und es zu erforschen versucht. Große Künstler wie Jorge Luis Borges oder John Cage haben sich von ihm inspirieren lassen und es in den Mittelpunkt ihrer Kunst gestellt. Was Lama Govinda vor zehn Jahren über das I Ging gesagt hat, gilt, ohne hellsehen zu wollen, auch noch – und mehr denn je – für den heutigen Tag und auch die nahe Zukunft: »Erst nach 5000 Jahren erkennen wir die universelle Gültigkeit dieses Buches.« Die Dimensionen des I Ging sind noch gar nicht in ihrer ganzen Tiefe und Tragweite entdeckt worden.

Île de Sein

Die flache ein Quadratkilometer große Insel, dem Pointe du Raz in der Bretagne vorgelagert, liegt an ihren höchsten Stellen nur acht Meter über dem Meeresspiegel, ein Teil sogar unter Null. Mehrfach ist Sein von Springfluten heimgesucht worden. Bei Hochwasser sieht man von der Insel dann allenfalls noch den mit einer Brüstung geschützten zementierten Fahrweg, der zum Leuchtturm führt. Nur einige Hundert Menschen (und nur sehr wenige junge Familien) leben auf Sein, die wegen ihrer Armut bis vor einigen Jahrzehnten keine Steuern bezahlen mussten.

Auf dem Festland, an dem nördlich gelegenen Pointe du Van, liegt zwischen zwei felsigen Landzungen die wilde »Bucht der Verstorbenen« (Bai de Trespasses). Nach alter Überlieferung sollen hier die sterblichen Überreste der Druiden in Booten zur gegenüberliegenden Île de Sein (Insel der Toten) transportiert und dort begraben worden sein. Allein der Name der Insel erregte lange Zeit Furcht. »Wer die Sein erblickt, sieht sein Ende«, sagt noch heute ein bretonisches Sprichwort.

An der Bai de Trespasses versammeln sich nach dem Glauben der Bretonen am Allerseelentag die Geister der Ertrunkenen und suchen die, die sie zu ihren Lebzeiten liebten. Auch glaubt man, dass die Seelen des Fegefeuers hier überall herumirren und sich hellsichtigen Menschen in Feuern auf dem Ozean zeigen, sich als Rufer in den stürmischen Wellen bemerkbar machen oder aber in langen Prozessionen zu den Kapellen der Lebenden, in denen sie um Erlösung beten.

Der römische Geograph Pomponius Mela berichtete 43 n. Chr. in »De Chorographia«, dass sich auf der Insel »Sena« ein Orakel eines gallischen Gottes befand und dass dort ein Kollegium von Priesterinnen lebte, die »ihre Heilmittel und ihre Weissagungen denjenigen vorhielten, die ihre Reise zu Land und zu Wasser nur mit dem Ziel unternahmen, ihren Rat einzuholen«.

Pomponius weiter: »Die Vorsteherinnen desselben, welche ewige Keuschheit geloben, neun an der Zahl, werden Gallicenen genannt. Man hält sie für mit besonderen Eigenschaften begabt: nämlich dass sie durch ihren Gesang das Meer und die Winde erregen.« Ähnliches weiß er über die Wahrsagerei der Kimbern zu berichten, »von denen die merkwürdigste jene ist, vermittelst welcher sie durch das Geräusch und das Wirbeln des Wassers in Verzückung geraten und weissagen. Es werden auf eine solche Art die Augen und Ohren und die Nerven überhaupt auf eine geheimnisvolle Weise bewegt, erschüttert und gestimmt, so dass man sich an die bezaubernden Nereiden, Nymphen und Nixen erinnert. Dies wäre sogar ein Mittel, viele Nervenübel zu heilen und ganz vorzüglich zum Schlafwachen hinneigende Personen in einen helleren Zustand zu versetzen, wie dies einige Erfahrungen auch wirklich bestätigen.«

Die Insel, als westlichster Punkt der Bretagne, »gegen Sonnenuntergang gelegen«, gilt als eines der mutmaßlichen irdischen Vorbilder für Avalon, das Jenseits der Kelten, die nebelumwobene »Insel der Seligen«. Nach der Überlieferung soll Avalon von neun Schwestern regiert worden sein, die magische Fähigkeiten besaßen. Morgan, die erste unter ihnen, hatte besondere Fertigkeiten nicht nur in der Heilkunst. Sie konnte ihre Gestalt auch nach Belieben verändern und durch die Luft zu fernen Orten fliegen.

Nicht weit von dem auf dem Festland gelegenen spirituellen Zentrum Carnac entfernt und sicherlich mit Bezug dorthin, konnte die Île de Sein ihre »magische Reputation« noch lange behaupten. Sie gilt als letzter Ort in Europa, der christianisiert wurde. Und das geschah erst im 17. Jahrhundert durch Jesuiten. Danach mochten die Bewohner ihren Priester aber auch nicht mehr hergeben. Den Departementsbehörden zum Trotz behielten sie ihn während der Französischen Revolution. Und im Juni des Jahres 1940, als alle 130 Männer der Insel mit ihren Schiffen nach London fuhren, um sich dem Kampf de Gaulles gegen die deutschen Besatzer anzuschließen, ließen sie ihren Pfarrer als Beistand für die Frauen und Kinder zurück.

Der Gottesdienst am Jahresende, als Dank dafür, dass die Insel vor dem Meer sicher war, wird sogar bei Sturm abgehalten, wenn die Kirchenfenster und die Wände der Kirche unter den Böen erzittern. Dann darf auch ein Hund, den man nicht allein zu Hause lassen möchte, mal mit in das Gotteshaus.

Die stets ganz in Schwarz gekleideten Frauen der Insel trugen früher den höchsten Kopfputz in Britannien – trugen den schon die neun druidischen Priesterinnen? – und standen noch bis in neuere Zeit im Ruf, Seeleute durch Hexerei ins Verderben zu locken und ihre Armut durch die Plünderung von bewusst irregeleiteten gestrandeten Schiffen in Grenzen zu halten.

Nach der bretonischen Erzählung von Dahud-Ahes, der Tochter des halblegendären Königs Gradlon von Kernev (Cornouaille) aus dem 6. Jahrhundert n. Chr. widersetzte sie, »die schändliche Tochter eines ehrwürdigen Königs«, sich unerschütterlich und mit magischen Mitteln der Ausbreitung des Christentums. Im Kampf mit ihrem Gegenspieler, dem heiligen Guénolé (Gwendulin), wird »ihre Stadt« Ker-Ys durch eine Flut zerstört. Als Dahud-Ahes in den Wellen versank, verwandelte Guénolé die Druidin in eine Meerjungfrau und bewies damit, ebenso wie sie über Zauberkräfte zu verfügen. Professor Markale sieht in seinem Buch »Die Druiden« in Dahud-Ahes nicht nur den Gegensatz von Heidentum und Christentum versinnbildlicht, sondern ebenso den Widerstand gegen die männliche Autorität: Die ganze Tragweite dieser Geschichte werde deutlich, wenn man ihr »zügelloses« Leben mit den Lehren der christlichen Kirche vergleiche, die hier von dem heiligen Guénnolé repräsentiert werden (Ellis 2000:133).

Den Ort der untergegangenen Stadt Ker-Ys legt die Sage ins Meer zwischen der »Bucht der Verstorbenen« und der Insel Sein. An windstillen Tagen wollen viele dort schon die Glocken von Ys auf dem Meeresgrund gehört haben. Forscher nehmen an, dass zu Beginn der christlichen Ära eine Naturkatastrophe die Île de Sein vielleicht wirklich vom Festland abgetrennt hat. Das Vorhandensein von zwei megalithischen Menhiren auf der Insel macht eine solche Annahme recht wahrscheinlich.

In einer Seitenbucht der »Bucht der Verstorbenen« lebt ein sehr zutrauliches Delphinweibchen, das gern mit Badenden spielt und mit ihnen zusammen auf das Meer hinaus schwimmt. Hat die Geschichte von der Meerjungfrau Dahud-Ahes ein Happy End gefunden?

Innere Stimme

Wie viele Menschen sprechen davon, ihrer inneren Stimme oder dem Gewissen zu folgen, und meinen damit die Führung einer inneren Kraft und Intuition, die sanft mahnt und zum Guten lenkt. Den irischen Nobelpreisträger William Butler Yeats (1865–1939) führten zwei Innere Stimmen *(instructors)* zur höchsten Poesie. Der Dichter Dante Alighieri (1265–1321) erhielt nach eigenen Angaben seine »Göttliche Komödie« als Diktat. Massenmörder, Terroristen hören ebenso Stimmen wie Erfinder und Wissenschaftler und viele Schizophrene. Medien und Anhänger des →Channeling suchen sie direkt. Offensichtlich müssen wir dabei differenzieren. Spirituelle Schulen empfehlen, sich an die Eine Wahre Innere Stimme zu halten, deren Impulse wir häufig aufgreifen, aber nicht immer verstehen und rein – im Sinn von unverfälscht – »herunterholen«. Die Art des Verständnisses hängt ganz von unserem Bewusstsein ab.

Das Christentum hatte seine Mühe mit all solchen Stimmen, obwohl viele Heilige und Mystiker sich danach geradezu verzehrten. Wussten Kirchenführer doch, wie leicht wir in die Fänge von verselbständigten und abgespaltenen Teilen unserer Persönlichkeit geraten. Und in den meisten Fällen handelt es sich dabei um solche Ausdrucksformen – manchmal auch um familiäre oder kollektive Muster –, die so stark geworden sind, dass sie einen Führungsanspruch erheben oder zumindest verstärkt auf sich aufmerksam machen wollen. Manche glauben noch an weitere Einmischungen, zum Beispiel von »Nichtinkarnierten« oder »Astrallarven«. Jedenfalls sind manche dieser Stimmen durchaus unterhaltend, manche sehr intelligent und viel wissend, andere weniger, geschwätzig oder gar äußerst lästig. Ihre oft kaum unterscheidbare Mischung von Wahrheit und Täuschung führt uns aber allzu leicht auf Irrwege.

Die »Eine Wahre Innere Stimme« meldet sich auf direkt wahrnehmbarem Weg leider höchst selten. Sie macht sich durch ein leises Raunen einer klanglosen Stimme bemerkbar, durch ein starkes Gefühl, ein Bild oder als erleuchtender Gedanke. »Ihr Rat ist immer angemessen«, fand schon Laotse, und er hält jeder wissenschaftlichen Hinterfragung stand. Dabei hält sie sich immer äußerst kurz und knapp, bleibt präzise, unmissverständlich, aber unpersönlich. Sie rät niemals zu reiner Zweckmäßigkeit, verspricht nur selten etwas, mitnichten Wohlstand, Ansehen, besondere Kenntnisse, Aufgaben oder was sonst noch an unseren Stolz appelliert. Ihre Botschaft verbindet sich in der Regel mit einer Erkenntnis, die unsere Situation oder ein Problem in universelle Gesetze einbindet und Prinzipien aufdeckt. Sie gebietet und zwingt nie zu etwas, verlangt nichts und unterbricht niemals. Sie hält sich dezent zurück, um überhaupt nur dann zu »sprechen«, wenn wir uns in die vollkommene Ruhe einer Meditation, eines Gebets oder der Kontemplation begeben und alle anderen »Stimmen« schweigen.

Diese Stimme – im →Tarot als Hierophant dargestellt – wird dem höchsten kosmischen oder universellen Bewusstsein zugeordnet. Als unpersönliche Kraft schmeichelt sie nie, liefert aber mitunter unliebsame Hinweise. Überhören wir sie geflissentlich, blockieren wir den Kontakt, der dann, wie alles, was nicht gepflegt wird, rasch einschläft. Andererseits lässt sich der Kontakt durch Achtsamkeit natürlich ausbauen. Leider werden mit dieser Inneren Stimme auch andere aktiv und aktiviert. Doch wer die »Eine« einmal vernommen hat, weiß sie von weniger seriösen Mitbewerbern zu unterscheiden.

J

Jean Paul

Am 15. November 1790 hatte Jean Paul (1763–1825) abends eine Vision von seinem Tod. Er sah sich, wie er 30 Jahre später in seinem Sterbebett lag: »mit der hängenden Totenhand, mit dem eingestürzten Krankengesicht, mit dem Marmorauge«. Vom Totenlager aus gesehen erschienen ihm die vergangenen 30 Jahre wie Minuten. »Der Mensch hat hier (auf Erden) dritthalb Minuten: in der ersten wird er geboren, eine hat er zu lächeln, eine zu seufzen und eine halbe zu lieben; denn mitten in dieser Minute stirbt er«, befand er. »Wo ist denn das hin, das gefärbte Gewölk, das seit dreißig Jahren an diesem Ich vorüberzog und das ich Kindheit, Jugend, Leben hieß?«, fragte er sich schaudernd. Den 15. November werde er nie vergessen, notierte er in sein Tagebuch, es sei der wichtigste Tag seines Lebens gewesen. Er will, beschließt er, den Menschen, seinen Mitbrüdern, deren Irrtümer, Schwächen und Torheiten er als satirischer Schriftsteller bisher verspottet hatte, in Zukunft mehr Freude machen.

Durch diese Todesvision fand er zu seiner Berufung als Dichter. Er

Jean Paul in seinem 36. Lebensjahr, Gemälde von H. Pfenniger.

schloss die, wie er sein bisheriges Werk nannte, »satirische Essigfabrik« zu und schrieb wenige Monate nach seinem Erlebnis seinen ersten Roman »Die unsichtbare Loge« nieder. (Seine Vision lag, zumindest auf den Todestag bezogen, nicht ganz daneben. 35 Jahre später starb er in Bayreuth am 14. November.)

Seine späteren sehr zahlreichen und wilden Träume fügte er in seine Romane ein und legte sie – erweitert und verändert – seinen Helden und Heldinnen in den Mund. Jean Paul, ein genialer Improvisator am Klavier, lernte auch – den Klängen ganz hingegeben –, Bilder in sich aufsteigen zu lassen, die er dann in Worten niederschrieb.

Als Knabe lag Jean Paul »mit dem Kopfe unter dem Deckbett im Schweiße der Gespensterfurcht«. Es war ihm, »als würde der Mensch selber eingesponnen von Gespensterraupen«. Und als er einmal von einer Reise zurückkam, war es ihm, als ob ein fremdes Mädchen aus seinem Fenster herausschaute. »Wahnmenschen« nannte er solche Erscheinungen.

Schon vor seiner Todesvision hatte er vermutet, dass im Ich etwas Höheres und Göttlicheres sein müsse als das Ich selbst. Fremd wie einer, der aus dem Mond gefallen ist, als Titan der Töne und Träume und als Einsiedler im Traumreich kommt er den Menschen vor. 1802 schrieb er in einem Brief an Johann Georg Jacobi: »Mein Ernst ist das überirdisch bedeckte Reich … das Reich der Gottheit und Unsterblichkeit und der Kraft. Ohne das giebts in der Lebens-Oede nur Seufzer und Tod. Mein ganzes Leben zog darauf zu, nie ließ ich es, und noch hält es mich.« Die psychologischen und physiologischen Hintergründe seines Traumerlebens handelte er sogar in einem eigenen Werk (»Blicke in die Traumwelt«) ab.

Bereits 150 Jahre vor der bemannten Raumfahrt und dem in die tiefsten Winkel des Alls schauenden Hubble-Teleskop durchstreifte Jean Paul bereits in einer Vision (»siehe, da wurden meine Augen aufgetan«) das Weltall. Eine Geistgestalt als Führer begleitete ihn. Er erfuhr, dass das All keinen Anfang und kein Ende hat, durchquerte Schwarze Löcher (»wo ein finsterer, endlos, bleierner Sonnenkörper nur Flammen und Sonnen einzog, ohne von ihnen hell zu werden«). Mit »geschärftem Auge« schaute er das Nächste und das Fernste zugleich. »Ich sah all die ungeheuren Räume, durch die wir geflogen, und die kleinen Sternenhimmel darin; in dem leichten Ätherraum schwammen die Sonnen nur als aschgraue Blüten und die Erden als schwarze Samenkörner.«

Jean Pauls »träumendes Herz« nahm die Erkenntnis mit, dass die Unsterblichkeit in den Räumen wohnt, der Tod nur auf den Welten. »Da vor der lebendigen Unermesslichkeit, konnt' es keinen großen Schmerz mehr geben, nur eine Wonne ohne Maß und ein Freudengebet.«

Die Inspiration zu seinen Traumspielen fand er im Wein, von dem er am Vormittag eine Flasche trank und in vielen Altvaterkrügen Bier, die er sich am Nachmittag auf seinen Schreibtisch in der Rollwenzelei stellen ließ.

In glückliche Vergessenheit habe ihn die Lektüre von Jean Paul getaucht, bekennt Gottfried Keller: »Vor allem aber die Naturschilderung an der Hand der entfesselten Natur, welche berauscht über die blühende Erde schweifte und mit den Sternen spielte, wie ein Kind mit Blumen.«

Jenseits

Menschen wie der schwedische Gelehrte Emanuel →Swedenborg (1688–1772), der evangelische Pfarrer und Geisterseher Johannes Friedrich →Oberlin (1740–1826) und der Arzt, religiöse Schriftsteller und pietistische Prophet Johann Heinrich Jung-Stilling (1740–1817) waren nicht so sehr daran interessiert zu erfahren, was uns im Diesseits zustoßen wird, sondern was unsere durch den Tod vom Leib getrennte Seele einmal im Jenseits, in der »kommenden Welt« erwartet. Ihre Forschungen verstanden sie als einen wichtigen Zweig der Theologie, als Wissenschaft vom Jenseits.

Aufgrund eines Entrückungserlebnisses (»das Innere meines Geistes wurde mir eröffnet«) entsagte Swedenborg, der als hervorragender Naturwissenschaftler, Mathematiker und Erfinder in Schweden bekannt war, aller Gelehrsamkeit und widmete sich ab 1745 ganz der Erforschung der jenseitigen Welten, die er in vielen Visionen auslotete. Er schuf in den letzten 29 Jahren seines Lebens eine vielbändige 20000 Seiten umfassende Jenseitskunde (unter anderem »Göttliche Offenbarungen«, »Die Wonnen der Weisheit«, »Himmlische Geheimnisse«, »Himmel und Hölle«).

Mit Hilfe des Geistes seiner verstorbenen Frau, die ihm über die Zustände und Gesetze im Jenseits aus eigenem Erleben berichtete, erstellte Oberlin eine Jenseitskarte der »Bleibstätten der Verstorbenen«. Diese mit unterschiedlichen Farben gekennzeichnete Jenseitskarte weist sieben »Jenseitsbehältnisse« als Aufenthaltsorte für die Seelen auf:

1. Farbe: **Carmin.** Das in überirdischen Sphären gelegene Neue Jerusalem. Hier ist der Sitz Gottes. Erst nach dem Jüngsten Gericht werden Seelen hier wohnen.

2. Farbe: **Hellgelb.** Der ebenfalls in überirdischen Sphären gelegene Berg Zion. Hier wohnen die vollendeten Heiligen.

3. Farbe: **Grün.** Über der Lufthülle der Erde befindet sich das Paradies. Hier wohnen die Seelen, die reinen Herzens sind und die zur vollkommenen Abtötung ihrer Lüste und Sinnlichkeiten gelangt sind. Die Anschauung Gottes ist ihnen aber erst nach dem Jüngsten Gericht möglich.

4. Farbe: **Himmelblau.** Das in der Lufthülle befindliche Meer. Die Wohnung der unvollkommenen Seelen, die noch der Läuterung bedürfen.

5. Farbe: **Lichtgrün.** Der auf der Erde befindliche Tod. Wohnung der Seelen von Menschen, die sich in ihrem Leben nicht bemüht haben, Sinnlichkeit und Sünde zu bekämpfen, und stark der Läuterung bedürfen, um höher steigen zu können.

6. Farbe: **Van-Dyke-Braun.** Die unter der Oberfläche der Erde befindlichen Höllen. Wohnung der Seelen von gottlosen Menschen, die in Lastern gelebt haben und gestorben sind.

7. Farbe: **Schwarz.** Der im Inwendigsten der Erde befindliche Feuersee. Der Ort der Verdammten nach dem Jüngsten Gericht.

Eindringlich warnte Jung-Stilling im Paragraph 55 der Zusammenfassung seiner »Theorie der Geisterkunde« davor, ein gottloses, gottfernes Leben zu führen, denn: »Die eigentliche Verdammnis fängt erst mit der Auferstehung an: dann wird der Auferstehungskeim des Leibes der Sünden mit der Seele vereinigt, und so wird dann der ganze Mensch zu allen bösen Geistern, in den Abgrund, dessen Mittelpunkt der Pfuhl ist, der mit Feuer und Schwefel brennt, und sich im Mittelpunkt des Erdkörpers befindet [= Bleibstätte 7], verbannt.« Seiner Warnung fügte er den frommen

Wunsch an: »Der Herr der Erbarmer, der die ewige Liebe ist, bewahre alle Leser dieses Buchs vor diesem schrecklichen Schicksal. Amen!«

Der Pfarrer Friedrich Christoph Oetinger (1702–1782), der wie Oberlin Geister sehen konnte, predigte auf Gängen durch Wald und Feld den dort sich um ihn drängenden armen Seelen (= den Bewohnern der Bleibstätten 4 und 5) aus dem Evangelium, um ihre Läuterung zu beschleunigen. Oberlin betrieb ebenfalls Totenseelsorge, wenn er für die Unzahl armer Seelen, die sich in dem 1489 zerstörten Geisterschloss Chateau de la Roche aufhielten und ihn über eine hellsichtige Person baten, Fürbitte zu leisten, betete. Und als sich bei einem hellsichtigen Gemeindemitglied Oberlins die Seele eines Mannes meldete, der zu Lebzeiten leichtsinnig Schulden gemacht hatte, die er jetzt im Jenseits mühevoll durch andauerndes Holzhacken abverdienen musste, veranstaltete man eine Geldsammlung und bezahlte die Schulden. Bald danach erschien der Mann erneut, bedankte sich und erzählte, er könne jetzt zu einer höheren Stufe aufsteigen.

In seiner »Geisterkunde« bestätigte Jung-Stilling, dass die Geister der Verstorbenen weiter in die Zukunft sehen können als wir. Er rät aber davon ab, mit ihnen Umgang zu pflegen, da sie sich in ihren Aussagen irren und uns absichtlich täuschen könnten. Im Gegensatz zu alten Praktiken sollen Menschen auch nicht ihre Schutzgeister (Schutzengel) anrufen, um sich die Zukunft enthüllen zu lassen.

Ab der Mitte des 19. Jahrhunderts wurde es im Zuge des aufkommenden Spiritismus in gehobenen Kreisen aber zur Mode und geradezu zum Gesellschaftsspiel, durch die Vermittlung eines Mediums, die Geister von Anverwandten und nahen Freunden nach ihrem Befinden, ihren Aufenthaltsorten und ihren Bedürfnissen im Jenseits zu befragen.

Der Gemeindepfarrer und spätere Universitätsdozent Arthur Ford (1897–1971) war eines der bekanntesten Medien des 20. Jahrhunderts. Zwischen 1924 und 1970 hielt er zusammen mit seinem Kontrollgeist Fletcher 8000 Seancen in allen Kontinenten ab. Fletcher war der Geist eines kanadischen Soldaten, der im Ersten Weltkrieg in Belgien gefallen war. Er sagte die Ermordung von John F. Kennedy und die Ermordung von Martin Luther King voraus. Seine Erlebnisse mit dem oft recht eigenwillig reagierenden Partner aus dem Jenseits beschrieb Ford 1968 in seinem Buch »Bericht vom Leben nach dem Tod«.

Jeremias

Jeremias (= etwa: Jahwe gründet), einer der drei Großen →Propheten des Alten Testaments, entstammte einer Priester-Familie aus Anathot, nahe Jerusalem. Der erste Aufruf, Prophet seines Gottes zu werden, erging an ihn ungefähr 626 v. Chr., als er noch ein Jüngling war. Fortan mahnte der unbequeme Zeitgenosse immer wieder das Volk Israel und erinnerte an das Bündnis, das Gott mit dem Hause David geschlossen hätte, aber auch an die Verheißungen. Volk und König hätten aber ihre Verpflichtungen nicht eingehalten. Und so werde der Herr das Bündnis auflösen, sie im Stich lassen und den Tempel in Jerusalem dem Erdboden gleichmachen. Immer wieder sagte der Prophet mit schrecklichen Einzelheiten den Untergang Israels durch die Babylonier voraus. Doch diese Prophetien erfüllten sich erst nach 20 Jahren, aber dann sehr genau und in aller Härte. Jeremias' Wirken erstreckte sich über 40 Jahre bis nach dem Fall Jerusalems und der Deportation des größten Teils seines Volkes nach Babylon (586 v. Chr.). Er starb im ägyptischen Exil etwa 582 v. Chr. Sein Freund Baruch zeichnete seine Orakel und Botschaften auf und überlieferte sie der Nachwelt.

Baruch schreibt die Weissagungen des Jeremias auf. Aus: »Die Heilige Schrift«. Dargestellt in den berühmten 230 Illustrationen von Gustave Doré, 1865.

Größe und Tragik dieses Propheten liegen darin, dass er den Offenbarungen aus seinem Innern nie zu entfliehen vermochte. Aus seinen Schriften wird überdeutlich, wie ihn der göttliche Aufruf überwältigte, ihm Zwang antat. Dabei drängten sich ihm, wie bei →Kassandra, meist nur düstere Botschaften auf, die sich aber lange nicht erfüllten. Lange Zeit glaubte er deshalb, von seinem Gott getäuscht und verlassen worden zu sein. Von vielen wurde er ausgelacht, verhöhnt und so angefeindet, dass man ihm immer wieder nach dem Leben trachtete. Vor vielen Prophezeiungen wollte er kneifen. Aber dann strömten die Worte wie von selbst aus ihm heraus.

Seine großen Visionen für die Zukunft haben auch eine allgemeine Bedeutungsebene, die sich auf den Weg jedes Menschen bezieht und daher zeitlos bleibt. Vor allem seine Klagelieder, die zahlensymbolisch durchkonstruiert sind und jedem einzelnen Buchstaben gematrisch zusätzliche Bedeutungen unterlegen, kreisen immer wieder um das Dreieck Härte des Elends, Hoffnung und Barmherzigkeit.

Jesaja

Jesaja (= Jahwe hilft), eine der Hauptgestalten früher israelitischer Geschichte und ein überragender Dichter und Denker, steht an der Spitze aller Großen →Propheten des Alten Testaments. Das nach ihm bezeichnete Buch der Bibel umfasst 66

Der Prophet Jesaja aus der Lutherbibel von 1528.

Kapitel, wovon aber nur die ersten 39 dem historischen Jesaja, Sohn des Amos, zugeschrieben werden, die anderen späteren Propheten, Deutero- und Tritojesaja genannt.

Um 733 v. Chr. erhielt der Sohn des Amos seine Berufung während einer Vision. Er sah den thronenden Gott im Tempel mit geflügelten Engeln aus der Hierarchie der Seraphim und überlieferte die Einzelheiten in grandiosen Bildern. Seine Bildsprache inspirierte über 2000 Jahre die religiös-spirituelle Kunst des Abendlandes. Jesaja muss in enger Beziehung zum königlichen Hof gestanden haben. In den 30 Jahren seines Wirkens scheint er nicht nur als religiöser Führer angesehen worden zu sein, der seine Aufrufe zur geistigen Erneuerung in großartige Dichtungen fasste. Er beeinflusste wohl auch die Politik seines Landes und lieferte Anleitungen, wie drohende und eintreffende Krisen zu meistern seien. Sein letztes Auftreten fällt in die Zeit der assyrischen Kriegszüge gegen Jerusalem um 701 v. Chr.

Visionen und andere innere Eindrücke erfüllten ihn mit der Zuversicht einer letztlichen Erlösung Israels (= Volk Gottes) und der ganzen Welt. Er kündete für die Zukunft einen idealen Herrscher und Messias an, der das endgültige Reich des Friedens errichten werde. Auf dieser Botschaft gründen nicht nur die Heilserwartungen von Judentum und Christentum. Doch dieses Reich setzt zunächst den wahren inneren Frieden in jedem Einzelnen voraus. Wir werden den Messias in uns selbst herausbilden müssen und lernen, über unsere niedere Natur zu herrschen. So bleibt Jesaja als Prophet und Mahner zeitlos. Leidenschaftlich prangerte er jede Unterdrückung und soziale Ungerechtigkeit an, die diesem Endziel entgegenstehen.

Joachim von Fiore

Gleich drei Päpste legten dem 1145 in Kalabrien geborenen Joachim nahe, sich ganz dem Studium der Bibel zu widmen. Dazu gründete der Zisterziensermönch und spätere Abt im sizilianischen Silagebirge das Kloster San Giovanni di Fiore, aus dem der Orden der Florenser hervorgehen sollte. Hier hatte er während des Pfingstfestes 1190 eine Erleuchtung, in deren Verlauf er die symmetrisch innere Bezogenheit des Alten und Neuen Testamentes erkannte, wie er selber erklärte.

Im Gegensatz zu seinen Vorgängern legte er die Bibel weder »buchstäblich« noch allegorisch aus, sondern typologisch historisch. Das Wirken der Trinität in der Weltgeschichte gliedere sich in drei Zyklen: Das Wirken des Vaters und des Gesetzes ende mit der Geburt Jesu, das Wirken des Sohnes und des Evangeliums reiche bis in die Lebenszeit des Abtes und danach folge das Zeitalter des Heiligen Geistes, der Liebe und der Freiheit. Dann würden Erkenntnis und Erleuchtung anbrechen, und die Menschen hätten Teil an den Freuden des himmlischen Jerusalem (höheres Bewusstsein). Diese dritte Epoche gehöre dem reformierten Mönchstum, das im Armutsgelübde seine Reinigung finde und gleichberechtigt neben dem Papst stehe. Doch dieser Zeit werde die kurze, aber heftige Periode des Antichrist vorausgehen, der die Seelen der Menschen verderben werde. Bis zur Einführung des Marxismus blieb das Fiorische System die einflussreichste Endzeitlehre und beeinflusste neben Jakob →Böhme noch Lessing, Schelling, Fichte und vielleicht Hegel (Cohn 1961:94ff.), sogar Rudolf →Steiner und C. G. →Jung.

Obwohl der Abt die Kirche keineswegs untergraben, sondern nur aus ihrer Weltzugewandtheit erheben wollte, sahen viele Zeitgenossen den Antichristen im Papst und in der Kirche selbst. Beide Institutionen galt es nun zu zerstören, damit das Zeitalter des Heils anbrechen könne. Da Joachim in detaillierten Visionen davon sprach, wie ein weltlicher König den verderbten und verweltlichten Teil der Kirche züchtigen und vernichten werde, glaubten die Reformer, diesen Herrscher in Kaiser Friedrich II. gefunden zu haben. Italienische Joachiminiten, die sich um den Papst scharten, erklärten dagegen den Nonkonformisten Friedrich zum Antichrist. Als der Kaiser 1250 starb, zehn Jahre vor dem geweissagten Anbruch des Heilszeitalters, war den einen der Erlöser genommen, den anderen vorzeitig der Antichrist abhanden gekommen.

Im Jahr 1202 starb der geheimnisvolle Abt, dessen prophetische Schau bald wie ein geistiger Strom der Erneuerung der Kirche in die Welt hinausstrahlen sollte – »in einer Zeit, als schon das Knäblein Giovanni geboren war, das später als heiliger →Franziskus zum … Testamentsvollstrecker der Lehre und Erwartung Joachims werden sollte« (Joachim von Fiore 1955:16).

Johannisfeuer- oder Mittsommerorakel

Zur Mittsommernacht werden in vielen Gegenden noch immer Holzstöße errichtet, aus Stroh geflochtene Puppen verbrannt oder brennende Räder den Berg hinabgerollt. Feuer und Rauch sollen die Luft reinigen, alles Böse und Widerständige in die Flucht schlagen und der nun schwächer werdenden Sonne Beistand leisten. Steigen die Flammen gerade in die Höhe, verjage der Rauch alles Unheil aus den Bäumen, und dies verheiße eine reiche Obsternte, hieß es früher. Viele Funken garantierten eine prächtige Kornernte. Im Feuer ließen sich sogar Schätze sehen. Wer neun Sonnenwendfeuer im Umkreis schaut, wird in dem Jahr nicht mehr sterben. Wem es nicht gelingt, stirbt auch nicht unbedingt.

Höhepunkt des Brauchtums ist der Sprung durch das Feuer. Damit lässt sich alles Alte, Unbrauchbare, Lebensfeindliche abschütteln, so manche Sünde reinigen. Verliebte Paare wagen sich an den Händen haltend durch die Flammen und fordern damit ein Orakel heraus. Lösen sich ihre Finger während des Sprunges nicht, bleibe man vermutlich beisammen oder heirate. In der Steiermark sang die Jungfer einst dabei:

Sunnawend, Sunnawend
dass mich nit 's Feuer brennt,
dass ich bald z' heiraten kumm,
drum tanz ich um.

Gelingt der Sprung, winken Glück und Gesundheit im folgenden Jahr. So hoch man springt, so hoch und reich werde die Frucht im übertragenen Sinn. Hat jemand auch keinerlei Schaden an der Kleidung zu beklagen, fliehen von ihr oder ihm Fieber, Koliken und Rückenschmerzen. Lösen sich aber die Hände, tritt man ungeschickt auf oder versengt das Feuer die Kleidung, drohe die Trennung. Zumindest soll es bald Streit geben, solchen von der ernsthaften Art.

Eltern springen mit ihren kleinen Kindern auf dem Arm, meist wenn das Feuer niedriger brennt. Vorsicht! Genau um Mitternacht springen auch Hexen und Feuergeister! Wer nicht einmal zum Zuschauen komme, der finde nie einen Lebenspartner, heißt es. Vielleicht gibt es deswegen so viele Singles.

Der Eismeerfischer Anton Johansson

In der Nacht zum 14. November 1907 erwachte der Fischer, Kirchendiener, Bauer und Landvermesser Anton Johansson kurz nach Mitternacht. Er sah sich von einem starken Schein umstrahlt. Rechts neben

Der Sprung über das Johannisfeuer. Unbekannter Zeichner.

ihm sprach eine Stimme: »Dir soll gegeben sein, die Geheimnisse des Himmelreiches zu wissen.« Vor sich erblickte er eine lange Reihe von Jahreszahlen bis in die weite Zukunft hinein. Neben diesem Kalender sah er, was in der Zukunft geschehen würde.

Im Geiste wurde Anton zu den Schauplätzen dieser Ereignisse geführt. Er habe alles so deutlich erkennen können, erzählte er später seinem Biographen, »als säße ich als Schuljunge über der Landkarte meines Onkels«. Was er bei wiederholten Visionen erfuhr, betraf ihn, seine Familie und seine nächste Umgebung (Ernten, Fischfang und Unglücke), er sah aber auch, was in der Welt geschehen würde (Feuersbrünste, Orkane, Erdbeben, Vulkanausbrüche und Kriege).

Das Wissen um die bevorstehende Weltkatastrophe, den Ausbruch des Ersten Weltkriegs, ließ ihm keine Ruhe. 1912 ging er an einem Herbsttag im Schneesturm einen 60 Kilometer langen und schwierigen Weg über das Gebirge zum finnmärkischen Reichstagsabgeordneten H. Lund. Johansson wollte, dass Lund die Regierung vor dem Bevorstehenden warnt. Im Dezember 1913 suchte Johansson die Deutsche Gesandtschaft in Oslo auf und flehte den Sekretär, der ihn empfing, mit Tränen in den Augen an, dass er dringend Kaiser Wilhelm seine Gesichte und Vorwarnungen persönlich bekannt geben müsse. Dieser wies ihn schroff ab: »Über die Politik wissen wir besser Bescheid als Sie. Bleiben Sie bei Ihrer Fischerei.«

Johansson wurde am 24. Mai 1858 in dem schwedischen Ort Tärna in

Der Fischer Anton Johansson hatte das zweite Gesicht. In Visionen sagte ihm ein Geist zukünftige Dinge.

Mosjøen als der älteste von sieben Geschwistern eines norwegischen Landwirtehepaars geboren. Eines der Geschwister hatte, ehe der Vater starb, ein Gesicht von dessen bevorstehendem Tod. 1876 war die Familie in das norwegische Finnmarken, zwölf Kilometer südöstlich vom Nordkap, umgezogen.

In der Karfreitagsnacht 1884 morgens zwischen fünf und sechs Uhr hatte Anton Johansson ein Gesicht gehabt, in dem er seine beiden Brüder im Meer bei einer Klippe, etwa 40 Kilometer von zu Hause entfernt, umkommen sah. Später erfuhr er, dass das Unglück zur gleichen Zeit geschehen war, als er es gesehen hatte. Einige Jahre später, als er in der Kirche seines Heimatorts Lebesky im Eingang saß, durchströmte ihn eine starke Kraft und eine Stimme flüsterte ihm ins rechte Ohr, er möge für die

Teilnehmer am Abendmahl, ein jung verheiratetes Paar, beten. Acht Tage später hörte Anton, dass beide kurz nach der Abfahrt mit ihrem Boot ertrunken waren.

Bei seinen Gesichten fühlte er sich von einer Kraft durchströmt, als befände er sich in unmittelbarer Nähe Gottes. »Wenn ich im wachen Zustand ein Gesicht hatte, legte sich mir gleichsam ein Schleier vor die Augen, die wie verwandelt waren und denen eine unerklärliche Kraft eignete, die mich alsbald ganz durchströmte. Ich hatte das Gefühl, als habe ich neue Augen bekommen, und alle Bilder standen so lange vor meinem inneren Auge, dass ich sie in aller Muße betrachten und mir einprägen konnte.« Eine Vision im Jahr 1907 versetzte Johansson in den Weltraum. Dieser erschien ihm als ein einziges Lichtmeer von unbeschreiblicher Schönheit und nahezu blendender Stärke. Sein Begleiter sagte zu ihm: »So sehen die Gefilde der Seligen aus.«

Seine letzten Jahre verbrachte Johansson bei einer Schwester Agnes in Oslo, die eine Pension mit einem Mittagstisch führte. Dort ging es ihm, wie eine Vision angekündigt hatte, »besser auf seine alten Tage«. Am 10.1.1929 starb »der Seher von Lebesby« im 71. Lebensjahr. Wie ihm von einer Stimme prophezeit worden war, waren Haare und Bart vor seinem Tod weiß geworden. Im Rundfunk hielt ein Professor eine Gedenkrede und nannte ihn »einen Zeigefinger, der zu Gott weist«. Noch heute kann man an dem Platz in der Kirche, wo sich Johansson immer niedergekniet hatte, die Spuren der Knie und Füße des eifrigen Beters sehen.

C. G. Jung

Als »einzigartige Persönlichkeit« beschrieb der Arzt J. H. Schultz seinen Freund aus Studententagen Carl Gustav Jung: »Der breitschultrige, schwere, gewaltige Mann mit dem Riesenschädel, den hinter scharfen Brillengläsern tief liegenden, bald sinnenden, bald blitzenden, bald fast argwöhnisch beobachtenden braunen Augen, der olympisch hohen Stirn, dem machtvollen Munde strahlt geistig, seelisch und körperlich eine unbändige Urhaftigkeit aus, in der sich gesundes Bauerntum, kindhafte Weisheit und vorseherischer Fanatismus untrennbar mischen.«

Die Neigung zur Vorherseherei war von Jungs zum Okkultismus neigenden Großvater mütterlicherseits schon früh bestärkt worden. In jungen Jahren las Jung die ganze damals erreichbare Literatur über Spiritismus, unter anderem die Werke von Eschenmayer, Passavant, Kerner, Görres und Swedenborg.

Mit Kommilitonen veranstaltete er spiritistische Seancen mit einer 15-jährigen Verwandten als Medium. Die Botschaften, die sie den Klopflauten aus Tisch und Wänden entnahm, jagten allen oft einen nachhaltigen Schauer ein. Auf dem Nachhauseweg durch das finstere Nachtigallenwäldchen ließ sich der empfindsame Jung deshalb von einem Kameraden begleiten und unterhielt diesen dann damit, die Stellen zu zeigen, wo jemand ermordet worden war.

Nach dem Studium der Medizin im Jahr 1900 und nach Abfassung seiner Doktorarbeit (»Zur Psychologie und Pathologie so genannter okkulter Phänomene«), in die er auch die Erlebnisse in den Seancen verarbeitete, wurde Jung Assistent von Professor Bleuler am »Burghölzli«, der psychiatrischen Universitätsklinik in Zürich.

Jung entwickelte über diagnostische Assoziationsversuche ein Instrument, das zur Auffindung von im Unbewussten wurzelnden »gefühlsbetonten Komplexen« bei den Klienten diente. Jung setzte seinen Assoziationstest auch erfolgreich ein, um Straftaten ans Licht zu bringen, die auf juristischen Wegen nicht nachweisbar waren.

1909 auf einer Reise mit Sigmund Freud in die USA begegnete er dem Philosophen und Psychologen William James, einem Menschen mit ähnlichen Interessen. James hatte vielfach mit einem Medium, Eleonore Piper, Kontakt zu Verstorbenen aufgenommen.

Bei der Überfahrt auf der »George Washington« hatte Freud einen Traum Jungs, der in weitläufigen, unterirdischen Gewölben aus prähistorischen Zeiten spielte, als einen Hinweis auf verdrängte Todeswünsche gegenüber Angehörigen interpretiert. Jung hatte in diesem Traum in einem der Gewölbe zwei Menschenschädel gefunden, die sehr alt und halb zerfallen waren. Jung dagegen glaubte, eine Botschaft aus jener Schicht der Psyche erhalten zu haben, die er später als das allen Menschen gemeinsame »kollektive Unterbewusste«, die Welt der Archetypen, bezeichnete.

»Das kollektive Unbewusste entwickelt sich nicht individuell, sondern wird ererbt«, präzisierte Jung 1934. »Es besteht aus präexistenten Formen, Archetypen, die erst sekundär bewusst werden können und den Inhalten des Bewussten fest umrissene Formen geben.« Besondere Bedeutung für Jung hatte der Archetyp des Kindes, der oft in Träumen von Klienten auftauchte und den Jung als Hinweis auf eine zukünftige Wandlung der Persönlichkeit deutete. »Das Kind ist potenzielle Zukunft.«

Auch Träume, die Jung 1913 hatte (in denen er dicke Blutstrahlen aus der Erde schießen sah), deutete er nicht in Bezug auf sich. Vielmehr sah er in ihnen prophetische Gesichte, die die Katastrophe des Ersten Weltkriegs ankündigten. Phantasien, Träume und Visionen trug er über Jahre akribisch im »Roten Buch« ein. Dieses ungewöhnliche Tagebuch ergänzte er durch Zeichnungen.

Die Phantome, denen er in seinem Unterbewussten begegnete, kamen ihm allzu bald wie physisch real vor: Mit Philemon, einem alten Mann mit Stierhörnern und Flügeln, der auf einem Fuß lahmte, spazierte Jung im Garten auf und ab und ließ sich in langen Gesprächen esoterisches Wissen über die dunklen psychischen Bezirke jenseits des Ichs vermitteln. Von einem weiblichen sehr verführerischen und intriganten Geist, den er »Anima« nannte, ließ er sich – kostenfrei versteht sich – analysieren.

Mit der Veröffentlichung seines Buchs »Psychologische Typen« im Jahr 1921 legte Jung eine komplexe und etwas allzu komplette Typologie des menschlichen Charakters vor. Jung benannte acht Funktionstypen, die man an der den Charakter jeweils dominierenden Tendenz (Extraversion, Introversion, Fühlen, Denken, Wahrnehmung, Intuition) erkennen können soll.

Über den Sinologen Richard Wilhelm lernte er das I Ging, eine alte chinesische Orakelmethode, kennen und lieben. Jung setzte das I Ging sogar in Therapien ein. Er war überrascht, wie gut das Orakel auch bei heiklen Fragen funktionierte. Die hohe Trefferzahl schien ihm nicht mehr bloßer Zufall zu sein. In einem Vortrag 1952 in Ascona bezeichnete er als akausal erlebte Koinzidenzen eines psychischen Zustandes (zum Beispiel eines beim I Ging ratsuchenden Menschen) und einem entsprechenden noch nicht vorhandenen zukünftigen Ereignis (die treffende Antwort des I Ging im Hexagramm) als »synchronistisch«. Damit setzte er eine bis heute zuweilen sehr heftig geführte Diskussion in Gang.

Einmal fühlte sich Jung in einem Traum im 17. Jahrhundert gefangen. Der Traum beschäftigte ihn lange und schien ihm von besonderer Bedeutung. Erst als er die Schriften des im 17. Jahrhundert lebenden Wunderdoktors, Magiers, Naturphilosophen, Propheten und Alchemisten →Paracelsus in die Hände bekam, verstand er. Hier in dem ihm faustisch anmutenden Reformator der Medizin fand er den geistigen Ahnherrn, den er sein Leben lang vergeblich gesucht hatte.

Über die Beschäftigung mit Paracelsus wurde Jung plötzlich klar, dass mit scheinbar physikalisch-alchemistischen Prozeduren gleichzeitig ein psychischer Transformationsprozess beschrieben wurde. Jungs Biograph Paul Stern: »In dieser vergeistigten Sicht bedeutete die profane Bemühung um die chemische Verwandlung von Blei und Gold ›eigentlich‹ die Suche nach dem Stein der Weisen, die sowohl geistiger als auch stofflicher Natur war; die vermeintliche chemische Transmutation war gleichzeitig innere mystische Wandlung, mit dem Ziel der Selbstfindung und Selbstveredelung. Das mühsame Hantieren (des Alchemisten) mit der Materie sei im Grunde geistiges Exerzitium gewesen.«

K

Käferorakel

Schon die alten Römer nutzten das Glühwürmchenorakel. Auftreten und Leuchten der Käfer boten ein Zeichen für die Reife der Gerste und die Aussaat der Hirse. Später sollte das goldene oder grünliche Glitzern den Ort anzeigen, wo Schätze lagen.

Als Kinder nahmen wir das Insekt vorsichtig auf die Hand, hauchten es an und riefen »Glühwürmchen, flieg!« Flog es daraufhin auf, verhieß dies Gutes und die Sonne würde scheinen. Bewegte es sich nicht, blieb die Antwort negativ und es drohte schlechtes Wetter. In Norddeutschland sind auch Fragen über die Lebensdauer überliefert. An so etwas dachten wir Kinder noch nicht. Aber wir wagten schon erste Fragen wie: »Muss ich wirklich einmal zur Schule gehen?« und: »Werde ich später, wie der Vater, ein Auto fahren und tun können, was ich will?« Vor Aufregung bliesen wir dann wohl ein wenig zu stark, und das Insekt erhob sich beflissen.

Marienkäfer mit ihrem leuchtenden Rot und ihren schwarzen Punkten hoben sich durch solche Signalwirkung deutlich heraus. Sie spielten eine wichtige Rolle als Liebesorakel. Setzt sich ein Marienkäfer freiwillig auf jemanden, vor allem auf die Nase, stehe das Liebesglück vor der Tür. Lässt man ihn von der Hand los fliegen, gebe er die Richtung an, aus der partnerschaftliches Glück naht. Fliegt der Käfer aber auf eine Kirche zu, drohe für den weiblichen Frager das Dasein einer Nonne, hieß es in der Provence.

Marienkäfer lieferten Antworten auf die Grundfragen der Existenz und nach zeitlicher Dauer. Dazu lässt man einen auf die Hand klettern, hält diese hoch und zählt die Sekunden,

»Doch die Käfer, kritze, kratze!
Kommen schnell aus der Matratze.
Schon fasst einer, der voran,
Onkel Fritzens Nase an.«
Aus: Wilhelm Busch:
»Max und Moritz«.

die er sitzen bleibt. Je nach Wunsch bedeuten die Sekunden Stunden, Tage, Wochen, Monate oder Jahre. Setzt er sich auf die Fingerkuppe und flattert auf die Frage nach dem künftigen Aufenthalt der Seele los, deutet der Aufflug, man kommt in den Himmel. Abwärts bedeutet, es geht in die Hölle, fliegt er geradaus, muss mit dem Fegefeuer gerechnet werden.

Kartenlegen

Unsere heutigen Spielkarten sollen auf die ältesten Tarotkarten zurückgehen, die etwa im 13. Jahrhundert in Fes (Marokko) entstanden sein dürften und mit den Kreuzzügen nach Europa kamen. Sie fanden rasch so große Beliebtheit, dass sie sich in vielerlei Arten verbreiteten und schließlich der allgemeinen Unterhaltung dienten. Nicht nur das. Das Kartenspiel weckte solche Leidenschaften, dass bald ein Einsatz gefordert wurde und manche sich in den Ruin, sogar um Kopf und Kragen spielten. So ist es erklärlich, dass der Teufel im Ruf stand, stets die Nähe der Karten zu suchen und sie auch erfunden zu haben.

Seit 1487 (»Mainzer Kartenlosbuch«) eroberten Karten mit Lossprüchen den Markt (→Losorakel, →Würfelorakel). Solche Lossprüche wurden später direkt auf die Wahrsagekarten gedruckt. Dabei scheint die Wahrsagerei mit den Spielkarten fast ausschließlich in den Händen von Frauen gelegen zu haben und noch zu liegen. Das Grundprinzip ist einfach, auch wenn die Zuordnungen zu den Karten etwas variieren können. Der Kunde bekommt eine Karte zugeteilt, die dann wieder zu den anderen Karten zurück muss in den Stapel. Jetzt wird gründlich gemischt und dann ausgelegt. Die Deutung hängt davon ab, wo die Karte des Fragestellers liegt, die jetzt in Beziehung zu den anderen gesetzt wird. Dabei weise eine Anhäufung von Herz im Allgemeinen auf Glück im privaten Bereich, von Pik auf bedrohliche Änderungen, auf Fragen von Stärke und Durchsetzung. Karo ziele auf Veränderungen, äußere und innere, während Kreuz (= Treff)

Eine weise Frau legt die Karten. Zeichnung von G. Arison, Ende des 19. Jahrhunderts.

Kränkungen und Feindschaften signalisiere, sich ansonsten mehr auf Arbeit, Realität, Geld und materielle Dinge beziehe.

Handbücher bieten detailreiche, aber recht unterschiedliche Deutungen der einzelnen Karten und Positionen beim Auslegen an. Wer zur Orakelfindung damit arbeiten möchte, sollte bei einem System bleiben und auch nur ein Kartenspiel benutzen, damit sich eine subtile wie fruchtbare Beziehung aufbauen kann und die Karten tatsächlich zum Vehikel von Botschaften aus dem Inneren werden.

Neben den gängigen Spiel- und Tarockkarten finden sich auf dem Markt eine Fülle von so genannten Orakelkartensets, die auf tief greifender Symbolik aufgebaut sein sollen. Doch Symbolik, die Sprache unseres Unterbewusstseins, hat ihre festen Bilder und so genannten Archetypen, mit denen es arbeitet und mit uns kommuniziert. Die meisten der kreativ gestalteten, aber erfundenen Bilder – das gilt ebenso für viele Tarotkarten (→Tarot) – haben aber nichts mit korrekter Symbolsprache zu tun. Sie führen deswegen auch nicht zu klaren, eindeutigen Botschaften und erzeugen eher Wirrwarr.

Unter den seriösen Angeboten möchten wir »Symbolon« erwähnen, »das Spiel der Erinnerungen«, von Therapeuten ausgearbeitet. Es wendet sich aber nicht direkt an die Zukunft, sondern an das Vergangene, »aus dem es eine Erinnerung in die Gegenwart hinein zurückerstatten möchte«. Mit diesen Bausteinen für das »Erkenne dich selbst!« (→Apollon) gelingt es uns zielgerechter, Zukunft zu gestalten. Über dem Dreibein der Pythia zu →Delphi soll sich einst die beschwörende Inschrift befunden haben: »Gib das Verwahrte zurück!« (Orban/Zinnel/Weller 1996:11).

Kassandra

Eines Tages spielten an ihrem Geburtstag Kassandra und ihr Zwillingsbruder Helenos, Kinder des Königs Priamus (= Der Erste, das allererste Prinzip) von Troja und seiner Frau Hekabe (identisch mit Hekate als Bezeichnung für die Große Mutter), im Tempel des Sonnengottes →Apollon. Schließlich waren sie müde und schliefen ein. Als die besorgte Mutter nach ihnen suchte, fand sie die beiden im Tempel. Die dort lebenden heiligen Schlangen leckten gerade die Ohren der Kinder (→Schlangenomen). Erschreckt durch Hekabes Aufschrei flüchteten sie in einen Lorbeerhaufen. Apollon, der die Zwillinge, vor allem Kassandra, liebte, hatte ihnen damit jedoch die Gabe der Weissagung verliehen.

Hyginus überliefert in seinen »Fabulae« einen anderen Verlauf. Demnach war Kassandra allein im Tempel eingeschlafen. Da erschien ihr im Traum Apollon und versprach ihr die Gabe der Prophetie, wenn sie sich ihm hingebe. Kassandra willigte zunächst ein. Aber nach Abwägung von Einsatz und Nutzen bereute sie und nahm die Zusage zurück. Apollon gab sich nun bescheiden auch mit einem Kuss zufrieden. Als sie ihm aber den Mund hinhielt, spie er ihr schnöde hinein. Von nun an vermöge sie allein drohendes Unheil zu wahrsagen, und niemand würde ihr je eine ihrer Prophezeiungen glauben, lässt er sie wissen – eine grausige Rache, die sich nur ein Gott ausdenken kann.

Der Fluch Apollons erfüllte sich in einer unseligen Kette von Vorhersagen. Bei der Geburt ihres Bruders Paris orakelte sie, durch ihn werde Troja einst untergehen. Bei der Reise des Paris zum Spartanerkönig Menelaos sagte sie voraus, dass er dessen Gattin Helena (= Göttin des Mondes) entführen werde, was den langen Krieg zwischen Griechen und Trojanern auslösen sollte. Niemand glaubte ihr; auch nicht, als im zehnten Jahr dieses Krieges die Griechen dem belagerten Troja ein hölzernes Pferd anboten. Kassandra schaute und kündete, der Bauch dieses Pferdes werde bewaffnete Krieger ausspeien, das Geschenk sei ein Kuckucksei.

Und sie schelten meine Klagen,
Und sie höhnen meinen Schmerz,
Einsam in die Wüste tragen
Muss ich mein gequältes Herz,
Von den Glücklichen gemieden
Und den Fröhlichen ein Spott!
Schweres hast du mir beschieden,
Pythischer, du arger Gott!

Dein Orakel zu verkünden,
Warum warfest du mich hin
In die Stadt der ewig Blinden
Mit dem aufgeschlossnen Sinn?
Warum gabst du mir zu sehen,
Was ich doch nicht wenden kann?
Das Verhängte muss geschehen,
Das Gefürchtete muss nahn.

Friedrich Schiller: Kassandra

Bei der Teilung der Beute geriet Kassandra als Sklavin in die Hand des Königs Agamemnon, der sie mit nach Mykene nahm, wo sie seine Geliebte geworden sein soll. Agamemnons Gattin Klytaimnestra soll ihren Gatten und seine orakelnde Mätresse aus Eifersucht getötet haben. In Lakonien zeigte man im Altertum an verschiedenen Orten Kassandras Grab und identifizierte sie mit einer einheimischen Halbgöttin Alexandra.

Aischylos lässt sie in seiner Tragödie »Agamemnon« selbst ihren eigenen Tod in Mykene als großartige Vision im Voraus erleben. In diesem Werk hatte Priamos sie wegen ihrer düsteren Prophezeiungen in einer Pyramide einsperren lassen, so dass ihre vorausschauenden Warnungen nur durch eine Dienerin übermittelt werden konnten (→Veleda). Das Epos »Alexandra« des hellenistischen Dichters Lykophron besteht aus einer endlosen Kette düsterer Voraussagen der Kassandra.

Leid und Fluch der Kassandra fanden mit ihrem Tod mitnichten ein Ende. Die ewige Warnerin wurde zur Urmutter all derer, die aufgrund einer überbetont negativen Weltsicht überall nur Unglück wähnen und nicht merken, dass sie damit den Großteil des Blickspektrums ausblenden; und all derer, die viele auf sich selbst bezogene Unglücke suggestiv bewirken und sich dann in ihrem Pessimismus immer neu bestätigt fühlen. Hatte auch Kassandra einen Teil der Katastrophen selbst heraufbeschworen, als sie die Zukunft hinausschrie? Vielleicht sollte man sich wirklich hüten, die Götter zu küssen.

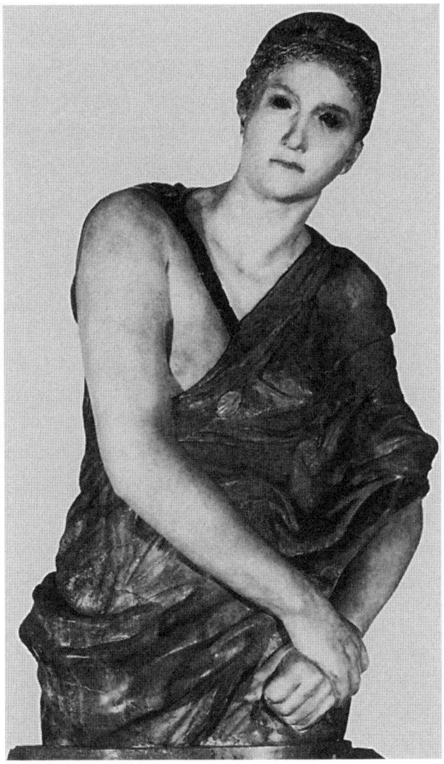

Kassandra von Max Klinger, Marmor, 1886–1895.

Katzenorakel

Das alte keltische Irland pflegte einen Katzenkult, der sich offensichtlich um einen Orakeltempel in Connought bei Clogh-mag-righcat (heute Clough) zentrierte. Eine schlanke schwarze Katze, die behaglich auf einem Stuhl von Altsilber ruhte, beantwortete in einer Höhle Fragen. Fragestellern, die sie zu täuschen oder zu testen versuchten, gab sie wohl recht grobe Antworten. Ein weiterer Mittelpunkt dieses Kults war Knowth in der Grafschaft Meath, ein megalithisches Heiligtum. Es sei einst die Wohnstatt der Königskatze Irusan gewesen. Irusan hatte die Ausmaße eines Pflugochsen und soll Seanchan Torpest, den Hohen Ollaven (Meisterbarde) von Irland, zur Strafe für eine von ihm gedichtete Satire auf ihrem Rücken entführt haben. Ähnlich der ägyptischen Katzengöttin Bastet setzte man sie als Ausdruck der Großen Mutter und Mondgöttin mit Diana gleich.

Nach alter Auffassung lag im Bereich des (symbolischen) Mondes das Schatzhaus aller Erinnerung, die Weisheit von dem, was jemals war, ist und sein wird. Das Symbol Mond wird unserem Unterbewusstsein zugeordnet. Dort lokalisiert die Psychologie auch das Schatzhaus des kollektiven Gedächtnisses. Katzen dienten als Ausdruck des Mondes mit seinen Zyklen: Wachsen, Blühen und Vergehen sowie aller Veränderungen, die sich wie im vegetativen Kreislauf »auf leisen Sohlen« anpirschen.

In unseren Breiten verkam solcher Glaube samt Verehrung auf ein Niveau trister Beobachtungsfehler und falscher Beziehungsverflechtungen. Besuch komme, wenn die Katze einen Buckel macht, sich putzt und dabei mit der Pfote hinter das Ohr streicht. Das Putzen des rechten Ohres deute auf vornehme oder gern gesehene Gäste, das Lecken der linken Pfote stelle unangenehme Leute in Aussicht. Bearbeitet sie beim Putz vornehmlich das Gesicht, müsse es weiblicher Besuch sein; männlicher nahe, wäscht sie sich den Rücken. Leckt die Katze sich den Hintern oder frisst Gras, gebe es Regen, drehe sie den Schwanz zum Ofen oder Herd, kühle es drastisch ab. Trinke sie Wasser oder niese sie, muss mit Schneefall gerechnet werden. Leckt sie sich das Fell gegen den Strich, kratzt sich am Schwanz oder reibt sich am Tischbein oder Besen, komme Sturm auf. Will sie nicht aus dem Haus, solle man auch daheim bleiben.

Nicht auszudenken, was alles passieren könne, miaut eine Katze jämmerlich in der Nähe des Hauses, fallen zwei aggressiv übereinander her und habe gar eine fremde Katze Haus oder Wohnung betreten. Saß vor der Trauung eine Katze am Altar, gab man keinen Pfifferling mehr auf die Ehe. Läuft morgens eine schwarze Katze über den Weg oder zwischen die Beine, helfe nur noch, einen Stein über den Weg zu werfen und dreimal hinterher zu spucken, um das Unheil noch abzuwenden.

Von den schottischen Gälen ist eine grausliche Form des Orakels überliefert, das *taghgairm*. Dabei soll eine lebende Katze am Spieß über einem Feuer geröstet worden sein, bis andere Katzen erschienen und das Opfer retteten, indem sie alle anstehenden Fragen beantworteten.

Kehrorakel

Kehren als einfache Form der Reinigung konzentriert und häuft Abfall, der nun entfernt werden muss. Deswegen verlangt der Vorgang eine achtsame Behandlung. Früher hieß es, wer einem scheidenden Besuch nachkehre, hefte ihm ein Unglück an. Reist jemand ab, müsse man zumindest warten, bis er die Grenze der Gemeinde oder Stadt erreicht hat. Wer vorher nachkehre – auch unbeabsichtigt – oder ihn gar noch zufällig ankehrt, bringe ebenfalls Unglück für die abreisende Person, sogar Krankheit an den Füßen.

Wer im nüchternen Zustand am frühen Morgen über Kehricht steigt, erfahre Zank oder ähnlich Unangenehmes an diesem Tag. Ledigen Personen sei es ganz abzuraten, ebenso Freiern und gerade jung Verliebten. Der drohende Streit könne alle zarten Pflanzen der Liebe welken lassen. Laufe jemand während des Kehrens über den Kehricht, gelinge der reinigenden Person so gut wie nichts mehr an dem Tag.

Holzschnitt von Ulrich Molitor: Hexenprozession, 1544.

Neue Besen kehren gut, besonders ein am Gründonnerstag gekaufter. Karfreitags kehren bringe viele Fliegen ins Haus, bei Neumond locke man dadurch die Spinnen herein. Als günstige Kehrtage dagegen werden Neujahr und Fastnacht empfohlen, die restlichen Tage im Jahr geht es aber auch noch. Abends aber sollte man es lassen, da es einen guten Schlaf verhindere und sogar die Erwerbsquellen schmälern kann. Am Nachmittag nach drei Uhr ist es ebenfalls abzuraten, mittags um die zwölfte Stunde klebt gar kein Segen daran.

Wichtig ist die Richtung. Man sollte von der Türe nach der Mitte des Raumes kehren, also »zubringend«. Treppen kehre man von unten nach oben. Das wird immer wieder falsch gemacht. Und immer nur vorwärts kehren, nie den Besen zu sich her oder gar etwa hinter sich her ziehen. Zuwiderhandlungen, auch wenn sie unbewusst erfolgen, gelten als potenziell böse →Omen. Bei den Bulgaren hieß es früher: Wenn Mädchen die Türschwelle selbst kehren, werden ihre Brüste groß. Das mag man nun zu verhindern oder herauszufordern suchen.

Wer in der Früh Kehricht vor der Türe findet, könnte im Lotto gewinnen. Bleibt beim Auskehren ein Strohhalm liegen, kommen wohl Gäste. Setzen junge Frauen beim Kehren aus, können sie vom Liebhaber oder Partner verlassen werden. Kehrt man im Traum, wird es wohl Zeit, Wohnung, Haus oder Lebensführung einer Reinigung zu unterziehen.

Es gibt allerlei Liebesomen und magische Handlungen beim Kehren, um etwas über den künftigen Partner herauszufinden. Wer in der Andreas- oder Thomasnacht auf einem dreibeinigen Schemel mitten in der gefegten Stube in der Dunkelheit eine Kerze entzünde und lange genug wartet, soll den oder die Zukünftige plötzlich dort sitzen sehen. Einfacher scheint uns da folgendes Verfahren. Kehrt man in der Andreasnacht die Wohnung rückwärts und rückwärts trägt auch den Kehricht hinaus, so treffe man dort St. Andreas selbst, den man fragen kann.

Johannes Kepler

Der 1571 in Weil der Stadt geborene Johannes Kepler gilt als der Begründer der neueren Astronomie. Kepler war erst Assistent, dann Nachfolger des berühmten Astronomen Tycho Brahe am Hofe des aller Alchemie und Astrologie zugetanen Kaisers Rudolphs II. in Prag.

Kepler zeigte als erster die Exzentrität der Erdbahn auf und beschrieb die Bewegung der Planeten mathematisch in drei Gesetzen. Ihm verdankt die Astronomie auch die erste wissenschaftliche Abhandlung über Linsen und Linsensysteme (»Dioptrik«). Kepler war es 1610 gelungen, für zehn Nächte ein Fernrohr, das sich im Besitz des Kölner Erzbischofs Ernst befand, auszuleihen. Die Möglichkeit, damit sehr weit entfernte Wunderdinge wie die Jupitermonde wahrzunehmen, faszinierte ihn. Mit den Worten »O du viel wissendes Rohr, kostbarer als jegliches Szepter! Wer dich in seiner Rechten hält, ist der nicht zum König, nicht zum Herrn über die Werke Gottes gesetzt?« pries er das Instrument. In seiner im selben Jahr erschienenen Schrift »Unterredung mit dem Sternenboten« rief er seine Zeitgenossen begeistert zur Weltraumfahrt mit dafür geeigneten Schiffen auf.

Als Keplers 1609 entstandene Erzählung »Somnum« (Traum), in der ein Junge unter Anleitung seiner Mutter wundersame Zauberriten ausführt, um mit den Geistern des Mondes in Verbindung zu treten, unautorisiert veröffentlicht wurde, geriet er in den Verdacht, verbotene Künste auszuüben. Es fiel ihm daher doppelt schwer, seine Mutter Katharina, die 1615 als Hexe angeklagt und bereits inhaftiert war, vor dem Scheiterhaufen zu bewahren. Schon Keplers Tante, die Katharina mit vielen stärkenden Kräutermitteln aufgezogen hatte, war wegen Hexerei hingerichtet worden. Kepler hatte es schon lange verdrossen, dass seine Mutter, ohne Vorsicht walten zu lassen, selbst hergestellte Kräuterzubereitungen an kranke Nachbarn weitergab. Prompt war sie von missgünstigen Personen bezichtigt worden, Zaubertränke herzustellen.

Kepler hatte als Landschaftsmathematiker im Auftrag der steirischen Stände seit 1595 damit begonnen, Kalender zu schreiben, denen er Vorhersagen zur Witterung, zum Gedeihen der Früchte, zum Auftreten von Krankheiten, zu Finsternissen und ihrer Bedeutung und zu politischen Ereignissen beifügte. Immer wieder aber betonte er in den Kommentaren, dass die Astrologie nur allgemeine Tendenzen liefere und dass daraus keinesfalls spezielle, besondere Ereignisse abgeleitet werden könnten. »Dass der Himmel im Menschen etwas tue, siehet man klar genug; was er aber in specie tue, bleibt verborgen.« Die jährlichen Prognosen möge man deshalb zur Ergötzlichkeit lesen, nicht aber darauf bauen.

Seit 1594 hatte Kepler auch als Astrologe gearbeitet. Im Jahr 1600 erstellte er für Albrecht von Wallenstein ein Horoskop. Wallenstein war von den genauen Vorhersagen sehr beeindruckt, zumal Kepler vom Auftraggeber, einem Dr. Stromayr aus Prag, nur wusste, dass es sich bei dem Auftraggeber um einen »edele here« (edlen Herren) aus Böhmen handelte. In dem 1625 von Kepler aktualisierten Horoskop sagte er für das Jahr 1634 ein gewalttätiges Ereignis voraus. Tatsächlich wurde der Feldherr am 25. Februar dieses Jahres ermordet.

Schon 1597 hatte Kepler sich selbst das Horoskop gestellt. »Dieser Mensch ist von Geburt an dazu bestimmt«, befand Kepler, »seine Zeit mit schwierigen Dingen zu verbringen, vor denen andere zurückschrecken.«

Vier Jahre nach Keplers Tod im Jahr 1630 ließ sein Sohn Ludwig den »Traum, oder posthumes Werk über die Astronomie« als Buch erscheinen. Der hier beschworene gute Monddämon erweist sich, wenn man die 21 Buchstaben seines Namens »schüttelt«, als die von den Zeitgenossen Keplers arg verketzterte »astronomia copernicana«, für deren Anerkennung sich Kepler zeit seines Lebens eingesetzt hatte.

Um auf den Mond zu gelangen, müsse der Reisende, um die enorme körperliche Belastung auszuhalten,

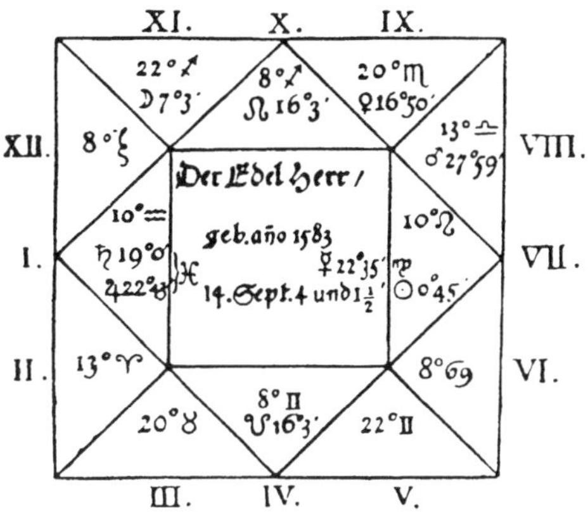

Horoskop, das Kepler 1608 für den Feldherrn Wallenstein erstellte.

mit Betäubungsmitteln und Opium eingeschläfert werden, erläuterte der Geist. Dort angekommen, könne er dann die Erde als Gestirn sehen, wie sie sich vom Mond aus in ihren verschiedenen Phasen darbietet. Der Geist erzählte auch von Wesen, die auf dem Mond in Kapseln leben, und nahm damit vorweg, was 1969 Wirklichkeit wurde, als ein Mensch aus einer Kapsel ausstieg, um erstmals den Boden des Mondes zu betreten und sich die Erde von einem anderen Weltkörper aus zu betrachten.

Kerzenorakel

Brennende Kerzen übernehmen auch Symbole von Feuer (→Feuerorakel), Licht und damit des inneren Lichtes. Damit schienen sie geradezu prädestiniert, Vorzeichen oder einen Zugang zur inneren Weisheit zu liefern.

Wenn bei der Krankensegnung der Rauch der ausgelöschten Kerze deutlich nach oben zieht, durchs Zimmer streicht oder geradezu auf den Kranken drängt, deute dies auf dessen Genesung; bewegt er sich auf die Türe zu, künde er vom Tod, glaubte man. Ein lange rauchender Lichtdocht nach dem Verlöschen verweise auf einen Skandal! Knistert und funkt es, erhalte man einen Brief, sollte das Kerzenlicht gar »brummen«, stehe ein scharfer Tadel bevor! Steigt der Rauch der Kerzen beim Seelenamt in die Höhe, kommt der Tote in den Himmel. Verbreitet sich der Rauch nach unten, steht es wohl schlechter mit ihm. Wer beim Scheine einer am Heiligabend oder Silvester rückwärts in das Zimmer getragenen Kerze einen kopflosen, schwindenden oder gar keinen Schatten an die Wand wirft, der überlebe das nächste Jahr nicht oder ist bereits unter die Geister aufgenommen worden. Näheres dazu erfährt man im →Magischen Spiegel.

Für ein Kerzenorakel bieten sich besonders Lichtmess (2. Februar) an, Allerseelen, der Thomastag und Neujahr. Dazwischen aber funktioniert's auch. Große Bedeutung gewann dieses Orakel bei der Namenswahl, entweder für das zu erwartende Kind, für die eigene Namensänderung, für die Suche nach einem neuen oder überhaupt nach einem Schutzpatron; aber auch zur Umtaufung eines Kranken, um alle lauernden Dämonen zu irritieren. Die häufigste Methode verlangt zwölf neue und gleich große Kerzen, in die Namen der Heiligen geritzt oder per Aufkleber markiert werden. Dann zünde man alle zur gleichen Zeit an. Diejenige, die als letzte verlischt, gilt im Allgemeinen als Namenskünder. Früher nutzte man häufig die Namen der zwölf Apostel. Aber da bestand die Gefahr, dass die Judaskerze zu langsam abbrannte. Als Eltern noch ihre ganze Zeugungspotenz ausschöpften, wurde auf diese Weise auch ermittelt, wer aus ihrer Nachkommenschaft dem geistlichen Stand als Priester, Mönch oder Nonne geopfert werden sollte.

Intimere Bitten wie auch oft die um das Auffinden von verlorenen Gegenständen legen Katholiken vielfach dem heiligen Antonius vor. Dazu zünde man vor seinem Altar eine Kerze an und warte in den nächsten Tagen auf die deutliche Sprache per Intuition. Hier verbindet sich die Befragung noch, wie in der Antike, mit einem wenn auch kleinen Opfer. Meine Mutter, die auf dieses Vorgehen schwor, behauptete aber zuletzt: es sei teurer geworden beim Antonius. Aber was wird nicht teurer heutzutage!

Eine besondere Abart findet sich in einem Brauch aus Bremen, der noch bis zum Zweiten Weltkrieg üblich war. Wenn Angehörige oder Freunde von Verstorbenen, vermissten oder für tot erklärten Seeleuten deren geringe Habe versteigern ließen, zündete der Auktionator, meist selber ein alter Seebär, zunächst eine kleine und schon fast heruntergebrannte Kerze auf einem Leuchter an. Dann begann die Versteigerung, die in der Regel nicht Details, sondern den Nachlass als Ganzes erfasste. Die Versteigerung war in dem Augenblick beendet, in dem das Licht erlosch – egal, wie viel noch geboten werden sollte. Man sah darin einen Fingerzeig aus dem Jenseits, eine Person, nämlich die zuletzt geboten hatte, als Erben zu bestimmen.

Klaros

Zu den bedeutendsten, aber eher jüngeren Orakelstätten Kleinasiens zählte Klaros, nahe Kolochos, der Sage nach von Manto, der Tochter des →Teiresias und Mutter des →Mopsos gegründet. Es gewann in der römischen Kaiserzeit höchstes Ansehen, und man zog es sogar in theologischen Fragen zu Rate.

Durch einen Gang unter dem Tempel gelangte man zur heiligen Quelle. Nicht nur der Priester, sondern jeder, der aus der Quelle trank, soll seherische Kraft erlangt haben. Es wird aber kaum jeder zu dieser Quelle vorgelassen worden sein. Im Gegenteil. Die Priester von Klaros, »Prophetes« genannt, mussten aus einer bestimmten Familie nahe von Milet stammen, die wohl auch sehr viel auf Gelehrsamkeit hielt. Nach festgelegten Vorbereitungen, wie sicherlich das übliche Opfer der Konsultanten, nannte man dem Propheten nur die Anzahl und die Namen der Kunden. Dann stieg der allein in die Grotte, nahm einen »göttlichen Trank« aus der Quelle und erteilte Sprüche über die Anfragen (Tacitus, Annalen II,54). Der Orakelspruch erfolgte in Hexametern, die auf Tontäfelchen geschrieben und vielleicht auch dabei erst in Verse gebracht wurden. Um den Aussagen eine besondere Würde zu verleihen, arbeiteten die Verfasser gezielt mit einer archaischen und eigentümlichen Wortwahl. Zumindest machten sie sich die Mühe, wenn die Festgesandtschaft einer Polis (Stadt) zum Orakel kam. Bei Privatpersonen wählte das Orakel wohl einen Spruch aus einer Sammlung kurzer und vorformulierter Texte.

Als sich im 2. Jahrhundert n. Chr. in einem kleinen Ort in Lydien Seuchen und Misswuchs mehrten, sandten die Bewohner Boten zu Apollon als Herrn des Orakels von Klaros. Doch ehe der Gott ausführlich über Hintergründe und Rettung sprach, fragte er einmal zurück: »Wieso schwärmt ihr jetzt voll Staunen um meine Schwelle und wünscht, dass die Wahrheit euch zu Ohren komme?« Doch da sie schon einmal gekommen seien, wolle er ihnen die Wahrheit sagen. Dann erklärte er ihnen das ganze schreckliche Ausmaß der Katastrophe, das ihnen noch bevorstünde, bevor sie dem Unheil Einhalt gebieten könnten (Rosenberger 2001:104).

Klartraum

Der Sportpsychologe und Dozent des Psychologischen Fachbereichs der Universität in Frankfurt am Main Paul Tholey erzählte einmal in einer Runde von Studenten, was den Anstoß dazu gegeben hatte, dass er sich fortan engagiert mit dem Gebiet des Klarträumens beschäftigte. In einem immer wiederkehrenden Albtraum war er von einem Tiger bedroht worden, sodass er jede Nacht schweißgebadet aufwachte. In einem Buch von Carlos Castaneda las er zufällig, dass man üben könne, im Traum seine Hände bewusst wahrzunehmen. »Ich probierte deshalb von nun an, in meinem Traum ebenso bewusst anwesend zu sein, um mal zu versuchen, aktiv in das Geschehen einzugreifen. Als der Tiger wieder drohend vor mir stand, fragte ich ihn, wer er sei und was er von mir wolle. Zu meiner Überraschung verwandelte er sich in einen Elefanten, der mich bedrohte. Wiederum fragte ich, wer er sei und was er wolle. Die Verwandlungen in immer neue bedrohliche Tiere gingen noch eine Zeit lang weiter. Ich ließ mich aber nicht einschüchtern und fragte jedes Tier aufs Neue, wer es sei und was es wolle. Schließlich stand mein schon vor Jahren verstorbener Vater, recht verlegen, vor mir und sagte ›Hallo Junge, entschuldige, aber ich hätte da noch etwas zu klären, was mir einfach keine Ruhe lässt …‹«

In seinem zusammen mit dem Psychologen Kaleb Utecht geschriebenen Buch »Schöpferisch träumen« definiert Paul Tholey den Klartraum folgendermaßen:

1. Dass man sich völlig darüber im Klaren ist, dass man träumt,
2. dass man deshalb auch im Traum um die eigene Handlungsfreiheit weiß,
3. dass der Bewusstseinszustand des Träumers in keiner Weise getrübt ist,
4. dass alle Sinnesleistungen genauso wie im Wachleben zur Verfügung stehen,
5. dass eine vollständige Erinnerung an das Wachleben besteht,
6. dass im Wachen wie im Klartraum eine ebenso vollständige Erinnerung an das bisherige Klartraumleben besteht und
7. dass man im Wachen wie im Klartraum Klarheit über das hat, was der Traum symbolisiert.

Mit Hilfe spezieller Klartraum gewinnender und bewahrender Techniken lässt sich Kontakt mit dem Unterbewusstsein aufnehmen, lassen sich alte Probleme (»Komplexe« im Jung'schen Sinn) durch das Traum-Ich »im Schlaf« aufarbeiten, Zukunftsszenarien simulieren, Wünsche ausleben und Fähigkeiten, etwa im Sport, durch Übungen und Probehandlungen im Klartraum für die Zukunft deutlich verbessern, aber auch (wie eingangs geschildert) Albträume entschärfen.

Klarträume wurden schon von den Dichtern →Jean Paul und Novalis, von dem Philosophen Descartes, von dem Schriftsteller Robert Louis Stevenson, von dem Komponisten Mozart, dem Mathematiker Böhm und von dem Naturwissenschaftler Ernst Mach berichtet.

Vor Überraschungen ist man aber auch im Klartraum nicht gefeit. Eine Psychologin, die in ihrem Traum von einem übel aussehenden riesengroßen Kerl mit einem erhobenen Knüppel verfolgt wurde, erinnerte sich daran, dass man solche Traumfiguren ansprechen solle. Sie blieb im Traum deshalb stehen und fragte ihren Verfolger, was er wolle. Seine verblüffende Antwort: »Woher soll ich denn das wissen? Dies ist doch dein Traum und außerdem hast du doch Psychologie studiert und nicht ich …«

Knochenorakel →Schulterblattweissagung

Konfuzius

Als Dscheng-dsai, die Mutter des Konfuzius, auf den Berg Ni-Ajiv ging, um für die Geburt eines Knaben zu beten, richteten sich Bäume und Pflanzen auf, als sie vorbeiging, und beim Herabsteigen neigten sie sich ehrerbietig. In der Nacht träumte Dscheng-dsai vom Herrn des Wassers, der zu ihr sagte, sie werde einen Sohn zur Welt bringen, einen Weisen. Sie solle ihn in einem hohlen Maulbeerbaum niederlegen.

In der Schwangerschaft hatte sie die Erscheinung von fünf Greisen, die sich als die Gebieter von fünf Planeten vorstellten. Bei sich hatten sie ein Einhorn (Aji-lin), das im Mund ein Stück Jade mit einer Inschrift trug: »Ein Kind, das aus der Wesenheit des Wassers geboren ist, wird das verfallene Königshaus der Chou fortführen und ungekrönter König werden.«

Am Tag der Geburt begab sich Dscheng-dsai zu einer Höhle, die den Namen »Hohler Maulbeerbaum« trug. Als sie ihren Sohn gebar, tanzten zwei Drachen vor der Höhle, himmlische Musik ertönte und eine Quelle bildete sich, damit die Mutter das Kind waschen konnte. Die Eltern nannten das Kind, in Erinnerung an die Abstammung der Familie von dem Königshaus Schang »Kung« (Schwalbenei). Denn der erste Ahne dieses Geschlechts war nach der Überlieferung aus einem Schwalbenei geboren worden.

Der junge Konfuzius spielte gern mit Opfergeräten und animierte seine Spielgefährten dazu, sich voreinander zu verneigen und dem anderen den Vortritt zu lassen. Da sein Vater früh starb, musste er seine Mutter durch Fischen und Jagen unterstützen, er schoss aber nie auf Vögel, die er schlafend auf einem Baum sitzend fand. Nach dem Studium in einer Adelsschule schloss sich die »Verleihung des Männerhutes« als Zeichen an, dass er das

Mannesalter erreicht hatte und sich jetzt einen Bart und die Haare lang wachsen lassen durfte.

Seinen Schülern befahl er, als sie sich mit ihm einmal auf einen Spaziergang begaben, Regenschirme mitzunehmen. Als es tatsächlich regnete und die Schüler ihn fragten, woher er das wusste, verwies er auf ein Himmelszeichen, das er in der Nacht zuvor gesehen hatte. Als sich im Hof des Herzogs von Ch'i ein einbeiniger Vogel zeigte und flügelschlagend hin und her hüpfte, ließ der Herzog Konfuzius rufen, um diesen zu befragen. »Dieser Vogel heißt Schang-Yang«, sagte Konfuzius, »er ist der Vorbote einer großen Flut.« Kurze Zeit später kam ein gewaltiger Regen. Alle Staaten wurden überschwemmt und großer Schaden entstand. Lediglich Ch'i, dessen Herzog Vorkehrungen hatte treffen lassen, entging dem Unheil.

Weniger richtig war die Vorhersage, die er über den kleinen Laotse abgab, als er ihm auf einer Straße begegnete. Die Spitzfindigkeit des Knaben und seine Schlagfertigkeit verblüfften Konfuzius. Alle Rätsel, die er ihm aufgab, löste das wundersame Kind. Konfuzius dagegen konnte Laotses Fragen »Wie viel Sterne stehen am Himmel?« und »Wie viel Haare hast du in deinen Augenbrauen?« nicht beantworten. Ein wenig verärgert sagte er zu seinen Begleitern: »Aus frühreifen Knaben wird später nicht viel.«

Spät in seinem Leben, 481 v. Chr., begann er sich in das →I Ging, das Buch der Wandlung, ein uraltes System der Wahrsagekunst, einzulesen. Er beschäftigte sich so unermüdlich damit, dass er dreimal die Ledergurte verschliss, die die Tafeln mit dem

Das älteste bekannte Bild von Konfuzius, nach einem Gemälde des Malers Wu Dau Dsi aus der Tang-Dynastie, 8. Jahrhundert n. Chr.

Text zusammenhielten. »Könnte ich mein Leben um eine Reihe von Jahren verlängern, so würde ich 50 davon dem Studium des I Ging widmen«, rief er begeistert aus. Dieses Werk, geschrieben im 4. Jahrtausend v. Chr. vom ersten chinesischen Kaiser Fu-hsi, um 1000 v. Chr. von König Wen systematisiert und von seinem Sohn, dem Herzog von Chou erläutert, besitze so viele Schichten wie die Erde selbst, befand Konfuzius. Von ihm stammen höchstwahrscheinlich die Kommentare zur Entscheidung (Tuan Dschuan) und die Kommentare zu den Bildern des I Ging, die sich bis heute erhalten haben.

Im Frühjahr des Jahres 481 v. Chr. wurde bei einer Jagd ein seltsames Tier gefangen. Man schickte nach Konfuzius, der in ihm das Einhorn erkannte, das einstmals seine Mutter besucht hatte. Unter Tränen rief er aus: »Ich bin auf meinem Weg am Ende.« Er reinigte sich, fastete, wandte sich dem Nordstern zu und meldete ihm die Vollendung seines Werkes. Vom Himmel zuckte, so wird überliefert, ein roter Regenbogen herab und verwandelte sich in ein Stück gelber Jade, das mit Schriftzeichen bedeckt war.

In einem Traum sah er seinen baldigen Tod voraus. Sieben Tage später, am Tage I-tschou, am elften Tag des vierten Monats, im 16. Jahr des Herzogs Ai von Lu, dem 41. Regierungsjahr des Königs Djing von Dschou starb Konfuzius in seinem 73. Lebensjahr (in unserer Zeitrechnung: 479 v. Chr.). Sein Grab befindet sich beim Dorf Kung-li in der Provinz Schantung (Nordost-China) in einem Gräberhain mit 1000-jährigen Bäumen.

Königswahlorakel

Während der Amtszeit des amerikanischen Präsidenten Bill Clinton sprang mir eines Tages die Schlagzeile der Bildzeitung ins Auge: *»Clinton trieb es mit 2000 Frauen!«* Dies wäre im Altertum das definitive Vorzeichen gewesen, dieses Mannsbild zum König der Könige zu erklären. Schließlich hatte der König nicht nur sein Volk zu führen. Er war symbolischer und damit auch tatsächlicher Garant für alles fruchtbare Werden seines Volkes, was er mitunter dem ganzen Volk körperlich vor- und nachzuweisen hatte. Umso wichtiger wurde vor dem unseligen Automatismus familiärer Nachfolge die Wahl, und man fand verschiedene Orakel- oder Ausleseverfahren. Dazu konnte es gehören, im Beisein von Gutachtern eine verwöhnte Göttin zufrieden zu stellen, ein Ahnen- oder Götterschwert aus dem Fels zu ziehen oder seine Kampfkraft im Zweikampf (→ Gottesurteil) unter Beweis zu stellen.

Auf der Insel Rügen mussten slawische Königsanwärter von der Seeseite ohne Hilfsmittel den steilen 119 Meter hohen Fels, den heutigen Königsstuhl im Norden der Insel, ersteigen – eine frühe Form der Extremkletterei. Wer diese Mutprobe bestanden hatte, durfte sich auf der Kuppe in einen steinernen Stuhl niederlassen und wurde inthronisiert. So behauptet jedenfalls die Sage.

Die älteste Handschrift irischer Sagentexte, »Leabhar na Huidri«, (»Das Buch der dunkelfarbigen Kuh«) von etwa 1100 n. Chr., erwähnt ein Stierfest *(tabhfheis)* während der Wahl des keltischen Hochkönigs. Dazu aß ein Druide von einem rituell getöteten weißen Stier, trank dessen Blut und wurde dann von vier druidischen Kollegen zu einem Visionsschlaf gebettet. Im sich nun einstellenden Traum sah der Schlafende den kommenden König. Wenn dieser

Druide über seinen Traum nicht die Wahrheit berichtete, verfiel er einem gnadenlos göttlichen Strafgericht, glaubte man. Doch dieses Stierorakel allein reichte nicht. Nun hatte sich der Kandidat am irischen Königssitz zu Tara noch der eigentlichen Prüfung durch den Königsthron selbst zu unterziehen (→Lia Fail).

Ähnlich diesem agierenden Schicksalsstein, der später ins schottische Scone und auf schmachvollem Weg sogar in die Westminster Abbey gelangte, gebärdete sich noch ein anderer Krönungsstein, der aber in seiner Heimat blieb. Auf dem Rock of Doon bei Kilmacrenan im irischen Donegal mussten sich die Thronanwärter der mächtigen O'Donnells auf einen heiligen Felsstein stellen. Dann rief das am Fuße des Berges versammelte Volk dreimal: »O'Donnell!« Fand der Stein den gewählten König für würdig, gab er wohl einen dumpfen Freudenlaut von sich. Andere behaupten, er wiederholte schreiend: »O'Donnell!« Oder war dies nur das Echo?

Kristallomantie

Die Wahrsagung mit Hilfe eines spiegelnden Gegenstands (Katoptromantie) wurde schon im Altertum praktiziert und ist heute noch üblich. Alle glatten, glänzenden Flächen finden Verwendung: Kohle, Aschenbecher, Seifenblasen, Uhrdeckel, Messer, Schwerter, Metallteller, glatte Steine, blank polierte Schuhe, Fingernägel, eine bauchige Glasvase, die mit Wasser gefüllt ist. Einige Beispiele:

- Für Coinneach Odhar, den »Seher von Brahan«, begann sich der Schleier der Zeit zu lüften, als ihm seine Mutter einen kleinen blau glänzenden Stein gab, den sie auf Weisung des Geistes einer Prinzessin in einem Moorsee in Schottland gefunden hatte.
- Um Königin Katharina von Frankreich ihre Fragen über das künftige Geschick ihrer Söhne beantworten zu können, ließ →Nostradamus sie in einen Spiegel sehen und dort die Zukunft schauen.
- Als John →Dee im Jahre 1581 einmal zum Gebet niederkniete, erschien ihm der Engel Uriel und überreichte ihm einen Kristall, »ungemein leuchtend, ungemein hell und prächtig, groß wie ein Ei«. Hierin erschienen Dee und seinem Assistenten in der Folge viele Geister.
- Der zufällige Blick auf den Schein eines Zinngefäßes machte den Schuster Jakob →Böhme zum Seher.

Im zweiten Band seines in den siebziger Jahren erschienenen Werks »Hermetisches ABC« berichtet Karl Spießberger von einem Mann, der in seinem Büro durch den Blick auf einen Aschenbecher, in dem sich Sonnenstrahlen spiegelten, plötzlich in eine Art Selbsthypnose versetzt wird. In dem hellen Fleck sieht er, wie sich Gesichter und Köpfe herauszuschälen beginnen. »Zuerst unklar, dann schärfer werdend, zuletzt von einer unheimlichen Schärfe der Gesichtszüge, wie bei einer Mikroaufnahme. Es waren Männer, Frauen, Kinder, Bärtige, Glatzköpfe, alte und junge Gesichter.« Als der

Mann zu frösteln begann und eine Gänsehaut bekam, wandte er den Blick, auch in der Angst Wahnvorstellungen zu entwickeln, schnell ab.

Die meisten Menschen verstehen unter der Kristallomantie (der Kristallschau) die Benutzung einer »Wahrsagekugel«.

- Eine solche Kugel muss gut geschliffen und blasenfrei sein. Ideal, aber auch sehr teuer, sind Kugeln aus Bergkristall.
- Zur magischen Reinigung wird die Kugel in einen Bach gelegt.
- Hilfreich ist es, die Kugel bei Vollmond im Freien Mondlicht aufnehmen zu lassen und sie so zu energetisieren.
- Die Kugel wird entweder auf einen Sockel aus dunklem Holz oder auf einen mit schwarzem Tuch überzogenen Tisch gestellt. Der Raum sollte nur durch eine oder mehrere Bienenwachskerzen beleuchtet sein.
- Manche Kristallseher finden es für die Konzentration hilfreich, wenn sie vor der Schau mit den Händen über die Kugel streichen und dabei Weihrauch, auch als Schutzräucherung, abbrennen.
- Zur eigentlichen Schau setze man sich entspannt vor die Kugel und fixiere sie, bis ein Trancezustand eintritt und Bilder erscheinen oder gar ein Geistwesen.
- Wenn die Kugel nicht in Gebrauch ist, hüllt man sie in ein schwarzes Samt- oder Seidentuch und verwahrt sie in einem hölzernen Kasten.

Praktiker, die häufig mit dem Kristall arbeiten, betonen, dass es sehr wichtig ist, ein diszipliniertes und moralisch einwandfreies Leben zu führen, um gegen die Einflüsterungen der Kristallgeister gewappnet zu sein. Vor dem Beginn der mantischen Arbeit wird Fasten, Beten, Meditieren und das Anbringen eines magischen Schutzkreises empfohlen.

Kwasir

Lang lagen die beiden germanischen Göttergeschlechter der älteren Wanen und jüngeren Asen in Fehde, der Erste (allererste) Weltkrieg genannt. Um einen dauerhaften Frieden zu gewährleisten (→Mimir), schufen beide Seiten einen Friedenstrank. Dazu spuckten sie alle der Reihe nach in ein Fass und formten daraus den Zwerg Kwasir (slawisch: *kwass/kvas* = Gegorenes, Zerquetschtes), in den sie alle ihre Weisheit hineinlegten. Kwasir war so klug, dass er alle Fragen beantworten konnte. Er zog durch die Welt, lehrte die Menschen und leistete allen Wesen unschätzbare Dienste.

Zwei böse Zwerge aber, Fjalar und Galar (= Verberger und Lärmer), erschlugen ihn aus Neid, als er sie nichtsahnend besuchte. Sie fingen sein Blut in zwei Fässern Bodn und Son (= Gefäß und Versöhnung) auf und einem Kessel mit Namen Odrörir (= der das Gemüt oder die Muse bewegt). Das Blut mischten sie mit Zwergenhonig. Daraus entstand der Met der Dichtkunst und Gelehrsamkeit, der Skaldenmet (Skalden = transzendente Dichter des Nordens). Um sich vor dem Zorn der Asen zu schützen, behaupteten die beiden

Kwasir. Illustration aus der Prosa-Edda von 1760.

Zwerge, Kwasir wäre in der Menge seines eigenen Verstandes ertrunken. Niemand in der Welt sei in der Lage gewesen, dieses Wissen vorher von ihm abzufragen. Ihr Metgebräu mussten sie aber dem Riesen Suttungr als Sühne herausrücken, da sie auch dessen Eltern auf heimtückische Weise ermordet hatten. Suttungr ließ diesen Met fortan sorgfältig in Hnitbjörg (= schlagende Berge) von seiner Tochter bewachen, der Riesin Gunnlöd (= Einladung zum Kampf). All diese Namen repräsentieren kleine und größere Kräfte in der äußeren und unserer inneren Natur, die aus irdischer Sicht immer eine polare Form aufweisen und sich damit selbst zu behindern scheinen. Doch Reibung und Widerstand schaffen eine vorwärts treibende Energie.

Gott Odin, ewig auf der Suche nach diesem Met, wollte ihn sich um jeden Preis beschaffen. Als Schlange verwandelt, schlüpfte er mit seinem *rati* (= Bohrer) durch ein Bohrloch in Gunnlöds Höhle. Als die Riesin ihn wahrnahm, ließ er sie seine ganze göttliche Schönheit erschauen. Gunnlöd schmolz vor Liebe nur so dahin, und der Oberase ließ sich ein drei Nächte währendes Beilager jeweils mit einem Schluck aus dem Kessel bezahlen. Dabei leerte er aber heimlich mit jedem Zug eines der Fässer und schließlich den Kessel zur Gänze aus. Als er so allen Met zu sich genommen hatte, erhob er sich als Adler und eilte abschiedslos zur Götterburg Asgard. Suttungr verfolgte ihn augenblicklich, ebenfalls in Adlergestalt. Als die anderen Asen Odin sich so eilig nähern sahen, stellten sie rasch Schüsseln im Hof von Asgard auf. Noch im Flug spie Odin den Met in die bereitgestellten Gefäße.

Inzwischen hatte Suttungr den Asen aber fast eingeholt. Da ließ Odin etwas Met nach hinten fahren und konnte so den Verfolger auf das Wenige ablenken, was er noch übrig hatte. Dieser Teil, »auf den in der Regel niemand Acht gibt« und den jeder haben kann, wird seither »Teil der Dichterlinge« genannt: eine dünne Brühe für profane Schriftsteller. Fortan verlieh Odin besonderen Skalden die Gabe der Poesie, indem er die Biene (→Bienenomen), eines seiner Lieblingstiere und Attribute, den Honig der Dichtkunst im Schlafe auf die Lippen seiner Auserwählten träufeln ließ.

Handelt es sich hier wirklich bei Kwasir um einen Korngeist, um den Geist eines gegorenen Rauschtranks, den die Götter schaffen, wie zumeist vermutet? Aber welches Getränk sollte wirklich an die Quelle aller künstlerischen und kreativen Eingebungen heranführen? Oder soll diese Geschichte nur etwas von der Quintessenz allen Wissens berichten, das sich wie Gegorenes nach einem längeren Prozess schließlich absetzt und durch nichtmenschliche Zutaten angereichert wird? Das die Götter einst für alle bereithielten? Das aber im Zuge der Menschheitsentwicklung und ihrer Schattenkräfte kaum zugänglich, in einer dunklen Höhle (des Unbewussten) und nur noch unter schwierigsten Bedingungen zu erreichen ist (→Befragung durch Meditation)? Nur wenn sich Unter- und Oberbewusstsein, Intuition und Gefühl auf der einen mit dem nüchternen Verstand auf der anderen Seite versöhnen? Aus der Sicht Odins liest es sich jedenfalls so (Odinlieder der »Edda«):

Gunnlöd gab mir
auf goldenem Stuhl
einen Zug vom Zaubertrank;
leidigen Lohn
ließ ich ihr übrig
für vertrauensvolle Treue
für sorgenvollen Sinn.

Die betörte Schöne
hab ich schlau benutzt:
nichts ist Weisen verwehrt;
denn Odrörir
ist nun aufgestiegen
zur Wohnung des Weltenherrn.

L

Johann Kaspar Lavater

Johann Kaspar Lavater wurde 1741 als Sohn eines Arztes in Zürich geboren und wurde daselbst Pfarrer. Er beschäftigte sich als philosophisch-theologischer Autor mit den Phänomenen der Trance, der Besessenheit und des animalischen Magnetismus und in seinem Buch »Aussichten in die Ewigkeit« auch mit dem Leben im Jenseits.

Nachdem Lavater im Sterbezimmer seinen Bruders in der Nähe der aufgebahrten Leiche »einen weißen glanzlosen Schein wie ein blasses Phantom« vor sich schweben sah, traute er sich jahrelang nicht, auch nur einen einzigen Moment allein in einem verschlossenen Zimmer zu sein.

Die Physiognomik erhob er zur Wissenschaft: Zwischen dem Ausdruck des Gesichts und der Gemütsanlage und dem Temperament eines Menschen dürfe man eine wechselseitige Beeinflussung annehmen. 1772 schrieb Lavater dazu in seiner Schrift »Von der Physiognomik« erste Gedanken nieder und vertiefte diese – unter Mithilfe Goethes – in seinem Hauptwerk »Physiognomische Fragmente zur Beförderung der Menschenkenntnis und Menschenliebe«.

Lavater hatte für Menschen einen guten Blick. Als ihm einmal ein Fremder gemeldet wurde, war Lavaters erster Gedanke als er ihn sah: »Der ist ein Mörder.« Er unterdrückte diesen Gedanken aber als vorschnell und traf den Mann noch einmal am nächsten Tag bei einem

Lavater in seinem Arbeitszimmer. Zeichnung von Johann Heinrich Lips, 1789.

Essen. Kurz danach wurde bekannt, dass der Fremde einer der Mörder des schwedischen Königs Gustavs III. war.

Goethe gegenüber äußerte er sich einmal sehr treffend über den Magier und Wahrsager →Cagliostro. »Cagliostro ist aus einem Guss, eigenständig, kraftvoll, aber oft wegen seiner Trivialität abstoßend. Halten Sie ihn nicht für einen Philosophen. Er ist eher ein in Geheimnisse vernarrter Alchemist, ein eingebildeter Astrologe nach Art des Paracelsus. Abgesehen davon kann man ihm nur wenige oder gar keine Fehler vorwerfen, er ist kompakt und solid wie ein Block, ein Monument, dessen ungeheure Masse Beachtung heischt. Und noch etwas erstaunt mich: Für einen Zauberer fehlt es ihm an Anziehungskraft; er spricht weder das ästhetische Empfinden noch die Gefühle besonders an. Er hat nichts von einem Schönredner an sich. Und dennoch, Cagliostro überragt den Durchschnitt um 100 Ellen. Er ist ein riesiger Monolith, in dessen Schatten ein Haufen armseliger Hütten dahinvegetiert.« (Mit den »armseligen Hütten« sind Cagliostros Verleumder gemeint.)

Goethe distanzierte sich später von Lavater und machte sich in einem Spottgedicht (»Diné zu Coblenz«) über ein Mittagessen mit dem Physiognomiker und dessen Begleiter, dem Pädagogen Johannes Bernhard Basedow lustig. Während Lavater einem Landgeistlichen die »Geheime →Offenbarung« des Johannes erläuterte und mit einem Rohr dem staunenden Mann die genauen Maße des Neuen Jerusalem demonstrierte, verspeiste Goethe genüsslich einen Salm. Und während Basedow einen unwilligen Tanzmeister darüber belehrte, dass die Taufe ein veralteter Brauch sei, hielt sich Goethe weiter am Mahl gütlich: »Und ich, behaglich unterdessen / Hatte einen Hahn aufgefressen.«

Seinem Schwiegersohn und Biographen Geßner sagte Lavater, dass er auf eine gewalttätige Weise, durch einen Schuss, sterben werde. 1799 schoss ein betrunkener französischer Soldat auf ihn, als er bedrohten Menschen beistehen wollte. 1801 starb Lavater infolge der Verwundung.

Leberschau →Eingeweideschau

Lia Fail, der Schicksalsstein

Am nasskalten Morgen des 15. November 1996 übernahm das 1. Bataillon der schottischen »Argyll and Sutherland Highlanders« zu den Klängen von Dudelsack und Trommeln an der Grenze bei Coldstream einen schlichten Stein, der von England aus auf einem Landrover herantransportiert wurde. Unter der eigens dazu komponierten Melodie »The Return of the Stone« eskortierten sie das kostbare Stück unter großer Anteilnahme der Bevölkerung zum Burgmuseum von Edinburgh.

Auf diesem über drei Zentner schweren blassrötlichen Sandsteinblock, dem »Stone of Scone«, waren seit dem Jahre 839 alle schottischen Könige inthronisiert worden. Englands König Edward I., der 1296

Schottland eroberte, raubte diesen Stein aus der Burg Scone und schaffte ihn in die Westminster Abbey. Dort lag die Schmach für 700 Jahre unter dem Thron der englischen Könige, die mit ihrem Hintern auf dem Symbol der Eigenständigkeit Schottlands saßen, bis man ihn 1996 wieder herausrückte. Das Geheimnis dieses Steins und sein besonderer Wert lag unter anderem auch darin, dass er einen machtvollen Laut von sich gab, eine Art zustimmendes Brummen, nahm ein rechtmäßiger König das erste Mal darauf Platz. Unbestätigt bleibt, dass der Platzhalter mit dem nackten Po thronen musste, was aber im Schottenrock keinen besonderen Aufwand erfordert hätte.

Der Stein von Scone unter dem Königssitz in der Westminster Abbey.

Wehe aber, der Stein schwieg. Ein unwürdiger Aspirant bedeutete ein nicht auszudenkendes unheilvolles →Omen. Trotzdem traten manche Kandidaten nicht zurück, obwohl sich das Thronorakel eindeutig gegen sie ausgeschwiegen hatte. Natürlich galt eine solche Krönung als ungültig. Und warum hatte der Stein die ganzen 700 Jahre in der Westminsterabtei geflissentlich geschwiegen, selbst als die jetzige Königin Elisabeth II. 1952 auf ihm gekrönt wurde?

Der Stein von Scone gilt als der Schicksalsstein, Lia Fail, von Tara, der Residenz des alten irischen Hochkönigs, obwohl der dort in den kaum sichtbaren Ruinen noch als dunkler, stumpfer menhirartiger Fels steht. Seine Echtheit wird aber angezweifelt. Jedenfalls wurden auf dem echten Lia Fail schon alle keltischen Hochkönige gekrönt. Gegen Ende des 4. Jahrhunderts sollen die keltischen Scoten bei ihrer Besiedlung Schottlands den Krönungsstein mitgenommen haben. Sie setzten sich im Gebiet der Pikten fest, und im 9. Jahrhundert gewannen sie die Oberherrschaft. Unter ihrem Führer Kenneth Mac Alpin gründeten die Scoten im Piktenzentrum ihre neue Hauptstadt Scone. Kenneth setzte sich einfach vor allen Augen auf diesen Stein und behauptete, damit sei er nun König von ganz Schottland. Fortan mussten alle schottischen Könige erst auf diesem Stein in Scone sitzen, um anerkannt zu werden.

Es gibt aber auch andere Gerüchte. Der Stein soll schon geschwiegen haben, als der mythische Ulsterheld Cuchulainn nach ihm schlug, weil er weder unter ihm noch unter seinem Schützling Lugaid brummen wollte. Als Jesus geboren wurde, hätte er ohnehin für immer geschwiegen. Das wundert nicht, denn die schottische Königslinie soll über die Hochkönige der Iren auf Thea, Tochter des biblischen Königs Sedekias, zurückgehen, eines Nachfahren von König David. Thea sei 585 v. Chr. mit →Jeremias und Baruch nach Irland gekommen und hätte den Schicksalsstein aus dem Heiligen Land mitgebracht. Lia Fail aber habe noch einmal unter dem großen König Conn im 2. Jahrhundert n. Chr. gebrummt, der ihn wohl »wiederfand«. Doch dies könnte auch bedeuten, dass Conn ihn wieder in den Krönungsdienst integrierte.

Shakespeares »Macbeth« endet mit der Einladung des siegreichen Malcolm an alle Barone: *So thanks to all at once and to each one, whom we invite to see us crown'd at Scone.* (Trompeten. Alle ab.)

Lichterschwimmen

Zu einem gelungenen Partyevent des Dark-wave-movement müsste eigentlich das Lichterschwimmen gehören. Dazu befestige man kleine brennende Kerzen in halbierte Nussschalen und setze diese auf eine Wasserfläche. Jedem der Anwesenden wird ein solches Schiffchen zugeeignet. Wessen Licht umstürzt oder untergeht, vor der Zeit oder als erstes erlischt, der sieht sich mit Unglück konfrontiert und muss sich sogar Gedanken machen, ob er nicht direkt dem Tod ins Auge blickt. Häufiger aber dient diese Form des Orakels der Liebesfindung. Aus dem Zu- oder Auseinanderstreben der Schiffchen soll man auf Zu- oder Abneigung schließen können. Docken zwei Schiffchen an, ist Partnerschaft und mehr nicht ausgeschlossen.

Auch allein liefert diese Form der Weissagung Entscheidungshilfe. Man beschriftet die Schiffchen mit den Namen von Geliebten oder solchen, die sich noch in Warteposition befinden. Zur Vertiefung dieses Vorgangs sollte man die Kerzchen so schräg wie möglich hineinsetzen. Nur das eigene wird angezündet. Entflammt sich dann eine der Kerzen oder mehrere an der einen brennenden, bieten sich einige Vergleiche an. Auch Paare setzen ihre Schiffchen hinein. Fahren diese ruhig nebeneinander? Oder trennen sie sich etwa abrupt? Finden sie dann wieder zueinander oder halten sie geflissentlich Abstand?

Früher diente der Brauch auch dazu, etwas über einen Toten oder Vermissten zu erfahren. War er ertrunken und unauffindbar, sollte ein solches Licht ihn ausfindig machen. Eine brennende Kerze auf einem Brett, in einem ausgehöhlten Brot mit fester Kruste oder auf einem Wasser abweisenden größeren Blatt befestigte, wurde im Fluss, See oder Meer ausgesetzt. Wo es stehen blieb oder erlosch, glaubte man den Ertrunkenen zu finden.

Und manchmal sollte dieses Licht den Toten auch nur an seinem neuen Aufenthaltsort erreichen, irgendwo auf den symbolischen Wassern allen Seins.

Löffelaugurium

Koch- und Schöpflöffel prägten früher hinter- und vordergründig den Herrschaftsbereich der Frau, dienten mitunter sogar als Herrschaftsinstrument. So darf es nicht wundern, wenn diese Form der Vorzeichensuche fast ausschließlich zur Diagnose von allerlei Hexenartigem gebraucht wurde. Ein solches Gepräge wird ja heute nicht nur wieder oft hochgehalten, sondern auch als unverzichtbarer Ausdruck von Emanzipation beansprucht. So bleibt das Augurium zeitlos.

Wer am ersten Donnerstag im Advent den Löffel ungesehen aus dem Teig nimmt, ihn am zweiten und dritten Tage ebenso unbemerkt wieder hineinsteckt und herauszieht, dass der Teig von drei Tagen daran klebt, der kann in der Christmette – vorausgesetzt, er trägt den Löffel mit sich – Hexenartige daran ausmachen, dass sie verkehrt herum stehen. Dies scheint nicht ungefährlich! Denn bei diesem Vorgang sollte man unbedingt vor dem Schlusssegen wieder in seinen sicheren vier Wänden sein. Einfacher ist es, mit einem zu Weihnachten benutzten Grünkohllöffel in die Kirche zu gehen. Jetzt erkennt man sie trotz aller ihrer geschickten Tarnung. Auch der Löffel, der zum Färben der Ostereier genutzt wurde, kann hier dienen. In den Gürtel gesteckt und damit beim nächsten Viehauftrieb auf einen hohen Baum gestiegen, lässt alles Hexische erkennen.

Kippt beim Essen ein an die Schüssel gelehnter Löffel um, nahe Unglück. Dreht sich dabei der Löffel noch, verbinde sich Ungemach mit leidvoller Trennung. Liegt ein Löffel während der Mahlzeit verkehrt herum auf dem Tisch, futtere ein Hausgeist mit. Fällt der Löffel beim Souper gar auf den Boden, droht man bei der Herrscherin des Haushalts unwiderruflich in Ungnade zu fallen. Benutzt man den Löffel nicht nur für die Suppe, geht es zwar schneller, aber man kann in den Ruf des Futterneiders geraten oder eines Menschen, der sich zivilcouragiert über alle Benimmregeln hinwegzusetzen weiß.

Wer beim Abendbrot mit dem ersten Löffel heißer Suppe – ohne allzu viel davon zu verlieren – vor die Haustüre rennt und horcht (→Weizenhorchen), dem kann das erste Geräusch symbolisch die Antwort auf eine wichtige Frage geben, die man vorher aber stellen sollte.

Jakob Lorber

Am 15. März 1840 vernahm der Musiker Lorber in Graz von einer Stimme »aus der Nähe seines Herzens« den Befehl: »Nimm deinen Griffel und schreibe!« Der »Prophet aus Graz« (1800–1864) entstammte einer Bauernfamilie aus dem heutigen Kroatien. Zunächst als Lehrer auf den Dörfern tätig, erkannte man wohl erst spät seine musikalische Begabung. Er nahm Violinunterricht, unter anderem bei dem weltberühmten Geiger Paganini, und trat bald als Solist in Konzerten auf, sogar in der Mailänder Skala. Gerade an diesem 15. März wollte er eine gut dotierte Stelle als zweiter Kapellmeister in Triest annehmen. Stattdessen setzte er sich gehorsam hin und schrieb den ganzen Tag nieder, was diese Stimme diktierte.

Das tat er nun täglich stundenweise, gab alle Berufspläne auf und verzichtete auf ein Eheleben. Seinen Lebensunterhalt bestritt er aus den kärglichen Einnahmen als Klavierlehrer. Unbemerkt von jeder Öffentlichkeit schrieb er innerhalb 24 Jahren bis zu seinem Tod auf 10000 Druckseiten umfangreiche Erläuterungen und Ergänzungen zu den Evangelien, präzise Aussagen über künftige Entdeckungen in der Atom- und Elementarphysik und Neuoffenbarungen aus der Paläontologie nieder. Er schrieb ohne Verbesserung in druckreifer Form, aber in eigenem unverkennbaren Stil, obwohl er vieles nicht verstand, was ihm entströmte. Gegen Ende seines Lebens sehr erkrankt, diktierte er Freunden, ebenso druckreif. Er empfing die Botschaften mediumistisch, doch blieb er immer bei völlig klarem Bewusstsein.

Lorber malte in seinen Texten ein Bild apokalyptischer Endzeit und warnte die Menschen vor selbst verschuldet hereinbrechenden Katastrophen. Damit trat er in die Fußstapfen ungezählter Vorgänger, die den Weltuntergang ankündigten. Doch bei genauerer Prüfung der Aussagen wirklicher →Propheten des Alten Testaments oder der Seherin →Völuspa kündeten diese von einem anderen Untergang, den unsere Seele mehr interessiert. Der kann sich allerdings individuell und kollektiv durchaus im Außen widerspiegeln.

Losbücher

Als Nachfolger antiker Spruchsammlungen wie beim →Würfelorakel entstanden die so genannten Losbücher. Hier musste der eigentliche Orakelspruch erst mit einem Schlüssel gefunden werden. Die erste bekannte Sammlung dieser Art, das Losbuch des Ägypters Astrampsychos (»Weissagungen für allerlei Fragen«), stammt aus dem 6. Jahrhundert. Hier waren selbst die Fragen festgelegt. Für 92 Fragen gab es 1030 Antworten, die nummeriert und in Zehnergruppen unterteilt waren. Der Konsultierende entschied sich für eine der Fragen oder erloste auch diese schon. Zur Nummer der Frage suchte er eine beliebige Zahl zwischen eins und zehn. Diese zur Fragenummer hinzuaddiert ergab den Schlüssel zur Zehnergruppe der Antworten. Innerhalb dieser Dekade wies dann die Zahl zwischen eins und zehn, für die er sich vorher entschieden hatte, endlich auf das Orakel. Die Antworten, 103 biblischen Gestalten in den Mund gelegt, hielten sich knapp und bündig, hatten aber auch nur recht allgemeine Fragen zu Geschäft, Gesundheit, Reisen oder Familie zu beantworten. Es muss christliche Vorläufer solcher Bücher gegeben haben, die schwerpunktmäßig mit scheinbaren Weissagungen der zwölf Apostel arbeiteten.

Auch in der islamischen Welt erfreuten sich solche Bücher großer Beliebtheit. So genannte Kur'a, von denen die ältesten Pythagoras und Alexander dem Großen als Urheber zugeschrieben wurden, zeigten eingangs eine Liste aller anerkannten

Aus: »Losbücher in deutschen Reimpaaren«, 14. Jahrhundert.

32 →Propheten von Adam bis Mohammed. Ein Sucher tippte blind mit dem Finger auf diese Liste, fand damit einen Propheten und konnte nun dessen Weissagung nachschlagen. Die Systeme wurden ausgeklügelter, und die so genannten Königs- oder Vogellose gaben hochkomplizierte und mit Würfeln verbundene Wege vor, um endlich zu einem Orakelspruch zu gelangen. Diese Art von Losbüchern diente vermutlich als Vorbild für die seit dem 15. Jahrhundert bekannten »Stechbücher«, die mehr der Spielerei dienten. Ihr Name stammt noch aus der Zeit, da man mit einem kleinen Holzstäbchen »ohne weitere Formalitäten« in den geschlossenen Kodex stach, um ihn bei einer beliebigen Seite zu öffnen. Bei diesen Renaissance-Losbüchern musste man sich durch viele nach Tieren, Menschen, Blumen, Winden und Tierkreiszeichen benannten Stationen durcharbeiten, um zu den eigentlichen Weissagungen zu gelangen, die wiederum – wie bei den arabischen Königslosen – Propheten, Königen oder Vögeln in den Mund gelegt waren. Oft gehörte eine Drehscheibe mit Zeiger oder Karten als Losinstrument dazu.

Von hier aus bedeutete es nur noch einen kurzen Schritt, die Fragen nicht mehr auf ein Orakel, sondern auf Belehrungen zur Förderung der Allgemeinbildung oder Unterhaltung auszurichten. In Form bibliophiler Nachdrucke existieren sie als Gesellschaftsspiele noch heute.

Losorakel

Eine Entscheidung über alternative Handlungsweisen suchte man bereits in ältester Zeit durch das Loswerfen in den größeren Schicksalsablauf zu integrieren. Man ahnte eine ausgleichende Gerechtigkeit, eine Art Waagschale hinter allem Geschehen. So findet es auch heute jeder gerecht, wenn etwa bei der Reihenfolge oder Verteilung das Los entscheidet. Im Altertum bestanden die Lose gewöhnlich aus kleinen Holzstücken (→Stab- und Pfeilorakel) oder Knochen von Tieren und Menschen, Steinen (→Steinweissagung), Samen, Halmen (→Halmorakel), Muscheln (→Muschelorakel), Schneckengehäusen, Stricken oder Würfeln (→Würfelorakel). Letztlich oblag es dem Fragenden, was er für zweckmäßig hielt. Lose lieferten die Bot-

Jüdischer Hohepriester mit Ephod. Deckenfresko im Kloster auf der Insel Frauenchiemsee.

schaft durch das Muster, wie sie sich auf dem Boden verteilten, zumeist in der »Ja«- oder »Nein«-Form interpretiert. Oft reichten zwei Lose, das eine schwarz, das andere weiß. Oder man ordnete ihnen bestimmte Werte und Aussagen zu, schüttelte sie in einem Behälter und zog das Glücks- oder Unglückslos. Diese wohl häufigste Art der Orakelfindung hat bis heute ihre Attraktivität nicht verloren. Die Gewinner von Preisausschreiben werden ebenso auf diese Art gefunden wie die gegnerischen Mannschaften bei sportlichen Turnieren.

Das Alte Testament berichtet von drei Fällen, in denen das Los existenziellere Angelegenheiten entscheiden musste. Wer hatte Gottes Zorn und damit die Schwierigkeiten für das Volk auf sich geladen? Eigentlich anerkannten das mosaische Gesetz und die Propheten prinzipiell einzig das Orakel von Urim oder Thummin zur Befragung Gottes. Es wird als priesterliches Losorakel aufgeführt. Leider beschreibt die Bibel an keiner Stelle Einzelheiten. Nur über ihren festen Standort in →Beth-El, während der hebräischen Frühzeit. Hohepriester trugen aber auf ihrer Brustplatte zwölf Steine mit je sechs Buchstaben (Ephod), zusammen die 72 Buchstaben des umfassenden Namen Gottes und der Schöpfungsstunden (zwölf Arbeitsstunden an sechs Tagen). Kam jemand zum Hohepriester, der für das Orakel zuständig war, und stellte seine Frage, leuchteten einige der eingravierten Buchstaben heller als andere.

Eine literarisch berühmte Losorakelszene findet sich im ersten Buch Samuel (14,36–44): König Sauls Schlacht gegen die Philister. Diese hatten zwar gerade die Flucht ergriffen, doch war das Volk Israel zu ermattet, weiter zu kämpfen. Stattdessen machten sie sich über die Beute her, und ohne zuerst davon Gott zu opfern, wollten sie sogar das Blut der Tiere trinken. Dem gebot Saul Einhalt, um einen furchtbaren Gottesfrevel zu verhindern. Zum weiteren Vorgehen bat Saul Gott um ein Zeichen, aber der antwortete schon nicht mehr. Damit schien klar, dass jemand sich schuldig gemacht hatte.

Saul, Priester und König zugleich, ließ nun sein Heer auf der einen Seite Aufstellung nehmen und trat selbst mit seinem Sohn Jonathan auf die andere Seite.

41. Da sprach Saul zum Herrn: Gott Israels! Gib den richtigen Bescheid! Da wurden Jonatan und Saul [vom Los] getroffen. Das Volk aber ging frei aus.

42. Da sprach Saul: Loset zwischen mir und meinem Sohn Jonatan! Da ward Jonatan getroffen.

43. Da sprach Saul zu Jonatan: Sage mir, was du getan hast! Jonatan gestand ihm und sprach: Ich habe mit der Spitze des Stabes in meiner Hand ein wenig Honig gekostet. Ich bin bereit zu sterben.

44. Da sprach Saul: So tue mir Gott dies und das! Ja, Jonatan, du musst sterben.

Losungen

Die Herrnhuter »Brüdergemeine«, eine pietistische Freikirche und Nachfolger der aus Böhmen emigrierten Böhmischen Brüder, publiziert das weit verbreitete Losungsbuch, einen Jahreskalender mit Sinnsprüchen für jeden Tag. Ursprünglich hatte der Gründervater der Brüder im sächsischen Herrnhut, Graf Nikolaus Ludwig von Zinzendorf, am 3. Mai 1728 zur Abendandacht eine »Parole« oder »Losung« (von: ausgelost) aus der Bibel gesucht. Von da an geschah dies täglich. Die Losungen wurden durch Boten von Haus zu Haus getragen und dienten der täglichen Besinnung und Beschäftigung mit dem »Wort Gottes«.

Zinzendorf selbst unterwarf sich bei verschiedenen persönlichen und amtlichen Anlässen der Entscheidung durch das Los. Bisweilen soll er sogar gelost haben, ob er eine Entscheidung durch das Los herbeiführen solle. Erfahrungen und Richtlinien für die Brüdergemeine legte man 1769 in einer Losungsverordnung nieder. Die amtliche Anwendung des Losorakels wurde aber durch einen Synodalbeschluss 1889 förmlich abgeschafft, das persönliche Losen kam aus der Mode.

Geblieben sind die Losungen. Seit 1731 erscheinen sie in gedruckter Form. An einem festgelegten Tag werden sie im Sitzungssaal der Brüdergemeine für jeweils drei Jahre im Voraus aus einer noch von Zinzendorf angelegten Kartei von etwa 1800 Bibelsprüchen des Alten Testaments ausgelost. Bei dieser etwas abgeklärten Form des →Däumelns bleibt dem Göttlichen noch genügend Einfluss, die Hand zu leiten. Zu diesen 3 mal 365 »Losungsworten« stellt ein ausgewählter »Losungsbearbeiter« passende und inhaltlich weiterführende Lehrtexte aus dem Neuen Testament zusammen. Vom ersten Entnehmen eines Bibelzitats aus der Losschale bis zum Erscheinen des daraus erstellten Losungsbuchs vergehen drei Jahre. Dieser Jahreskalender erscheint in etwa 40 Sprachen und erreichte 1990 eine Auflage von etwa 1578000 Exemplaren.

Luftorakel

Durch die Literatur der Antike und des Mittelalters geistert die Aeromantie, die Weissagung aus der Luft. Ohne dass jemand genauere Andeutung zu machen wusste, handelt es sich wohl hauptsächlich um die →Vogelschau, Wetterkunde und um die →Astrologie. Der berüchtigte →Faust legte sich den Titel eines Aeromanten zu. →Agrippa von Nettesheim bezeichnete mit der Aeromantie alle vorbedeutenden atmosphärischen Erscheinungen wie Farben und Luftspiegelungen, Winde, Gewitter, Höfe um Sonne und Mond, Kometen und Regenbogen. Hinter den damit verbundenen Aussagen steckten meist genaue Beobachtungen und Erfahrungen von Generationen. Ein letzter Rest solcher Volksweisheiten lebt vermutlich in den bäuerlichen Wetterregeln weiter.

Die Etrusker betrieben eine differenzierte Blitzweissagung. Dazu hatten sie den Himmel in 16 Gegenden eingeteilt und benannt. Sie kannten elf Gattungen von Blitzen und neun Gottheiten, die damit um sich schleuderten. Außerdem kam es noch darauf an, zu welcher Tages- und Jahreszeit und aus welcher Richtung sie zuckten. Wenn einem Beamten beim Einholen der Auspicien (→Vogelschau) vor einer öffentlichen Versammlung ein Blitz erschien, genügte dies, um jede Zusammenkunft zumindest an diesem Tage zu verhindern. Solchen Zeiten werden heutige Parlamentarier sicher nachtrauern.

Winde bieten an bestimmten Terminen ein →Omen, wenn wir vorab ein Zeichen verlangen. Wir können damit aber ebenso das binäre Orakel erfragen. Der Ostwind galt als glückverheißend, voller positiver Kräfte, bejahend; seine Trockenheit begünstigte das Heuwetter für die Bauern. Der Westwind dagegen sollte Unglück bringen, negative Kräfte, Verneinung; doch seine Feuchtigkeit förderte das Wachstum. Der Südwind führte Fruchtbarkeit und Freude mit sich, aber ebenso Hagel und Unsicherheit, der geheimnisvolle Nordwind Tod, Kummer, Verlust und zumeist ein »Hundewetter«. Moderne Windauguren ordnen dem Osten Neuigkeiten zu, dem Westwind Intrigen, Heimlichkeiten, dem Südwind Offenheit, Ehrlichkeit, Hilfe, dem Nordwind die Ignoranz, die Frage gar nicht erst zu beantworten.

M

Magischer Spiegel

Jedes Geschöpf sei ein glänzender, leuchtender Spiegel der Gottheit, verkündete →Hildegard von Bingen. Wer genau hinschaut, findet auch Details von der so genannten Rückseite Gottes. Ein Zauberspiegel aber hält nichts verborgen, wie es der von Schneewittchens Stiefmutter beweist. Dazu reichte in frühester Zeit das klare Wasser einer Quelle (→Brunnenorakel), eines Sees oder Wasserlaufes. Das wohl älteste Zeugnis in Verbindung von Wasser mit einem Handspiegel liefert der griechische Reiseschriftsteller Pausanias (2. Jahrhundert) vom Orakelheiligtum in →Patras. Nicht nur im Märchen finden sich Magische Spiegel oft auf hohen Türmen von Burgen, Schlössern und Klöstern, hinter denen sich vielleicht die Kunde früher Sternwarten verbirgt.

Kannte man in der Antike nur Metallspiegel, die oft mit Eingravuren verziert waren, verbreiteten im späten Mittelalter vor allem die Venezianer die kostbaren Glasspiegel in Europa. Bei der Katoptromantie, dem Spiegelorakel, pries ein Magier und stolzer Besitzer seine teure Investition an. Ein solcher Zauberspiegel lasse den Betrachter nach Belieben sehen, was sich irgendwo auf der Erde zutrage. Dafür bedurfte es aber eines Mediums. Wie in der Antike saßen »reine, unschuldige« Kinder oder Jungfrauen mit verbundenen Augen davor und fischten aus ihrem Unterbewusstsein. Magische Spiegel verblüffen mit verzerrten Bildern und anderen Phänomenen noch heute auf Jahrmärkten.

Antiker Zauberspiegel. Aus: G.H. Berndt: »Das Buch der Wunder«.

Man könne aber auch seinen eigenen Spiegel dazu erheben. Manche legen ihn dabei so auf den Tisch, dass sich höchstens die Decke darin spiegelt, aber weder Gegenstände noch das Gesicht des Betrachters. Dann gehe man vor wie beim →Wasserorakel. Andere wollen wieder gerade auch ihr Antlitz in die Antwortsuche einbeziehen. Ein älteres Vorgehen empfiehlt in der Zeit um Mitternacht von Silvester oder Heiligabend, wenn niemand sonst im Haus oder der Wohnung anwesend ist, mit einer brennenden Kerze in der Hand (noch besser: jeweils eine in der linken wie in der rechten Hand) im ansonsten stockfinsteren Zimmer vor einen körpergroßen Spiegel zu treten. Völlige Nacktheit soll den Prozess fördern. Will man nun irgendetwas Bestimmtes sehen, rufe man dreimal die Dinge mit ihrer genauen Bezeichnung, Menschen mit Vor- und Zunamen. Das Gewünschte tauche dann hinter dem eigenen Spiegelbild auf. Sind die Dinge, die man sehen will, nicht für einen bestimmt oder verletzen sie die Persönlichkeitssphäre von anderen, stehe plötzlich der Teufel im Spiegel und lege einem schon siegesgewiss die Hand auf die Schulter.

In der Spätantike erhielten die Göttinnen des Mondes und der Weisheit oft einen Spiegel als Attribut. Er erinnerte auch an die ewige Aufgabe des »Erkenne dich selbst!« (→Apollon). Vom schönen Jüngling Narkissos erzählte Ovid in seinen »Metamorphosen« (III,341), wie er sich ermüdet über die Quelle von Donakon wirft. Da erblickt er einen wunderschönen Knaben, den er, von heftiger Liebe ergriffen, umarmen und küssen will. Als dies nicht gelingt, »erkennt er sich selbst« darin und sieht zum ersten Mal ekstatisch sein »wahres Abbild«. Vor unerfüllter Liebe verschmachtend, stößt er sich schließlich einen Dolch in die Brust. Aus seinem Blut erwuchs die Narzisse, aber auch der Narzissmus.

Im Quellheiligtum von Despoina von Arkadien spiegelten sich alle Ereignisse der Welt, aber nie das Ebenbild des sich darüber beugenden Betrachters, berichtete Pausanias.

Malta

Als 1902 der Leiter des maltesischen Museums, Professor Zammit, das neolithische Hypogeum in Malta ausgrub, glaubte er, dieser Haupttempel sei ursprünglich als ein Mysterienheiligtum geschaffen worden. Dieser »im Leib der Erde verborgene Tempel« hätte auch dazu gedient, Schüler in die magischen Riten einer früheren Religion zu initiieren. Das Heiligtum betritt man über eine vier Meter lange Rampe und gelangt in einen großen Raum mit gewölbter Steindecke voller Pentagramme und Spiralen. In diesem Vorraum befindet sich ein Schallloch. Wenn ein leiser tiefer Ton darin tönt, vibriert der Raum und intensiviert die menschliche Stimme derart, dass sie im ganzen Höhlensystem hörbar wird.

Auch in den Tempeln von Tarxien, Hagar Qim und Mnajdra finden sich Räumlichkeiten, die entfernt an Beichtstühle erinnern und möglicherweise als Orakelstätten genutzt wurden. Priesterinnen oder Priester,

Plan der Tempel von Mnajdra, mit Orakelkammer.

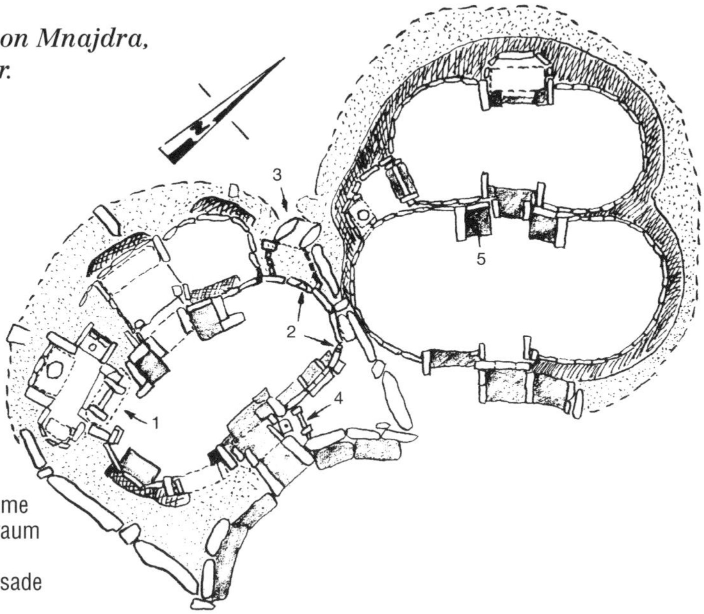

1 Nische mit Punktornamentik
2 Die beiden Orakelräume
3 Eingang zum Orakelraum
4 Säulen-Altar
5 Plan einer Tempelfassade

vielleicht auch nur eine Art Medizinleute, nahmen die Fragen der Pilger entgegen, gaben Rat, deuteten Träume, weissagten oder kurierten Krankheiten. Man kann sich leicht den psychologischen Effekt vorstellen, den solch ein Orakel auf den Menschen der Frühzeit ausüben musste: außerhalb eines – höchstens durch ein flackerndes Öllämpchen schwach erleuchteten – finsteren Raumes stehend und angestrengt horchend, musste er glauben, durch die tiefe Stimme, die aus diesem Orakelraum kam, spreche ein Vorfahr, ein übernatürliches Wesen oder gar die Gottheit selbst zu ihm. Manche Hinweise deuten auch darauf, dass man einst in den Sanktuarien, wie noch in der klassischen Antike, den Tempelschlaf vollzog, um im Traum mit den Herrschern der Regenerationskräfte zu verkehren und von ihnen Heilung oder Rat und Weissagung zu erfahren. Sibylle von Reden (1978:84) vermutete auf Malta und Gozo, deren Kleinheit und Armut in keinem Verhältnis zu den Dimensionen und der Menge ihrer Heiligtümer stand, eine Art altmediterranes →Delphi; allerdings eines, das nicht dem apollonischen, sondern dem Ur-Delphi ähnelte, der Kultstätte einer weiblichen chthonischen Macht, der Riesenschlange Delphyne, deren Name ein archaisches Wort für Uterus enthält.

Mandlkalender*

Der bis heute in Graz in einer Auflage von über 400000 Stück erscheinende steirische Mandlkalender hat seinen Namen nach den Heiligen bekommen, die neben Monatsbildern, Fest- und Gedenktagen, Tageslängen, Mondphasen, Himmelszeichen, Sonnen- und Mond-

* Mandl = Männlein, Mensch

finsternissen und Wetterzeichen abgedruckt sind. »Prophet und Religion, Sitte und Talisman, Tagebuch und Hauschronik und Kalender dazu, das alles ist dem steirischen Landmann dieses kleine, bunte Büchlein«, schreibt der österreichische Schriftsteller Peter Rosegger. »In jedem Bauernhof und in jeder Hütte der Steiermark ist es zu finden und der Holzhauer trägt ihn in seinem Tagwerkbündel und der Bettelmann in seinem Buckelsack, und die Stallmagd trägt ihn an ihrem Busen wie ein Amulett und tut zuweilen einen andächtigen Blick in die bunte Zeichenschrift.«

Vorläufer des Mandlkalenders waren Stabkalender, die bis ins 17. Jahrhundert auf Bauernhöfen benutzt worden waren. Auf 50 Zentimeter langen Stäben hatte man die 365 Tage eines Jahres eingeschnitten. Bei den Feiertagen wurden sie jeweils durch Bildzeichen und Sinnbilder unterbrochen. Auf späteren »Holzplattenkalendern« waren, neben Heiligendarstellungen und Feiertagssymbolen, auch Angaben vorhanden, an welchen Tagen der Garten umgegraben werden soll, wann das Heu gemäht werden kann, wann am besten der Getreideschnitt erfolgt, wann die Weinlese günstig ist und wann geschlachtet werden sollte.

Der steirische Mandlkalender benutzt, um auch für Analphabeten lesbar zu sein, eine Bilderschrift, die sinnbildhaft vereinfachte allgemein verständliche und bei der Landbevölkerung bekannte Zeichen verwendet. Ein Mann mit zwei Glocken am Stab weist beispielsweise auf den Einsiedler Antonius hin, eine Garnspule, an der zwei Ratten hinaufklettern, auf die heilige Gertrud, ein Menschenkopf auf einem Teller auf Johannes den Täufer, ein Löwe auf den heiligen Hieronymus, ein Wolf, der einen Holzklotz trägt, auf den heiligen Gallus und drei Äpfel über einem Buch auf den heiligen Nikolaus.

Das Titelblatt des Mandlkalenders zeigt Sonne, Mond und Sterne. Darunter stehen drei Landleute in alter Tracht, die vom Volk für Sterngucker gehalten werden. »Die Sterngucker«, erklärt Rosegger, »das sind die Kalendermacher, sind übernatürliche Wesen, denn ein Mensch kann sich nicht gleich hinsetzen und einen Kalender machen, er weiß ja nicht die Witterung und ob in demselben Jahr nicht etwa der Jüngste Tag ist!«

Der Mandlkalender um die Mitte des 18. Jahrhunderts gab noch zusätzliche Vorhersagen, wann man günstigerweise bestimmte Arbeitsvorgänge vornehmen sollte:

Tätigkeit	**Symbol**
Holz machen	Holzhacke
Düngen	Mistgabel
Fischen	Fisch
Jagen	Hifthorn und laufendes Tier
Säen	Kleeblättriger Dreispross
Kohl pflanzen	Kohlkopf

Noch ältere Mandlkalender hatten auch Zeichen für Tätigkeiten wie Haare schneiden (Schere), Nägel schneiden (Hand mit ausgestrecktem Zeigefinger), Schröpfen (Doppelkreuz, Schröpfkopf), ungünstige Tage (ineinander verschränkte Klammern).

Der heutige Mandlkalender mit der Titelaufschrift »Alter Bauernkalender« sagt immerhin noch das Wetter voraus:

Mit einer schwarz umrandeten weißen Scheibe mit einem Punkt darin sind Tage gekennzeichnet, die sonnig sein werden. Warmes, schönes, angenehmes Wetter wird durch eine leicht schräge 8 angegeben. Ein Gewitter wird mit einem Pfeil, dessen Spitze nach unten zeigt, vorausgesagt. Ein Handschuh mit Stulpe und fünf Fingern versinnbildlicht kaltes, kühles Wetter. Eine Zimmermannssäge mit sechs Zähnen (Kamm) zeigt heftigen Regen und einen dunklen Himmel an. Veränderliches, regnerisches und nebliges Wetter wird durch eine Bogensäge mit fünf Zähnen (Kamm mit Rundbögen) deutlich gemacht. Auf Wind weist ein blasendes Gesicht hin. Ein dunkel schraffiertes Quadrat deutet auf Schneefall hin. Für Wetter, das in der vorher angezeigten Weise bleibt, findet ein sechszackiger Stern Verwendung.

Anderthalb Jahre vor dem Erscheinen des neuen »alten« Kalenders muss ein kundiger Mitarbeiter des Verlags die Entwicklung des Wetters voraussagen. Wie er das macht, bleibt (s)ein Geheimnis.

Marsalla

Die St. Johanniskirche im sizilianischen Marsalla steht über einer Sibyllengrotte (→Sibyllen). In seinen 1797–1809 erschienenen »Reisen durch Sizilien« berichtet der Reisende Jean Hoüel, wie er in der Kirche mit »viel Volk« am Johannestag die Stufen zur Grotte hinabsteigt: »Am Abend vor dem Feste des großen Evangelisten strömen die Weiber der gemeinen Volksklasse schaarenweise hierher, um die alte Prophetin um Rath zu fragen, die aus dem Wasser, das im Grunde der Höhle fließt, für sie wieder aufzuleben scheint; sie erkundigen sich bei ihr: ob ihre Männer im vorigen Jahr keine Untreue begangen haben? Und die Mädchen fragen, ob sie im künftigen keine Männer bekommen werden?

Um dies genau zu erfahren, trinken sie von dem Wasser, und gerathen durch ihre überspannte Einbildungskraft in eine Art von Rausch. Sie schreyen und rufen gewisse Worte über die Oeffnung des Kanals [...] Da dieser Ort sehr schallend ist und Echo hat, so entstehen [...] verschiedene Töne, und die Weiber pflegen nun, nach ihren Wünschen, nach ihrem Verdacht, oder ihrer gegenwärtigen Laune, hieraus das Resultat zu ziehen [...]« (Reise ins unterirdische Italien 2002:169).

Mäusevorzeichen

Die Maus als Sinnbild der Nacht, des dunklen Bereichs unseres Unbewussten und unseres Ahnungsvermögens spielte in der Vorzeichensuche eine geradezu existenzielle Rolle. Selbst →Apollon-Smintheus (= Mäuse-Apollon) in →Delphi weissagte durch Mäuse.

Zunächst einmal war die Farbe von Bedeutung: weiße Mäuse, als Erscheinungsformen von Lichtelben boten ein gutes →Omen, graue weniger, schwarze eben nicht und giftgrüne schon gar nicht. Ein ganzes Nest weißer Mäuse findet nur ein Sonntagskind, dem das große Glück ins Stammbuch des Lebens geschrieben ist. Trifft man eine Reihe von weißen Mäusen auf der Autobahn, folgt ihnen häufig ein hoher Staatsgast. Umschwärmen jemanden leicht bekleidete Mäuschen in einer dunklen Bar, wird die Rechnung horrend.

Auf ebenso korrekten Erfahrungen beruhen folgende Beobachtungen: Eine drastische Vermehrung von Feldmäusen deutet auf schlechte Ernten, Hungersnot oder Teuerung. Drängen Mäuse in größeren Mengen in die Häuser, droht ein kalter Winter. Ziehen sie gesamt aus einem Haus, muss mit Einsturz oder Erdbeben gerechnet werden. Matrosen glauben an den Untergang ihres Schiffes, fliehen Mäuse und Ratten von Bord. Nagen Mäuse an Kleidern, stehen wirtschaftlich schwierige Zeiten an; nagen sie an kostbaren Metallen, Gold oder Silber, kann eine Rezession oder ein Währungseinbruch erfolgen; nagen sie an Büchern, drängen fundamentalistisch religiöse Strömungen an die Macht.

Medizinmann →Zeltschüttler

Meerschweinchenweissagung

Heiler in ganz Südamerika diagnostizieren bei Mensch und Tier mit Meerschweinchen schwarze Magie und psychosomatische Erkrankungen. Das Verfahren reicht weit in die Vergangenheit zurück und wirft ein weiteres interessantes Bild auf die antiken →Eingeweideorakel. Traditionell werden die Meerschweinchen *(cuy),* die allerdings auch zum festen Speiseplan der Andenbewohner gehören, dazu in einem mit Steinen abgegrenzten Bezirk nahe der Kochstelle gezüchtet. In Peru reibt der Medizinmann zur *cuy*-Reinigung den ganzen Körper des Patienten mit dem Tier ab, unter ständigem Gebet an die Sonne, die Elemente und vorsichtshalber auch an die christlichen Heiligen. Besonders widmet er sich bei dieser Massage den Bereichen der psychischen Zentren und der Kopfgegend. Leidet der Patient an Behexung durch schwarze Magie oder an anderen psychosomatischen Beeinträchtigungen, bricht angeblich oft das Rückgrat des Tieres und es stirbt, während man den Körper damit abreibt. Männliche Meerschweinchen werden zur Diagnose bei Männern, weibliche bei Frauen verwendet. Sie dienen quasi als eine primitive Art von Röntgenschirm, und man glaubt, das Tier sei so empfindlich, dass es alle nervlichen Krankheiten und Störungen der psychischen Zentren (Chakren) absorbiert.

Dann werden die Meerschweinchen meist mit dem Daumennagel aufgeschlitzt. Auch das geschieht unter ständigem Gebet und gilt als Opferung. Die Krankheit ist nun aus dem Körper des Patienten entfernt und spiegelt sich in den analogen Körperteilen und Organen des Tieres wider. Leider müssen dann die Tiere möglichst noch lebendig enthäutet und ihre Organe untersucht werden, während ihr Herz noch schlägt. Als Erstes betrachten sie, aus welchen Teilen des Körpers Blut austritt und welche Teile der Eingeweide sich bewegen. Die Medizinmänner glauben, dass mit der *cuy*-Reinigung die Krankheitssymptome zwar verschwinden, doch in vielen Fällen die Grundursache noch vorhanden sei. Auch diese manifestiere sich beim Meerschweinchen.

Oft wird das Meerschweinchenorakel nur vom Grundsatz her befragt: Überlebt der Patient oder nicht? Dies beantworten Herz und Leber des Tieres. Schlägt das Herz noch nach dem Aufschlitzen oder nicht? Noch sicherer zeigt es die Leber an, die herausgeholt werden muss. Ist sie bereits schwarz, muss der Patient sterben. Zeigt sie eine weiße Färbung, stehen die Chancen gut.

Die Interpretation der zahlreichen weiteren Zeichen gleicht bis ins Detail derjenigen, die von Inka-Heilern des 16. und 17. Jahrhunderts berichtet wird; aber auch denen aus der europäischen Antike (→Eingeweideschau). Unterschiede bleiben nur peripher.

Walter Andritzky (1989:264) berichtet: »Melchior Salomon, bei dem ich zwanzig Meerschweinchenreinigungen beobachten konnte, erklärte die Wirkungsweise der Methode damit, dass das Tier besonders sensible Zellen besitze, welche die negative Energie, als die jede Störung aufgefasst wird, aus dem Körper des Patienten ziehe.

Diese Auffassung konvergiert mit bioenergetischen Theorien der Krankheitsentstehung, die von der Annahme einer informationsübertragenden Zellstrahlung ausgehen. Nach diesem Modell könnte der Organismus des Tieres das gestörte Biofeld des Patienten in gewisser Weise absorbieren.«

Merlin

Die Geschichte um den Zauberer Merlin wird erstmals 1136 ausführlich in Geoffrey von Monmouth' »Historia Regum Britannica« (Geschichte der Könige von Britannien) erzählt. Geoffrey von Monmouth stützte sich dabei auf eine Chronik aus dem 9. Jahrhundert, die »Historia Brittonum«, die einem als Person heute fassbaren Herrn Nennius zugeschrieben wird.

Merlin wird, so berichtet Geoffrey von Monmouth, von den Boten des Königs Vortigern als der von den Hofmagiern als Opfer bestimmte, »vaterlose« Jüngling in Südwales gefunden. Er soll auf alte Art geopfert werden, damit mit seinem Blut das Fundament der Burg des Königs gefestigt wird. Denn die Mauern der Burg, die die Arbeiter des Königs am Tag hochzogen, waren bei Nacht immer wieder zusammengefallen. Merlin deckt dem König und seinen überraschten Magiern auf, dass die Mauern einstürzen, weil in einem darunter verborgenen Teich sich bei Nacht zwei Drachen, ein weißer und ein roter, bekämpfen. Merlin deutet den tieferen Sinn des Geschehens (der rote Drache sei Britannien und der weiße die Sachsen) und gibt eine lange, kryptische Prophezeiung über die zukünftigen Geschicke Englands und seiner Könige.

Diese etwa zehn Seiten langen Prophezeiungen wurden unter dem Titel »Prophezeiungen des Merlin« bald als separate Handschrift in vielen Abschriften verbreitet und erfreuten sich das ganze Mittelalter hindurch hoher Beliebtheit beim Publikum.

Vierzehn Jahre nach Erscheinung seiner »Historia« veröffentlichte Geoffrey von Monmouth eine in 1529 Versen geschriebene Biographie des Magiers (»Vita Merlini«), in der er alte walisische Gedichte über die Helden Myrrddin (= Merlin) und Talisien aus dem 6. Jahrhundert verarbeitete. Hier erscheint Merlin – bei Gelegenheit auch mal auf einem Hirsch reitend und von einem Rudel Rotwild begleitet – als halb wahnsinniger wilder Mann, als Herr des Waldes und Herr der Tiere, der vom Gipfel eines Berges aus die wilden Tiere, wie sie laufen und spielen, beobachtet. Ein alter Wolf, der mit ihm durch »die geheimen Pfade der Wälder streift«, ist zeitweilig sein Gefährte.

Von seiner Schwester Ganieda lässt er sich im Wald ein Observatorium bauen. »Baue mir ein abgelegenes Haus mit 70 Türen und ebenso vielen Fenstern«, wies er sie an, »durch die ich den Feuer atmenden Phoibos und Venus und die Sterne betrachten kann, die nachts vom Himmel fallen, und diese alle sollen mir zeigen, wie es den Menschen des Königreichs ergehen wird. Lasse die gleiche Zahl von Schreibern zur Hand sein, die geschult sind, meine Worte niederzuschreiben, und sie sollen achtsam meine Prophezeiungen auf ihren Tafeln festhalten.«

Mit einem Besucher, dem Propheten und Philosophen Telgesinus (Taliesin), führt er lange und gelehrte Gespräche über die Ursprünge der Welt, über die Kräfte der Natur in Wasser, Luft und Erde, die Ordnung der Geister und über die Mysterien des Jenseits auf der Insel der Äpfel (Inseln der Seligen). Merlin beschließt letztlich, nur noch in seinem geliebten Wald – mit Telgesinus als Gefährten – zu leben und sich von der Welt ganz zurückzuziehen. Seine Schwester Ganieda gesellt sich zusammen mit einem Schüler Merlins den beiden Eremiten zu. Merlins Sehergabe geht auf sie über. »Auch sie wurde vom Geist ergriffen, und sie prophezeite ihren Freunden viele Male das zukünftige Geschick des Königreichs.«

Die Erzählung des Geoffrey von Monmouth fand über die Jahrhunderte viele Ausschmückungen durch andere Autoren wie Robert de Boron (»Merlin«, etwa 1200) und Thomas Malory (»Morte Darthur«, 1485). Malory gab der Geschichte einen neuen Schluss. Merlin, der über sich selbst geweissagt hatte, »ich werde einen schmachvollen Tod sterben und lebend in der Erde vergraben werden«, verliebt sich als alter Mann in das Fräulein Nimue, die ihm im Lauf der Zeit alle Geheimnisse seiner Kunst entlockt und sich schließlich seiner entledigt: »Und immer lag Merlin der Dame in den Ohren, um ihr Magdtum zu haben, und sie war seiner immer sehr überdrüssig und wäre ihn gern losgeworden, denn sie fürchtete sich vor ihm, weil er ein Teufelssohn war, und sie konnte ihn auf keine Weise loswerden. Und so geschah es einmal, dass Merlin ihr einen Felsen zeigte, wo ein großes Wunder war und auf dem ein Zauber lag für den, der unter einen großen Stein ging. So brachte sie durch ihre besondere Kunst Merlin dahin, unter den Stein zu gehen, um sie die Wunder, die dort waren, wissen zu lassen, aber sie wirkte fort für ihn, dass er trotz aller Kunst, die er anwenden konnte, nie mehr herauskam. Und so ging sie fort und verließ Merlin.«

Im 17. und 18. Jahrhundert erschien eine Flut von Merlin-Almanachen und Schriften. Am bekanntesten wurde der Almanach des Astrologen William Lilly, der vielfach als Orakel benutzt wurde. Eine Ansprache, heißt es, die zu dieser Zeit von einem Engländer gehalten wurde, begann immer mit einem Hinweis auf eine Zukunftsverkündigung von Merlin (Golowin 1976:7). Und bei Eiden, die abgelegt wurden, war es in England üblich, »bei Merlins Mund« zu schwören.

In der 1859 erschienenen Dichtung »Merlin und Vivien« lässt Alfred Tennyson Vivien (die Nimue bei Malory) Merlin mit einem Schiff in die Bretagne entführen. In den »wilden Wäldern von Brocéliande« entlockt sie ihm die geheimen Worte, mit denen sie ihn – hinter einer Weißdornhecke verborgen – in den Schlaf schickt. Im Wald von Broceliande wird Besuchern heute gern ein megalithisches Steingrab als »Haus der Viviane« und die Reste eines Hünengrabs als Merlins Grab gezeigt.

Im 20. Jahrhundert hielten neue Bearbeitungen (T.H. White), Theaterstücke (Tankred Dorst) und Filme (John Borrmanns »Excalibur«) das Andenken an den Magier wach. Selbst Mickymaus leiht sich in einem ihrer Abenteuer von Merlin einen Ring aus, der sie durch Drehen unsichtbar, größer oder kleiner macht. Als sie ausprobiert, kleiner zu werden, findet sie sich als Winzling unter einem Fliegenpilz wieder. Und wen anderes als Merlin beschreibt Tolkien in der Gestalt des Gandalf.

Merlin und die Fee Vivien. Zeichnung von Howard Pyle, 1903.

»Wie es scheint«, schreibt Nikolai Tolstoy in einer Arbeit über Merlin (»Auf der Suche nach Merlin. Mythos und geschichtliche Wahrheit«, Köln 1987), »hat sich der Zauberer einen festen Platz im Bewusstsein der Menschheit gesichert. Die Jahrhunderte kommen und gehen, literarische Moden entstehen und veralten wieder, aber der charismatische Magier taucht immer wieder vor uns auf: in wechselnder Gestalt und unter verschiedenen Namen, einmal spöttisch, dann wieder respektgebietend, im Grunde aber immer noch dieselbe Gestalt, deren Ruhm sich vor 800 Jahren über ganz Europa ausbreitete. Trickster, Schwindler, Philosoph und Zauberer in einem, verkörpert er einen Archetyp, bei dem das Menschengeschlecht Rat und Schutz sucht.«

Messerorakel

Das Messer als verkleinertes Schwert greift seit alters in den Symbolbereich seines großen »Bruders«: als Sinnbild der Ordnung, des Richtens, der Entscheidung und Unterscheidung durch Trennung oder Abtrennung. Für ein schlichtes Orakelverfahren genügen ein einfaches Besteck- oder Taschenmesser und eine glatte Fläche wie zum Beispiel die Tischplatte. Dann bestimme man die vier Richtungen und Zwischenrichtungen entweder abwechselnd mit ja – nein, positiv – negativ oder weise ihnen konkrete Aspekte zu. Jetzt bringe man mit zwei oder mehr Fingern das Messer so in eine Rechtsdrehbewegung (mit dem Sonnenlauf), dass es möglichst mehrere Kreisläufe schafft, bevor es an einer der gesetzten Markierungen stoppt.

Selbst der Tausendsassa Goethe, der sich allerdings sehr mit den auguralen Praktiken und dem »Sinn des Sinnlosen« beschäftigte, soll in jungen Jahren das Schicksal auf diese Weise befragt haben, ob er eher eine wissenschaftliche Laufbahn einschlagen soll, zum Beispiel als Geologe, oder eine künstlerische als Dichter oder Maler. Das Messer hielt wohl irgendwo genau in der Mitte inne und verhalf damit zu einer weisen Entscheidung.

Mimir

Einst tobte ein heftiger Krieg zwischen dem offensichtlich älteren germanischen Göttergeschlecht der Wanen und den Asen, den »Zugereisten«. Über Anlass und Verlauf halten sich die Überlieferungen eher bedeckt, werden erst mitteilsamer, was das Ende dieser Auseinandersetzung betrifft. Bei Friedensschluss hätten beide Seiten zur Sicherheit wertvolle Geiseln gestellt. Die Asen boten die zwei »Unzertrennlichen« an: den schönen, »schwanengleichen« Hönir, der Macht und Weisheit vorspiegelte, und den Riesen Mimir, Genius aller Quellen und Teiche. Mit dieser Auswahl vorerst höchst zu-

Gustave Doré: Illustration zu Ariost, »Der rasende Roland«, Paris 1879.

frieden, kürten die Wanen Hönir sogar zu ihrem König.

Schon bald erwies sich diese Wahl als Flopp. Hönirs weise Entscheidungen beruhten nämlich ausnahmslos auf Einflüsterungen von Mimir. Um sich für diesen Betrug an den Asen zu rächen, schlugen die Wanen dem Riesen Mimir das Haupt ab. Den Kopf ließen sie Odin zukommen, dem Oberasen und Neffen des Mimir. Odin präparierte diesen Kopf beglückt mit haltbar machenden Kräutern und Runenzauber. Vermochte er ihn doch nun über Vergangenes und Zukünftiges zu befragen. Auf Anhieb funktionierte das wohl nicht. Der Neffe musste erst in voller Rüstung vor einer Waldquelle aufmarschieren und seinem Onkel mit dem Schwerte drohen. Als aber die Kommunikationsschiene endlich stand, eilte Odin täglich zum Born des uralten Weisen, wobei er besonderen Wert auf die Fähigkeit legte, ein begnadeter Dichter zu werden (→Kwasir).

Nach Mimir ist einer der Brunnen am Fuße des Weltenbaums genannt. Aus diesem Brunnen stammt der göttliche Met. Und Odin verpfändete sein rechtes Auge (→Sehergabe und Blindheit), um Weisheit und Erinnerung aus diesen Tiefen zu schöpfen. Das lateinische *memor, memoria* (Denker; Erinnerung) scheint verwandtschaftliche Beziehungen zu Mimir abzuleiten. Mimigerdaford (Münster), Mimidum (Minden) oder Mimileba oder Mimmibruuno (Memleben an der Unstrut) führen sich wohl ebenfalls auf heilige Quellen des Wassergeistes Mimir zurück.

In diversen Handschriften der Nibelungensaga lehrt der Riese (oder der Zwerg) Mime die Schmiedekunst. Er wird zum Lehrer des bekanntesten aller mythischen Schmiedemeister, Wieland, und des Nibelungenhelden Siegfried. Wieland schmiedet dann auch das berühmteste der nordischen Sagenschwerter: Miming, das Schwert der sorgfältigen Unterscheidung und des Willens.

Die mythischen Riesen und Zwerge dürfen wir in heutigem Sprachgebrauch getrost als Symbole von Kräften unseres Unbewussten bestimmen. Die beiden »Unzertrennlichen« könnten dann auch Aspekte von Ober- und Unterbewusstsein vertreten. Mimir, als Wasser- und Quellgeist, gehört zum Unterbewusstsein und eröffnet den Zugang über das individuelle zum kollektiven Gedächtnis und schließlich zur universellen Datenbank. Dort brodelt der eigentliche Kessel allen Dichtermets.

Die Figur des eher einfältig ratlos wirkenden und sich aufplusternden schönen Hönir beschreibt respektlos, aber korrekt die Grenzen unseres Wach- oder Oberbewusstseins. Es findet allein oft nur vordergründige Antworten und muss tiefsinnige Fragen an das Unterbewusstsein weiterleiten. Das nimmt umgehend aus vorhandenen Daten einen Abgleich vor und bietet seine Ableitungen und Assoziationen wiederum dem Oberbewusstsein an. Wie dabei die Schätze des kollektiven und universellen Bewusstseins angezapft werden, gehört zu den kniffligen Verfahren wahrer Orakel (→Befragung durch Meditation).

Die Seherin →Völuspa in der Edda kleidete solche Vorgänge in prägnante Verse:

Ich weiß Odins
Auge verborgen
in Mimirs Quell,
dem märchenreichen;
Met trinkt Mimir
allmorgentlich
aus Walvaters Pfand –
wisst ihr noch mehr?

Viele Menschen glauben, dass sie ihre tatsächliche oder vermeintliche Kreativität und Intelligenz aus ihrem Verstand beziehen, einem Instrument des Oberbewusstseins. Mögen sie nie in die Lage geraten, irgendwann einmal den Wanen als Geiseln dienen zu müssen.

Mohammed

Fast wäre er gar nicht geboren worden, denn sein Großvater Abdalmuttalib hatte einst gelobt, wenn er zehn Söhne bekomme, werde er zum Dank einen am Götzenbild bei der Kaaba opfern. Als sein zehnter Sohn zur Welt kam, warf er das Pfeilorakel und es erwischte den Vater Mohammeds. Doch eine Seherin wusste, dass sich der Götze auch mit einigen Kamelen zufrieden geben würde.

Der Prophet des Islam wurde um 570, im »Jahr des Elefanten«, in Mekka geboren. Seine Sendung erfolgte erst im Jahr 610, als er 40 Jahre war. Am Berg Hirâ hatte er sich in der Einsamkeit zum Gebet zurückgezogen und fiel in den Schlaf. Da trat der Engel Gabriel zu ihm mit einem Tuch wie aus Brokat, worauf etwas geschrieben stand, und sprach: »Lies!« – »Ich kann nicht lesen«, erwiderte Mohammed. Da presste Gabriel das Tuch auf ihn, dass Mohammed würgend dachte, nun sterben zu müssen, ließ wieder los und befahl erneut: »Lies!« – »Ich kann nicht«, röchelte Mohammed. Dieser Vorgang wiederholte sich noch einmal. Schließlich fragte der Gepeinigte vor lauter Angst, es könne ein viertes Mal passieren: »Was soll ich lesen?« Da sprach der Engel: »Lies im Namen deines Herrn des Schöpfers, der den Menschen erschuf aus geronnenem Blut! Lies! Und der edelmütige ist dein Herr, Er, der das Schreibrohr zu gebrauchen lehrte, der die Menschen lehrte, was sie nicht wussten« (Sure 96,1–5). Mohammed wiederholte die Worte und es war ihm, als seien sie jetzt in sein Herz geschrieben (Ishâq 1982:43 f.). Im Verlauf weiterer Verkündigungen, die in 114 Suren im Koran niedergeschrieben wurden, hörte der Prophet durch den Engel Gesetze für das private und öffentliche Leben. Die Stimme betonte die Endgültigkeit der Offenbarung Mohammeds gegenüber den als Vorläufer anerkannten jüdischen und christlichen Propheten und schloss die Kaaba – vermutlich ein Meteor – als Besitz der Religion ein. Diese Religion habe Gott vor ewigen Zeiten schon offenbar gemacht, doch sei sie immer wieder verzerrt worden.

Gabriel (= Kraft Gottes), der Erzengel des Mondes, war schon Moses und Maria, der Mutter Jesu, erschienen. Er vertritt in der abendländischen Tradition die Kraft des Erweckens und Erwachens. Wenn wir uns unserer wahren höheren Natur bewusst werden und ihrem Willen zu folgen bereit sind, beginnen wir wirklich zu leben.

Mohammed. Radierung aus dem 17. Jahrhundert, National-Bibliothek Paris.

Mopsos

Als das griechische Heer nach der Eroberung von Troja die Schiffe bestieg, um heimwärts zu segeln, traten auch seine Seher Kalchas und Amphilochos die Heimreise an, zu Fuß über Land. Kalchas, der die Dauer des Trojanischen Krieges samt einiger Einzelheiten und das glückliche Ende prophezeit hatte, traf in Kolochos auf Mopsos, den Enkel des großen Sehers →Teiresias. Ein wilder Feigenbaum, reich behangen mit Früchten, wuchs zu Kolophon, und Kalchas forderte den Konkurrenten heraus: »Kannst du mir vielleicht genau sagen, wie viel Feigen von diesem Baum geerntet werden sollen?« Mopsos schloss seine Augen wie jemand, der dazu eine innere Schau zu Rate ziehe, und antwortete: »Sicher: erst 10000 Feigen, dann ein aiginetischer Scheffel Feigen, sorgsam gewogen – ja und noch eine einzige Feige, die übrig bleibt.« Kalchas lachte verächtlich über die einzelne Feige, aber als der Baum leer gepflückt wurde, erwies sich die Voraussage des Mopsos als unfehlbar. »Um von Tausenden zu einer kleineren Menge herunterzusteigen, lieber Kollege«, sagte nun Mopsos mit süffisantem Lächeln, »wie viele Ferkel würdest du sagen, liegen in dem Bauch jener trächtigen Sau, und wie viele jeden Geschlechtes wird sie werfen, und wann?«

»Acht Ferkel, alle männlich, und sie wird sie innerhalb von neun Tagen werfen«, antwortete Kalchas aufs Geratewohl und hoffte, er würde bereits fort sein, bevor sich seine Schätzung als falsch erwies. »Ich bin anderer Meinung«, griff Mopsos an und schloss wieder seine Augen. »Nach meiner Schätzung sind es drei Ferkel und nur eins von ihnen ist ein Eber, und die Zeit ihrer Geburt wird morgen Mittag sein, nicht eine Minute früher oder später.« Wieder hatte Mopsos recht, und Kalchas starb an gebrochenem Herzen. War ihm doch einst prophezeit worden, dass er sterben müsste, würde er einen Seher treffen, der ihm an Weisheit überlegen sei.

Zwischen Mopsos und Amphilochos erhob sich bald ebenfalls ein heftiger Wortstreit. Sie hatten zusammen Mallos in Kilikien gegründet, entzweiten sich aber in Fragen der Herrschaft. Die verlegenen Mallier schlugen vor, die Angelegenheit in einem Zweikampf zu entscheiden. In diesem Zweikampf töteten Mopsos und Amphilochos sich gegenseitig. Darauf errichtete man den Begräbnisscheiterhaufen in der Weise, dass beide während ihrer Verbrennung keine unanständigen Beschimpfungen austauschen konnten. Stattdessen aber verbanden sich ihre beiden Geister in so enger Freundschaft, dass sie ein gemeinsames Orakel in Mallos errichteten, das noch einen höheren Ruhm für seine Wahrheit erntete als das Orakel von → Delphi (Ranke-Graves 1980:II, 336ff.).

Das sechste und siebente Buch Mosis

»Das sechste und siebente Buch Mosis«, das lediglich den Namen von Moses für den Titel benutzt, gehört bis heute zur magischen Hausväterliteratur der Landbevölkerung. Allein das Buch im Haus zu haben brachte dem Besitzer Glück und hielt Unheil ab. Bei Hausabbrüchen findet man gelegentlich noch ein Exemplar, das im Dach eingemauert war, um das Haus vor Hagel, Sturm und Blitz zu bewahren. Oder es war als allschützendes Amulett unter der Türschwelle vergraben worden. Neben Beschwörungen enthält das Buch Schutzgebete, Volks- und Hausmittel, Liebeszauber, Mittel, um mit den Toten zu sprechen und um Schätze zu heben, Himmelsbriefe, Segenssprüche, Angaben zur richtigen Saatzeit, sympathetische Mittel und Bannsprüche. So soll eine frisch verheiratete Frau unbedingt vor ihrem Mann in das neue Heim treten und dabei dreimal sprechen: »Ich bin der Wolf und du das Schaf.« Dadurch erhält sie in ihrer Ehe die Herrschaft über den Mann. Um sich vor Begegnungen mit Hexen zu schützen, verfährt man folgendermaßen: Man zieht zweierlei Schuh an, oder das Hemd oder einen Strumpf verkehrt. Das Haus schützt man durch eine »Unruhe« an der Stubendecke. Das ist ein in Taubenform zusammengestellter Knochen vom Kopf eines Karpfens oder ein ausgeblasenes Ei, das man mit Kopf und Papierflügeln versieht. Die stete Bewegung der »Unruhe« vertreibt die Hexe.

Das Buch nennt in Verbindung mit den Wochentagen auch Vorzeichen, die auf zukünftige Ereignisse hinweisen: »Niest man nüchtern am Sonntag, so deutet das auf angenehme Gesellschaft, am Montag auf ein Geschenk, am Dienstag auf ein Getränk, am Mittwoch auf einen Brief, am Donnerstag geht alles schief, am Freitag auf Glück, am Sonnabend geht manches zurück.« Weitere auf körperliche Besonderheiten bezogene Vorzeichen: »Hat jemand weite Zwischenräume in der vorderen Zahnreihe, so wird er weit reisen. Wenn ein Kind weit voneinander stehende Zähne bekommt, wird es viel in der Welt herumkommen. Wenn einem ein Floh auf der Stirn sitzt, bedeutet es Krieg, auf der Hand einen Brief. Juckt einem die linke Hand, so bekommt man Geld, juckt einem die rechte, so gibt man welches aus. Jucken des Daumens allein bedeutet Geldausgeben. Wenn es einem im rechten Ohr klingt, dann reden die Leute von einem Gutes, klingt es im linken Ohr, dann reden sie von einem Böses. Auch Schlucken bedeutet, dass von einem, sei es im Guten oder Bösen, viel gesprochen wird.«

Auch über die Beantwortung von Fragen, die die Zukunft betreffen, berät »Mosis magische Geisterkunde«. Zwei Beispiele: »Wollen Mädchen erfahren, welches von mehreren zuerst heiratet, so bringen sie zu diesem Zwecke ein Zettelchen mit ihrem Namen in ein Tonkügelchen, sollen dies trocknen und werfen die Tonkügelchen am Silvesterabend in ein Gefäß mit Wasser. Diejenige nun wird im folgenden Jahr heiraten, deren Zettel obenauf schwimmt.« / »Wenn Mädchen in der Johannisnacht zwischen 11 und 12 Uhr nachts, ohne zu sprechen, aus neun Blumensorten Kränze winden, so sehen sie im Traum ihren Zukünftigen.«

Cover eines neueren Reprints des »Sechsten und Siebenten Buches Mosis« aus dem Jahr 1985.

Ein Braunschweiger Gericht verurteilte 1956 die Herausgeber des Nachdrucks zu empfindlichen Geldstrafen, Prägestöcke und Druckplatten wurden eingezogen. In zweiter Instanz wurde das Urteil wundersamerweise wieder aufgehoben, das Zauberbuch durfte weitergedruckt werden.

Münzorakel

Früher, als Münzen noch ein Kreuz trugen wie der Kreuzer, hatten sie per se eine besondere Kraft in sich. Das Eichenblatt des alten Groschens nahm heimlich Bezug zum alten Blitzgott Donar/Thor, im übertragenen Sinne, zum Blitz der Intuition. Wie sich der Euro-Dekor bewährt, müssen wir noch herausfinden.

Juckt es in der linken Hand, bekomme man Geld, juckt es in der rechten, müsse man Geld hergeben. »Münzen zählen« soll sie vermehren. Aber nur zu bestimmten Tagen wie Christi Himmelfahrt oder in der Christnacht, und auch wiederum nur bei zunehmendem Mond. Wer täglich zählt, dem fallen frühzeitig die Haare aus, und das Geld werde dann weniger. 30 Münzen auf den Kreuzweg in einen Kreis gelegt und während des Messeläutens vor- und rückwärts gezählt bewirke übrigens, dass der Teufel die 31. Münze hinzugeben muss.

Seit alters wird die Münze für binäre Abfragen genutzt: Soll ich oder soll ich nicht? Vielfach wirft der Schiedsrichter vor Anpfiff eines Fußballspiels für die Findung der Seitenwahl zwischen den Kapitänen der Mannschaften das Münzorakel. Früher hieß es: Zahl oder Adler? Heute muss es heißen: Zahl oder Tor? In »Demoscopia. Vorstellungen zur Zukunft« (2002:69) bevorzugt einer der Autoren die irische Pfundmünze. Auf der einen Seite trägt sie die Abbildung eines Hirsches, auf der anderen Seite eine Harfe. »Der Hirsch steht immer für *ich tu etwas* und die Harfe für *ich sitze da und lass es klingen.*«

Früher, als man zum Beispiel für große Bitten oder großes Leid noch Wallfahrten auf sich nahm, konnte man durch das Wallfahrtsorakel den richtigen Ort herausfinden. Dazu schrieb man verschiedene Orte an den Rand einer flachen, mit Wasser gefüllten Schüssel oder eines Beckens und warf eine Münze schräg hinein. Der Zettel, dem die Münze am nächsten war, schien dann das geeignete Wallfahrtsziel zu bestimmen. Doch sollte man für dieses Orakel insgesamt neun Zeugen finden, die vorher bei Wasser und Brot drei Tage fasten und täglich 25 Vaterunser beten, betonen Kenner des Verfahrens.

Muschelorakel

Das »16-Kauri-Orakel« ist eine Form der Wahrsagung, die die Yoruba in Nigeria (Westafrika) und ihre Nachfahren (als Sklaven in die Neue Welt verschleppte Stammesangehörige) durchführen. Die Methode hat Ähnlichkeit mit dem gleichfalls bei den Yoruba praktizierten Ifa-Orakel, bei dem der Wahrsager 16 geweihte Palmnüsse als Orakelmittel einsetzt.

Beim 16-Kauri-Orakel werden nach dem Wurf der Muscheln auf ein Tablett aus Korb diejenigen gezählt, die mit der offenen Seite nach oben liegen. Es ergeben sich 16 Figuren (bzw. 17 für den Fall, dass alle Kauris mit der geschlossenen Seite nach oben liegen), die mit speziellen Namen bezeichnet werden. Wenn die Figur durch den ersten Wurf bestimmt ist, beginnt der Wahrsager Verse aufzusagen, die mit der Figur verbunden sind. Die Verse enthalten Wahrsagungen und nennen die Opfer, die den Göttern gebracht werden müssen. Der Klient stoppt den Wahrsager dann, wenn er das Gefühl hat, dass ein rezitierter Vers als Antwort auf seine Frage zutrifft. Danach kann der Klient, um mehr Alternativen für seine Entscheidung zu haben, weitere Würfe verlangen.

Mit dem Tod von Salako (1880–1965), dem Wahrsager des Königs, ging die Anwendung der über die Jahrhunderte mündlich tradierten Verse verloren. Zum einen war der König zum Islam konvertiert und zum anderen war Salakos einziger Lehrling, der einen Teil der Verse bereits auswendig gelernt hatte, gestorben. Der Anthropologe William Bascom konnte noch 210 Verse auf Tonband aufzeichnen (1950–1951) und ließ sie ins Englische übersetzen (»Sixteen Cowries – Voruba Divination from Africa to the New World«).

Johanna →Wagner hatte das Wahrsagen mit den Kauris in ganz anderer Weise in Ostafrika kennen gelernt. Sie tauschte die den dortigen Medizinmännern unbekannte Technik des Handlesens gegen die Technik des Muschelorakels. Sie empfiehlt, dem Klienten ein Set von 16

Kauris zu geben, in denen sich große, kleine und auch ungewöhnliche Muscheln mischen. Daraus soll der Fragende zwölf Muscheln für den Orakelwurf auswählen. Schon die Beobachtung, wie sich das Gegenüber verhält, könne erste Hinweise über Charakter und Verfassung geben.

Wichtig vor der Deutung ist die genaue Klärung des Wurfs:

- Die Bestimmung der Relation der Muscheln: Liegen sie nahe zusammen oder sind sie voneinander entfernt?

- Die Bestimmung der Richtung einer Muschel: Kommt »es« (die Spitze der Muschel zeigt zum Werfer) oder geht »es« (die Rundung der Muschel zeigt zum Werfer)?

- Die Bestimmung der Seite: Liegt die Muschel mit der offenen Seite oben oder mit der geschlossenen Seite?

- Die Bestimmung der Grundstellung: Liegen sich zwei Muscheln mit den runden Ecken gegenüber oder mit ihren jeweiligen Spitzen oder gar spitzenverkehrt?

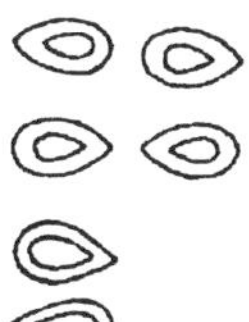

- Die Bestimmung der Stellung einer Gruppe: Liegen mehrere Muscheln aneinander oder übereinander? Liegt eine Muschel nur für sich? Steckt eine Muschel in einer anderen?

- Die Bestimmung spezieller Formen: Liegen drei, vier oder fünf Muscheln in charakteristischer Weise, zum Beispiel als »Blume« oder im »Geviert« beieinander?

Ein Beispiel zur Erläuterung

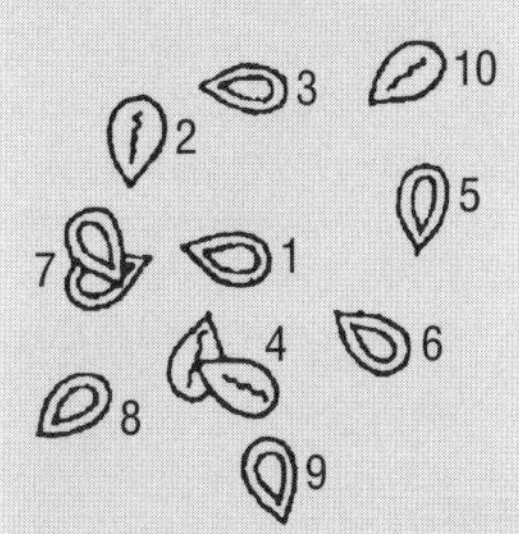

Eine Versammlung (= ein Hof, Fig. 2–7) von sechs Personen.

Sie sprechen über ein trockenes Objekt (Geld, Hausbau, Feld):

1 ist das Objekt,

eine Person (4) schwankt,

vier Personen sind für die Ausführungen (2, 3, 5, 6);

einer von ihnen ist besonders dafür (7);

zwei Zufriedene gehen (8, 9).

Ein Fremder (oder Feind oder jemand mit unbekannten Absichten) kommt (10).

N

Nadelorakel

Nähen mit einer Nadel bedeutet, etwas fest miteinander zu verbinden. An einigen heiligen Steinen oder Wallfahrtskapellen im Alpenbereich und in der Bretagne gab es ein Liebes- oder Hochzeitsorakel, das vor allem von Frauen befragt wurde. Dazu mussten Nadeln in einem Abstand von etwa zwei Metern in einen Steinspalt geworfen werden (→Steinweissagung). Ging der Wurf beim ersten Male glatt durch, bestand die Chance, noch im gleichen Jahr zu heiraten. Mit jedem Fehlwurf dagegen schien man noch ein Jahr mehr darauf warten zu müssen.

Mittelalterlicher Hexenwahn fand eine finstere Orakelpraxis in der Nadelprobe, die sogar als →Gottesurteil bei Gericht zugelassen war. Man stach mit langen Nadeln gnadenlos in alle Leberflecke und Muttermale der Angeklagten. Hexen wären dagegen unempfindlich, behaupteten Sachverständige. Bei solchen fließe auch kein Blut heraus, was aber durchaus natürliche Ursachen findet. Oft hatten Folter und andere Strapazen die Verdächtigten so geschwächt, dass sie ohnehin nur wenig auf diese weitere Marter reagierten. Damit hatte man sie überführt.

Im übertragenen Sinne näht und verbindet uns das Schicksal mit Erfahrungen, die wir freiwillig nicht suchen würden. Eine Nadel zu finden bedeute nichts Gutes, erst recht nicht, ist die Spitze auf den Finder gerichtet. Hängt gar noch ein schwarzer Faden in der Öse, stehe man vor einer bösen Überraschung, möglicherweise sogar vor dem vorzeitigen Tod. Gefädelte Nadeln hebe man also nie auf, ungefädelte besser auch nicht. Das sieht nicht jeder Kenner so. Es komme eben darauf an, ob tatsächlich die Spitze auf einen gerichtet sei. Finde man eine ungefädelte Nadel, die mit dem Kopf auf einen weise, bringe dies Glück, und man solle sie unter allen Umständen an sich nehmen. Hier bedarf es wohl individueller Erfahrung. Fällt einem die Stecknadel zu Boden und es gelingt selbst beim dritten Versuch nicht, sie aufzuheben, muss ebenso von einem bösen Vorzeichen ausgegangen werden. Dann lasse man sie da, wo sie ist.

Bricht beim Nähen die Nadel, drohe ein Unglück. Sticht eine Nadel, wenn die Dame sich für die Abendunterhaltung an- oder umzieht, treffe sie auf einen Eroberer, der schnell zur Sache kommen will. Näht gerade ein flügge werdendes Mädchen an einem Kleid, finde sie darin Gefallen und somit bald einen Partner. Sticht sie sich am Daumen und der blutet, werde sie besonders viel gefreit und umworben. Sticht sie sich in den Ringfinger, heirate sie bald. Zerbricht die Nadel beim Nähen von Mannshemden, drohten ihr aber in der Ehe häufige Prügel. Wer sich beim Nähen des eigenen Hemdes mit der Nadel in den Finger sticht, werde noch am selben Tag geküsst. Nähen sollte man nie an Sonn- oder Feiertagen, vor allem nicht an den höchsten – nicht einmal in größter Not. Näharbeit verlangt Konzentration, und die ziehe immer den Blitz an. Strafe der an solchen »Ausschlusstagen«, kann er am gewöhnlichen Werktag aber einen Gedankenblitz auslösen, der ein vorhandenes Problem löst, ohne dass man ein Orakel bemüht.

Rübelzahl näht sein Wams mit einer Tannennadel. Aus einer Werbung für das »Sortiment vorzüglicher Nadeln« von 1930.

Nasenweissagung

»An der Nase des Mannes, erkennt man den Johannes«, dichtet der frivole Volksmund. Zumindest lässt sich einiges andere an der Nase erkennen (→Physiognomie): Paracelsus betonte, eine spitze Nase sei Ausdruck eines listigen, spöttischen Menschen, die Stumpfnase Ausdruck eines bösen, falschen, unkeuschen, lügenhaften und wankelmütigen. Die lange nach unten gebogene Nase, ein gutes Zeichen, kennzeichne einen strengen, weisen, verschlossenen, aber barmherzigen Zeitgenossen.

Eine niedrige platte Nase signalisiere hexischen oder Gorgonen-Charakter, weiß das Volk, eine gebogene lasse den Freigebigen erkennen, den Hochherzigen, Beredten und Stolzen. Und die große Gurke deute darauf, dass derjenige »bei der Naturausteilung« nicht zu kurz gekommen sei. Tatsächlich weist die Größe der Nase auf einen starken Menschen, der mit Willenskraft einiges erreichen kann. Nach dem antiken griechischen Dichter Apuleius sind große Nasen ohnehin besser als kleine. Denn die kleinen gehörten oft »knechtseligen Geistern, Dieben und Deserteuren«. Eiserne Nasen gehören zu Göttern.

Die moderne Nasenforschung differenziert stärker bei ihren Zuweisungen:

Eine lange Nase muss nicht immer auf Unflexibilität hinweisen. Zeichnung von Wilhelm Busch.

Lange Nase	Konsequenz, Umsichtigkeit, Kontrolliertheit, Unflexibilität, konservative Grundhaltung
Schmale, knochige Nase	Arroganz, Stolz, Intoleranz, Hyperkritik, Schönheit
Kurze Nase	Optimismus, Geselligkeit, Anspruchslosigkeit, Aufgeschlossenheit, Oberflächlichkeit
Hakennase	Sinnlichkeit, Genusssucht, Geschäftstüchtigkeit, Willensstärke, Ehrgeiz, manchmal sogar Verschlagenheit
Gerade Nase	Ehrlichkeit, Toleranz, Vertrauenswürdigkeit, Unnachgiebigkeit
Stumpfnase	Besonnenheit, Selbstlosigkeit, praktischer Sinn, Vernunft, Loyalität
Spitznase	Unnachgiebigkeit, Bösartigkeit
Stupsnase	Heiterkeit, Sorglosigkeit, Hilfsbereitschaft, unorthodoxer und unpraktischer Sinn
Runde helle, glatte Nase	Wohlstand, Glück, Unkompliziertheit

Schöne Idealnasen seien zum Verlieben, kleine Nasen passten nicht zu hohen Ämtern. Rote Flecken auf der Nase kündeten von finanziellem Erfolg oder Alkoholabhängigkeit, weiße Flecken deuteten auf Versagen.

Spitze und dünne Nasenlöcher sollen auf einen kämpferischen Menschen weisen, große und weite Nasenlöcher auf kleine Weisheit, lange und dünne Nasenlöcher auf einen Toren. Pretiöse Nasenlöcher seien Zeichen von Unkeuschheit, sehr offene Zeichen von zornigen, zumindest sehr emotionalen Naturen (Konrad von Megenberg 1309–1374). Wer eine schwarze Nasenspitze besitzt, habe etwas gestohlen.

Nasenbluten aus dem rechten Nasenflügel bedeute etwas Gutes, aus dem linken weise es darauf, dass beabsichtigte Vorhaben misslingen. Wer aber ganz sicher gehen will, schreibe sich mit dem eigenen Nasenblut die alte Zauberformel *Uhi upuli* auf die Stirn, alternativ *uPuLu,* OIPULK oder O.I.P.U.L.U.

Nechung-Orakel

→Tibetisches Staatsorakel

Nekromantie

→Totenbeschwörung

Niesweissagung

»Gesundheit!«, rufen wir jemandem zu, der niest. Man dachte in der Antike, etwas vom Seelenstoffe fliege dabei heraus, womit der Vorgang an sich schon zum →Omen wurde. Gleichzeitig konnte, wie beim Gähnen, etwas Schädigendes hineinfahren. Sagen berichten davon, wie gefährlich dieser Augenblick sei. Feen oder Hexen könnten einen beim Niesen sogar entführen!

Wenn es denn nun passiert, erfahre man eine Neuigkeit, mündlich oder brieflich, als Geschenk oder Schelte – oder falle im Laufe des Tages »in den Dreck«. Mehrmaliges Niesen lässt auf außergewöhnliche Erwartungen schließen, auf besonderen Besuch, einen hohen Geldbetrag oder heftige Prügel. Andere differenzieren: Einmal Niesen bedeute Unglück, zweimal Glück, dreimal man sei ein guter Christ und erfahre die Seligkeit. Es kann aber auch darauf hinweisen, dass sich Diebe um das Haus schleichen. Wer viermal niest, der ist erkältet.

Wer auf einem Wege fünfmal niest, finde etwas. Bei sechsmaligem Niesen darf man hochgradige Enthüllungen erwarten, bei siebenmal könnte ein Schatz zu heben sein. Bis zu dreizehn mal hintereinander Niesen hält sich solche Erwartung, ohne aber unbedingt an Quantität zu gewinnen. Ein längerer Niesanfall gehört in den Bereich der Allergie.

Fachleute treffen weitere Unterscheidungen: Niest man nüchtern in der Früh, nach dem Frühstück am frühen Morgen, mittags, nachmittags oder gar in der Nacht, vor oder nach Mitternacht, mehr aus dem linken oder rechten Nasenloch? Lebt man ledig, in dauernder oder wechselnder Partnerschaft? Doch bleibt die Wertung dann höchst widersprüchlich. Wir empfehlen hier dringend, selbst zu experimentieren.

Wer sonntagsfrüh nüchtern zweimal niest, erhält eine gute Botschaft, die mit einem Geschenk verbunden

»Die Spannung steigt,
der Drang wird groß –
Nur still! Gebt acht! –
Gleich drückt er los!«
Aus: Wilhelm Busch: Die Prise.

sein könnte. Am Montagmorgen zu niesen ist auch nicht schlecht, auf jeden Fall besser als am Abend und vor Mitternacht. Ein Niesen direkt beim Aufstehen gilt als böses Vorzeichen. Besser, man legt sich wieder hin und probiert das Aufstehen später. Freitags bleibt es durchweg schlecht, samstags durchwachsen, beim Schuhanziehen wird es katastrophal. Aber niesen zwei zur gleichen Zeit und synchron, dann wird eine arme Seele erlöst.

Unterbricht ein- oder mehrmaliges Niesen eine Rede, gilt die zumeist als Bestätigung des Gesagten. Als der griechische Feldherr Xenophon (um 430–355 v. Chr.) vor den ermüdeten und resignierten griechischen Söldnern eine flammend aufmunternde Rede hielt, unterbrach ihn ein Krieger durch heftiges Niesen. Jetzt war allen klar, dass Zeus zugestimmt hatte (Anabas III,2,9).

Nornen

Die drei Nornen oder drei heiligen Frauen der germanischen Mythologie sind eng verwandt mit den römischen drei Parzen, den griechischen drei Moiren, den drei Grazien als vornehme Variante und den drei Graien, die mit grau und Grausen zu tun haben. Sie vertreten die zyklischen Aspekte der Großen Mutter Natur. Altnordische Sagas vermelden, die Nornen seien älter als die Götter und entstammten der Familie der Riesen (= ursprüngliche, undifferenzierte Naturkräfte). Urd, Werdandi und Skuld hießen sie, die Gewordene, die Werdende und die Zukünftige. Sie wussten, was leben und sterben, was aussortiert und in den Stoff eingewoben werden soll, geboten über Sein und Nichtsein. Die erste spann den Lebensfaden, die zweite bemaß ihn, die dritte – meist schwarz oder schwarz-weiß dargestellt – schnitt ihn ab und teilte ihn zu. Vielleicht hängt der Begriff Nornen mit dem altdeutschen *snerhan* = binden zusammen; denn sie banden und lösten. Selbst die christliche Maria sitzt gelegentlich vor der Spindel. Frau Holle, die alte Patronin der Spinnerinnen, wird manchmal mit Urd gleichgesetzt.

In Märchen kreuzen sie in einigen Verkleidungen den Weg, raten als Feen, weise Frauen, Patinnen oder Godeln. Alle diese »Heilräterinnen« lebten zumeist an Brunnen, Quellen oder am Lebensbaum und besuchten gern Geburts-, Reife- und Hochzeitsfeste. Als Schutzgebende bei der Geburt finden wir sie noch unter den christlichen »Nothelferinnen«. Aber selbst bei diesen soll es noch passieren, dass eine von ihnen uns schon bei der Geburt ein gnadenloses Schicksal in die Wiege legt. Dann nimmt das Verhängnis seinen Lauf, und wir müssen alle Orakel bemühen, um das Licht am Ende des Tunnels zu finden.

J.M. Trudwick: Der Goldene Faden, um 1890.

Nach altem Glauben beruhte die Gesamtheit des Verhängten, des Schicksals, auf dem Urgesetz. Und bereits früh erkannten die Menschen einen Zusammenhang zwischen Schicksal und Lebensführung. Als die Psychologie begann, unser Bewusstsein zu erforschen, erkannte sie, wie sehr wir alle in jedem Augenblick an unserem Glück oder Verhängnis stricken. Nicht für alles, aber für den größten Teil sind wir selbst verantwortlich. Vieles unterliegt tatsächlich dem Urgesetz, zum Beispiel den Rhythmen und Zyklen allen Lebens, dem ewigen Kreislauf von Wachsen, Blühen und Verwelken. Über all das wissen die Nornen bestens Bescheid. Im heutigen, von der Psychologie geprägten Sprachgebrauch dürfen wir sagen: Der Brunnen der Schicksalsschwestern liegt in unserem Unbewussten. Alle unsere Fragen und jede Orakelsuche werden direkt dorthin geleitet. Doch nicht immer haben wir den Kanal für ihre Rohrpost sauber- und freigehalten. Und die meisten der Orakel können die Antwort aus unserem Innern nur höchst oberflächlich wiedergeben. Vielleicht ist das auch gut so. Wenn wir die Folgen all unserer unbedachten Gedanken, Worte und Taten genau wüssten, wer könnte dann noch ruhig schlafen?

Nostradamus

Nostradamus, wie er heute genannt wird, wurde am 14. Dezember 1503 in Saint-Rémy-en-Provence als Sohn des zum Christentum konvertierten jüdischen Notars Jaques de Nostredame geboren und auf den Namen Michel getauft. Väterliche und mütterliche Vorfahren waren Wissenschaftler und Ärzte.

Michel studierte an der Universität von Montpellier Philosophie und Medizin und erhielt mit 21 Jahren das Doktorat. Seine erste Frau und zwei Kinder, die aus dieser Ehe stammten, verlor er durch eine Seuche, in seiner zweiten Ehe mit Anne Ponce Gemelle hatte er drei Töchter und drei Söhne. Nostradamus erwarb sich als Arzt großen Ruhm. Allgemein bekannt machten ihn Prophezeiungen, die erstmalig 1555 in Lyon und in späteren Ausgaben in erweiterter Form in Amsterdam erschienen. Nostradamus wurde Berater und Arzt der Könige Heinrich II., Franz II. und Karl IX.

Die Prophezeiungen des Nostradamus beinhalten einen Brief an seinen ältesten Sohn Casar, einen Brief an König Heinrich II., zwölf Centurien mit jeweils 100 Strophen, 141 Weissagungen, die jede den Namen eines Monats enthalten und 58 Sechszeiler. Als Quelle für seine Prophezeiungen nennt Nostradamus Gott. »Meine Prophezeiungen haben nichts mit Wahrsagerei zu tun. Sie sind rein göttlicher Natur.« In den ersten beiden Vierzeilern der Centurien stellt sich Nostradamus in eine Reihe mit den Propheten der Vergangenheit. Ausdrücklich wendet er sich dagegen, dass sein Werk einen astrologischen Ursprung hat (Omnesque Astrologi, Blenni, Barbari procul sunto …« / »Und dass alle Astrologen, Toren und Barbaren sich fern halten …«).

Seinen Tod, am 2. Juli 1566, soll er im Voraus gewusst haben. Er ließ sei-

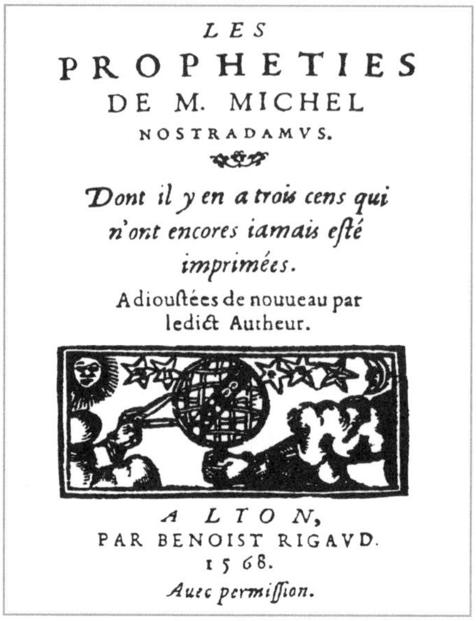
LES
PROPHETIES
DE M. MICHEL
NOSTRADAMVS.

Dont il y en a trois cens qui
n'ont encores iamais eſté
imprimées.
Adiouſtées de nouueau par
ledict Autheur.

A LYON,
PAR BENOIST RIGAVD.
1568.
Auec permiſſion.

Die Erstausgabe der gesammelten Prophezeiungen des Nostradamus.

ne Mitbürger schwören, sein Grab nicht zu öffnen. Als dies 60 Jahre später doch geschah, fand man auf seiner Brust eine Metallplatte, auf der neben Flüchen über die Niedertracht der Menschen der Stadt Salon-en-Provence das genaue Datum dieser Graböffnung angegeben war. Seit 1813 befindet sich sein Grab und das seiner Frau in der Kirche Saint Laurent in Salon.

In einem Brief an König Heinrich II. erklärt Nostradamus, dass die Unbill der Zeit es erfordere, die in seinen Prophezeiungen verborgenen Ereignisse nur in rätselhafter Sprache und in Dunkelheit gehüllt zu offenbaren, sodass nicht nur ein Sinn und eine verständliche Erklärung möglich sind.

Diese bewusst vorgenommene Verdunkelung seiner Vorhersagen führte zu immer neuen, zumeist wenig befriedigenden Entschlüsselungen, die sich mal auf astrologische, mal auf kabbalistische Annahmen beriefen. Erst dem Arzt Max Pigeard de Gurbert, der als Schriftsteller unter dem Namen Max de Fontbrune schrieb, gelang eine verblüffend einfache und plausible Übertragung. Dr. de Fontbrune ging erstens davon aus, dass er in dem Konglomerat aus Altfranzösisch, Latein, Griechisch, Englisch, Spanisch oder Arabisch den klassischen Sinn der jeweiligen Wörter herausarbeiten müsse. Nostradamus habe den Sinn zwar verhüllt, seine Schriften aber nicht verunstaltet. »Kurz«, schreibt Max de Fontbrune, »jedes Wort muss, konkret oder bildlich, im Sinn seiner ursprünglichen Sprache aufgefasst werden.«

Alte Bezeichnungen von Flüssen, Städten, Ländern und Völkern müsse man nur durch ihre modernen Entsprechungen ersetzen, Hister z.B. steht dann für die Donau, Gades für Cadix, Phocoa für Marseille, Ausonien für Italien und Bastarnen für die Deutschen. Zweitens entschlüsselte Max de Fontbrune unverständlich scheinende im Urtext groß geschriebene Worte als Anagramme. Aus NIRA wird Iran, aus ZERFAS wird Ras Fez (= Fez), aus ADALUN CATIF wird »du Califat« (= Jahr des Kalifen).

Drittens nimmt de Fontbrune an, dass Nostradamus Sprachbilder aus der Bibel oder der griechisch-römischen Mythologie entnommen habe und sie symbolisch verwendet. »Mars« steht so gesehen für Krieg/Kriegsgeist, eine Sichel für Tod, Olivenbaum und Iris (griech. Regenbogen) für Frieden, der Löwe für ein Regime, das auf Gewalt begründet ist (= Diktatur), der Krebs für Hunger und Elend (= nagende Nöte), Sol für die französische Monarchie, der Mond für das Volk bzw. die Republik, ein Schlüssel für den Papst. Venus ist ein Symbol für Täuschung (giftige Zungen), Jupiter steht für Macht oder Gott, Saturn für Zeit, Wasser für Umwälzung, Aufstand, Revolution. In Heuschrecken sieht de Fontbrune Symbole für fliegende Kriegsmaschinen und Donner und Erdbeben bedeuten im übertragenen Sinn den Lärm der Kanonen und Bomben.

De Fontbrune übersetzte die Centurien erst einmal Satz für Satz ins Neufranzösische und bot dazu eine Erklärung der Vorhersagen. 1938 erschien sein Buch »Die Prophezeiungen des Meister Michel Nostradamus«, in dem er aus den Schriften des Nostradamus den Tod von Papst Pius IX. und den deutsch-französischen Krieg 1939, die 20-monatige Besetzung durch die Deutschen und die Niederlage der Deutschen herauslas. Die französische Vichy-Regierung verbot das Buch prompt, 2000 Exemplare wurden verbrannt, die Druckstöcke eingeschmolzen. Mehrfach versuchte die Gestapo, Dr. de Fontbrune zu verhaften. Er konnte jedesmal knapp entkommen.

Der New Yorker Schriftsteller Henry Miller schrieb 1951 einen Brief an Dr. de Fontbrune, in dem er sein Buch sehr lobte. »Selbst ein unvorbereiteter Leser muss seiner Faszination und seinen tiefen Grundlagen erliegen.« Miller äußerte sich auch zu Dr. de Fontbrunes Deutung, Nostradamus sage Gottes Gericht und damit das Ende der Welt für das Jahr 2000 voraus (»Und das Tausendalter kommt heran / wo die Toten aus dem Grabe steigen«). »Das ›Ende‹«, schreibt Miller, »das die Menschen heute befürchten, ist für mich kein Ende. Das Ende, dessen Kommen ich spüre, ist das Ende der Ära Fische. Das neue Zeitalter des Wassermannes habe ich immer für eine Ära des spirituellen und materiellen Überflusses gehalten. Insgeheim glaube ich auch, dass es in der kommenden Ära keinen Antagonismus mehr zwischen dem Materiellen und dem Spirituellen geben wird. Das Leben, für das Christus ein Beispiel war, ist in Wirklichkeit die Erbschaft aller Menschen.«

Nostradamus. Seine Blicke in die Zukunft sind legendär und bis heute viel diskutiert.

Numerologie

Hinter allen Erscheinungen des Universums stehen Maß und Zahl, erkannte schon der griechische Philosoph Pythagoras im 6. Jahrhundert v. Chr. Wer diese Zahlen richtig zu deuten vermag, kann die Geheimnisse der Gesetzmäßigkeiten des Kosmos entschlüsseln, glaubten die Numerologen, die Anhänger von der »Lehre der Zahl«. Gematria, die Untersuchung von Begriffen auf ihre Zahlenwerte und heute mehr als Teil der jüdischen Kabbala-Lehre bekannt, betrieben wohl schon die alten Babylonier und Chinesen.

Moderne Numerologie sucht über Geburtsdaten, Ruf- und Familiennamen des Menschen etwas über sein Schicksal herauszufinden. Man konsultiert dieses Verfahren gern bei Berufswechsel, Heirat, längeren Reisen und anderen wichtigen Entscheidungen. Es lässt sich aber ebenso auf alles anwenden, was einen Namen und Geburtstag hat, Haustier, Firma, usw. Dazu müssen die Buchstaben des Namens in Zahlen umgewandelt werden. In einschlägigen Buchhandlungen findet man verschiedene Lehrbücher zur Numerologie, fälschlich als »Kabbala« ausgegeben, mit unterschiedlichen Buchstaben- und Zahlenzuordnungen und sehr variablen Zahlenbedeutungen. In aller Regel zeugen sie von der Unkenntnis der Autoren hinsichtlich der überlieferten und sinnvollen Bedeutungsableitungen für Zahlen.

Gemeinsamkeiten gibt es zwar in der Verfahrensweise, doch schon bei der grundsätzlichen Bewertung von Namens- und Geburtstagszahlen scheiden sich die Geister. Meist liest man, mit der Quersumme der in Zahlen umgewandelten Vokale seines Ruf- und Familiennamens gewinne man die so genannte Seelenzahl: Triebkräfte, Geisteshaltungen, Gefühle etc. Die Quersumme der Konsonanten sage etwas über das Äußere aus: Gesundheit, Aussehen usw. Beide Zahlen summiert bieten den Schicksalsweg. Ergeben sich zweistellige Zahlen, werden sie so lange auf ihre Quersumme reduziert, bis eine einstellige Zahl übrig bleibt. Die Quersumme aus dem Geburtsdatum liefert die wichtigste Information, nämlich die Summe der Lebenserfahrungen, der vorherrschenden Charaktereinflüsse und wichtigsten Einflüsse von außen.

Oft werden noch die Beziehungen zwischen den Zahlen von Namen und Geburtsdatum untersucht: Sind sie gleich, harmonisieren sie oder liegen starke Spannungsverhältnisse vor. Letzteres lässt sich beheben. Man rechne und ändere den Vornamen, heirate oder lege sich einen Künstlernamen zu. Doch Numerologen warnen davor. Ein derartig tiefer Eingriff in die Persönlichkeit sei von den Folgen her nicht abzusehen!

Volksglaube fand noch ein anderes Zahlenomen (→Omen). Wer schlucken oder aufstoßen muss, schaue gleich auf die Uhr und zähle die Ziffern zusammen, auf die beide Zeiger weisen. Stehen beide über derselben Ziffer, rechne man diese nur einmal. Die Zahl gibt den der 26 Buchstaben aus der Reihenfolge des Alphabets an, mit dem der Name dessen beginne, der gerade an einen denkt.

O

Oase Siwa

Ursprung dieser alten heiligen Stätte – als »Ammonisches Orakel« bekannt, ungefähr 500 Kilometer westlich des Nildeltas in der libyschen Wüste beim heutigen Aghurmi – war eine berühmte Quelle. Im 1. Jahrhundert n.Chr. führte sie noch mittags in der Gluthitze eiskaltes Wasser, während im Lauf des in der Wüste recht kühlen Abends sich das Wasser erwärmte und um Mitternacht seine höchste Temperatur erreichte, um dann wieder abzukühlen. Doch 1899/1900 wies der deutsche Ägyptologe Steindorff nach, dass die Quelle selbst eine konstante Temperatur aufwies – er maß 29 Grad Celsius –, und dies sicher auch schon in früheren Zeiten. Mithin hatten sich Konstrukteure einiges einfallen lassen, um die Quelle durch solche Phänomene zu heiligen.

Das Orakel scheint erst im 7. Jahrhundert v.Chr. entstanden zu sein, nicht ägyptisch, aber ägyptisiert, wie die Ausgräber entdeckten. Die Stätte bestand aus einem für die Öffentlichkeit unzugänglichen königlichen Orakel im Tempel, das sogar Alexander der Große einst besuchte. Dort fragte der griechische König den Oberpriester in Vertretung des Gottes Zeus-Ammon: »Sage mir aber, ob du mir die Herrschaft über die ganze Welt gewährst?« Ammon ließ ausrichten, er gewähre es ihm, verriet dem Eroberer aber nicht, dass er das 34. Lebensjahr nicht erreichen würde.

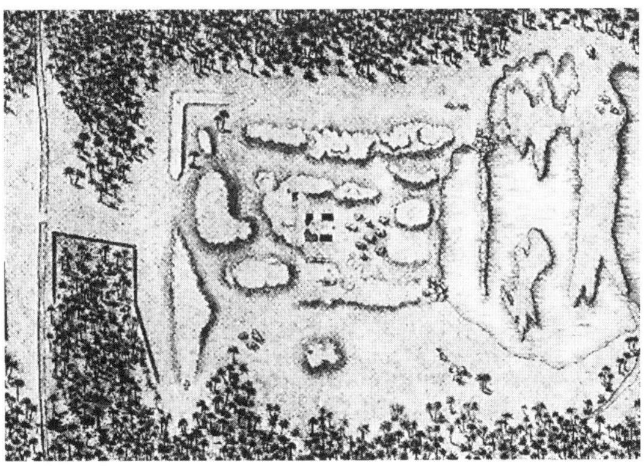

Oase Siwa.
Zeichnung aus dem 19. Jahrhundert.

Für die anderen Besucher trugen vielleicht wie in Theben 80 Priester die goldene Barke Ammons ins Freie, »ohne eigenen Willen, mit dem Gott auf ihren Schultern, wohin auch immer der Gott sie lenkt«. So überlieferte es jedenfalls der griechische Historiker Diodor im 1. Jahrhundert v. Chr. (17,50). Konsultierende legten dem göttlichen Orakel zwei Zettel mit alternativen Fragestellungen vor. Bewegte sich der Zug auf einen der Zettel zu und senkte sich das Vorderteil Ammons, nickte der Gott und signalisierte Zustimmung (→Orakel des Ammon). Als Ablehnung wurde verstanden, stand die Barke still oder wandte sich ab. In der Nähe dieses Orakels soll auch die libysche →Sibylle residiert haben.

Johannes Friedrich Oberlin

Nachdem mehrere Versuche der Mutter, ihren Sohn, den jungen Pfarrer Oberlin zu Waldbach im Steintal (Elsass), zu verheiraten, gescheitert waren, führte ihm seine Schwester den Haushalt. Als eine weit entfernte Verwandte, Fräulein Salome Witter, im Steintal nach einer überstandenen Krankheit Erholung suchte, lernten sich die jungen Leute zwar kennen, empfanden aber erst einmal eine heftige Abneigung füreinander. Sie mochte keinen einfachen Prediger heiraten, er verabscheute ihr vornehmes Wesen, das sich auch in ihrem »vornehmen Kleiderstaat« niederschlage. Wenige Tage vor ihrer Abreise hörte er in sich eine Stimme, die ihn bedrängte, die Jungfer Witter zur Frau zu nehmen. Was Oberlin auch tat, Ausreiten, Berge besteigen, Beten und inbrünstiges Flehen zu Gott, ihn von diesem törichten Gedanken zu befreien, nichts half. Die Stimme in seinem Inneren verstummte nicht. Am 5. Juni 1783 hielt er, nach einem langen Zwiegespräch mit seiner →inneren Stimme, im Pfarrgarten in einer Laube aus Nussbaumgesträuch um Salomes Hand an. Salome erhob sich von ihrem Stuhl am Frühstückstisch und gab ihm, zum Zeichen ihrer Einwilligung die Hand. Am 6. Juli wurden die beiden vermählt. »Dieser Ehebund sei«, so schreibt Oberlins Biograph Friedrich Bodemann, »für beide Teile, ja für viele Tausende eine Quelle des Heils und der seligsten Freude geworden.«

Als Salome 16 Jahre später starb, führte Oberlin noch für neun weitere Jahre eine Geisterehe mit ihr. Meistens gegen drei Uhr morgens erschien sie ihm, sowohl im Traum als auch leiblich, tröstete und beriet ihn. Wenn Oberlin die Hand ausstreckte, fühlte er sie zärtlich gedrückt. Sie ermahnte ihn auch, wenn er allzu streng mit seinen Pfarrkindern umging. Alten Witwen solle er die Instruktion geben, die sie vertragen können, und »nicht hartes Schuhleder«, sagte sie ihm einmal. Sie gab ihm Kunde vom Leben der Toten in ihren Bleibstätten im Jenseits, aber auch von zukünftigen Dingen. Einem Freund berichtete Oberlin darüber. »Seit dem Tode meiner Frau sah ich sie neun Jahre lang fast alle Tage, träumend und wachend, teils hier bei mir, teils drüben in ihrem jenseitigen Aufenthaltsorte, wo ich merkwürdige Dinge, auch politische Veränderungen, lang ehe sie sich ereigneten, von ihr erfuhr. Sie erschien aber nicht nur mir, sondern auch meinen Hausgenossen und vielen Personen im Steintal, sie warnte sie oft vor Unglück, sagte voraus, was kommen werde, und gab Aufschluss über Dinge jenseits des Grabes.«

Oberlin hatte sich so an seine Frau gewöhnt, dass er sie, wenn er seine Arbeit in der Kirche tat, mitnahm und sie dann an der Hand »mitten durch die Lebenden« führte. Sie versicherte ihm, sie sei für die Augen anderer unsichtbar.

Als sich 1784 beim Besuch einer Freundin der Familie, einer Frau Schwarzen, bei Oberlin fleischliche Gelüste rührten, erschien ihm seine Frau gleich dreimal. »Herrlich sind die Führungen des Herrn, wie der Pfarrer getröstet und von einer zweiten Ehe abgehalten wurde«, kommentierte der Bearbeiter von Oberlins Tagebuch sichtlich erleichtert das Einschreiten des Geistes.

Der mit zunehmenden Alter immer hellsichtiger werdende Oberlin hatte schließlich selbst Visionen. 1790 sah er in einem Traum einen Vampir am Himmel und deutete dieses Vorzeichen zu Recht als Hinweis, dass Europa blutige Zeiten bevorstünden. 1792 sah er die Hungersnot in der französischen Armee voraus und schickte deshalb schon einmal vorab Pakete mit Lebensmitteln. 1798 erschien ihm, dem protestantischen Pfarrer, die Gottesmutter, plauderte mit ihm und teilte ihm schließlich mit, dass sie bei ihrem Tod 55,5 Jahre alt gewesen war.

Sein ganzes Leben über hatte Oberlin ein großes Interesse für die letzten Dinge und die jenseitige Welt. Im Lauf der Jahre erarbeitete er, auch unter Mithilfe seiner verstorbenen Frau, eine farbig ausgemalte Landkarte, eine Art Topographie, der Jenseitswelten. War zum Beispiel ein Gemeindemitglied gerade gestorben, nahm Oberlin bei der Messfeier einen Stab und deutete auf einen Punkt auf seiner Karte der »Bleibstätten der Toten« und sagte: »Seht, hier bin ich ihm in voriger Nacht [im Traum] begegnet.«

Salome Oberlin, die ihren Gatten noch neun Jahre nach ihrem Tod beriet und ihm weissagte.

Offenbarung des Johannes

Das letzte Buch des Neuen Testaments, bekannt als »Johannesapokalypse« oder »Geheime Offenbarung«, blieb für die Interpreten immer ein »Buch mit sieben Siegeln«. Im Prolog erklärt der Autor, hinter dem sich vermutlich der Apostel Johannes verbirgt, dass er in einer Vision den Befehl erhielt, dieses Buch zu schreiben. Johannes lässt das »reine Lamm« diese sieben Siegel öffnen, das Schicksalsbuch der

Welt- und Menschheitsgeschichte mit den verborgenen letzten Dingen. Das sechste Siegel löst gewaltige Katastrophen aus, die ähnlich von den hebräischen →Propheten vorhergesagt waren und die Ankunft des Messias ankündigen (→Völuspa). Mit Öffnung des letzten Siegels erklingen sieben himmlische Posaunen, und alle Schleusen kosmischer und dämonischer Schrecken brechen auf. Dann aber, als diese scheinbaren Strafgerichte Gottes vorüber sind, schaut der Seher einen »neuen Himmel« und eine »neue Erde«. Vom Himmel herab steigt das »neue Jerusalem«, geschmückt wie eine Braut, die auf ihren Bräutigam wartet, und Gott nimmt selber Wohnung bei und in den Menschen.

Abendländische Mystik pries diese Apokalypse (= Enthüllung) immer als detailgetreue Schilderung mit durchaus passenden Bildvergleichen unseres menschlichen Weges zum höheren Bewusstsein, zum »neuen« himmlischen Jerusalem. »Dort« vereinige (Hochzeit) sich der persönliche wieder mit dem kosmisch göttlichen Teil der Seele, und es herrscht endlich »wahrer innerer Friede«. Doch dies setzt voraus, dass der Pilger auf diesem Weg alle falschen Vorstellungen und hinderlichen Wünsche loslassen muss, was einen schrecklichen und lang andauernden Kampf mit den heftigsten inneren Widerständen heraufbeschwört. Die Geheime Offenbarung schließt mit den Worten: »Siehe, ich komme bald und mein Lohn mit mir, um einem jeden zu vergelten nach seinen Werken. Ich bin das Alpha und das Omega, der Erste und der Letzte, der Anfang und das Ende.«

Ölorakel

Man poliere die Fingernägel oder Handflächen eines »reinen jungfräulichen oder jungmännlichen Kindes« mit einer Mischung aus Öl und Ruß, bis eine spiegelnde schwarze Fläche entsteht. Diese richte man gegen die Sonne oder eine Kerze und erhalte so einen Zauberspiegel. Mit einem solchen zwinge man Engel oder Dämonen zur Erscheinung und könne sie auskunftspflichtig machen. (→Hilfsgeister).

Die Elaiomantie, die Ölwahrsagung, kann auf ein beträchtliches Alter zurückblicken. Meist goss man dabei ein paar Tropfen Öl auf Wasser in eine Schale oder in ein Becken. Aus dem Verhalten des Öls, der Vereinigung der Tropfen und der sich bildenden Figuren, zeichnete sich ein Bild, das nun der Interpretation bedurfte. Zitierte man hierzu auf zeremonielle Weise Geister herbei, sprach man von Lekanomantie (Weissagung aus einer Schale). Die Ankömmlinge sollen sich auch durch akustische Signale bemerkbar gemacht haben, durch Zischen, Brodeln oder kaum verständliches Flüstern. Handbücher zur Deutung dieser Form der Ölweissagung sind aus der Zeit des babylonischen Königs Hammurapi (1792–1750 v. Chr.) erhalten – schon damals überarbeitete Fassungen älterer Täfelchen. Als »Erfinder« kursierte der mythische Königvorgänger Enmeduranki.

In Babylon basierte diese Wahrsagung auf einer umfassenden Ritualistik, die den Ernst der Befragung hervorhob. Die Schale stand auf einem eigens dafür vorgesehenen Platz. Der Priester musste sich so positionieren, dass er die Sonne genau vor sich hatte. Nun goss er Wasser in die Schale und dann Öl oder umgekehrt. Beide Verfahren verlangten eine völlig unterschiedliche Ausdeutung.

Bei einer harmlosen Variante des Orakels, auch für »unreine« Knaben und Mädchen möglich, wird Öl auf eine glänzende Fläche, Schale oder auf Wasser gegossen, um die Spiegelwirkung zu erhöhen. Der Befragende, oft ebenfalls ein Medium, fixiert seinen Blick darauf und glaubt schließlich, in der reflektierenden Fläche Bilder und Gestalten zu sehen. Natürlich kann man sich das Medium sparen und selbst auf die ölgetränkte Wasserfläche starren. Noch heute versuchen Zeitgenossen auf diese Weise gern das Geschlecht eines ungeborenen Kindes zu bestimmen. Verbinden sich die entstandenen Fettaugen, soll's ein Junge werden, tun sie's nicht, erwartet man ein Mädchen. Im alten Babylon hieß es, für einen Jungen müssen sich aus dem Öl zwei Ringe bilden, der eine groß, der andere klein. Bilde sich aber nur ein Ring nach Osten, der innehalte, bedeute dies für einen Feldzug, er werde unternommen. Wir können natürlich auch einen Feldzug gegen unsere derzeitige Situation führen, gegen unsere Leiden, sogar gegen unsere Laster. Das Zeichen bedeutete aber wohl nicht, dass er auch glücklich ende.

Omen

Für das Jahr 169 v. Chr. meldete der römische Schriftsteller Livius folgende Vorzeichen (43; 13, 3–5): »Ein Komet erschien am Himmel, und eine Kuh sprach … In Miturnae erglühte an eben diesem Tag der Himmel wie im Feuer. In Reate regnete es Steine. In Cumae weinte die Statue des Apollon drei Tage und drei Nächte lang. In Rom meldeten zwei Tempelwächter Vorzeichen, der eine dass im Tempel der Fortuna von vielen Leuten eine Schlange mit einem Kamm gesehen worden war, der andere, dass im Vorhof des Tempels der Fortuna Primigenia eine Palme aufwuchs und dass es während des Tages Blut geregnet habe.«

Omen, im Lateinischen »vorbedeutende Zeichen«, stehen für alle Vorgänge, durch die ein in der Zukunft oder auch in der Gegenwart liegendes Geschehnis und sein Ablauf vorbedeutet werden. In aller Regel erscheinen sie ungefragt. Wer aber schickt sie? Hier standen meist Gott und seine Engelmiliz unter Verdacht. Ebenso häufig schien die Welt der

Im Jahr 1524 standen alle Planeten im Zeichen der Fische. Ein Flugblatt kündigt Vorzeichen von Naturkatastrophen an und ein schreckliches Blutvergießen beim Aufstand der Bauern.

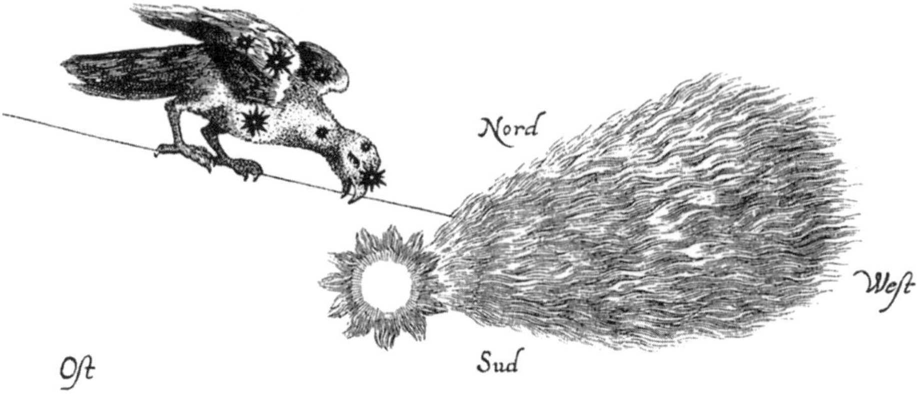

Ein Komet als Ausdruck eines höchst unheilvollen Omens (1664).

Dämonen in Frage zu kommen, die der Ahnen oder »ungeahnter« Mächte. Heute würde man von Seelenkräften sprechen, die individuell und kollektiv mitunter erstaunliche Phänomene auslösen können oder einfach nur unser Bewusstsein warnend auf etwas lenken, das ansonsten wenig bis gar nichts mit uns zu tun haben mag. Auch karmische Zusammenhänge seien als Verursacher im Spiel. Es liegt aber immer in unserer Eigenverantwortung, ob wir einen Vorgang oder Fakt als Omen erkennen und werten wollen. Und leicht werden wir Opfer von Befürchtungen oder Wünschen. Angst als starke emotionale Energie produziert nicht nur düstere Vorahnungen, sondern schafft sogar Erfüllung von dem, wovor man sich ängstigt. Umgekehrt schauen manche Menschen durch »rosarote Brillen«, konzentrieren sich nur auf positive Zeichen und ziehen Positives an – ein entschieden freudvolleres Dasein. Doch Scheuklappen verhindern immer den Rundumblick und damit die Sicht auf die wahre Ordnung aller Dinge.

Werden Vorzeichen gesucht, spricht man vom Augurium (→Auguren), zu denen im Altertum und in der Antike vor allem die →Vogelschau gehörte. Aber ebenso astronomische, astrologische oder meteorologische Omen, deren Deutungen schon die Assyrer zur Zeit ihres Königs Assurbanipal (668–626 v. Chr.) in einem umfangreichen Werk gesammelt hatten.

Im Volksaberglauben konnte als unfreiwilliges Omen schließlich fast alles gelten, was der natürlichen Ordnung zu widersprechen schien. Die Palette reichte von ungewöhnlichen Geräuschen, unwillkürlichem Niesen oder Jucken über seltsame Begebenheiten, Treffen, Kometen bis hin zu unerhörten Naturkatastrophen.

Wer vor einer heiklen oder existenziellen Entscheidung steht, kann um ein Omen bitten. Doch dann bitte man gleich mit um Geduld, nicht zu verzagen, um Wachsamkeit, es zu finden, und um Verständnis, es vernünftig zu interpretieren. Proklos schrieb, das Herz eines Maulwurfs, roh gegessen, trage schon sehr zum Verständnis der Vorbedeutungen bei. Aber vielleicht geht's auch so, ohne ein armes Tier zu opfern.

Das Mädchen von Orlach

Im Februar des Jahres 1831 erschien einem Mädchen namens Magdalena Gronbach aus Orlach ein weißer Geist, bei dessen Erscheinen regelmäßig kleine Feuer im Haus ausbrachen. Der Geist gab sich als die am 12. September 1412 geborene Zisterzienserin Mariane Susanne von Orlach aus, die von Magdalena, die am selben Tage wie sie, nur 400 Jahre nach ihr geboren worden sei, »in feiner hochdeutscher Sprache« Erlösung erflehte. Als das (als Schwäbin recht geschäftstüchtige) Mädchen den Geist fragte, welche Belohnung ihr dafür gegeben werde, gab Mariane launig die Antwort: »Ihr sollt euch nicht Schätze sammeln auf Erden.«

Anfang Juni desselben Jahres erschien ihr ein dunkler, bedrohlich schwarzer Schatten, der Geist eines Kapuziners, der eine grobe, unflätige Sprache benutzte. Bei seinem Erscheinen hatte Magdalena das Empfinden, als würde sie von einer kalten Hand im Nacken ergriffen. Sie fiel in Trance und beantwortete in diesem Zustand Fragen, die gestellt wurden. Bald kamen – sehr zum Ärger der Obrigkeit – von nah und fern Personen, die Magdalena um Rat in zukünftigen Dingen fragten.

Der Weinsberger Oberamtsarzt Justinus Kerner, der schon den Fall der Seherin Friederike Hauffe (1801–1829) untersucht und dokumentiert hatte (»Die Seherin von Prevorst. Eröffnungen über das innere Leben der Menschen und über das Hereinragen einer Geisterwelt in die unsere«), kam – nach fünfwöchiger Beobachtung von Magdalena – zu dem Schluss, es handele sich um einen »Zustand des Besessenseyns« (= Begeisterung, Besetzung durch einen Geist). Empört wurde Kerner von einem anderen Arzt in einem offenen Brief an den Haller Merkur (vom 19. März 1833) attackiert. Diese Diagnose werde den Aberglauben der Öffentlichkeit vermehren, schrieb er. Er sei fest überzeugt, »dass, wenn nicht die Anfälle aus irgendeinem Grund ganz simuliert waren, doch gewiss ein merkwürdiger Mittelzustand zwischen halb simuliertem, halb wirklichem Wahnsinn stattfand«. Eine Rüge verdiene es, dass Magdalena einem Mann zur Behandlung überlassen worden sei, »der selbst schon Geister gesehen zu haben glaubt«. Tatsächlich berichtete Kerner in seinen Schriften öfter davon, wie er selbst Zeuge vom Wirken unsichtbarer Mächte gewesen sei. Kerner war überzeugt, dass überall im Reich der Natur Geistwesen existieren. Er versuchte, sie über Klecksbilder, die er mit Hilfe von gefärbten Tinten, Druckerschwärze oder Kaffee und einer speziellen Falttechnik anfertigte, aus der anderen Welt »herüberzulocken« und – zumindest ihr Abbild – auf Papier zu bannen. In seinen 1890 posthum veröffentlichten »Hades- und Höllenbildern« sind zahlreiche solcher Klecksographien zu sehen. In seiner 1853 erschienenen Schrift »Die somnambülen Tische« erklärte er das Phänomen des →Tischrückens durch den »Nervengeist«, der aus den Händen der Experimentatoren sich entbindet und in den Tisch überströmt.

Die Eltern wie auch Magdalena galten nach dem Zeugnis der Umgebung als rechtschaffen, ordentlich und brav. Für den Ortspfarrer bestand nicht der leiseste Verdacht, dass eine Betrügerei oder eine religiöse Obsession vorliegen könne. Als die Familie auf das Begehren der Geister einging, nämlich ihr Wohnhaus, das nach Auskunft der Geister auf dem Ort eines ehemaligen, durch Mordtaten entweihten Klosters stand, abzureißen, verabschiedete sich der weiße Geist am 4. März 1833 von Magdalena mit einem feurigen Händedruck. Mit dem Abriss des Hauses beendeten die Geister ihr Erscheinen. Wo die Familie fortan wohnte, ist nicht überliefert.

P

Pachacamac

Der bedeutendste Wallfahrtsort der Costa, der Südküste des heutigen Peru, war Pachacamac. Hier stand, etwa 30 Kilometer von Lima entfernt, das älteste und bekannteste Orakel, eine Art →Delphi Südamerikas. Wie die Muslime nach Mekka pilgerten Menschen aus weit entfernten Gebieten wie Ecuador nach Pachacamac oder zu seinen »Unterfilialen« Sulcovilla, Aysacula, Manchay und Rimac las Lima an der Pazifikküste.

Der Überlieferung nach verehrte man in der Frühzeit Pachacamacs das Idol einer Füchsin aus Gold, der die Fragen vorgelegt wurden. Füchse, die ihre Gänge und Bauten unterirdisch anlegen, galten als Mittler zwischen dem Reich der Finsternis und des Lichts, als Lehrer und »Reittier« eines Schamanen. Vielleicht hielten die Priester auch »heilige Füchse« innerhalb des Tempelbezirks. 1938 fanden Ausgräber eine hölzerne Stele mit einer janusköpfigen Figur an der Spitze, mit einem männlichen und einem weiblichen Gesicht, Rücken an Rücken stehend – offensichtlich Pachacamac (Quetschua: Herr der Erde) darstellend. Trotz Eroberung und Unterdrückung aller vorgefundener Kultur durch die Inka (um 1470 n. Chr.) vermochten an diesem Heiligtum die ältesten Traditionen zu überleben. Pachacamac erhob sich dabei weit über dem höchsten Prinzip der Inka, der Sonne, und schien als unbekannter Urschöpfer verehrt worden zu sein, dessen Name niemand auszusprechen wagte. Seine Frau, Pachamama, repräsentierte die Mutter Natur.

Neben den beiden alten Hügeln errichteten die neuen Inkaherren eine Sonnenpyramide, legten ein Kloster für die Sonnenjungfrauen an und eine Herberge für die Pilger. Sie adaptierten das uralte Heiligtum, und es hieß nun, der Inka (hier: Übergeist des Volkes) weissage an diesem Ort aus dem Bauch der schwangeren Mutter Natur. Die Priester des Orakels scheinen dabei unsichtbar aus Steinfiguren oder Gewölbeöffnungen gesprochen zu haben, nachdem sie sich mit dem Orakelgeist medial in Verbindung gesetzt hatten. Es sind Formen der Raserei und Besessenheit überliefert, die Priester überfielen, wenn sie dessen Weissagung vernahmen (Andritzky 1989:295 ff.). Besucher, die wichtige Fragen in Staatsangelegenheiten stellten, hatten vor Ort zunächst 40 Tage unter Aufsicht zu fasten und zu beten.

Pachacamac scheint in späteren Interpretationen mit Viracocha verbunden worden zu sein, Schöpfergott der nachsintflutlichen Welt. Ob von diesen Hügeln aus jene legendären Prophezeiungen ausgingen, der sonnenhafte Viracocha kehre in physischer Ausdrucksform irgendwann aus dem Osten zurück, liegt nahe, bleibt aber ungewiss. Als die Spanier mit ihren Schiffen, metallenen Rüstungen und Pferden an Land gingen, verfiel die geistige Führung des Landes der fatalen Täuschung, es könnten Abgesandte ihres lang ersehnten und geweissagten Gottes und Erlösers sein. Die Grausamkeit und Habgier der Ankömmlinge klärten den fatalen Irrtum allerdings relativ rasch auf.

1137 Jahre nach dem Abriss des Apollontempels in Delphi (396 n. Chr.) teilte auch Pachacamac 1533 dessen Schicksal. Wie im mittelalterlichen Europa lebte die Divination in den Anden bei den Volkswahrsagern und Heilern fort.

Paracelsus

1493 wurde Theophrastus Bombastus Aureolus Philippus von Hohenheim (Paracelsus) in dem vielbesuchten Marien-Wallfahrtsort Einsiedeln im Kanton Schwyz geboren. Seine ersten Lebensjahre verbrachte er im Arzthaus am Bergfluss Sihl, gleich neben der »Teufelsbrücke«, über die die frommen Pilger aus dem süddeutschen Raum gingen, um vor dem Standbild der Gottesmutter Beistand zu erbitten. Ab 1502 besuchte Paracelsus die Klosterschule in Villach. Als Scholar beschäftigte er sich mit den Geheimwissenschaften wie der natürlichen Magie, der Alchemie und der Astrologie. Ab 1509 zog Paracelsus, der wie sein Vater Arzt werden wollte, als Gasthörer durch viele Städte in Europa. Er lernte traditionelle und auch progressive Lehrmeinungen und Methoden kennen.

1516 beschloss er sein Studium in Ferrara mit der Promotion zum Doktor der Leib- und Wundarznei. Neben dem akademischen Wissen bemühte sich Paracelsus darum, bei Waldbrüdern (Eremiten), Mönchen, Zigeunern, Badern, alten Frauen und Schwarzkünstlern die Volksheilkunde kennen zu lernen. Das einfache Volk war für ihn der Bewahrer von Geheimnissen aus alter Zeit.

Zeitgenossen nahmen an, dieser so wundersam gelehrt wirkende Mensch sei, wie dies früher die Druiden taten, bei den Geistern in die Schule gegangen. Liest man in seinem Buch über die Elementargeister (»Liber de nymphis, sylvis, pygmaeis et salamandris«) hat man den Eindruck, dass der hellsichtige Paracelsus tatsächlich eine außerordentliche Nähe zu diesen Wesen gehabt haben muss. Theophrastus, der nie betete und nichts vom Papst und nichts von Luther wissen wollte, bekennt freimütig, dass es seliger sei, die Nymphen zu beschreiben als die Mönchsorden.

Theophrastus ist der erste Mediziner, der mit seinen fünf Büchern »Von den unsichtbaren Krankheiten und ihren Ursachen« auf psychisch bedingte Leiden hinweist (»Krankheiten, so aus Verzweiflung kommen«).

In mehreren Schriften beschäftigte er sich mit dem Erscheinen von »Drachen« (Kometen), Erdbeben und Regenbögen. Diese Zeichen interpretierte er als Mahnungen Gottes an die Menschheit, Kriege und Freveltaten zu unterlassen.

Alle Geheimnisse dieser Welt findet Paracelsus im Buch der Natur. »Wer sie [die Natur] erforschen will, der muss mit den Füßen ihre Bücher treten. Die Schrift wird durch ihre Buchstaben erforscht, die Natur aber, indem man von Land zu Land wandert, jedes Land ist ein Blatt.«

Aus äußeren Zeichen, aus der Physiognomia der Dinge muss man, sagt Paracelsus, erkennen, was für eine Tugend, was für eine innere Kraft, welches »Arcanum« darin enthalten ist. Beispielhaft zeigte er dies an Wurzeln und Kräutern: So ist die Wurzel des Knabenkrauts wie eines Mannes Scham gestaltet und gibt deshalb – als Aphrodisiakum verabreicht – Männern ihre »verlorene Mannheit und Unkeuschheit« zurück. Die Distel, deren Blätter wie Nadeln stechen, ist gut zur Behandlung des inwendigen Stechens. Die Siegwurz, die ein Geflecht um sich hat wie einen Panzer, behütet vor Waffen. Die Wurz Syderica, die in ihren Blättern die Figur einer Schlange hat, schützt vor Vergiftungen.

In seiner 1535 entstandenen »Prognostication auf XXIII Jahr zukünftig« kommentierte er anhand von allegorischen Bildern das Weltgeschehen, prophezeite den Lauf zukünftiger Dinge und kündete die Rückkehr eines goldenen Zeitalters für die Menschheit an.

Paracelsus.

In seinem Buch »Paracelsus, Mediziner – Heiler – Philosoph« deutete der volkskundliche Schriftsteller Sergius Golowin das 31. Bild: »In Paracelsus' Werk finden wir als Zukunftsbild zwei Kinderpaare, die sich nackt auf dem Balkon eines Schlosses im fröhlichen Tanz drehen. Im dazugehörigen Park sehen wir Bäume emporwachsen. Bei Freunden sah ich nach dem Vorbild dieses Holzschnitts ein Bild, das wahrscheinlich aus dem 18. Jahrhundert stammt: Der Boden, auf dem sich die spielenden Kinder drehen, leuchtet golden. Von strahlendem Sonnengold erfüllt ist ebenfalls der Himmel, der die tanzenden Paare überwölbt. Hier scheint der Traum der Weisen verwirklicht zu sein, denn die menschliche Kultur und die blühende Natur sind keine Gegner mehr. Paracelsus schreibt zu seiner Zukunftsschau: ›Eine so vollkommene Erneuerung und Veränderung (von Mensch und Welt) wird eintreten, dass die Menschen wie die Kinder sein werden – die da nichts wissen von den Listen und Ränken der Alten.‹«

Aus dem Jahr 1541, Paracelsus' Todesjahr, ist eine Weissagung überliefert, die auch als sein Testament angesehen wird. Darin sagt er, dass man seine Grabesruhe stören werde (was eintraf) und dass nach dem Abgang des letzten österreichischen Kaisers (1918) drei große Schätze gefunden werden können. An einem Ort zwischen Schwaben und Bayern, »aber den Ort nenne ich nicht«, schreibt Paracelsus, »zu verhüten groß Übel und Blutvergießen«, liege seine geheime Kunst verborgen: Die lebensverlängernde und metallumwandelnde Universaltinktur, auch als trinkbares Gold *(auropotabilis)* und Stein der Weisen *(lapis Philosophorum)* bekannt. »Gott der Allmächtige«, sagt Paracelsus und macht uns den Mund wässerig, »wird durch den, der dieses finden wird in allem Glück und Sieg mit seiner göttlichen Macht stärken und ihm Gewalt verleihen, damit alles Böse unterdrückt werde, und alles Gute eröffnet.«

Beim Blick in die Tageszeitungen merken wir leidvoll, dass noch keiner Paracelsus' Schatz gefunden hat.

Patras

In der nördlichen Peloponnes liegt Patras. Hier sah der antike Reiseschriftsteller Pausanias (VII,21) in einem heiligen Hain am Meer einen Tempel mit Sitzbild der Ge und den Standbildern der ihr verwandten Erdgöttin Demeter und ihrer Tochter Kore. Unmittelbar vor dem Tempel und von ihm durch eine steinerne Schranke getrennt, entsprang eine Orakelquelle, zu der man heute noch neben der Kirche des heiligen Andreas hinabsteigen kann.

Kranke wallfahrten zu dieser Quelle. Für sie band man einen Spiegel an einen Faden, den man in die Quelle hinabließ und der nur mit dem Rand die Wasserfläche berühren durfte. Dann betete man und schaute schließlich in den Spiegel. Zeigte dieser das Gesicht des Kranken in einem lebendigen Zustand, würde er genesen. Sah er aber schon aus wie ein Toter, konnte der Pilger jede Hoffnung aufgeben.

An anderer Stelle berichtete Pausanias über eine Quelle am Kap Tainaron in der südlichen Peloponnes, die wohl einst Häfen und Schiffe auf der Wasseroberfläche spiegelte. Und in der Orakelquelle des Apollon Thryxeos in Kyaneai am Bosporus konnte man jeden beliebigen Punkt der Welt erblicken (Rosenberger 2001:131).

Pendeln

Pendeln, eine beliebte und besonders häufige Form privater Wahrsagung, erfordert höchste Zurückhaltung an Gefühlen, will man sich nicht selbst betrügen. Als Pendel eignet sich alles, was als kleines Schwergewicht an einen Faden gehängt werden kann: Steine, Schlüssel, Ringe, besonders kegelartige Dinge. Mit silbernen und goldenen spiralförmigen Pendeln, die es zu

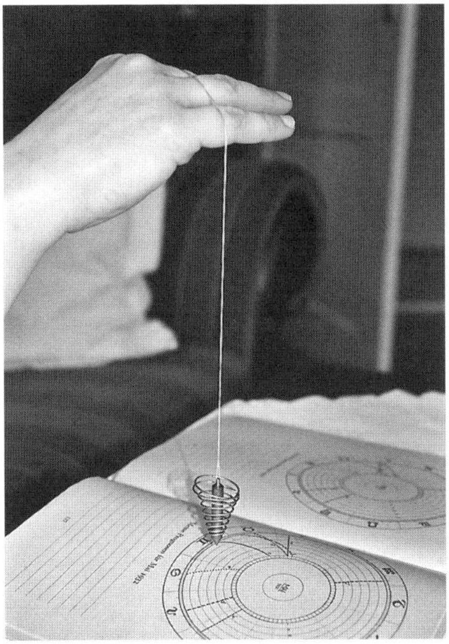

Beim Pendeln sollte die Schnur über den Handrücken laufen.

kaufen gibt, gewinnt der Vorgang direkt professionellen Charakter. Andere schwören auf den Erbring oder Erbschlüssel, befestigt an einem langen weiblichen Ahnenhaar.

Im Allgemeinen gilt eine Linksdrehung des Pendels als verneinend, die Rechtsdrehung als bejahend. Doch das lässt sich mit dem Unterbewusstsein, was man ja immer befragt, auch anders aushandeln. Die Schnur sollte über den Handrücken laufen, während sie mit Daumen und Zeigefinger gehalten wird. Alle Gedanken, Wünsche und Befürchtungen müssen beiseite geschoben, Uhren und Ringe an der Hand sollten als mögliche Magneteinflüsse ausgezogen werden. Das Pendel braucht zu Beginn die völlige Ruhestellung. Der Arm sollte so abgestützt sein, dass man nicht zittert. Nur so lassen sich objektive Ergebnisse erzielen. Irgendwann beginnt es bei den meisten Anwendern vorsichtig und oft dann sogar recht heftig auszuschlagen.

Mit dieser Methode lässt sich so ziemlich alles erfragen. Manche versuchen sogar, damit die richtige Wahl der Aktie, des Wagentyps oder Lebenspartners herauszufinden, die Echtheit von Bildern usw., und manche wandern pendelnd durch die Wohnung, um Störquellen zu orten.

Pferdeorakel

Pferde verkörperten seit der Frühzeit des Menschen die unzerstörbar verborgene Lebenskraft in der äußeren und inneren Natur. Aus dieser Kraft war alles geschaffen und würde alles geschaffen werden. Der römische Schriftsteller Tacitus berichtet in »Germania« (Kap. 10): »Eine germanische Sitte ... ist es, aus den Vorahnungen und dem Gebaren heiliger Pferde etwas erkunden zu wollen. Diese Pferde, Schimmel, werden von Staats wegen in denselben Hainen und Wäldern gehalten, in denen die Götter verehrt werden, und dürfen durch Arbeit im Dienste der Menschen nicht entweiht werden. Sie werden nur vor den heiligen Wagen gespannt; der Priester und der König oder der Gaufürst gehen dann nebenher, lenken die Rosse und beobachten ihr Wiehern und Schnauben. ... Die Priester halten sich selbst nur für Diener der Götter, in den Pferden dagegen sehen sie Geschöpfe, die in das Wissen der Götter eingeweiht sind.« Bei der Wahl von Darius zum persischen König halfen seine Anhänger etwas nach und führten dem weissagenden Hengst eine prächtige Stute zu. Er wieherte begeistert aus vollem Hals, und die Götter hatten damit für den neuen König gesprochen.

Kein Krieg begann bei den indogermanischen Völkern, ohne die heiligen Rösser vorher über den Ausgang zu befragen. Slawische Stämme bevorzugten eine Art dreifache Panzersperre, wobei jeweils zwei Lanzen mit ihren Spitzen gegeneinander in der Erde steckten. Ein Priester führte nach feierlichen Gebetsformeln das Pferd als Eigentum des angerufenen Gottes auf diese Lanzenlinien zu. Trat es zuerst mit dem linken Fuß hinein, galt dies als sicheres Zeichen für eine Niederlage. Setzte es mit dem rechten Bein an, verhieß dies ein gutes →Omen. Der Biograph des Missionars der Westslawen, Bischof Otto von Bamberg, berichtete, dass die Pommern neun Lanzen oder Stangen mit jeweils ungefähr einer Elle Abstand hintereinander legten. Hatten die Hufe des geführten Pferdes eine Lanze berührt oder verrückt, zog man bedenkliche Minen.

In heutigen Zeiten von diffizilen geschäftlichen Interessen bei militärischen Auseinandersetzungen lohnt sich ein Krieg für die eigentlichen Betreiber immer und auf jeden Fall. So sind Götterbefragungen – mit und ohne Pferde und Lanzen – etwas aus der Mode gekommen.

Wer aber heutzutage mit Pferden zu tun hat und auf ihre Weissagung noch etwas hält, dem sei gesagt: unwilliges Pferdewiehern bedeute Unglück; stolpert das Pferd, drohe Unheil; schlägt es nach dem Menschen aus, liege ein Unfall in der Luft; lässt es einen nicht aufsitzen, nahe Ärger; pupt es ungeniert, werde das nächste Kind in unehelicher Beziehung geboren; entleert das Pferd seinen Darm, deute der Mist auf diffizile Fruchtbarkeit.

Wer um Mitternacht Zugang zum Pferdestall hat, soll genau hinhören. Dann sprechen Pferde miteinander über die Zukunft. Manchmal lassen sie sich wohl auch herab, mit den Rindern solche Dinge zu erörtern. Manche behaupten, das geschehe nur in der Silvester- oder Dreikönigsnacht. Merken die Pferde aber, dass jemand horcht, kündigen sie nur Unheil an. Oder sie bleiben bei der halben Wahrheit. Caesars Pferd neigte zur Übertreibung und behauptete, der Feldherr werde die Welt erobern. Und es verschwieg geflissentlich, dass Gegner und Neider ihn dafür umbringen würden.

Das heilige Pferd überschreitet die Lanzen.

Physiognomie und Metoposkopie

In Rabelais' »Gargantua und Pantagruel« (III, Kap. 25) besucht der Held Panurg Herrn Tritta, →Agrippa von Nettesheim. Der blickt Panurg scharf an und vermeldet ohne Umschweife: »Du hast die Metoposkopie [Wahrsagung aus der Stirnbildung] und Physiognomie eines Hahnreis, eines ganz infamen ausgemachten Hahnreis!«

Die als Pseudowissenschaft abgewertete Physiognomik, die davon ausging, dass Gestirnseinflüsse bei der Geburt auch das Aussehen des Menschen prägen, begegnet uns ansatzweise bereits im Altertum. Aristoteles (384–322 v. Chr.) soll die erste systematische Erfassung solcher Regularien veröffentlicht haben. Ließ man solche Einflüsse gelten, konnte man auch den Umkehrschluss ziehen, also vom Aussehen des Menschen auf seinen Charakter schließen (→Nasen-, →Haar-, →Augenbrauen- und Wimpernweissagung). Makrokosmos und Mikrokosmos wurden in Analogie gesetzt, Tierkreiszeichen und Planeten bestimmten Körperregionen zugeordnet. Bereits die Ägypter haben das rechte Auge der männlichen Sonne zugewiesen, das linke dem weiblichen Mond. Das Mittelalter folgerte daraus, dass der Same des rechten Hoden Knaben hervorbringe, der des linken Hoden Mädchen. Gar nicht so abwegig, liest man doch heutzutage, dass bei Hormonstörungen des Mannes die Verweiblichung auf der linken Körperhälfte, die Vermännlichung der Frau auf der rechten beginne. Auch die Physiognomik beruhte auf genauer Beobachtung, aber leider wohl auf falschen Schlussfolgerungen. Der Schweizer Theologe und Philosoph Johann Kaspar →Lavater vermochte mit seinen diesbezüglichen Forschungen und kühnen Vergleichen noch das ausgehende 18. Jahrhundert in Aufregung zu versetzen. Im Nachhinein erwiesen sie sich als weitgehend haltlos.

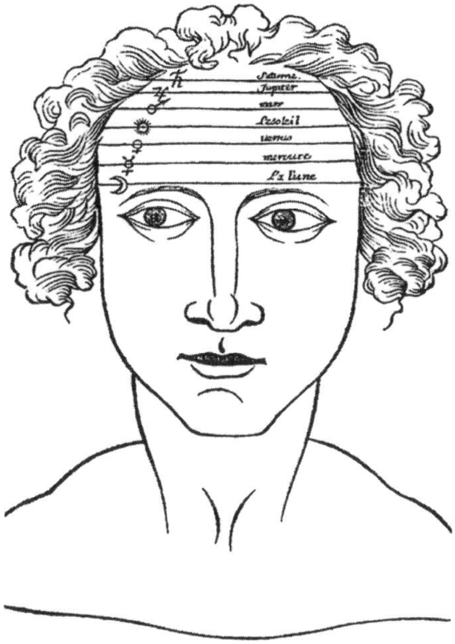

Planetendarstellung auf der menschlichen Stirn. Aus: Girolamo Cardano, »Metoposcopia«, Paris 1658.

Der italienische Universalgelehrte, Arzt, Physiker, Mathematiker und Astrologe Girolamo Cardano (1501–1576) gilt als Begründer der europäischen Metoposkopie. Anhänger der Lehre glaubten, aus den Linien der Stirn und den Hautmerkmalen Charakter und Zukunft des Menschen ermitteln zu können. Die Ergebnisse seiner Studien, die er aus Beobachtungen von Hunderten von Personen gewonnen hatte, veröffentlichte er 1658 als »Metoposcopia«.

Cardano hatte die Stirn zwischen Brauen und Haaransatz in sieben Bereiche aufgeteilt und den sieben alten Planeten zugeordnet. Deren Einflüsse prägten die Anlagen des Menschen. Danach zeigten lange, durchgezogene, waagerechte Stirnlinien eine geradlinig ehrliche Persönlichkeit an. Gekreuzte Linien deuteten auf Unehrlichkeit, kurze senkrechte Linien auf Wankelmütigkeit und kurze Diagonallinien auf Durchsetzungsvermögen hin. Wellige Linien verrieten Unstetheit, eine s-förmige Querlinie Machthunger, drei parallel verlaufende und sanft geschwungene S-Linien eine liebevolle, großzügige und ausgeglichene Natur. Dazwischen gab es zahlreiche feine Abstufungen. Etwa 800 Holzschnitte in der »Metoposcopia« veranschaulichten die Vielfalt menschlicher Charaktere.

Physiognomiker

»Der Körper des Menschen«, schreibt der litauische Kunsthistoriker Jurgis Baltrusaitis in seinem Buch »Imaginäre Realitäten«, »ist zu allen Zeiten von den Wahrsagern und Philosophen auf Zeichen seiner verborgenen Anlagen hin untersucht worden. Die Form der Nase, der Augen, der Stirn, die Gestalt jedes Teils und des Ganzen enthüllen dem, der zu lesen versteht, seinen Charakter und seinen Geist. Der Physiognomiker beobachtet den Körper wie der Astronom den Himmel, in den Ordnung und Schicksal

Zeichnung von Charles Le Brun: »Waldkauzmensch«.

der Welt eingeschrieben sind, und er bedient sich dabei der Methoden der Deduktion und der Analogie.«

Schon in griechischen und lateinischen Texten finden sich Beschreibungen, wie man aus der Analogie des Aussehens von Tier und Mensch beziehungsweise aus der physischen Erscheinung von Menschen Rückschlüsse auf deren Charakter ziehen kann. Nach dem in der Antike lebenden Schriftsteller Pseudo-Aristoteles erkennt man großherzige Menschen an festem Haar, aufrechtem Körper, kräftigem Körperbau und einem breiten und vorstehenden Bauch. Kleinmütige Menschen haben dagegen weiches Haar, einen schlaffen Körper, dünne Waden, ein blasses Gesicht und unstete Augen. Der Physiognomiker Adamantios schrieb Menschen, die kleine Kinnbacken, wie sie die Schlangen haben, zu, ähnlich verräterisch und grausam in ihrem Charakter zu sein.

Im Mittelalter wurden solche Ansichten im »Liber Compilationis Physiognomia« des Pietro d'Abano wieder aufgegriffen und vom Autor mit Spekulationen über die Verbindung zwischen →Astrologie und Physiognomik um neue Aspekte erweitert.

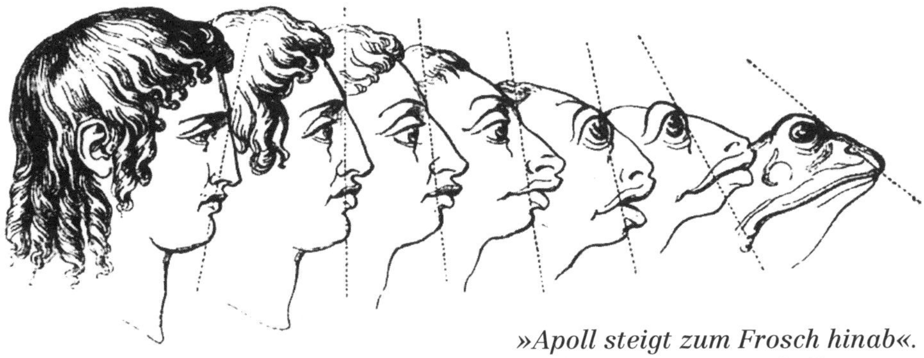

»Apoll steigt zum Frosch hinab«.
Zeichnung des Karikaturisten J. J. Grandville, 1844.

In der Renaissance war es die »Humana Physiognomia« von Giambattista della Porta, die das Thema erneut populär machte. Della Porta stellte seinem Werk die folgenden Annahmen voraus:

1. Jede Tierart hat eine ihren Eigenschaften und Leidenschaften entsprechende Gestalt.
2. Die Elemente dieser Gestalten finden sich auch beim Menschen.
3. Der Mensch, der dieselben Züge wie ein Tier hat, besitzt einen entsprechenden Charakter.

So weist für della Porta eine große und witternde Nase und eine hohe Stirn, wie sie Hunde haben, auf Freimut und Klugheit hin, eine stumpfe Nase, wie sie der Hirsch hat, auf ein wollüstiges Temperament. Ein kleiner Kopf, wie ihn der Vogel Strauß hat, ist einem Verrückten zu eigen. Und wer einen großen Kopf wie die Eule hat, zeichnet sich durch einen stumpfen Geist und einen unbelehrbaren Charakter aus.

Der französische Hofmaler Charles Le Brun, ein Schüler von della Porta, zeichnete die Abbildungen zu dessen Werk nach eigener Auffassung neu. Die tiefgründigen Zeichnungen, die Le Brun hervorbrachte, beunruhigen. Sie zeigen etwas unheilvoll Mysteriöses und erschreckend Visionäres und führen den Betrachter in eine übernatürliche Welt.

Kein Werk aber fand in Europa mehr Beachtung als die in den Jahren 1775 bis 1778 erschienenen vier Bände der »Physiognomischen Fragmente« des Schweizer Theologen und Dichters Johann Kaspar →Lavater. Zu diesem enzyklopädischen Werk steuerte Johann Wolfgang von →Goethe Textabschnitte und Zeichnungen bei. Im letzten Band legte Lavater eine phantastische Entwicklungstheorie vor, in der es ihm, zumindest auf einer Tafel mit einer Serie von Zeichnungen, gelang, die Entwicklung des Frosches über den Menschen bis zum Gott Apollon nachvollziehbar zu machen. Der Maler und Karikaturist J.J. Grandville stellte in seiner 1836 erschienenen »Animalomanie« diese Entwicklung umgekehrt dar. Er lässt Apollon wieder zur Ebene eines Frosches hinabsteigen.

Lavaters Lehren beeinflussten den Dichter Honoré de Balzac so sehr, dass es in seinen Werken nur so von

Menschen wimmelt, die in ihrer Physiognomik Fuchs, Hund, Bär, Löwe oder Stier gleichen, Katzen- oder Raubvogelaugen haben oder Nasen tragen, die wie der Schnabel einer Krähe oder eines Adlers geformt sind.

Auf Lavater folgte Franz Joseph Gall (1758–1828), der mit seiner 1818 erschienenen Schrift »Anatomie et Physiologie ... avec des Observations sur la Possibilité de Reconnaitre plusieurs Dispositions Intellectuelles et Morales de l'Homme et des Amimaux par Configuration de leur Tête« die neue »Wissenschaft« der Phrenologie begründete. Galls Lehre bestand darin, aus der Schädelbildung, der äußeren Form des Gehirns, Fähigkeiten, Neigungen, Charakter und Leidenschaften bei Mensch und Tier abzulesen. »In der Verteilung von Höckern, Mulden, Flächen des Schädelkastens ist das moralische Bild gleichsam eingezeichnet.« (Jurgis Baltrusaitis)

Ein »Dictionnaire de Phrénologie et de Physiognomie« von 1836, das sich Künstlern als Handbuch empfahl, nennt auch die Zeichen am Kopf von Menschen, die wie Pythagoras, der heilige Johannes von Patmos, Dante, Swedenborg und Lavater die Gabe des zweiten Gesichts besaßen.

Pilzorakel

Nach altem Glauben finden Sonntagskinder, hellsichtige Menschen und Personen, die nicht richtig getauft sind, schnell viele Pilze. Anderen Pilzsuchern hilft es, wenn sie sich ungewaschen, schlecht angezogen und barfuß auf die Suche begeben, vor dem Betreten des Waldes in ihn hineinkrähen und danach mit dem Fuß einen Drudenfuß (Pentagramm) in die Erde zeichnen. Trifft man vorher schon auf einen Düngerhaufen, einen Heuwagen, einen Jäger oder ein Eichhörnchen, so sind die Chancen besonders gut, erfolgreich zu sein.

Wer genau wissen will, wo die Pilze sind, baut sich als Orakelmittel eine Schwammuhr. Dazu benetzt man den Nagel des Daumens mit Speichel und legt ein Stück eines dünnen, runden Grashalms, das etwas länger ist als der Fingernagel, darauf. Der Halm nimmt sofort die Richtung ein, in der die gesuchten Pilze stehen.

Praeneste

Von den bekanntesten römischen Stätten für das →Los- und →Würfelorakel Caere, Falerii, Iguvium, Antium und Pataviem sind wir durch →Cicero besonders über Praeneste (heute: Palestrina) unterrichtet. Er machte sich über solche Art von Befragungen lustig, fand diesen »Schwindel« eines Beamten oder einer staatstragenden Person für »unwürdig«. Solche Verfahren seien nur auf Gewinn, Aberglauben und Täuschung ausgerichtet (II,85).

Hier in Praeneste bewahrte man Lostäfelchen, die nach alter Volksüberlieferung unter wunderbaren Umständen aus einem Felsen zutage getreten waren, in einer Olivenholzlade auf. Am Platz des heutigen Tempels der Fortuna, Göttin des Glücks und des Schicksals, habe einst ein heiliger Ölbaum gestanden, aus dessen Holz die Lade gefertigt worden sei. Die Lostäfelchen selber bestanden aus Eichenholz und trugen altertümliche Schriftzeichen. Hier scheinen die einzelnen Lose schon mit dem Orakelvers aus den Werken von Vergil und Homer beschrieben worden zu sein. Man durfte diese Lose auch nicht selbst ziehen. Ein Knabe mischte sie und fischte eines heraus, dessen Interpretation dann ein Priester vornahm.

Praeneste wurde von den Römern nie ganz ernst genommen. Bereits im 3. Jahrhundert v. Chr. verbot der römische Senat die Befragung dieses Orakels, duldete aber die Befragung durch Arme und Sklaven. Deren Zulauf hielt wohl noch lange an.

Propheten/Prophetie

Niemand kann und möchte Prophet oder →Sibylle werden. Oder er oder sie weiß wirklich nicht, was auf sie zukommt. Es bedeutet immer einen totalen Verzicht des Ich. Propheten, wie sie uns beispielsweise die Bibel vorstellt (→Daniel, →Hesekiel, →Jesaja), wurden Stimme und handelndes Objekt einer unwiderstehlichen Kraft, die ihr Ich absterben ließ, was sie von den →Wahrsagern unterscheidet. Diese Kraft trieb sie ganz zu dem weiblichen Pol ihres Wesens, in die Tiefe der Passivität, in das mythisch Weibliche, den Urgrund der Seele. Auf Kosten ihres symbolisch männlichen Wesensaspektes trat nun »das Größere Männliche«, das nichts mehr mit ihrer Persönlichkeit zu tun hatte, der Geist der Seele (Zippert 1954/60:III, 19ff.). Die Griechen nannten diesen »Seelenfunken« im Menschen als Ausdruck der Allseele →Apollon. Damit hatten solche Propheten ungewollten Zugang zur Quelle der Schöpfung, zum Nullpunkt von Raum und Zeit, wo Vergangenheit und Zukunft ungetrennt beieinander liegen. Von nun an kündeten sie das Verborgene, die verhüllte Wahrheit, manchmal auch die Zukunft ihres Volkes oder der ganzen Menschheit. Wer ihre Worte transzendierte und verstand, ahnte aber immer das Künftige. Dass solche Erfahrungen, verbunden mit dem Auftrag, sie öffentlich vorzutragen oder niederzuschreiben, nicht immer so widerstandslos hingenommen werden können wie beispielsweise von →Lorber oder →Swedenborg, zeigt unter anderem die mitreißende Geschichte des →Jeremias.

Dem gegenüber standen Seher, die induktiv äußere Geschehnisse als Vorzeichen erfassten oder durch ein Déjà-vu-Erlebnis in größere Zusammenhänge schauten (→Bileam, →Völuspa), glaubten zu schauen (der echte →Spielbähn) oder damit spielten und sich selbst dazu ernannten (der anonyme Verfasser des →Spielbähn). Schließlich finden wir noch Personen, die solche Zusammenhänge, die Wahrheit hinter der äußeren Fassade, auf die verschiedenste Art und Weise suchten (Edgar →Cayce, Rudolf →Steiner). Zu letzteren gehörten auch alle integren Orakelpriester, die ihre Antworten aus einer innig und bewusst aufgebauten Verbindung mit der Orakelgottheit schöpften. Die Spezies der Seher und Seherinnen ist keineswegs ausgestorben.

Pythia

Anfänglich war die Pythia, das Medium und Sprachrohr des in Delphi residierenden Gottes Apollon, eine junge Frau, die als Braut des Gottes Jungfrau zu sein hatte. Später in der Blütezeit des Orakels gab es drei Priesterinnen, die als Pythia fungierten und einander beim Orakeln ablösten. Nachdem ein Fragesteller eine von ihnen verführt hatte, mussten die Priesterinnen wenigstens 50 Jahre alt sein.

Nur Männer durften das Orakel befragen. Um von der Pythia eine Antwort zu bekommen, mussten sich die Bittsteller *(theopropoi)* mit Wasser aus der Kastalischen Quelle reinigen, eine Gebühr *(pelanos)* entrichten und ein Tier (zumeist eine Ziege) auf dem Altar des Apollon opfern. Vor der Opferung wurde das Tier mit kaltem Wasser übergossen. Fing es zu zittern an, hieß das, dass der Gott vom Götterberg Parnass herabgestiegen, im Tempel anwesend und der Tag für eine Weissagung günstig war. Die Pythia – in ein Festgewand gekleidet – und die Priester (»Propheten«), die die Antwort zu formulieren hatten, reinigten sich, nachdem das Opfer dargeboten war, ebenfalls mit Wasser von der Kastalischen Quelle.

Die Pythia verbrannte am ewigen Feuer der Göttin Hestia, das im Tempel unterhalten wurde, Lorbeer und Weizenmehl. Danach stieg sie in ein tiefer gelegenes Gemach, das Adyton, den innersten und allerheiligsten Raum des Tempels. Von einem anderen Raum aus, dem Oikos, musste der Klient seine Frage mit lauter Stimme stellen. Die Pythia trank dann Wasser von einer anderen Quelle, der Cassotischen Quelle, berührte den Omphalos, einen schwarzen Stein, der den Nabel der Welt bezeichnete und als Grabmal des Drachen Python galt, kaute Blätter von einem im Adyton wachsenden heiligen Lorbeerbaum und setzte sich auf den goldenen Dreifuß.

Trunken von bewusstseinsverändernden Dämpfen, die aus einer Erdspalte unter dem Dreifuß kamen (oder in einem Weihrauchgefäß oder in einer Erdgrube erzeugt wurden), fiel sie in Trance, wurde »vom Gott ergriffen« und begann »des Gottes voll« (für Außenstehende) unverständliche Laute von sich zu geben. Die Priester interpretierten das Gesagte und gaben es – manchmal in Verse gefasst – als zumeist mehrdeutig interpretierbare Antwort an den Fragesteller.

Der Historiker Herodot hat uns in seinen »Historien« die Geschichte des steinreichen Lyders Kroisos (Krösus), des wohl bekanntesten Klienten der Pythia, überliefert.

Kroisos, der König der Lyder, hatte Boten zu verschiedenen Orakelstätten geschickt und ließ überall gleichzeitig fragen, was er in einem bestimmten Augenblick zu Hause gerade tue. Nur die Pythia gab die richtige Antwort: Der König hatte eine Schildkröte und ein junges Schaf geschlachtet und in einem ehernen Kessel, der mit einem ehernen Deckel versehen war, gekocht.

Überzeugt, dem Orakel von Delphi nun vertrauen zu können, fragte er, nachdem er dem Orakel eine Fülle kostbarer Weihegeschenke hatte zugehen lassen, an, ob er es wagen dürfe, gegen die Perser, deren zunehmender Einfluss ihm Sorgen machte, zu Felde zu ziehen. Von der Pythia erhielt er den scheinbar ermutigenden Spruch, er werde, wenn er gegen die Perser ziehe, ein großes Reich zerstören. Und als er wissen wollte, ob seine Herrschaft von langer Dauer sein werde, verkündete sie, dass seine Herrschaft erst dann enden werde, wenn ein Maultier König der Meder (einem Nachbarvolk der Perser) werde.

Kroisos interpretierte die Sprüche so, dass er beruhigt gegen die Perser ziehen könne und dass der Dauer seiner Herrschaft nichts im Wege stünde, da ein Maultier unmöglich statt eines Mannes König werden könne.

Er verlor den Krieg gegen die Perser aber, sein Land und sein Sitz, die reiche Stadt Sardeis, wurden erobert. Er hatte nun tatsächlich ein großes Reich zerstört: sein eigenes. Er selbst wurde gefangen genommen und von Kyros, dem König der Perser, gefesselt dem Scheiterhaufen überantwortet. Vom Scheiterhaufen herab unterhielt sich Kroisos (über einen Dolmetscher) mit dem König über die Unbeständigkeit des menschlichen Glücks.

Der weise Solon, so erzählte er, habe in besseren Tagen ihm gegenüber den göttlich inspirierten Ausspruch getan, kein Lebender sei glückselig. Als Kyros das hörte, reute es ihn, auch an sein eigenes ungewisses zukünftiges Schicksal denkend, den Kroisos dem Feuer überantwortet zu haben und gab den Befehl, es auf das Schnellste zu löschen. Die Diener konnten aber des Feuers nicht mehr Herr werden. Erst als Kroisos Apollon um Beistand rief, sammelten sich – bei bisher heiterem Himmel – plötzlich Wolken. Ein Unwetter prasselte nieder und löschte das Feuer, so dass Kroisos unversehrt vom Scheiterhaufen herabsteigen konnte. Mit Genehmigung des Kyros schickte Kroisos einige seiner Lyder nach Delphi, ließ provokativ seine Fesseln in den Tempel des Apollon legen und dem Gott die Frage stellen, ob er sich nicht schäme, ihn durch seine Sprüche zum Zug gegen die Perser veranlasst zu haben.

Zu den Lydern sagte die Pythia Folgendes:

»Dem vorher bestimmten Geschick ist es unmöglich zu entgehen, selbst für einen Gott. Kroisos hat die Sünde seines Ahnen aus dem fünften Glied gebüßt, der, Lanzenträger der Herakleiden, Weiberlist nachgegeben, seinen Herrn getötet und die jenem zukommende Ehre innegehabt hat, die ihm keineswegs zustand. Es wünschte Apollon, dass das Unglück der Sardianer erst auf die Nachkommen des Kroisos komme und nicht auf Kroisos selbst; aber er war nicht im Stande, das Schicksal abzuwenden. Soviel die Moiren (die Schicksalsgöttinnen) jedoch nachließen, das hat er vollendet und ihm als Gunst gewährt; drei Jahre nämlich konnte er den Fall von Sardeis hinausschieben, und Kroisos soll wissen, dass er um diese drei Jahre später gefangen genommen worden ist, als das Schicksal vorsah.

Zweitens hat ihm der Gott beigestanden, als er verbrannt werden sollte. Hinsichtlich des Orakelspruchs, der ihm zuteil wurde, erhebt Kroisos zu Unrecht Vorwürfe; denn Apollon hat ihm vorhergesagt, dass er ein großes Reich zerstören werde, wenn er gegen die Perser ziehe. Er hätte, wenn er sich wohl hätte beraten wollen, daraufhin schicken und fragen müssen, ob er sein eigenes oder des Kyros Reich meine. Dass er den Spruch nicht verstand und nicht noch einmal anfragte, dafür soll er sich selbst als schuldig erkennen.

Was ihm, als er sich das letzte Mal ein Orakel geben ließ, Apollon von dem Maultier sagte, hat er ebenfalls nicht verstanden. Mit diesem Maultier war nämlich Kyros gemeint; denn er stammte von Eltern, die verschiedenen Völkern angehörten, von einer besseren Mutter (bildhaft: Pferdestute) und einem geringeren Vater (bildhaft: Eselshengst); sie war eine Mederin und die Tochter des Mederkönigs Astyages, er Perser, von jenem beherrscht, und heiratete seine Herrin, obgleich er in allen Stücken unter ihr stand.«

Als Kroisos die Antwort der Pythia hörte, erkannte er, schreibt Herodot, »dass die Schuld die seine war und nicht die des Gottes«. Jetzt verstand Kroisos nur zu gut, warum Apollon auch den Beinamen Ioxias (der Schräge, der Vieldeutige) trug.

R

Rabenomen

Wie kaum ein anderer schwarzer Vogel wurden Raben und Rabenkrähen Ausdruck der ursprünglichsten Schöpfung, des Urgrunds unseres Unterbewusstseins. Die Alchemisten sprachen vom Nigredo, der Schwärze des Grundmaterials aller Schöpfung, der *prima materia*. Raben als Wahrsagevögel dienten bereits in frühester Zeit den →Auguren bei der →Vogelschau, das Volk rettete solche Tradition.

Große Rabenschwärme, vor allem in ungerader Zahl, lautlos oder mit markerschütterndem Krächzen, galten, wo sie auftauchten, als Boten größten Unheils: von Hungersnot, Aufruhr, Seuchen, Teuerungen und anderen Großplagen. Kämpften Raben dabei mit dem Habicht, anderen Großvögeln oder untereinander, schien der Krieg nicht weit, verbunden mit einer unabwendbaren Niederlage. Auch einzeln brachten Raben und Krähen nur selten etwas Gutes. Schrien sie in den Hof, vor dem Haus, auf dem Dach, an Sonnenwenden oder Tagundnachtgleichen, am Abend oder in der Nacht, früh morgens oder mittags, wenn der Pfarrer nahte – drohte Unglück, zumindest Zank und Streit, sogar Tod. Ebenso, wenn sie von links kamen oder von rechts, von hinten oder vorn oder gar mitten über den Kopf flogen. Kenner differenzierten nach Art und Weise, Anzahl, Örtlichkeit, nach Art des Gezeters, ob etwa heiser oder röchelnd.

Eberhard Riegele: Märchenpforte.

Doch Unheil bleibt Unheil, auch wenn es sich graduell unterscheidet. Kamen sie von links, war das Drama wohl nicht mehr abzuwenden, tauchten sie allerdings von rechts auf, gab es noch eine Chance, dem Unheil auszuweichen. Man findet auch Aussagen, die solches genau umgekehrt verkünden. Weh denen aber, denen sie mit gesträubten Federn ihren Schwanz zuwendeten, denen sie ans Fenster klopften oder dreimal um den Schornstein kreisten und sich dann entsorgten! Flogen sie hintereinander, deuteten sie auf einen Begräbniszug. Schrien zwei von Nordwest nahende Raben jemanden an, der gerade vom Leichenzug heimkehrte, musste der noch vor Jahresende selbst in den Sarg.

Erschienen sie bei der Saat, gedieh das Getreide nicht, tauchten sie bei der Hochzeit auf – es war nicht auszudenken, was alles passieren konnte. Raben im Traum deuteten auf Sturm innen wie außen, Trauer, Verlust, Unfrieden, Rabenscharen auf Besuchsüberfall von Verwandten in größerer Menge. Erschienen sie am Rhein, kündeten Raben oder Krähen aber Glück, eine frohe Botschaft, zumindest Neues und Neuigkeiten. Flog in Böhmen ein Rabe in den Garten, war die Unschuld eines jungen Mädchens im Hause in Gefahr. Deswegen sollen junge Frauen Krähen so häufig energisch verjagen.

Nach →Artemidor lag an der gallischen Westküste ein Hafen mit Namen »Zwei Raben«. Dort lebten zwei Raben mit weißlichen Flügeln. Lag eine Streitsache an, begaben sich die Kontrahenten dorthin, legten ein Brett an eine erhöhte Stelle und warfen Gerstenkuchen darauf. Die Vögel flogen dorthin, fraßen einige davon und verstreuten dabei die anderen. Derjenige, dessen Kuchen mehr verstreut worden waren, hatte den Rechtsstreit gewonnen.

Wenige Monate vor der Ermordung des römischen Kaisers Domitian, der sich keiner besonderen Beliebtheit erfreute, soll auf dem Kapitol in Rom eine Krähe in Griechisch geweissagt haben. »Es wird schon besser werden.« Bald erschien folgendes Epigramm:

»Auf dem Tarpejischen Felsen saß jüngst eine Krähe: *Es ist gut* konnte sie leider nicht schreien, darum rief sie: *Es wird!*«

Rasputin

Schon als Kind traten bei ihm Momente der Hellsichtigkeit auf. Er war beim Spiel in den eiskalten Fluß gefallen und hatte mit einer Lungenentzündung gegen den Tod angekämpft. Mit der Genesung sei das »Zweite Gesicht« gekommen.

Grigorij Jefimowitsch Rasputin wurde nach neuesten Erkenntnissen am 10. Januar 1869 als Bauernsohn im tiefen Sibirien geboren. Mit jungen Jahren lebte er zeitweise bei Einsiedler- und Wandermönchen. Er kehrte aber immer wieder in sein Dorf zurück, heiratete dort und zeugte im Laufe der Zeit vier Kinder. Trotzdem eilte bald auch ihm der Ruf eines heiligen »Gottesmannes« und Gesundbeters voraus. Zeitgenossen beschrieben ihn als von Wind und Wetter gegerbt, ungepflegt, mit großer Nase, sinnlichen Lippen, langem Bart und seltsam fesselnden Augen. Das Haar trug er in der Mitte gescheitelt und so gekämmt, daß es eine häßliche Beule auf der Stirn ver-

Grigorij Jefimowitsch Rasputin, der Mönch mit dem hypnotischen Blick, der den Hof des Zaren dominierte.

deckte, die dem Ansatz eines Hornes glich.

1903 traf er auf seinen unsteten Wanderungen in St. Petersburg ein. Trotz seiner eher abstoßenden Erscheinung fand er Eingang in die besten Salons der Gesellschaft. Als Wunderheiler und Prophet sorgte er rasch für Stadtgespräch, habe er doch ungehemmte sexuelle Ausschweifungen gepflegt und propagiert. Er stand vermutlich der schwärmerischen Sekte der Chlysten nahe, die mit durchaus schlüssiger Konsequenz nach der Maxime lebte, nur dem würden die Sünden vergeben, der sie auch vorher begehe. 1906 wurde er dem Hof vorgestellt. Von da an schuf er sich bei Zar Nikolaus II. und seiner bigotten Gemahlin für ein Jahrzehnt eine wachsende Vertrauensstellung. Nicht einmal Rasputins ausschweifender Lebenswandel und immer neue Skandale konnten diese schmälern.

Auf eine eigene stark suggestiv oder hypnotische Weise wirkte er auf den zweijährigen Thronfolger Alexej gesundheitsfördernd, der an der Bluterkrankheit litt. So geriet die Zarenfamilie in ein fast magisches Abhängigkeitsverhältnis. Rasputin griff bald selbst in politischen Fragen ein. Vielleicht suchte der Zar auch verstärkt seinen Rat. Für die einen war der Heiler dabei ein Seher und Magus, der seinen positiven Einfluß geltend machte und den Zaren u.a. von einem Hegemonialkrieg auf dem Balkan abgehalten habe. Rasputins Gegner etikettierten ihn zum Dämon, zum »dunklen Genius Rußlands«. Eine solch »moralisch verkommene Abenteurergestalt«, hätte nur dank der Unfähigkeit des Zaren und der »inneren Morschheit« des Systems so lange an einflußreicher Stelle des Reiches wirken können. Im Dezember 1916 ermordeten ihn Angehörige rechtsstehender monarchistischer Kreise. Sie behaupteten, damit Krone und Land vor einem »deutschen Agenten« zu retten. Der dramatische Ablauf – sie benötigten bei diesem ungewöhnlichen Mann eine Dreifachtötung – wäre eines Romans von Dostojewskij würdig gewesen. Im frühen Morgengrauen warfen die Täter seine Leiche in ein Eisloch der Newa.

Nach Rasputins Tod machte Zarin Alexandra den Innenminister Protopopow zu ihrem Medium. Zusammen traten sie mit dem vermeintlichen Geist des Ermordeten in Kontakt und holten die weiteren Verlautbarungen nun aus dem Jenseits.

Während seine Heilerfolge vielfach, auch wissenschaftlich, untersucht und anerkannt wurden, die mitunter an Praktiken sibirischer Schamanen erinnerten, bleiben seine prophetischen Fähigkeiten umstritten. Viele Ahnungen und Voraussagen politischer Natur basierten sicherlich auf den angeheizten Gesprächen in den Salons der Adligen oder spiegelten nur die brodelnd revolutionäre Stimmung der Straße. Und um den eigenen nicht natürlichen Tod vorauszusagen, bedurfte es dank seines exzessiven Lebens und nach bereits einigen gescheiterten Attentatsversuchen nicht unbedingt der Beihilfe aus dem Überbewußtsein.

Doch im Jahr seines Todes hatte Rasputin für die Nachwelt niedergeschrieben: Würde er von Bauern getötet, so bliebe Russland eine blühende Monarchie für weitere hundert Jahre. Würde er jedoch von den Adeligen getötet, dann müssten der Zar und seine Familie innerhalb von zwei Jahren sterben (Bauer/Dümotz/Golowin 1987:518f.)

Die Verschwörer um Prinz Jussopow und den Zarenneffen Dimitrij ließen nur die zweite Variante zu. In der Nacht vom 16. und 17. Dezember 1918, siebzehn Monate nach dem Tode ihres geheimnisumwobenen Beraters, starb die Zarenfamilie unter den Schüssen eines revolutionären Erschießungskommandos.

Raunächte

Als Raunächte gelten der 30. November (Andreas), der 4. Dezember (Barbara), der 6. Dezember (Nikolaus), der 13. Dezember (Luzia), der 21. Dezember (Thomas), der 24. Dezember (Heiligabend), der 31. Dezember (Silvester) und der 6. Januar (Dreikönig), aber auch die zwölf Nächte von Heiligabend bis zum Dreikönigstag.

Die Zeit der »Zwölfnächte« um die Wintersonnenwende geht in ihrem Ursprung auf heidnische Vorstellungen zurück. In den Tagen, wo nach altem Glauben die Götter Umzug halten, war die Hauptzeit für Wahrsagungen: Jeder der zwölf Tage entspricht einem der kommenden Monate des nächsten Jahres. Sein Verlauf gibt Aufschluss über Wetter und Schicksal.

Was man in einer der Raunächte träumt, wird in dem entsprechenden Monat wahr. Je mehr die wilde Jagd in dieser Zeit braust, je gewaltiger es stürmt, umso furchtbarer wird das nächste Jahr.

Legt sich ein junges Mädchen oder ein junger Mann am Andreasabend verkehrt herum ins Bett und sagt dabei, »ich lege mich nieder in des Teufels Namen«, dann stellt der Teufel um Mitternacht den künftigen Gatten oder die künftige Gattin vor. Man darf dabei aber kein Wort sprechen!

Hört ein Mädchen in der Thomasnacht am Ofenrohr verschiedene Töne, kann sie daraus auf den Stand (reich oder arm) ihres Zukünftigen schließen. Mädchen, die am Thomastag um Mitternacht in den Garten gehen – Städterinnen können auch einen Schrebergarten oder einen Park aufsuchen –, dreimal an einen Baum klopfen und dabei sagen »Bäumlein, ich schüttle dich, was ich krieg, das regt sich«, bekommen vom Baumgeist eine Antwort. Klopft es zum Beispiel im Baum, heiratet man einen Schuster, einen Werkzeugmacher, einen Kfz-Mechaniker oder einen Gerichtsvollzieher.

Will man den Beruf seines zukünftigen Gatten erfahren, wasche man sich die Füße, lasse in der Christnacht das Wasser (gegebenenfalls in der Tiefkühltruhe) gefrieren und deute die entstandenen Eisfiguren.

In der Christnacht zwischen elf Uhr und Mitternacht redet das Vieh

Cover von Georg Bendls Buch »Die Tiere in den sieben Nächten«.Deutsche Verlagsanstalt, Stuttgart 1937, Zeichnung von H.H. Hageborn.

im Stall und gibt Weissagungen. Aber nur Sonntagskinder können, ohne Schaden zu nehmen, zuhören.

In einen Kreis von unverheirateten Mädchen setze man am Donnerstag nach Weihnachten eine schwarze Henne und warte, bis das Tier einschläft. Das Mädchen, auf das die Henne nach dem Erwachen zugeht, heiratet im nächsten Jahr. Lässt die Henne bei einem der Mädchen Kot fallen, so bekommt dieses ein uneheliches Kind beziehungsweise muss sich als allein erziehende Mutter durchs Leben schlagen.

Will man etwas über seine Zukunft wissen, kann man an Silvester anstatt Blei auch Eiweiß in ein Glas Wasser gießen und aus den entstehenden Formen, Bildern und Buchstaben weissagen. Wer sich in der Neujahrsnacht auf einen Kreuzweg stellt, der sieht den Himmel offen und kann die Ereignisse des nächsten Jahres erschauen. (Heutzutage empfiehlt es sich dringend, eine unbefahrene Kreuzung zu wählen.)

Ein Mädchen, das auf einem Besen (oder Staubsauger) in der Neujahrsnacht zum (natürlich vorher blank polierten) Ofenrohr reitet, kann darin, mit etwas Glück, ihren Zukünftigen sehen. (Eine Singlefrau erspäht zumindest den nächsten Lebensabschnittspartner.)

Ringorakel

Für die Vorbereitung dieses Verfahrens bedarf es zwar keiner besonderen Geschicklichkeit. Doch je sorgfältiger oder künstlerischer man arbeitet, desto mehr schafft man Einheit mit den Orakelvehikeln. In eine relativ große Schüssel (alternativ Topf oder Pfanne) werden rund um den inneren Rand alle Buchstaben des Alphabets geklebt oder gemalt. Die Abstände sollten, so gut es geht, gleich sein. Ob man die Reihenfolge des Alphabets einhält, die Buchstaben wahllos oder durch →Losorakel in eine andere Reihenfolge bringt, bleibt dem Experiment überlassen. Dann binde man, wie beim →Pendeln, seinen Ring an einen Faden und lasse ihn über die Hand hängen, während Daumen, Zeige- und Mittelfinger das Ende des Fadens halten. Der Ring muss nun auf der Höhe der Buchstaben in der Schüssel pendeln. Eine zweite Person notiert die Reihenfolge der Buchstaben, die das Pendel bald direkt anschlägt. Ergibt die Zusammensetzung keinen Sinn, prüfe man zunächst, ob nicht in einer anderen Sprache geantwortet wurde. Im wiederholten negativen Fall gehe man über zu anderen Verfahren.

Allerdings verzichteten antike Verehrer dieser Daktylomantie (= Ringwahrsagung) wohl nie auf einen geweihten Dreifuß aus Lorbeer als Untersatz! Außerdem trugen sie weißes Linnen und einen Kranz aus frischem Laub um den geschorenen Kopf, in der Hand ein Büschel Eisenkraut. In einer solchen feierlichen Zeremonie antwortete das Orakel sogar in formvollendeten Hexametern.

Runen

Für die Priester der Germanen, die Goden, waren die Runen (= Geheimnis, geheimnisvolle Kunde) göttlichen Ursprungs. Auf dem westgotischen Stein von Noleby heißt es »eine Rune male ich, eine von den Ratern (= den göttlichen Mächten) stammende« *(runo fahi raginakundo)*. Und in der Edda (im Hávamál) wird der Mythos der Runenfindung durch den Gott Odin erzählt.

Runen waren nicht einfach tote Buchstaben. Sie verkörperten übermächtige Kräfte und konnten als lebende Wesen aufgefasst werden. Ihre »sechs Krieger« nannte die Zauberin Busba sechs Runen, die sie in einem Fluch gegen den isländischen König Hring einsetzte.

Die Runen konnten zu allerlei Zauber gebraucht werden. Die Runenmeister (Runenmagiker) kannten Siegrunen (zur Herstellung von Schwertern mit magischen Eigenschaften), Brandungsrunen (zur Besänftigung von Sturm und Wellen), Heilungsrunen, Bergerunen (bei der Geburt), Rederunen (um gut und klug zu sprechen), Löserunen (wenn jemand in Gefangenschaft geraten war) und Runen zum Besprechen (etwa zum Stumpfmachen der Schwerter von Feinden).

Schmuckgegenstände, auf denen Runen angebracht wurden, bekamen dadurch den Rang von Amuletten. Auf einem runden Goldplättchen, das bei einer Ausgrabung gefunden wurde, steht zum Beispiel »Hariuha heiße ich, der Gefährliches Wissende. Ich gebe Heil *(gibu auja)*«. Neben diesen Runen befindet sich noch ein runenähnliches tannenbaumartiges Sinnzeichen. Als »Waldhund« (= Wolf), Rabe und Habicht bezeichneten sich andere Runenritzer. Wieder ein anderer Runenmeister nennt sich glanzäugig *(gliaugiR)*. Er hatte den »scharfen Blick«, die Gabe des zweiten Gesichts. In ein Amulett ritzte er: »Ich der Glanzäugige weihe diese Runen.«

Runen als Grabbannungsformeln auf Gedenksteine gesetzt können auch einen eigenen Humor zeigen: »Genieße des Grabes wohl« *(niut val kumls)*, fordern sie den Leichnam auf, was heißen sollte, bleib ja da, wo wir dich unter die Erde gebracht haben. Runen dienten als Schutz vor wiedergehenden Toten (»dieser Schmuck ist Schutz gegen Tote«, *sigli's náhlé*) und zur Abschreckung von Grabschändern, die, wenn sie das Grab öffneten, gleichzeitig den Toten zum Wiedergehen ermunterten (»dieser Platz ist von Unholden bedroht«, *flagda-faikinaR*).

Mit speziellen Bierrunen konnte man ein vergiftetes Bier neutralisieren. Als dem Runenmeister Egil Skalagrimsson bei einem Fest ein Horn mit vergiftetem Bier gereicht wurde, ritzte er einen Zauber in das Horn, gab sein Blut dazu und sang: »Ich ritze Runen auf das Horn, röte den Spruch mit Blut.«

Runen dienten beim →Losorakel zur Weissagung. Tacitus gibt im zehnten Kapitel seiner »Germania« eine Beschreibung:

»Auf Vorzeichen und Losorakel achtet niemand so viel wie die Germanen. Das Verfahren beim Losen ist einfach. Sie schneiden von einem fruchttragenden Baum einen Zweig ab und zerteilen ihn in kleine Stücke; diese machen sie durch Zeichen kenntlich und streuen sie planlos und wie es der Zufall will auf ein weißes Laken. Dann betet bei einer öffentlichen Befragung der Stammespriester, bei einer privaten der Hausvater zu den Göttern, hebt, gen Himmel blickend, nacheinander drei Zweigstücke auf und deutet sie nach den vorher eingeritzten Zeichen. Lautet das Ergebnis ungünstig, so findet am gleichen Tage keine Befragung mehr über denselben Gegenstand statt; lautet es jedoch günstig, so muss es noch durch Vorzeichen bestätigt werden.«

Fruchttragende Bäume galten als Sinnbilder des Segens. Bevorzugt wurden Stäbe von Buchen verwendet (daher stammt unser Wort »Buchstabe«). Die Götter selbst, so wird in der Edda erzählt, orakelten mit Runen. Als sie einmal Lust auf ein Gelage hatten, schüttelten sie Runenzweige und beschauten das darauf gegossene Opferblut. Sie fanden heraus, dass bei dem Riesen Algi Überfluss herrschte, was ihn für sie auf

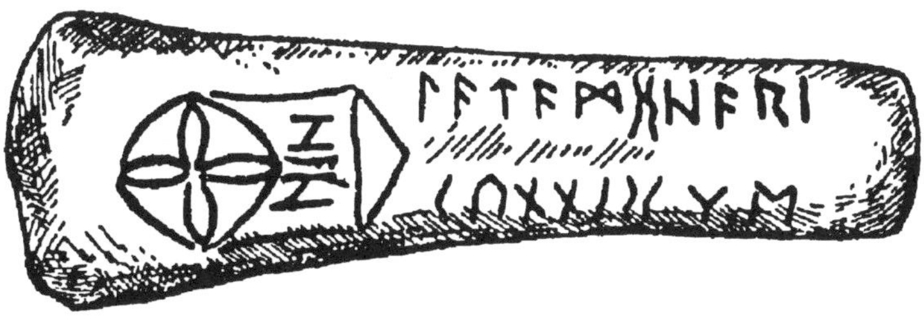

Knochen mit Runen (nachgezeichnet).

der Stelle zum idealen Gastgeber machte.

Seit den achtziger Jahren sind zahlreiche Runenwerforakel erhältlich, bei denen mit den 24 Runen des älteren Furthark aus Steinen, Glas, Holz, Plastik oder mit Runenkarten wahr gesagt wird.

Das folgende Vorgehen wird beim Runenwerfen empfohlen:

Die Steine oder Karten werden umgedreht ausgelegt und gut gemischt. Die fragende Person nimmt drei Steine/Karten. Das erste Zeichen steht für die Vergangenheit, das zweite für die Gegenwart und das dritte für die Zukunft. Aus der Analyse der drei Zeichen und ihrem Bezug zueinander wird die Deutung abgeleitet.

Hat der Klient nur eine Frage oder sucht er einen Rat, lässt man ihn einen Stein / eine Karte ziehen und interpretiert diese für die Antwort.

In der Kunst der Runendeutung weiter Fortgeschrittene legen der fragenden Person aus den umgedreht liegenden Steinen eine »Runenuhr«. 13 Steine werden gezogen. Es wird mit der Neun-Uhr-Position begonnen. Der 13. Stein wird als Repräsentant des Fragenden in die Mitte gelegt. Die »Runenuhr« ermöglicht komplexe und differenzierte Aussagen über die fragende Person.

9 Uhr	Charakter
10 Uhr	Wohlstand
11 Uhr	Familie
12 Uhr	Wohnverhältnisse
13 Uhr	Selbstverwirklichung
14 Uhr	Gesundheit
15 Uhr	Ehe/Partnerschaft
16 Uhr	Geerbte Eigenschaften
17 Uhr	Erziehung
18 Uhr	Beruf, Karriereaussichten
19 Uhr	Freunde
20 Uhr	Intuition, Kreativität

Über die Bedeutung der gezogenen Runen informieren Bücher der Runenkunde, zum Beispiel Ralph Blums »Runen« (2000), Kenneth Meadows Buch »Runen« (2000), das »Buch der Runen« von Zoltan Szabo (2001), der »Ruf der Runen« von Igor Warneck (2001) und Axel →Brücks »Die Runentexte« (2002). Von Geza von Neményi gibt es ein Runenhandbuch »Heilige Runen – Zauberzeichen des Nordens« (2003), in dem ausführlich auch über Runentänze, Runenmudras und die Meditation mit Runen berichtet wird.

S

Salzorakel

Die Überlieferung schrieb Salz eine erhaltende, schützend-bannende und reinigende Kraft zu. In der mittelalterlichen Alchemie symbolisierte Salz die innere Natur des Menschen, die alles Irdische ursächlich aus sich heraus zeugt, das Unterbewusstsein. Die gleiche Kraft, die alles schafft, holt sich auch alles wieder zurück.

War ein Arzt fern, unglaubwürdig oder unsicher, half das Salzorakel. Man betrat mit Salz in der Hand schweigend ein Krankenzimmer. Wurde das Salz feucht, glaubte man, der Kranke müsse sterben. Wer in der Weihnachtsmette neun Sorten Salz bei sich trage, erschaue alle, die im nächsten Jahre sterben.

Auch beim Salzhäufchenorakel, der Sali-, Halo- oder Alomantie, geht es zumeist um Leben und Tod. Dazu muss ein solches Häufchen, oft mit dem Fingerhut geformt, über Nacht seine Form bewahren. Findet man es aber am Morgen eingefallen, drohe der Exitus.

Als Variante lege man Salz auf ein Efeublatt, auf eine Nuss- oder Zwiebelschale. Ist das Salz am Morgen nicht zusammengefallen und noch trocken, kann eine Krankheit oder Katastrophe überlebt werden. Ist das Salzhäufchen hingegen zusammengefallen, aber trocken geblieben oder aufrecht stehen geblieben, aber nass, dann muss die Intuition herhalten. Ein nasses und auseinander gefallenes Häufchen lässt wohl keinerlei Hoffnung mehr zu.

Als so genannte Lostage dienen der Silvesterabend und der Heilige Abend, zur Not funktioniert es auch auf Andreas, Matthäus und Aschermittwoch. Einen ganz besonderen Grad von Weissagungsschärfe erzielt man mit Salz, das am Dreikönigstag geweiht wurde. Wer aber dabei das Salz verschüttet, der erhält nicht nur ein vages Orakel; dem drohe allerlei Unbill. Außerdem muss er jedes Körnchen suchen und finden, bevor sich für ihn die Himmelstür öffne.

Ist das Essen versalzen, soll die Köchin verliebt sein. Setzt sich ein Mädchen unfreiwillig auf den Salzvorrat, müsse es einen Witwer heiraten. Wer einen Vogel fangen will, muss ihm Salz auf den Schwanz streuen. Findet man gestreutes Salz auf einem Schwanz, gebe es immer jemanden, der auch den Rest einfangen will.

Savonarola

1489 war auf Betreiben von Lorenzo de Medici der Dominikanermönch Fra Girolamo (Savonarola) nach Florenz gekommen. Zwei Jahre später war er bereits Prior des Klosters San Marco. Savonarola begeisterte die Florentiner durch seine wortgewaltigen, von Prophezeiungen durchsetzten Predigten. Nach Lorenzos Tod und der Vertreibung seines Sohnes Pietro stand Savonarola einer theokratischen Volksregierung vor. Sein Ziel war, ganz Italien zu urchristlicher Sittenstrenge zu verpflichten und dabei auch den päpstlichen Hof, dem damals der lasterhafte Papst Alexander VI. vorstand, von unsittlich sich aufführenden Geistlichen zu säubern.

Im Jahr 1495 erschien eine Sammlung seiner Prophezeiungen. Darin führt Savonarola aus, dass Gott ihm die Prophezeiungen eingieße. Seinem Geist werde entweder unmittelbar Zukünftiges eröffnet oder als Vision durch die Einprägung von Bildern in der Phantasie gegeben oder durch äußerliche, bildliche Erscheinung deutlich gemacht.

Als der Papst dem lästigen Mahner den Kardinalshut anbot, um ihn zum Schweigen zu bringen, sagte Savonarola: »Ich begehre keinen anderen roten Hut, als den des Märtyrertums.« Seine Worte sollten sich nur allzu rasch erfüllen. Am 23. Mai 1498 wurde Savonarola hingerichtet. Erst wurde er stranguliert und dann zu Asche verbrannt, die in Wind und Regen verstreut wurde. Seine Prophezeiungen seien nicht göttlicher Natur, sondern seinem ehrgeizigen

Predigt Savonarolas mit Gerichtsankündigung: »Die Geißel ist nahe.« Aus einer Handschrift, um 975.

Verstand entsprungen, hatte ein von zwei päpstlichen Abgeordneten geleitetes Gericht durch die Anwendung der Folter aus Savonarola herausgepresst. Savonarolas Freund, der Maler Fra Bartolomeo, ging traurig vom Richtplatz in seine Werkstatt und malte den goldenen Schein der Heiligen um das Haupt seines Freundes, das er, Schlimmes ahnend, schon zu dessen Lebzeiten vorsorglich gezeichnet hatte.

Schaf- und Ziegenorakel

Schafe zählen zu den ersten Tieren, die der Mensch domestizierte. In ihrer Sanftheit, vor allem im weißen Lamm, fand er ein Symbol des reinen oder gereinigten Charakters, der ursprünglichen Göttlichkeit. Als Kontrast folgt ein »dummes Schaf« willenlos jeder Führung.

Singlefrauen, die Gelegenheit haben, in der Christ- oder Matthiasnacht (24. Februar) dreimal (!) an einen Schafstall zu klopfen, können etwas über die Zukunft erfahren: Blökt als erstes ein alter Bock, drohe ihr ein ältlicher Partner und eher bitteres Liebesschicksal. Blökt ein altes Schaf, bleibe sie vermutlich ledig. Antwortet als erstes ein junger Bock, winken Aussichten auf einen Prachtburschen. Piepst ein kleines Lämmchen, müsse sie mit einem unehelichen Kind rechnen.

Im Allgemeinen gilt die Begegnung mit einem Schaf oder gar einer ganzen Herde als Glück bringend, soll auf eine baldige Reise deuten oder einen interessanten Besuch. Trifft eine attraktive Frau unmittelbar beim Heraustreten aus dem Haus auf Schafe, liege ihr die Männerwelt sozusagen zu Füßen. Dieses →Omen ist in einer Stadt aber selbst schon ein Glücksfall. Läuft in der Silvesternacht ein Schaf über den Weg, deute es auf einen Todesfall in der Familie, glaubte man im Erzgebirge. Manche differenzieren, ob es von rechts oder links komme.

Schäfchen zur Linken,
tut Freude winken.
Schäfchen zur Rechten,
da gibt's was zu fechten!

Doch über Glücks- und Unglückszuordnung herrscht selten Einigkeit. Trifft man jedoch einen Hammel, der sich von links nähert, finde man überall eine gute Aufnahme, wohin man sich auch wende. Flieht der Hammel bei der Begegnung, muss man wohl mit dem Gegenteil rechnen.

Die Ägomantie, Weissagung durch Ziegen, erwähnten bereits die Kirchenschriftsteller Tertullian und Clemens von Alexandria im 2. Jahrhundert n.Chr. Leider vergaßen sie zu berichten, wie es genau funktionierte. Herumziehende »Magier« hatten Ziegen offensichtlich eigens dazu abgerichtet. Bei den Langobarden soll ein Ziegenkopf zur Befragung gedient haben (→Sprechender Kopf). Als archaisches Symbol der Wachstumskraft und als Vegetationsdämon schienen vor allem schwarze Ziegen prädestiniert, beängstigende Naturturbulenzen und deren Folgen wie Hungersnöte oder Ernteausfall vorauszuahnen.

Ihr Erscheinen galt und gilt im Allgemeinen als böses →Omen. Begeg-

Manche Begegnungen mit Ziegen- oder Schafböcken sind solche der dritten Art!

net dir eine Ziege auf dem Weg zum Einkauf, so erhältst du im Geschäft deine Ware nicht. Träume von Ziegen sollen allerdings auf eine Erbschaft verweisen. Doch was Tiersymbolik angeht, greife man lieber zu einem Fachlexikon.* Eine Ziege war es wohl auch, die den geheimnisvollen Erdschlund in →Delphi entdeckt haben soll, dessen intensive Ausdünstung selbst sie in einen ekstatischen Zustand versetzte. Heute scheint diese Art der Mantik so gut wie völlig aus der Mode gekommen, und Wissenschaftler haben herausgefunden, dass es nie einen ausdünstenden Erdschlund in →Delphi gab.

Schlangenomen

Aufgrund genauer Beobachtung ihres Verhaltens stufte bereits der Frühmensch Schlangen als besonders klug und weise ein und kürte sie zum Symbol göttlicher Schöpferkraft im Menschen. Ähnlich dieser Kraft zeigt sie stark ambivalente Züge, galt deswegen als ebenso gut wie böse, was im Hinblick ihres mantischen Gebrauchs immer gegensätzliche Interpretationen zuließ. Es bedurfte schon einer subtilen Erfassung aller Aspekte einer Situation, Glück und Unheil zu deuten, kreuzte eine Schlange den Weg – unabhängig davon, ob es sich um giftige oder ungiftige Exemplare handelte.

In unseren Breiten hielten die Menschen auf dem Land Hausschlangen (Unken), die als Geist des Ortes oder der Ahnen betrachtet und durchaus verehrt wurden. Zeigten sie sich, bedeutete es immer ein gutes →Omen, selbst wenn sie von links herankrochen. Man fütterte sie auch zu bestimmten Anlässen. Nahmen sie dieses Futter an, schien es keinerlei Grund zur Beunruhigung zu geben. Lehnten sie das Essen ab oder gaben sich in besonderer Weise auffällig, drohte aber Unheil. Ebenso, wenn ein rabenschwarzes Exemplar erschien, eine feurige oder eine wie auch immer geartete zum Fenster hereinfiel. Es konnte alles Mögliche bedeuten, doch nie etwas Gutes: Feuer, Hungersnot, Krankheit, Erdbeben, Hauseinsturz oder psychische Beben.

Ein frühes Omen für das Auftauchen von Brillenschlangen. Aus: »Die Fabeln von Lafontaine«, illustriert von J. J. Grandville, Paris 1838.

* Siehe dazu: Lexikon der Tiersymbole, München 2003

Kommt eine Kreuzotter ins Haus, wenn jemand krank ist, soll der Kranke zuvor schwerwiegend gesündigt haben. Fällt eine Schlange auf das Bett einer Jungfrau, heirate sie einen reichen Kerl. Es kann aber auch bedeuten, dass die Frau sehr fruchtbar wird. Umwindet eine Schlange einen schlafenden Knaben, wird der unsterblich berühmt, als Poet, Künstler oder Weiser, im Fall eines ungnädigeren Schicksals als Prophet oder Politiker.

Wer eine Viper an einem Gabelstock in den Rauch hält, könne auch die Zukunft voraussagen. Dasselbe gilt, wenn man das noch zuckende Herz einer Schlange roh verspeist. Ist es ein Drachenherz, kann es auch gebraten verzehrt werden. Als Siegfried den Drachen Fafnir getötet, sein Herz gebraten und sich dabei den Finger verbrannt hatte, lutschte er daran, um ihn zu kühlen. Im gleichen Augenblick verstand er die Sprache der Vögel.

Begegnet uns die Schlange während eines Spaziergangs, dürfen wir mit einer Reise rechnen, zumindest mit einem geistigen Aufbruch. Treffen wir auf eine weiße Natter, kann das Glück für Körper, Seele und Geist gleichermaßen winken. Hat sie – ob weiß oder nicht – noch ein goldenes Krönchen auf, ist das Glück kaum noch zu übertreffen. Werden wir Männer allerdings, ob gewollt oder nicht, Zuschauer der Paarung von Schlangen, droht die »Frauenkrankheit«.

Im antiken Griechenland hieß es, man müsse nun sieben Jahre wie eine Frau leben, was wohl dem armen Seher →Teiresias tatsächlich widerfuhr.

Schuhwerfen

Schuhe, Stiefel, Sandalen oder Pantoffeln (→Erbpantoffelaugurium) dienten bereits in der Antike als Symbol von Amtsgewalt oder Freiheit, Recht, Besitz oder Aufbruch. Im Hineinschlüpfen in den Schuh sah man ein Sinnbild für den Sexualakt. Schweifte jemand in geschlechtlicher Hinsicht etwas aus, sprach man in Sachsen respektlos von »Auslatschen«.

Jeder weiß, die Problematik beginnt schon morgens: Steigt man zunächst in den glückverheißenden rechten Schuh oder in den unheilverkündenden linken? Als Kaiser Augustus in Gedanken zuerst in die linke Sandale schlüpfte, ahnte er sofort, dass eine Verschwörung gegen ihn im Gange war. Und tatsächlich brachte ihn ein Militäraufstand in große Bedrängnis. So berichtet jedenfalls Plinius in seiner »Naturalis Historia« (2,5). Man ziehe ohnehin zunächst beide Strümpfe an und dann die Schuhe in der richtigen Reihenfolge. Sonst gebe es am Tag Anlass sich zu schämen.

Am Martinstag (11. November), häufiger aber zu Andreas, endete oder begann früher das befristete Arbeitsverhältnis für Knechte, Mägde und Dienstpersonal. Vor allem junge Frauen wollten spätestens jetzt herausfinden, wer die nächste Herrschaft sein könnte oder sollte, und nutzten dazu gern ein schlichtes Orakel. Beim Schuhwerfen konnte es in der Praxis nur um eine einfache Fragestellung gehen. Zeigte die Schuhspitze beim Herunterfallen in den Raum, lag es nahe zu bleiben. Deutete sie zur Türe, konnte dies auf einen

Die Magd erfährt durch das Werfen des Schuhs, ob sie bei ihrer Herrschaft bleibt oder geht. Vielleicht hat sie aber auch nach dem Geliebten gefragt. Unbekannter Zeichner.

Wechsel der Herrschaft hinweisen – oder auf andere interessante Dinge, die sich hinter dieser Tür noch ergeben konnten.

Da man schon einmal dabei war, das Glück zu befragen, suchte man gleichzeitig oft nach Anzeichen, wer der erste, der einzige oder der nächste Geliebte sein würde. Gelegentlich wurde der Heilige direkter gefordert: »Heiliger Andreas, ich bitt dich, Bettstatt, ich tritt dich, lass mir erscheinen den Herzallerliebsten mein!« Dieser offensichtlich mit gewissem Nachdruck begleitete Bittruf erscholl in der einen oder anderen Form in den ersten Stunden des 30. November, wobei der Tagesheilige oft genug schamhaft seine Augen vor der völligen Nacktheit der Begehrenden verschließen musste.

Verabschiedet man sich vor einer Reise und es fliegt ein rechter Schuh auf einen zu, verlaufe diese Reise äußerst glücklich. Wirft jemand dem Brautpaar ein Paar Schuhe vor die Füße, drohe die Ehe besonders fruchtbar zu werden. Schleudert ein Meister dem Lehrling seinen Schuh (egal welchen) hinterher, wackelt die Karriere des Auszubildenden. Bewirft ein Guru seinen Schüler mit dem Schuh, gibt's Aussicht auf Erleuchtung.

Schulterblattweissagung

Vor der Schlacht auf den Katalaunischen Feldern ließ der Hunnenkönig Attila »in gewohnter Sitte« das Schulterblattorakel befragen. Seine Seher prophezeiten ihm Düsteres. Warum bloß ließ er sein Heer trotzdem in die Schlacht ziehen?

Im Spätmittelalter Spatulamantie genannt, gehört die Weissagung aus dem Schulterblattknochen zu fast allen Kulturen, scheint aber von Ostasien oder Arabien nach Europa vorgedrungen zu sein. In einer christlichen Handschrift zu Beginn des 13. Jahrhunderts wird sie unter den Todsünden aufgeführt, vielleicht weil das Schulterblatt eines Menschen am besten dafür geeignet sein sollte. Ansonsten nahm man die von Rind,

Pferd, Esel, Ziege oder Widder, in Japan die vom Hirschen, in China meist die der Schildkröte, bei den Arabern die vom Kamel. Dieser flächigste aller Knochen wurde gekocht, vom Fleisch befreit, in christlichen Ländern mit Wein und vorsichtshalber noch mit Weihwasser gewaschen und dann in ein weißes Tuch geschlagen. Unter freiem Himmel sollte er vor allem an den hohen Feiertagen, an Neujahr oder St. Georg, bei jeder Frage irgendwelche Veränderungen aufzeigen. Ansonsten interpretierte man bei den eigens dazu geschlachteten Tieren nach Kochen des Knochens die Formen, Farbflecken, Vertiefungen und Ränder. Für die Deutung lagen wohl minutiös ausgearbeitete Regeln in Buchform vor, die sehr denen der →Chiromantie ähnelten und, in zwölf Regionen aufgeteilt, mit dem astrologischen Regelwerk verbunden waren. In Asien röstete man den Knochen über dem offenen Feuer und interpretierte die linienartigen Risse. Chinesen ritzten mitunter vor dem Anbrennen die Frage ein.

Das Schulterblatt beantwortete wohl am ehesten Fragen nach Tod und Leben, Krankheit und Gesundung, Armut und Reichtum, Ehre und Unehre, gern auch zu Treue und Untreue. Nur das rechte Blatt galt als aussagekräftig, obwohl beide Seiten untersucht wurden.

Die Muster und Zeichen auf der Innenseite enthüllten mehr die individuelle Privatsphäre, öffentliche Belange wie Eintritt und Ausgang von Naturkatastrophen und Kriegen oder Interna über die Thronnachfolge ließen sich auf der Außenseite ablesen.

In Mitteleuropa ist diese Form der Weissagung so gut wie aus der Mode gekommen. Länger hielt sich das →Gänsebeinorakel. Aber noch ein Hirte auf Korsika soll Napoleon seinen Aufstieg und Fall spatulamantiert haben.

Schwellenvorzeichen

Jede Schwelle trennt als eine Grenze zwei Räume oder Welten und dient damit zugleich als Übergang. So kann jedes Schwellenüberschreiten auch Beginn einer neuen Erfahrung bedeuten und Eintritt in einen neuen Lebensabschnitt. Also trete man behutsam über die Schwelle und besser nicht darauf.

Schon die alten Römer betrachteten das Anstoßen an eine Schwelle oder das Darüber-Stolpern als böses →Omen. Wer jetzt noch weitergehe, müsse sich klar machen, was er da tue. Es gab Menschen, die solch ein Haus nie wieder betreten wollten. Völlig falsch, widersprechen andere. Stolpert man beim Hineingehen über eine Schwelle, weise dies nur darauf hin, dass man besonders willkommen sei. Also müssen wir differenzieren: Fällt man nämlich über seine eigene Schwelle und stürzt dabei noch, kann nicht alles in Ordnung sein. Tritt ein Freier unbewusst mit dem linken Fuß über die Schwelle, nehme die Beziehung kein gutes Ende. Für alle gilt der Rat: Noch einmal zurück und sicherheitshalber mit dem rechten Fuß eintreten.

Auch beim Hinausgehen wird zum rechten Fuß geraten; es sei denn, man hat einen wichtigen Gang vor.

Dann sollte der linke Fuß zuerst über die Schwelle. Tritt der rechte Fuß zufällig auf die Schwelle, stehen die Dinge gut. Ein Tempelritual auf der irdischen Bewusstseinsebene erfordert aber zumeist den Eintritt mit dem linken Fuß, ohne die Schwelle zu berühren, denn dieser Fuß vertritt die Herzseite.

Mit ausgestreckten Armen sollte man nie auf der Schwelle stehen. Überhaupt wird empfohlen, Schwellen nicht zu einem längeren Gespräch zu benutzen, sich dort weder mit Umarmungen aufzuhalten noch etwa mit verschränkten Beinen zu stehen und sich mit den Händen am Türstock abzustützen.

Findet man einen Strohhalm auf der Schwelle, gibt es bald Besuch. Sitzt dort eine Kröte, drohen Scherereien. Eilt ein Mann mit einer Frau auf den Armen springend über die Schwelle, hat er sie geraubt oder er versucht, die Hierarchie festzulegen. Trägt am Tag der Hochzeit der Bräutigam seine Braut nicht über die Schwelle, entlarvt er sich als Schlappschwanz, als Faulpelz, oder aber die Braut ist entschieden zu gewichtig.

Sehergabe und Blindheit

»Ich bin alles, was war, was ist und was sein wird. … Kein Sterblicher hat je erfahren, was sich unter meinem Schleier verbirgt.« So warnte die Sockelinschrift eines bekannten ptolemäischen Standbildes der Isis von Saïs im Nildelta. In Schillers Ballade »Das verschleierte Bild zu Saïs« versucht ein ebenso naiver wie mutiger junger Sterblicher, diese Hüllen zu heben. Zu üppig locken darunter Rundungen, die aller Verdeckung trotzen. Doch im gleichen Augenblick, da die Göttin ihres Schutzes beraubt und ihre Wesenhaftigkeit seinen gierigen Augen preisgegeben wäre, schwinden dem Täter die Sinne. Ohnmächtig sinkt er zu Boden.

Die Göttin Isis, die Natur unseres Unterbewusstseins, verbirgt sich in Wirklichkeit nicht vor uns. Der Schleier, der alle Weisheit und Wahrheit verhüllt, ist nur aus Unwissenheit, Aberglaube und Vorurteilen gewoben, aus dem Teufel der Illusion. Für den Blick hinter den Schleier, hinter die »Welt des äußeren Scheins« auf die »nackte Wahrheit«, müssen wir aber einen hohen Preis entrichten. Nicht nur äußeres Ego und Lebensgerüst würden in den Grundfesten erschüttert und fielen wie Kartenhäuser in sich zusammen. Diverse falsche Vorstellungen müssten losgelassen, von vielem müsste sich für immer verabschiedet werden.

Das Korrigieren der eigenen Einschätzung und das differenziertere Bild von sich und dem Selbst würden zwangsweise zu einer anderen Sicht aller Dinge führen. Unsere bequeme Einordnung von Gut und Böse ließe sich nicht mehr aufrechterhalten. Wir könnten die wahren Gesetze aller Entwicklung entdecken, ihre Manifestationen und ihr Ziel verstehen. Immer klarer wüssten wir die Spreu vom Weizen zu trennen und die Masse des Unwichtigen und Belanglosen desinteressiert auszublenden. Eine solche zum Wesen des Seins vordringende Blickweise könnte auf Dauer auch physische Änderungen nach

Sehergabe und Blindheit. Gustave Doré: Aus: »Die höchst aufschlussreiche sowie unwahrscheinliche Geschichte des unerschrockenen Kapitän Castagnette«, Paris 1862.

sich ziehen. Das rechte und mehr auf das Äußere gerichtete Auge (Symbol: Sonne) sei nun als Organ nicht mehr so sehr beansprucht und lasse nach, heißt es. Das linke mehr nach innen und auf die geistige Ebene gerichtete Auge (Symbol: Mond) gewinne stattdessen durch immer größere Aktivierung an Strahlkraft. Die Bilder von Menschen, denen man das Erreichen eines höheren oder sogar des Höchsten Bewusstseins nachsagt, deuten oft mit ihren ungleichen Augen darauf hin. Gott Odin verpfändete freiwillig sein rechtes Auge für einen Schluck aus →Mimirs Brunnen, dem Wasser der Weisheit und des Gedächtnisses. Gott Lug, der keltische Merkur, Seelengeleiter und Götterbote zwischen uns und dem höheren Bewusstsein, hält sein blindes rechtes Auge unter der meist herunter gezogenen Hutkrempe dezent verborgen. Wie schon beim mythischen Polyphem deutet aber Einäugigkeit zugleich auf die wiedergewonnene Einheit mit unserem göttlichen Anteil, und damit auf zurückeroberte Vollständigkeit.

Doch das gilt nicht für alle, die eine Blindheit verbergen müssen und eine obligatorische schwarze Augenklappe tragen. Bei Piraten und alten »Haudegen« beispielsweise sollen andere Gründe dafür vorliegen.

Semmel- oder Schrippenorakel

Für manchen bleibt das morgendliche Brötchen unverzichtbares Lebenselixier. Ohne Semmel mangelt es an Lebenskraft. Mit ihr steigen die Säfte. So tat sie gute Dienste im Liebesorakel und tut es noch immer. Eine in der Christnacht erworbene Semmel in drei Teile geteilt und jedes Teil in einer unterschiedlichen Gasse oder Straße verzehrt, führe am Ende der dritten Straße den Liebsten oder die Liebste zu sich. In Bayern blieb man vorsichtiger und riet, sich diese Person genau anzuschauen: sie verrate zumindest Aussehen, Stand und Qualität künftiger Liebschaft.

Andere hatten Erfolg, wenn sie zu den so genannten Lostagen, vor allem in der Andreasnacht, nur eine halbe Semmel aßen, die andere Hälfte aber über Nacht unter das Kopfkissen legten. So tauchte eine neue Liebe im Traum auf. Langte er oder sie gleich zur anderen Semmelhälfte, hatte das Schicksal eindeutig gesprochen. Es erhob sich nun der Verdacht, dass man mit Frische und

Qualität die Weissagekraft des Orakels steuern könne. Hier spart man also möglicherweise am falschen Ende. Mit einer drögen Berliner Schrippe oder rasch trocknenden hellen Semmel lockt man vielleicht auch nur trockene, nichtssagende Zeitgenossen oder solche, die gern große Luftblasen produzieren. Kenner raten da, am Andreastag den flachen Teil einer unbelegten Semmel oder Schrippe unter den rechten Arm in der Achselhöhle zu binden und selbst in der Nacht zu tragen. Dies führe zu soliden Ergebnissen, da selbst der trockenste Teig dabei mürbe werde.

Wer dem Traum nicht traut, aber seinem Hund, und schon gewisse personelle Vorstellungen hegt, der schreibe die Vor- und Nachnamen potenzieller Partner oder Partnerinnen jeweils auf eine Semmel. Dann lege man die Brötchen der Reihe nach in der Küche auf den Boden und rufe den Hund herein. Das erste, wonach er schnappt, verrät den Traumpartner. Vorsichtshalber sollte man aber hier auf den gleichen Belag achten und nicht unter den einen Namen Leberwurst schmieren, unter den anderen aber Gelee streichen!

Mother Shipton

Mother Shipton (Ursula Southeil) ist die wohl bekannteste englische Wahrsagerin. Sie gehört zu den berühmtesten Gestalten des englischen Hexenwesens und prägte mit ihrem Buckel auch das heutige Bild der Hexe. Die Höhle am Ufer des Nidd, in der sie 1488 in Knaresborough (Nord Yorkshire) während ei-

Mother Shipton (1488–1560), berühmte englische Wahrsagerin und Prophetin, sagte Automobil und Handy voraus.

nes schrecklichen Unwetters geboren wurde, ist heute ein gern von Touristen besuchter Ort. Man darf in der Höhle die Hand in ein kleines Sinterbecken mit Wasser halten und sich etwas wünschen. Das kräftige mineralhaltige Wasser stammt aus einer Quelle, die einen Wasserfall neben der Höhle speist. Eine Frau, die gekommen war, um Mother Shiptons Mutter bei der Geburt zu helfen, erzählte, es habe genau in der Minute, als das Kind missgebildet geboren wurde, gedonnert und in der Luft habe es nach Schwefel gerochen. Das Kind habe angesichts des Sturms laut gelacht, woraufhin der Sturm sich sofort gelegt hätte.

Bevor sie 1512 den Zimmermann Toby Shipton heiratete, mit Hilfe eines Liebestranks, wie böse Zeitgenossen meinten, hatte Ursula Southeil ihren Ruf als Wahrsagerin durch zahlreiche Voraussagen, die sie in Form von Rätseln und Reimen gab, schon gefestigt gehabt. Von weit her kamen Menschen, um sie zu hören und sie über die Zukunft zu befragen. Man glaubte, dass sie jeden bestrafe, der mit unlauteren Absichten zu ihr käme. Als ein junger Erbe sie einmal fragte, wann sein Vater denn endlich sterben werde, verweigerte sie ihm die Antwort. Der junge Mann starb kurz darauf selbst und wurde in dem Grab beigesetzt, das er seinem Vater zugedacht hatte.

In den Prophezeiungen, die sie hinterließ und die 1641 veröffentlicht wurden (»Mother Shipton's Prophecy Book«), warnte sie vor der großen Pestepidemie und dem großen Brand von London. Sie sah die Erfindung des Dampfers (»iron in the water shall float / as easy as a wooden boat«), die Errichtung des Kristallpalastes bei der Weltausstellung und den Ersten Weltkrieg (»a house of glass shall come to pass / in England, but alas! / War will follow with the work / in the land of the Pagan and the Turk«), das Paragliding (»in the air men shall bee seen / in white, black and in green«), das Automobil (»through hills men shell ride / and no horse or ass by their side«) und die moderne Nachrichtentechnik voraus (»around the world thoughts shall fly / in the twinkling of an eye«).

Ihre Weissagung, dass das Ende der Welt im Jahr 1881 eintreten werde, traf erfreulicherweise nicht ein.

Die Sibylle von Paris

Die 1772 in Alencon geborene Marie Anne Lenormand wurde, da ihre Eltern starben, als sie noch ein Kind war, von Benediktinerinnen erzogen. Ihr besonderes Interesse galt der Musik, der Malerei, den Sprachen und der Dichtkunst. Schon früh aber übte sie sich auch im Wahrsagen. Im Kartenschlagen mit einem von ihr selbst entworfenen Spiel, im Lesen aus der Hand und aus dem Kaffeesatz brachte sie es in Rücksprache mit einem Geist namens Ariel zur Meisterschaft in diesen in Frankreich damals verbotenen Künsten.

Ab 1790 praktizierte sie in Paris. Als sie vom Wohlfahrtsausschuss verhaftet und dadurch in der Öffentlichkeit bekannt wurde, errichtete sie nach ihrer Freilassung in der Rue de Tournin in Faubourg St. Germain eine eigene Wahrsagepraxis. Zeitweise besaß sie in der Rue de la Santé eine Buchhandlung. Zu ihren vielen prominenten Kunden zählte Josephine de Beauharnais, der sie vorhersagte, sie werde Kaiserin werden. Später wurde sie persönliche Bedienstete der Kaiserin. Napoleon prophezeite sie seinen Aufstieg und in geschickter Weise auch, dass er Josephine, seine »Herzdame«, heiraten werde, was er am 11. März 1796, wenige Tage nach seiner Ernennung zum Oberbefehlshaber, prompt auch tat. Als sie Vorhersagen machte, die nicht in Napoleons Pläne passten, ließ er sie zweimal einsperren. Auch dass sie ihm einmal – aus Ärger über seine Reaktion – die Karten ins Gesicht warf, verbesserte die Beziehung nicht. 1809 wurde sie aus Frankreich ausgewiesen. Prompt sagte sie von Brüssel aus Napoleons baldigen Sturz voraus. Sehr geschätzt wurde sie von dem Zaren Alexander I., den sie beim Aachener Kongress 1818 getroffen haben soll.

1817 schrieb sie ein Buch über ihr Leben, ihren erlauchten Kundenkreis und über die große Zahl von zutreffenden Vorhersagen, die ihr gelungen waren (»Les oracles sibyllins ou la suite de souvenirs prophétiques«). 1820 veröffentlichte sie in Paris ein Buch über ihre 1814 in Malmaison verstorbene Gönnerin, die Kaiserin Josephine (»Historische und geheime Denkwürdigkeiten der Kaiserin Josephine«).

Als sie 1843 in Paris starb, hinterließ sie ein Vermögen von einer Million Francs. Zwei Jahre nach ihrem Tod erschienen 54 Wahrsagekarten unter ihrem Namen (das große Lenormandspiel). Eine verkürzte Form mit 36 Karten wird bis heute in ganz Europa nachgedruckt.

Sibyllen

Dieser Name, obwohl noch nicht sicher gedeutet, steht seit der Antike für Frauen, die mit oder ohne die für Orakel vorausgehende Anfrage weissagen. »Die Sibylle spricht mit rasendem Mund, ohne Lachen, ohne Schminke und ohne Myrrhen und dringt vermöge göttlicher Hilfe mit ihrer Stimme durch die Jahrtausende«, notiert der griechische Philosoph Heraklit im 5. Jahrhundert v. Chr. Sein Zitat gilt als ihre erste Erwähnung. Wie ihre männliche Ausprägung, der →Prophet, wird eine Sibylle ganz nach dem weiblichen Pol ihres Wesens gedrängt, in das mythisch Weibliche, in den Teil der Seele, die mythische Schriften auch den Urozean genannt haben. Dort herrscht Einheit, dort gibt es weder Raum noch Zeit. An dieser Quelle (→Brunnenorakel, →Wasserorakel), wo Einheit alle Differenzierung auflöst, dem Nullpunkt von Raum und Zeit, liegen Vergangenheit und Zukunft vereint beieinander (Zippert 1954/60:III,17ff.). An dieser Quelle lebt auch →Apollon und steigt, wenn auch höchst selten, zu unserem Oberbewusstsein auf.

Ursprünglich kannte man nur eine Sibylle, später waren es drei, der römische Universalgelehrte Varro nennt im 2. Jahrhundert n. Chr. zehn, das Christentum zählte, analog den →Propheten des Alten Testaments, zwölf. Zu ihnen gehörte die Sibylle von Marpessos bei Gergis am Hellespont, Herophile genannt. Ihre größte Rivalin, die Sibylle von Erythraea, könnte die älteste von allen gewesen sein. Sie lebte vielleicht in den Höhlen am Sipylos-Gebirge und verlieh so allen späteren die Titulatur. Sibyllen gab es im phrygischen Ankyra, auf Sardes und Rhodos. Auf dem griechischen Festland genoss die Sibylle von →Delphi größtes Ansehen, hatte aber weitere Konkurrenz. In Italien wurde die Sibylle von →Cumae berühmt, identisch mit der Kimerischen Sibylle am Avernersee, neben der von Norica auf dem Monte Sibilla in Umbrien und der in →Marsalla auf Sizilien. Antike Autoren kennen dazu noch eine tiburtinische, ägyptische, libysche (nahe oder bei der →Oase Siwa), persische, hebräische und chaldäische Sibylle, die sich aber nicht unbedingt an einen Ort

Die Sibylle von Cumae, auch Amalthea genannt, bei König Tarquinius. Holzschnitt von Heinrich Steinhöwel, 1473.

banden, sondern wanderten. Vergils Hirtengedichte (IV,4–10) ließen eine von ihnen das »neue Kind« schauen. »Der Zeiten Lauf ist um, Sibylle spricht's, und neuer Ordnung fügt sich jetzt die Welt. Die Jungfrau naht … Lucina [Leuchtende], Keusche, schirme die Geburt des Kindes, das uns Weltenwende kündet.« Da viele darin die Geburt des Jesus interpretieren wollten, durften die heidnischen Sibyllen gelegentlich in die christliche Kirche. Michelangelo malte fünf von ihnen mit sieben Propheten an die Decke der Sixtinischen Kapelle im Vatikan. Im Ulmer Münster zieren zwölf das Renaissance-Chorgestühl. Ab 1360 tauchte im Mittelalter eine »dreizehnte« auf. Ein anonymer Autor lässt sie als Wiedergeburt der »Triburtina« aufleben, deren Weissagungen als erstes Druckwerk Gutenbergs Werkstatt verließen.

In Deutschland will die Sage solche Orakelpriesterinnen und weissagende »Heidenjungfrauen« in eine Höhle am →Teck versetzen, in den Schlossturm von Glatz (Schlesien), in das »Heidenloch« am Wolfsbrunnen nahe Heidelberg (die Seherin Jette), an den Hoch- oder Sibyllenstein südlich von Elstra in der sächsischen Lausitz und in die Sibyllengrotten rund um Fürnried nahe dem oberpfälzischen Sulzbach.

Sibyllinische Bücher

Nach römischer Überlieferung kam eines Tages ein altes Weib – wie sich nachträglich herausstellte, soll es die →Sibylle von →Cumae gewesen sein – zu König Tarquinius Superbus, dem letzten der sieben ersten mythischen Könige der Römer. Sie bot ihm neun prophetische Bücher zum Kauf an. Dem König war der Preis zu hoch, und er lehnte ab. Daraufhin verbrannte die Sibylle drei der Bücher und bot dem König die übrigen erneut zum gleichen Preis an. Als der König wiederum ablehnte, warf sie noch einmal drei Bücher ins Feuer und legte ihm die drei restlichen wieder zu dem ursprünglich geforderten Preis vor. Da entschloss sich der König auf den Rat der →Auguren, die drei letzten Bücher zu erwerben. Die Erzählung könnte darauf hindeuten, dass zu jener Zeit schon ein beträchtlicher Teil alter Mysterienweisheit verloren gegangen war oder zumindest verloren zu sein schien. Diese drei Bücher lagen zur Aufbewahrung in den tiefsten Gewölben des Jupitertempels auf dem Capitol. Ein Brand des Tempels im Jahr 83 v. Chr. vernichtete sie. Man ließ darauf eine neue Sammlung aufgrund von Versorakeln griechischer, römischer und kleinasiatischer Sibyllenstätten anlegen. Diesbezüglich konzentrierten sich die Nachforschungen vor allem auf das Orakel von Erythrai. Die Schriften wurden in der Folgezeit mehrfach abgeschrieben.

Ein Ausschuss von anfangs zwei, später zehn und schließlich 15 Männern hatte die Aufgabe, die Bücher zu bewachen und als einzige einzusehen, wenn der Senat oder die Hohepriester es aus besonderem Anlass anordneten. Der Ausschuss bestand nicht aus berufsmäßigen Priestern, sondern zumeist aus Staatsmännern. In diesen Ausschuss gewählt zu werden bedeutete eine hohe gesellschaftliche Auszeichnung. Der Historiker Tacitus hatte ebenso dazugehört wie der junge Augustus. Als Kaiser ließ Augustus die Bücher in zwei vergoldeten Schreinen im Apollontempel auf dem Palatin unterbringen.

Gab es irgendein staatspolitisches Problem und hatten zunächst die anderen divinatorischen Mittel versagt, bat man den Ausschuss, in den Sibyllinischen Büchern nachzuschlagen, was sie dazu zu sagen hätten. Wie das im Einzelnen vor sich ging, hat leider niemand überliefert. Vielleicht ließ man sich inspirieren, irgendeinen der zahllosen Verse als Antwort zu nehmen, die man dann noch hätte interpretieren müssen. Vielleicht lagen die Seiten auch lose aufeinander und man zog »mit geführter Hand« eine heraus.

Andererseits sind nur problemorientierte und gezielte Ratschläge aus diesen Büchern überliefert. Eben deswegen standen sie in so hohem Ansehen, und man folgte ihnen so gut wie immer. Sie wurden noch in der späten Kaiserzeit zu Rate gezogen. Der Reichsfeldmarschall Flavius Stilicho ließ sie 408 n. Chr. im Auftrag des weströmischen Kaisers Honorius vernichten.

Die Frage nach dem historischen Ursprung der Sammlung ist oft diskutiert worden. Ursprünglich wohl etruskischer Herkunft, diente sie vorher wohl mehr dem Ritual der Vorzeichendeutung (→Omen). Die vorliegende Entstehungssage scheint erst gegen Ende des 3. Jahrhunderts v. Chr. entstanden zu sein. Von dieser Zeit an nahm die Schriftensammlung hellenistische Einflüsse und Orakelcharakter an. Zumeist rieten die Sibyllinischen Bücher in Not- oder schwierigen Kriegszeiten, das Verhältnis zu einigen Gottheiten einmal zu überdenken, neue Feste oder bestimmte Kulte einzuführen, was verängstigten Gemütern sicher Halt und Hoffnung gab. 56 v. Chr. erklärten sie unmissverständlich, der geplante Feldzug gegen Ägypten sei Torheit und umgehend abzublasen. Kaiser Augustus, der natürlich zeitlebens eine respektvolle Beziehung zu ihnen behielt, lieferten sie eine passende Zeitrechnung auf die Geschichte Roms bezogen, um die Säkular(Jahrhundert)spiele 17 v. Chr. abzuhalten.

Nichts zu tun mit diesen römischen Sibyllinischen Büchern hat eine spätere Sammlung, die unter demselben Namen in den ersten Jahrhunderten n. Chr. im Umlauf war und Ansehen genoss. Sie enthält jüdisch-christliches und so genanntes heidnisches Gedankengut verschiedenster Kulturkreise und bestand ursprünglich aus 14 Büchern. Die Bücher neun und zehn sind nicht mehr erhalten.

1516 erschien in Oppenheim ein Büchlein, das in seiner zweiten Auflage 1531 den Titel »Zwölf Sibyllen Weissagungen« erhielt. Es führte sich auf ein spätmittelalterliches Gedicht zurück und kursierte noch Ende des 19. Jahrhunderts in hohen Auflagen.

Siebensprung

Dieser Brauch scheint auf Westfalen beschränkt und direkt nur auf der Haar belegt, nahe Werl (→Spielbähn). Dicht um eine alte Eiche waren dort sieben Löcher gegraben. Man fasste den Baum und machte sieben Sprünge. Wer dabei mit den Füßen alle Löcher traf, glaubte mindestens noch sieben Jahre zu leben oder aber in dieser Zeit eine Frau bekommen zu können. Später führte man diese sieben Sprünge etwas abseits von dem Baum aus. Man setzte den linken Fuß in das erste Loch, schwang das rechte Bein rechtsherum nach hinten und suchte so, sich im Sonnenlauf drehend, rückwärts nacheinander alle sieben Löcher zu treffen. Wem es gelang, schien das Glück hold – allgemein oder für die vorher gestellte Orakelfrage.

Siebensprung heißt auch ein früher verbreiteter Volkstanz mit verschiedenen komplizierten Sprüngen, der aber keine Frage beantwortet; nicht einmal die, ob es sich dabei um einen Nachklang heidnischer Fruchtbarkeits- und Gewitterriten handelt oder um einen lustigen Hochzeitsbrauch zu Beginn des 18. Jahrhunderts.

Siebdrehen

Mit dem Sieb trennen und scheiden wir, reinigen und sondern aus. Um reines Mehl zum Brotbacken zu gewinnen, musste man mit einem Sieb Kleie und die kleinen Splitter von der steinernen Handmühle absondern – ein Vorgang, der sich leicht in den Bereich von Moral und Ethik übertragen ließ. Als Koskinomantie schon in der Antike bekannt, weissagte man durch Siebdrehen im Mittelalter bis in die Neuzeit hinein, um »den Schuldigen« zu finden. In vielen Mythen spielt das Sieb als →Gottesurteil eine große Rolle. Frauen mussten oft ihre Unschuld beweisen, in dem sie mit einem Sieb Wasser schöpften. Ging dabei kein Tropfen verloren, hatte ein Gott eingegriffen und für sie gesprochen.

Das eigentliche Siebdrehen als Orakel verlief auf folgende Weise: Ein Mehl- oder Haarsieb (am besten: ein Erbsieb) wird zwischen die Schneiden zweier großer Scheren (am besten: Erbscheren) oder Erb-Zangen geklemmt. Zwei Personen halten die Scheren nur mit ihrem Mittelfinger an der Stelle, die das Sieb in der Waagerechten halten. Dann müssen sie sprechen: »Dies, mies, ieschet, benediefet, dovvima, enitemaus« und dann die Namen der Verdächtigen nennen, die aber alle dabei sein müssen. Fällt der Name des Schuldigen, zittert oder wackelt das Sieb und will sich drehen.

Man kann das Verfahren natürlich ebenso auf andere Probleme anwenden, z. B. um herauszufinden, wo etwas verloren gegangen oder versteckt ist.

Sollte es so nicht funktionieren, versuche man es mit »dies, nues, jeschet, benedoefer, donina, enitemaus« oder: »St. Paulus ist in Rom gestorben, und das ist wahr. Hat N. gestohlen, so dreh dich rum und um!« oder: »So wahr St. Peter und Paul begraben liegen, so wahr hat N. gestohlen«: oder mit dem Beginn des Johannesevangeliums: »Am Anfang war das Wort, und das Wort war bei Gott, und Gott war das Wort ...« Aber das passt nicht so gut, wenn man genauer darüber nachdenkt. Man kann auch ohne Schnörkel schlicht, aber klar formulieren: »Siebchen, Siebchen, sag mir alles!«

Das so genannte Protoevangelium des Jakobus erzählt, wie Maria nach der Verkündigung ihre Base Elisabeth, Mutter des Täufers Johannes, besucht, eine weise Frau. Als Maria an ihre Türe klopft, legt Elisabeth »ihre Arbeit« beiseite. In einer koptischen Handschrift legt Elisabeth »das Sieb« beiseite (Heinz/Kur 2000: 173). Störte Maria sie gerade beim Siebdrehen?

Spielbähn, der rheinische Prophet

»Die heilige Stadt Köln wird sodann eine fürchterliche Schlacht sehen. Viel fremdes Volk wird hier gemordet, und Männer und Frauen kämpfen um ihren Glauben. Und es wird von Köln, das bis dahin noch eine Jungfrau, eine grausamblich Kriegswesen, Belägerung und Verhehrung nicht abzuwenden sein. Und man wird allda bis ans Kneuchelen im Blute waten. Zuletzt aber wird ein fremder König aufstehen und den Sieg für die gute Sache erstreiten. Die Überbleibselen fliehen bis zum Birkenbäumchen bei Werl. Dort wird die letzte große Schlacht gekämpft für die gute Sache ...«

Der Siebenjährige Krieg, die Französische Revolution und die Volksbewegungen von 1848 schüren in Deutschland das Fieber der Massen. Allenthalben liegen Veränderungen in der Luft. Vor allem im Rheinland tauchen im einfachen Volk verstärkt Propheten und Visionäre auf. Doch keiner reicht an die Bedeutung des Sehers Spielbähn. Die Herausgeber seiner Weissagungen titulieren ihn vom »welthistorischen Propheten« bis zum »versoffenen Schnurranten« und »Lügbähn«. Von 1846 bis 1917 erscheinen zehn Auflagen seiner Prophezeiungen, Übersetzungen in England, Russland und Frankreich. Das Interesse des Auslands an diesen Zukunftsschauungen ist groß. Verheißt der Spielbähn doch den baldigen Untergang Preußens, der Hohenzollern samt der Vernichtung aller Protestanten, wo Preußen sich gerade zur Weltmacht aufgeschwungen hat, der preußische König als Deutscher Kaiser herrscht. Aber der rheinische Seher sagt ebenso den Kampf gegen Türken und »Kleintürken« um Köln vorher und schließlich die Endschlacht »zwischen Ost und West am Birkenbäumchen« im westfälischen Wallfahrtsort Werl, was bis heute geradezu sprichwörtlich blieb.

Als Autor gilt der »newe Prophet« Bernhard Rembold aus Sieglar-Eschmar bei Köln. Die Protokolle zweier Verhandlungen gegen ihn aus dem Jahre 1772 zeichnen das Bild eines harmlosen Zeitgenossen: Bernhard, zu diesem Zeitpunkt etwa 60 Jahre alt, verheiratet und »christkatholischer Religion«, könne weder lesen noch schreiben und besitze auch keine »verdächtigen Schriften«, aus denen er verlese. Der arme Leineweber und fahrende Spielmann habe seine »Gesichte durch die Offenbarung Gottes«. Er gerate in Verzückung, und dann spreche Gott selbst zu ihm. Seine Vorhersagen werden peinlich genau aufgeführt: lokale Ereignisse, einige Todesfälle, Brände, Wetterkatastrophen, Fundorte von Schätzen und Reliquien. Das Gericht entlässt ihn mit einer strengen Ermahnung, da es ihm »wegen übeler aufführung« nichts zu Last zu legen vermag.

Spiel-Bähn,
der Prophet.
Die merkwürdigste Prophezeihung
auf
unsere Zeit und Zukunft.
Nach einem alten Manuscripte.
Sechste,
nach dem Wortlaute des betreffenden Manuscripts mit den fehlenden
Versen der frühern Ausgaben erweiterte Auflage
vom alleinigen Eigenthümer des Urtextes
Wilhelm Schrattenholz.
Bonn,
Verlag von T. Habicht.
1849.

Buchumschlag der Ausgabe von 1849 mit einer Vignette: Spielbähn vor der Abtei Siegburg.

Dieser Mann kann kaum Urheber dessen sein, was sich mit dem Vokabular altertümlicher Weissagung tarnt, aber offensichtlich als zeitgenössisch kirchenpolitische Kampfschrift gegen das protestantisch-reformierte Preußen richtet. Der wahre Autor hat bis heute seine Anonymität wahren können. Spielbähn aber machte diese ihm untergeschobene Fälschung bekannt und verlieh ihm zeitgeschichtliche Bedeutung. Sie stempelte ihn zum »Träger der großenteils durch literarische Einwirkung ins Volk abgesunkenen prophetischen Überlieferung« (Henseler 1950:97).

1783 soll er in Köln verstorben sein, wobei er einiges Interessante zur eigenen Person – auch für die Zeit nach seinem Tod – vorhersagte, was sich als Wahrheit erwies. Als sich aber die angeblich ebenfalls von ihm stammenden politischen Voraussagen nicht erfüllten, geriet Spielbähn gegen Ende des 19. Jahrhunderts in Vergessenheit. Vielleicht ein wenig zu früh. 1918 müssen die Hohenzollern tatsächlich abdanken, am Ende eines »fürchterlichen« Weltkriegs. In den letzten Jahrzehnten des 20. Jahrhunderts fallen die Türken doch noch scharenweise in Köln ein, wenn auch als friedliche Arbeitnehmer.

Spinnenorakel

Die Große Mutter als Weberin des Schicksals und unseres Lebensfadens nimmt gern die Gestalt einer Spinne an, heißt es bei vielen Naturvölkern. Bei den Indianern in Nord- und Südamerika unterrichtete sie den Menschen in der Webkunst (→Nornen). Auch auf australischem und afrikanischem Boden zählt die Spinne zu den Schöpfungswesen und Kulturbringern. Die Ethnologin und Schamanin Johanna →Wagner beschrieb einen Orakelvorgang bei den afrikanischen Bassa. Hier heißt die giftige Erdspinne Ngambi, weshalb man vom Ngambi-Orakel spricht. Es lässt sich mit jeder heimischen Erdspinne ebenso durchführen.

Bevor die Spinne bei Einbruch der Dunkelheit ihr Erdloch verlässt, um auf Jagd zu gehen, präpariere man sich mit Orakelhölzern, halte sie in der linken Hand und kauere sich auf den Boden. Nach diesen Vorbereitungen beginnt die Beschwörung. Zunächst wirft der Fragende je nach örtlichem Brauch neun Kolastückchen, Hirsekörner oder Stücke einer gelben Blume (in unseren Breiten kann es etwas anderes sein, was Spinnen interessiert, lockt oder ehrt) in das Loch der Höhle des Tieres und ruft: »Ich bin arm und unglücklich, ich bin jung und du bist alt. Wenn junge Leute etwas nicht können, fragen sie die Alten. Daher komme ich, um dich zu fragen (hier die eigene Fragestellung einflechten). Komm heraus, komm heraus, damit ich dich fragen kann!«

Die moderne Psychologie und Therapie würde jetzt schon den Atem anhalten, weil damit genau die Suggestionen an das Unterbewusstsein abgegeben werden, deren Folgen man zumeist gerade vermeiden möchte (→Fragestellung bei Orakelverfahren). Wer also nicht unbedingt »arm und unglücklich« bleiben will, formuliere besser positiv: »Ich will alles tun, um über meinen aktuellen materiellen und psychischen Zustand hinauszuwachsen.« Je mehr man nun Geduld aufbringt, umso größer ist die Gewissheit, dass Ngambi irgendwann erscheint ... Dann aber müssen die Hölzer so geschickt vor das Loch geworfen werden, dass die Spinne nicht oder nur schwer daran vorbeikommt. Irritiert läuft sie hin und her und hinterlässt feine Erdspuren, auch auf den Hölzern. Ist für das Tier ein Hindernis zu groß, versucht es, sie wegzuschieben. All dies kann Botschaften liefern, die natürlich einer guten Intuition bedürfen.

Benötigt werden 16 Holzfiguren, flach, etwa zwölf Zentimeter lang, zweieinhalb Zentimeter breit, eine Seite endet spitz oder oval. Jeweils eine Seite sollte rot gefärbt, die andere schwarz sein. Man kann alle Stäbe werfen oder nur die, die zu der Frage passen. Da die Spinne kaum wirklich jemals einen Stab umzudrehen vermag, lassen Erdkrumen auf Hölzern darauf schließen, dass sie es bei diesen gern getan hätte. Zur Interpretation sollte dann ihre Unterseite genutzt werden. Weisen mehrere Hölzer Erdkrumen auf, deuten die Krumen, die der Erdhöhle am nächsten liegen, auf den Beginn ihrer Bemühungen. Diese Hölzer bieten die »nächstliegenden« Antworten. Finden sich keinerlei Spuren der Spinne auf den Hölzern, war man zu ungeschickt oder traf auf eine zu intelligente Vertreterin der Großen Mutter – oder hat vielleicht eine unschickliche Frage gestellt.

In unseren Breiten fand der Volksmund viele Spinnenvorzeichen, darunter: Wo immer ein Haus voller Spinngeweben hängt, gehe die Liebe ein und aus.

Sprechender Kopf

Was passiert, wenn einem das Haupt abgeschlagen wird? Wird dann der dort vermutete Verstand endlich frei von irdischen Begrenzungen, von Raum und Zeit? Oder verliert dieser damit nur seine Bodenhaftung?

Auf der griechischen Insel Lesbos weissagte ein Orakel der Überlieferung nach aus dem Haupte des Orpheus. Nachdem im Rausch rasende thrakische Mänaden, Anhängerinnen des Unterweltgottes Dionysos, den begnadeten Religionsstifter, Sänger und Leierspieler Orpheus zerrissen und die Musen selbst dessen Leichnam bestattet hatten, sollen Haupt und Instrument auf dem Wasser nach Lesbos geschwommen sein. Bei →Mimirs abgeschnittenem Kopf holte sich der germanische Gott Odin oft und bedeutenden Rat.

Neben der Seele, die lange auch in der Leber vermutet wurde, galt der Kopfbereich als Sitz der Lebenskraft und damit als Ausgangspunkt aller schöpferischen Zeugung, allen Wissens und Kreativität. Im Mittelalter kursierte der Glaube, besonders weise, findige oder im Sold des Teufels stehende Männer hätten deswegen künstliche Köpfe geschaffen, die alles wüssten und jede Frage beantworteten. Als erster stand →Gerbert von Aurillac im Verdacht, der spätere Papst Silvester II. Aus seinem kupfernen Menschenhaupt ließ es sich Satan wohl nicht nehmen, höchstpersönlich Rede und Antwort zu stehen.

Das »Museum of Magic and Witchcraft« in San Francisco führt eine Abteilung von Sprechenden Köpfen. Dort wird der Franziskaner Roger Bacon (1214–1292) als Erfinder eines solchen *talking head* vorgestellt (Kuper 1996:110ff.). Der »Vater der mittelalterlichen Naturwissenschaft« hatte mit seinen weit vorauseilenden Erfindungen und Experimenten seine Zeitgenossen arg erschüttert und verschreckt. Literatur, Theater, Musik und Film griffen dieses Thema immer wieder auf. Im Film »Der Mann mit dem Kautschuk-Kopf« (1902) von Georges Méliès bläst ein Erfinder-Alchemist in seinem Labor einen künstlichen Kopf, der ironischerweise die Gesichtszüge von Méliès trägt, mit einem Blasebalg zur

Sprechender Kopf.
Gustave Doré: Konföderation aller nordischen Götter.
Illustration zu »La Mythologie du Rhin«, Paris 1862.

phantastischen Größe auf – bis er zerplatzt (Kuper 1996:124).

Den metallenen Sprechenden Kopf des →Albertus Magnus schlug Thomas von Aquin in Stücke. Nicht weil es ein dämonisches Machwerk und Zuhause war, sondern weil die darin hausende Macht unaufhörlich plapperte und solche Beredsamkeit den Heiligen bei der Bearbeitung seiner mathematischen Aufgaben erheblich hinderte.

Stab- und Pfeilorakel

Wenn es um so elementare Fragen ging wie Kriegsbeginn, Schuld und Unschuld von wichtigen Angeklagten oder die Auswahl der Opfer, befragte man im Altertum das Stäbchenorakel. Der römische Schriftsteller Tacitus überliefert uns das Verfahren bei den Germanen (»Germania«, Kap. 10), das in dieser oder ähnlicher Form viele Völker praktizierten. »Einen Zweig, den sie von einem fruchtbringenden Baum abgeschnitten haben, zerteilen sie in kleine Stäbe. Diese unterscheiden sie durch gewisse Zeichen und streuen sie aufs Geratewohl und, wie der Zufall es will, über ein weißes Linnen. Dann betet der Priester, wenn öffentlich, der Familienvater, wenn von Einzelnen um Rat gefragt wird, zu den Göttern, indem er zum Himmel hinaufblickt und drei Stäbchen nacheinander aufhebt. Diese deutet er nach dem Zeichen, das vorher auf jedes eingeritzt war. Sind die Zeichen ungünstig, so findet am selben Tage keine Beratung über dieselbe statt; sind sie aber günstig, so sucht man noch die Bestätigung durch Vorzeichen zu erlangen. Dann ist es üblich, Stimme und Flug der Vögel dafür zu beobachten« (→Vogelschau). Römische →Auguren der Spätzeit setzten solche Orakelfindungen so lange fort, bis sich ein günstiges Ergebnis offenbarte.

Komplizierterere Verfahren benutzten so viele Stäbe, wie das Alphabet Buchstaben hat. Die auf dem Stab eingeritzten Buchstaben ergaben dann beim Wurf Zusammensetzungen, deren eigenwillige Sprache nur noch übersetzt werden musste. Solche Formen haben sich noch im Buchstabenorakel als eine bestimmte Form des →Losorakels gehalten. Diese Buchstaben werden meist auf Zettel geschrieben und diese Zettel aus einem Behältnis gezogen. In Homers »Ilias« (Kap. 3) wirft der trojanische Held Hector Stäbchen mit Zeichen in seinen Helm, schüttelt sie mit abgewandtem Blick und lässt dann eines herausziehen. Eine vereinfachte Form davon hat sich bis heute gehalten. Zu einem Problem werden dem Frager drei Stäbchen in den Schoß geworfen: Jedes besitzt eine schwarze und eine weiße Seite. Zeigen zwei der Stäbe die schwarze Seite oben, gilt die Antwort des Orakels als negativ. Kelten bevorzugten für dieses Orakel Eibenzweige, andere Völker stützten sich auf Hasel, Holunder und Wacholder (→Baumorakel).

Alternativ dazu wurden oft Pfeile benutzt, und später taufte man diese Form Belomantie (Pfeilorakel). Der Prophet →Hesekiel weissagte (21,26) für die Schlacht gegen Jerusalem: »Denn der König von Babel wird sich an die Wegscheide stellen, vorn an den zwei Wegen, dass er sich wahrsagen lasse, mit den Pfeilen das Los werfe, seinen Abgott frage und schaue die Leber an.« Bei den Arabern schoss ein Priester aufs Geratewohl zwölf Pfeile ab, um je nach Art ihres Niederfallens seine Analysen zu ziehen. Von Indern, Mongolen und Berbern wird folgendes Verfahren zur Vorhersage über den Ausgang einer bevorstehenden Schlacht überliefert. Zwei Personen fassten je ein Paar Pfeile an den Spitzen und hakten die Kerben ineinander. Unter den Beschwörungen eines Zauberers begannen sich diese Pfeilspitzen wie von selbst zu bewegen, miteinander zu kämpfen, bis eine Partei sich sichtbar über die andere erhob.

Die einfachste und allgemeine Form des Pfeilorakels eignet sich für jede Fragestellung. Je nach Erwartung präpariert man sie mit Aufschriften von Zahlen, möglichen Antworten, Kandidaten etc, um sie, wie im →Losorakel, zu ziehen. In der Symbolik besitzt der Pfeil eine stark sexuelle Komponente im Sinne aktiver Schöpfungskraft. Trifft er als Waffe des Schützen sein Ziel, beginnt ein Prozess, und sei es der Tod, der in der Natur vor jedem Neuanfang steht.

Rudolf Steiner

Rudolf Steiner wurde am 27. Februar 1861 in Kroatien als Sohn eines Bahnbeamten geboren. Das empfindsame Kind war früh schon hellsichtig. Als Knabe hatte er im Wartesaal des Bahnhofs von Pottschach die Erscheinung des Geistes

Rudolf Steiner im Jahr 1889.

einer Verwandten, die Selbstmord begangen hatte und ihn um Hilfe bat. Bei Gängen im Freien sah er die Naturgeister als »schaffende Wesenheiten« hinter den Dingen. Steiner schwieg über diese Erlebnisse gegenüber seiner Umgebung aus Furcht, als abergläubisch zu gelten. In seiner 1909 erschienenen Sammlung von Aufsätzen »Wie erlangt man Erkenntnisse der höheren Welten?« lautete einer seiner Leitsätze denn auch »Verstehe über deine geistigen Gesichte zu schweigen«.

Erst als Jugendlicher fand er in einem alten Kräutersammler eine verwandte Seele. Es erschien ihm, als ob dieser – unberührt von der Zivilisation, Wissenschaft und Anschauung der Gegenwart – ein instinktives Wissen der Vorzeit an ihn heranbrächte. Ein anderer Mann, der ihm zufällig begegnete und mit dem er sich austauschte, wurde mit dem, was er sagte, für ihn zum Meister. Wenn er den immer stärker werdenden Materialismus besiegen wolle, sagte der Fremde, müsse er damit beginnen, ihn zuerst zu begreifen. »Du wirst nur dann Sieger über den Drachen werden, wenn du in seine Haut schlüpfst.« Bis 1879 besuchte Steiner die Realschule in der Wiener Neustadt und schlüpfte dann in »die Haut des Drachen«: Er studierte Mathematik, Physik, Biologie und Chemie an der Technischen Hochschule. 1891 promovierte Steiner über Johann Gottlieb Fichtes Wissenschaftslehre.

Bereits 1882 war er mit der Herausgabe der naturwissenschaftlichen Schriften Goethes betraut worden. Im vertieften Studium von Goethes Schriften und Tagebüchern offenbarte sich ihm dessen intensive Beschäftigung mit den übersinnlichen Welten und seine Befassung mit okkulten Dingen, denen der alte Goethe im Gartenhäuschen in Weimar nachgegangen war und die er im Tagebuch mit seltsamen Worten bezeichnet hatte.

Ab 1900 setzte Steiner seine hellseherischen Fähigkeiten voll ein. Als Hellsichtiger las er in der →Akashachronik, der – im Sinne eines Weltgedächtnisses – alle Begebenheiten der Vergangenheit eingeschrieben sein sollen. »Im Akasha«, schreibt Maria Szepes in ihrer »Adacemia Occulta«, »bleibt jede Erinnerung, jedes gesprochene Wort, jedes Ereignis erhalten, sodass das Auge des Sehers jederzeit eine beliebige Tatsache der grenzenlosen Vergangenheit heraufbeschwören kann. Ein Adept, der in der esoterischen Praxis geschult ist, kann sowohl in der Vergangenheit wie in der Zukunft lesen.«

In Vorträgen, Artikeln und Büchern machte er das erhaltene Wissen über die höheren Welten der Öffentlichkeit bekannt. Im Lauf der Jahrzehnte äußerte sich Steiner bis ins Detail über die dem Menschen vorausgegangenen Wurzelrassen und Erdzeitalter, über die zukünftige Entwicklung der Menschen und der Erde, über die den Menschen übergeordneten Wesenheiten (Engelhierarchien), über die Gesetze der Reinkarnation und über das Leben nach dem Tod. Wie der Mann mit der Lampe in Goethes esoterischem »Märchen«, sagte auch Steiner: »Es ist an der Zeit!« Aus der bisher nur wenigen Eingeweihten zugänglichen Geheimwissenschaft wollte Steiner eine für jeden zugängliche Offenbarungswissenschaft machen. »Es schlummern in jedem Menschen Fähigkeiten, durch die er sich Erkenntnisse über höhere Welten erwerben kann.«

In der Anthroposophie, in den 1919 auf seine Anregung geschaffenen Waldorf-Schulen und mit dem in Dornach errichteten »Goetheanum« haben die Visionen des 1925 Gestorbenen Ausdruck gefunden. Sie gaben dem Abendländer ein neues, geistiges Licht.

Steinweissagung

Ewig unbewegte Steine würden wachsen und erhielten ständig frische und unverdorbene Kraft aus der Erde, glaubten die Menschen. Besonders Großsteine und Findlinge umwob ein besonderer Zauber, eine brisante Mischung unvorstellbaren

Alters mit zeitloser Weisheit und voller ehrwürdiger Kraft. Solche Steine sollten gehen, tanzen, schaukeln (→Wackelsteine), sprechen, schreien, ja sogar singen können. Ein dem Orpheus (→Sprechender Kopf) zugeschriebenes Gedicht spricht von Ophites (Schlangensteinen) und Siderites (Sternsteinen). Der Ophites ist rau, schwer, schwarz und besitzt die Gabe der Sprache. Wenn man sich anschickt, ihn wegzuwerfen, so bringt er einen Ton hervor, ähnlich dem Schrei eines Kindes. Mit Hilfe dieses Steines sagte der Seher Helenos, der große Seher Trojas, den Untergang seiner Heimatstadt voraus. Eusebius, der christliche Bischof von Caesaria im 4. Jahrhundert, trennte sich niemals von seinem Ophites, den er auf der Brust trug und von dem er Orakel empfing, die in einer »dünnen Stimme« erklangen, ähnlich einem »leisen Pfeifen«. Arnobius, ein Heiliger der christlichen Kirche, gesteht, dass er niemals an einem dieser Steine vorbeigehen konnte, ohne an ihn eine Frage zu stellen. Die Antwort tönte in einer »klaren und scharfen dünnen Stimme«. Der wohl berühmteste Stein in Europa, der →Lia Fail, sprach aber nicht mit jeder Laufkundschaft.

Der Heiratsstein von Hintersee im Nationalpark Berchtesgaden.

Ähnlich dem →Wolkensehen können wir auch das Steinsehen als Orakel nutzen. Nur sollte hierbei besser zunächst die Frage formuliert werden, und dann lasse man sich in einer felsigen Gegend zu dem »Antwortstein« führen. Es funktioniert auch mit kleinen Steinen und Kieseln, doch bieten äußere Form, Beschaffenheit, Zeichnungen und Bewuchs weniger an Aussagekraft, was manchem die Interpretation erschweren mag.

Zu den von der Kirche im 8. Jahrhundert verbotenen »unchristlichen Bräuchen« gehörte das Steinorakel im Krankheitsfall. Vor einem Krankenbesuch hob man einen willkürlichen Stein hoch. Gab es darunter Leben (Würmer, Ameisen), sollte der Kranke genesen. Im anderen Fall standen seine Chancen mehr als schlecht.

Wer beim Ausgehen über einen Stein stolpert, lerne noch am gleichen Tag jemand Interessantes kennen. Wer auf dem Weg zur Tanzveranstaltung mit dem Fuß an einen Stein stößt, werde abends heimgebracht. Wer auf dem Nachhauseweg an den Stein stößt, werde sehnsüchtig erwartet. Die Stadt Lübeck besaß im Mittelalter einen »Prüfstein«, auf den sich Fremde setzen mussten. Schwitzte der Stein, galt dies als Beweis, dass sie keine »Aussätzigen« waren.

Rollt Brautleuten auf dem Weg zur Hochzeit ein Stein entgegen, drohe Ärger in der Ehe. Fällt ein Stein vom Dach, soll es bald einen Toten geben, fällt ein Stein vom Herzen, wird es heller. Aufgehobene Steine dürfe man nicht nach Hause tragen, sonst verursachten sie ein Unglück. Steine sollte man immer liegen lassen, wo sie sind, oder sie zumindest genau wieder so hinlegen. Wenn die drei Steine, die König Heinrich I. in Goslar einmauern ließ, einmal herausfallen, stehe das Weltenende bevor.

In Berchtesgaden am Hintersee liegt der so genannte Heiratsstein, eine Art Sitzstein mit wannenartiger Vertiefung. In dieser Wanne liegt ein weiterer Stein, vierkantig und roh behauen, mit einem Gewicht von etwa 25 Kilogramm und auf allen vier Seiten zwei bis drei Zentimeter eingemeißelten Handgriffen. Wer diesen Stein dreimal – manche verlangen siebenmal – um den Basisstein herumträgt, darf sicher sein, noch im gleichen Jahr einen Partner, eine Partnerin zu finden oder zu heiraten. So behauptet eine recht alte Überlieferung (Kriss o.J.:162).

Stierorakel

Im Stierzeitalter des nach dem Zodiak eingeteilten Weltenjahres, das bis etwa 2200 v.Chr. dauerte, stand die Frühlingstagundnachtgleiche im Zeichen des Stieres. So nahm dieses Tier alle Bedeutungen für die Kräfte der vegetativen Erneuerung im Frühjahr an, die wir heute dem Tierkreiszeichen Widder zuschreiben. Mit seiner gewaltigen Kraft symboli-

Der ägyptische Apis-Stier. Sargbild des Priesters Denytenamon, 20. Dynastie.

sierte der Stier zugleich den unwiderstehlichen Drang der Lebenskraft und jeder Art von Wachstum. Keltische Druiden weissagten mit seiner Haut und seinem Blut den künftigen König (→Königswahlorakel). Auch manche der →Sibyllen sollen zur Orakeleinholung unverdünntes Stierblut getrunken haben, das als höchst giftig galt und tatsächlich äußerst unverträglich ist.

Die alten Ägypter verehrten in Memphis den heiligen Apis-Stier. Er war tadellos gebaut, hodenmäßig solide bestückt und völlig schwarz, bis auf einen kleinen dreieckigen Fleck auf der Stirn, einen Fleck in Gestalt eines Adlers im Nacken und einen dritten halbrunden an der rechten Körperseite. 29 Zeichen musste er aufweisen, um als »Ebenbild« oder »Stellvertreter« des Schöpfergottes Ptah und später als »Leben des Osiris« anerkannt zu werden. Bei feierlichen Umzügen dieses Gotttiers gerieten Kinder in seiner Nähe oft in Ekstase und weissagten in Versen.

Besucher holten sich in vielen Angelegenheiten bei ihm Rat und befragten ihn als binäres Orakel, indem er von ihnen Futter annahm oder nicht. Manche aber legten ihm eine Frage vor, hielten sich dann augenblicklich die Ohren fest zu und eilten davon. Das erste Wort oder der erste Satz, die man zufällig hörte, nahm man die Hände wieder von den Ohren, galten als Antwort.

Der gallische Philosoph und Historiker Favorinus aus dem 2. Jahrhundert berichtete aus Memphis, dass ihm der Apis-Stier den baldigen Tod ankündigte, in dem er sein Gewand beleckte.

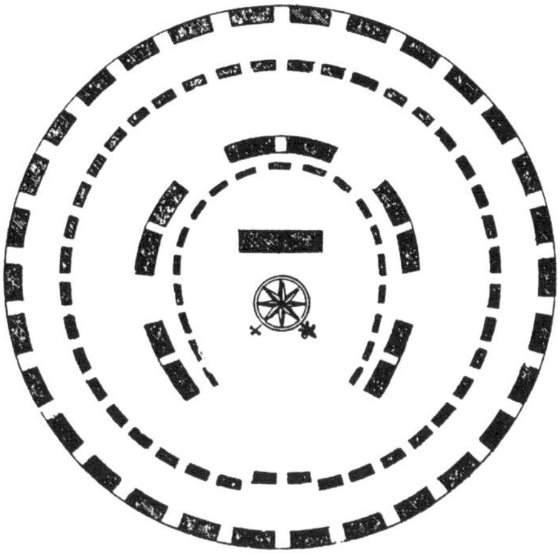

Schematisierte Detailansicht der Anlage von Stonehenge

Stonehenge

Inmitten einer endlos welligen Ebene Südenglands erheben sich einsam und wie verloren die grauen Steinkolosse von Stonehenge. »In der Nähe aber wächst das Heiligtum auf seiner flachen Anhöhe riesenhaft empor und wird zur Krönung der Landschaft, in der nichts Kontur und Festigkeit hat außer diesen ragenden Pfeilern. Der sakrale Steinring, Symbol der Ewigkeit, ohne Anfang und Ende, ist längst durchbrochen, aber selbst das verstümmelte Sanktuarium scheint noch ein geheimnisvolles Kraftzentrum und reinster Ausdruck eines kosmischen Lebensgefühles«, schwärmt Sibylle von Reden (1978:305).

Dass hier die Phantasien angeregt werden und ins Kraut schießen, darf nicht verwundern. So verlegten die einen den Ursprung der Anlage kühn in die Urzeit der Menschheit, während andere die Erbauung den Kelten zuschrieben. Tatsächlich stammt sie wohl aus der Megalithzeit um 3000 v. Chr., und ihre komplizierte Baugeschichte reicht bis etwa 1500 v. Chr. Diese Zahlen hielten bis jetzt selbst modernsten Messtechniken stand. Schwieriger blieb die Frage nach dem Zweck. Vorgefundene Leichenbrandstätten und Opfergruben verliehen dem Ort einen düsteren Anstrich. Befand sich hier eine Totenstadt, ein überdimensionaler Opferaltar? Moderne Pilger wittern einen energetischen Kraftplatz von weltumspannenden Dimensionen.

1963 hatte der amerikanische Astronom Gerald Hawkins mit Hilfe eines Computers die Position von Sonne, Mond und einer Reihe von Sternen um das Jahr 1600 v. Chr. errechnet. In seiner Zeit datierte man die Entstehung von Stonehenge noch um 1900 bis 1600 v. Chr. Seine dramatische Entschlüsselung des Bauwerks bewies, dass es nicht nur wie viele andere auf die Sommer- und Wintersonnenwende, sondern auf alle Sonnen- und Mondstände im Jahr ausgerichtet war. Hawkins glaubte sogar, dass jeder der Blöcke eine besondere astronomische Funktion und Bedeutung hatte, und sprach von einem »hochentwickelten und glänzend konzipierten Observatorium«, vom »neolithischen Großcomputer« und -kalender, der Sonnen- und Mondfinsternisse bis in unsere Zeit vorausrechnen könne.

Da sich die Hauptausrichtung der Anlage auf den Mittsommer-Sonnenaufgang orientiert, vermutete man auch einen Sonnentempel, sogar das Zentralheiligtum eines nordischen Sonnenkults. Nicht abwegig scheint es da, an den antiken Bericht des Diodorus Siculus zu denken, der von einer Insel »oberhalb des Landes der Kelten im Ozean« wusste, die von den Hyperboräern bewohnt werde. Einmal im Jahr reise →Apollon mit seinem Gespann zu seinem dortigen Heiligtum. »Ein heiliger umschlossener Platz ist ihm geweiht und ein prächtiger Rundtempel mit vielen Votivgaben ...«

Für Robert von Ranke-Graves war der Sonnengott von Stonehenge als »Herr der Tage« quasi auch zugleich Herr des Alphabets. Denn den fünf Jahreszeiten à 72 Tagen, unterteilt in drei mal 24, hatten zumindest die Kelten 15 Konsonanten, den fünf überzähligen heiligen Tagen am Jahresende fünf Vokale des alten Alphabets zugeordnet (1981:342ff.). Ranke-Graves wollte diese Zahlen in der letzten Bauphase (so genannte Stonehenge III) wiedererkennen. Bot diese Anlage weit mehr als einen astronomischen Fixpunkt zur Beobachtung der Gestirne und der damit möglichen →Wettervorhersage?

Strichorakel

Für eine schlichte Ja-Nein-Frage oder -Entscheidungsfindung sammle man sich für einen Augenblick, bittet wen auch immer um Führung der Hand, zeichne dann, ohne zu überlegen, mit geschlossenen Augen und so schnell wie möglich mit dem Finger Striche nebeneinander in den Sand, auf die Erde oder mit dem Stift auf Papier. Die Striche werden nun gezählt und gewöhnlich in Fünfergruppen durchgestrichen. Bleibt eine gerade Anzahl von Strichen übrig, gilt die Antwort als bejaht, anderenfalls als verneint.

Wer sich gut mit der Zahlensymbolik vertraut gemacht hat oder seriöse Literatur dazu besitzt, zähle die Striche und bilde so lange die Quersumme, bis man eine Zahl von eins bis neun gewonnen hat und damit die Orakel gebende. Diese Art der Deutung, die keine direkte Antwort liefert, erfordert viel Intuition. Sie findet dafür aber vielleicht interessante Zugänge für tiefer gehende Fragenkomplexe, die beispielsweise damit beginnen könnten: Wie soll ich mich hinsichtlich ... verhalten (→Fragestellung bei Orakelverfahren)?

Die Kartenlegerin von Suhl

Am 26. April 1956 verurteilte der 1. Strafsenat des Bezirksgerichts Suhl die Telefonistin Charlotte Marquard in einem öffentlichen, im Rundfunk übertragenen Schauprozess zu zwölf Jahren Zuchthaus. Sie habe, so die Anklage, von 1952 bis

1955 »vorsätzlich und fortgesetzt handelnd die politischen und ökonomischen Grundlagen unseres Arbeiter- und Bauernstaates durch Boykott- und Kriegshetze angegriffen«.

Die »staatsverbrecherische Schädlingstätigkeit« der Angeklagten hatte im Kartenlegen bestanden: 1951 war sie wegen Kartenlegens schon mit einer Strafe von 100 Mark belegt worden. 1955 war sie nach zweijähriger Tätigkeit als technische Hilfskraft in der Stadtbibliothek von Suhl wegen eines Verstoßes gegen die Dienstordnung entlassen worden. Sie hatte ein in der DDR verbotenes Buch ausgeliehen, den historischen Roman »August der Starke und das schwache Geschlecht«.

Nachdem der Sohn von Frau Marquard das Verhältnis zur Tochter einer Nachbarin gelöst hatte, hatte diese die Mutter bei der Staatssicherheit wegen ihrer »Hexerei« mit den Karten denunziert. Eine andere Frau behauptete, es sei den Einflüsterungen der Kartenlegerin zu verdanken, dass ihr Mann sie verlassen und nach Westberlin gegangen sei. Der Leutnant, der für die Stasi den Prozess vorbereitete, brachte Frau Marquard durch andauernde, auch nächtliche Verhöre und mit dem Versprechen, sich für eine geringe Strafe einzusetzen, dazu zuzugeben, sie habe ihre Klienten unter Berufung auf die Karten zur Republikflucht verleitet und sei dabei Handlanger ihres in Westberlin als Agent gegen die DDR tätigen Bruders gewesen. Auch habe sie regelmäßig den Hetzsender RIAS abgehört. Dass sie dem vernehmenden Stasimann gegenüber ebenfalls »wahr« gesagt hatte, mag zusätzlich dessen Hass geschürt haben. »In Westberlin können Sie alles kaufen«, hielt sie dem Vernehmer vor, »was das Herz begehrt. Silber und Porzellan, was Sie wollen, Fleisch, Wurst, Südfrüchte, Kakao, Rosinen, Schokolade … alles in Hülle und Fülle. Sehen Sie sich doch mal bei uns die Schaufenster der HO-Läden an und fahren Sie dann gleich mal nach Westberlin. Da werden Sie Unterschiede feststellen. Die Rosinen sind spottbillig im Westen, und in der DDR muss man sich die Füße nach einer Handvoll von dem Zeug platt laufen! Nicht einmal zum Backen des Weihnachtsstollens bekommt man ein paar. Oder hat Ihre Frau damit keine Sorgen?«

Für das Wahrsagen, das sie seit 1945 ausübte, hatte Frau Marquard stets ein glückliches Händchen gehabt. Sie verstand es gut, das Kartenlegen in geheimnisvoller Weise zu zelebrieren. Als echte Berlinerin, mit dem Herz auf dem rechten Fleck, gesprächig und nicht auf den Mund gefallen, wird sie geschildert. Junge Mädchen kamen, um etwas über ihre zukünftigen Verehrer zu erfahren. Einer Frau, deren Mann im Krieg gefallen war, was die Wahrsagerin aber nicht wusste, sagte sie beim Auslegen der Karten, »da liegt ein Uniformierter neben Ihnen«. Die Klientin wehrte ab, sie interessiere sich nicht für Uniformen. Kurze Zeit später lernte sie ihren zweiten Mann kennen, einen Eisenbahner in Uniform. Es kamen auch Frauen, deren Männer in den Westen gegangen waren, um zu erfahren, ob es gut gehen würde, wenn sie ihnen nachfolgten. Hier hat Frau Marquard sicher zugeraten.

Ehemalige Klienten sagten nach der Wende, Frau Marquard habe sie von sich aus nie auf Westdeutschland angesprochen. Die Wahrsagerin habe kein Geld verlangt, freiwillig gegebene Geldgeschenke und Lebensmittel aber nicht zurückgewiesen.

Charlotte Marquard verbrachte wie 1000 andere Insassen, darunter viele politische Häftlinge, unter menschenunwürdigen Umständen siebeneinhalb Jahre im Zuchthaus Hoheneck bei Stallberg im Erzgebirge. Als sie entlassen wurde, war sie ein körperliches Wrack. Die tägliche Zwangsarbeit an der Nähmaschine für den Bettwäscheproduzenten VEB Planet hatte ihre schon vor der Verurteilung angeschlagene Gesundheit ruiniert. Der Vorgesetzte des Leutnants, der Frau Marquard zu den verhängnisvollen Aussagen genötigt hatte, konnte sich 1996 wegen seiner »angeschlagenen Gesundheit« einer Verhandlung gegen ihn wegen Nötigung und Misshandlung von Gefangenen entziehen und verbringt seinen Lebensabend nun geruhsam als Rentner.

Emanuel Swedenborg

1688 als Sohn des lutherischen Bischofs von Westgotland geboren, glänzte der Student der Natur- und Geisteswissenschaften dank seiner universalen Bildung mit vielen technischen Erfindungen, vor allem im Bergbau. Er machte sich einen Namen als Anatom, Psychologe, Astronom, Physiker, Mineraloge, Metallurg, nicht zuletzt als Dichter und Schriftsteller. Er besuchte und hielt Kontakte zu den bedeutendsten Naturwissenschaftlern seiner Zeit, darunter Newton, Halley und Flamsteed. Als Mitglied des Königlich Schwedischen Bergwerkkollegiums und vieler anderer gelehrten Gesellschaften wurde er 1719 in Anerkennung seiner Verdienste um Vaterland und Wissenschaft geadelt.

Doch 1745 legte er plötzlich alle seine Ämter nieder, stellte alle wissenschaftlichen Arbeiten ein und verließ kaum noch sein Haus. Dabei arbeitete er kurz zuvor noch an bahnbrechenden Flugmodellen und Tauchbooten. Eine abendliche Vision während eines Aufenthalts in London hatte seinem Leben eine dramatische Wendung gegeben. Eine purpurn glänzende Gestalt war erschienen, um ihm zu verkünden, er sei auserwählt, »den Menschen den inneren geistlichen Sinn der Heiligen Schrift zu erklären, und ich will dir eingeben, was du schreiben sollst!«

In dieser Nacht, erklärt der Seher, sei ihm das Innere Auge geöffnet worden und er habe die Geister von Himmel und Erde schauen können. Von nun an widmete er sich bis zu seinem Tod 1772 ganz dem Verkehr mit dieser Welt, die er minutiös beschreibt.

Er hinterließ nahezu 100 umfangreiche inspirierte Schriften über die Offenbarung der Bibeltexte, Schauungen über die Welt Gottes und der Menschen, über Diesseits und Jenseits. Die aufsehenerregenden Einzelheiten über das Wesen der Engel und niederen Geister wurden schon von Zeitgenossen belächelt oder ungläubig abgelehnt. Manche erkannten aber darin die Beschreibung höherer und niederer Aspekte unserer

Emanuel Swedenborg.

Persönlichkeit und universeller Gesetze. Vor allem in Kreisen der Theosophen, Freimaurer, Rosenkreuzer und christlicher Mystik fand er deswegen große Beachtung. Christlich bibeltreue Anhänger sind heute noch in der »Neuen Kirche« organisiert.

Bis etwa zwölf Monate vor seinem Tod erfreute sich der Philosoph und Visionär bester Gesundheit, ohne das kleinste Leiden. Noch im Alter von Achtzig schrieb er in beispiellos korrekter Handschrift, ohne dass ihm ein einziger Fehler unterlief. Außerdem gehörte er »zu der seltenen Gattung von Autoren, die in ihrem Arbeitszimmer keine anderen Bücher haben als die eigenen« (Waldemar 1959:20).

T

Tarot

Über die Herkunft oder die Urheber des Tarot lässt sich nur wenig Konkretes sagen. Legenden und Überlieferungen berichten, es sei im 13. Jahrhundert in Fez (Marokko) als symbolisches Buch der Weisheit konzipiert worden. Es gilt als Aufzeichnung des Wissens westlich esoterischer Tradition und verknüpft Inhalte der Kabbala, →Astrologie und Alchemie zu einem in sich schlüssigen System. Absicht seiner Schöpfer war, universelle Prinzipien zu übermitteln, die das Verhältnis von Gott und Mensch unabhängig von der Muttersprache erklären sollten.

Die Tarotkarten setzen sich aus bildlichen und geometrischen Symbolen mit einer geordneten Abfolge zusammen. Die einzelnen Bilder entnahmen die Schöpfer dem universellen Reservoir, das C.G. →Jung das kollektive Unbewusste nannte. Das Unbewusste ist unsere Verbindungsebene mit dem so genannten Höheren Selbst. Normalerweise bleibt das vollkommene »göttliche Wissen« für uns verborgen.

Unter bestimmten Bedingungen können aber Teile des göttlichen Bewusstseins auf die persönliche Bewusstseinsebene herabgeleitet wer-

Die Tarotkarten »Die Liebenden« und »Der Gehängte« aus dem Marseiller Tarot.

den (→Befragung durch Meditation) und sich unter anderem als visueller Eindruck im Unterbewusstsein bemerkbar machen.

Damit finden wir im Tarot ein Instrument geistigen Trainings und der Selbsterkenntnis. Es erlaubt Einblicke in geistige Prinzipien und die differenzierte menschliche Psyche. 56 seiner Karten bilden die »Kleinen Arkana« (*arcanum* = Geheimnis) und bieten Hinweise, wie sich die Persönlichkeit im physischen, seelischen, emotionalen und geistigen Umfeld behauptet oder wo Hindernisse und Hemmungen zu überwinden sind. Der wichtigste Teil des Tarots besteht jedoch in den 22 »Großen Arkana«. Sie zeigen das Wirken des Göttlichen als Ursache der Schöpfung und leiten über zum Menschen mit seinem Entwicklungspotenzial, das innere und äußere Wesen der Welt in sich zu harmonisieren. Die Kombination der Tarotkarten erlaubt vielfältige Interpretationen, die Erkenntnisse über innere Zusammenhänge der geistigen und materiellen Welt vermitteln können.

Divination und →Kartenlegen als übliche Wahrsagespiele greifen hier zu kurz. Im Tarot zeigen uns die durch seine Bilder aktivierten Archetypen übergreifende Wege auf und lenken unseren Blick auf grundsätzlichste Wahrheiten.

Teck

Der Teckberg bei Kirchheim nahe Stuttgart soll, laut Sage, Wohnsitz einer weissagenden Sibylle (→Sibyllen) gewesen sein. Standesgemäß orakelte sie in einer Höhle. Die Sibyllenhöhle soll sich hinunter bis zur Kirche nach Owen erstrecken und hinein in die Familiengruft der alten Herzöge von Teck. Man zeigt auch noch die Wagenspur der Sibylle und nennt diese »Sibyllenfahrt«. »Alles Feld, darüber sie fuhr, bleibt vierzehn Tage länger grün als das übrige Land.«

Während man im 19. und 20. Jahrhundert, wie bei den Externsteinen (→Veleda), noch an eine Wirkungsstätte heidnischer Priesterinnen glaubte, konnten neuere Forschungen die Ursprünge der Sage bis zur ersten Erwähnung 1531 zurückverfolgen. Man vermutet, Ulmer Hu-

Die vermeintliche Sibyllenhöhle am Teck mit Sibyllensitz.

manisten, die alle antiken Sibyllen im Chorgestühl des Münsters vor Augen hatten, könnten hier frei- oder unfreiwillig zu Sagengründern geworden sein, als sie an diesem mystischen Berg mit seiner eindrucksvollen Höhle Vergleiche zogen (Götz 1999).

Teeblätter- und Kaffeesatzorakel

Die Kaffeedomantie, das Wahrsagen aus Kaffeesatz, hat ihre Wurzeln im 17. Jahrhundert, als der Wahrsager Thomas Tomponelli aus Florenz darüber ein Buch schrieb. Kaffeesatz als Mittel zum Wahrsagen wurde auch von der französischen Wahrsagerin Mademoiselle →Lenormand benutzt. Das Wahrsagen aus Teeblättern, die Tasseographie, ist schon in alter Zeit von den Wahrsagern der Chinesen vorgenommen worden, wo es sich aus der Geomantik entwickelt zu haben scheint. Es brachte später in die englischsprachigen Länder ein wenig Spannung in das Teatime-Ritual.

Beide Orakel waren bis in die siebziger Jahre auch in Deutschland sehr populär, haben aber mit dem Aufkommen von Pulverkaffee und Teebeutel und dem Siegeszug des mittlerweile auch in vielen Supermärkten erhältlichen →Tarot an Bedeutung verloren.

Es gibt zwei Vorgehensweisen.

1. Geben Sie den Kaffeesatz oder die Teeblätter aus der Kanne in eine große weiße Porzellantasse. Schütteln Sie den Inhalt gut durch, bis die Blätter oder der Satz haften und sich Figuren bilden. Schütten Sie lose Teile weg.
2. Der Kaffee oder der Tee wird in der Tasse der, des Fragenden zubereitet und vorsichtig getrunken. Die Tasse mit den Kaffeesatz- oder Teeresten wird geschüttelt, ein eventueller Rest an Flüssigkeit wird abgegossen. Die Tasse wird mit dem Henkel zur Deuterin, zum Deuter gestellt. (Besonders plastische Bilder erhält man, wenn man den Tee aus verschiedenfarbigen Früchten und Kräutern zubereitet.)

Es gelten folgende Interpretationsgrundsätze:

- Figuren links vom Henkel zeigen Vergangenes an.
- Figuren rechts vom Henkel zeigen Zukünftiges an.
- Figuren, die sich nahe am Rand befinden, zeigen Ereignisse in der Gegenwart an.

- Welche Zeit Sie Figuren zuordnen, die am Boden der Tasse erscheinen, bleibt Ihrem Gespür überlassen.
- Der Abstand der Figuren vom Henkel gibt ein Maß der Zeit, ob das Ereignis schon nahe oder noch weit weg ist.
- Es sollen nur Figuren interpretiert werden, die deutlich zu erkennen sind.
- Steht ein Symbol auf dem Kopf, bedeutet es das Gegenteil, z.B. zeigt ein Dreieck, das auf dem Kopf steht, Unheil an.
- Sind mehrere Figuren zu erkennen, sollte man versuchen, sie in eine Geschichte zu integrieren.
- Ansonsten gilt: Erfahrungen sammeln. Übung macht den Meister! Und: Wenn Sie sich nicht unglücklich machen wollen, dann deuten Sie niemals einem Ehepaar gemeinsam die Zukunft!

Häufig vorkommende Figuren werden im Allgemeinen mit folgenden Grundbedeutungen verbunden:

Anker	Hoffnung, Reise
Baum	Wohlstand, Gesundheit
Berg	Zu große Vorsätze, es kommt langfristig zu Schwierigkeiten
Blumen	Erfolg, ein Wunsch erfüllt sich
Brief	Nachricht
Dreieck	Vermächtnis, neue Anstellung
Ei	Baby (auch im übertragenen Sinn)
Fisch	Glückbringendes Ereignis, Einladung, Überfluss, Reichtum
Frau	Liebesgeschichte, Affäre
Glocke	Heirat
Haus	Geselligkeit, Glück
Herz	Zukünftiges Glück
Hufeisen	Glück
Dreiblättriges Kleeblatt	Gutes Omen, Glück
Vierblättriges Kleeblatt	Außergewöhnliches Glück
Kreuz	Unglück, Opfer, Leiden
Leiter	Wachsendes Vermögen
Maus	Raub, Diebstahl, Verlust
Messer	Jemand will etwas Böses tun, evtl. auch der Klient
Pilz	Glück, Fülle
Nagel	Bosheit
Rad	Überraschung
Ring	Heirat
Sarg	Krankheit, Tod
Schlange	Intrige, Feindschaft, Gefahr
Schirm	Vorsicht ist geboten
Sense	Lebensgefahr droht
Sonne	Glück

Teiresias

Eines Tages gerieten Zeus, der Vater aller Götter, und seine Gattin, die Himmelskönigin Hera, wegen seiner ewigen Seitensprünge wieder einmal in heftigen Streit. Zeus verteidigte sich schließlich damit, das Vergnügen dabei läge ohnehin fast gänzlich auf Seiten der Frauen, wenn er mit ihnen das Lager teile. Hera behauptete entrüstet das Gegenteil. Der männliche Teil empfinde die höchste Freude bei der Vereinigung. Zur Schlichtung riefen sie den weisen Teiresias aus Theben (Teiresias abgeleitet von *téras* = Vorzeichen, Wunder, Schreckbild oder von *teîros* = Himmelszeichen), denn der musste es aufgrund seiner anrüchigen Vergangenheit genau wissen.

Einst sah dieser Teiresias nämlich auf dem Berg Kyllene zwei große Schlangen (→Schlangenomen), die sich gerade paarten. Erschreckt schlug er mit seinem Stab auf die Schlangen und verletzte die weibliche. Im selben Augenblick hatte er

Teiresias hatte einst unverfroren einer Schlangenkopulation zugeschaut – mit unausweichkichen Folgen. Illustration aus: »Dictionary of Classical Antiquities«, 1891.

sich in eine Frau verwandelt. Sieben Jahre verbrachte er als eine berühmte Hure. Im achten Jahr traf er wieder auf die Schlangen und sagte: »Vermag ein Schlag auf euch so viel, den Täter ins andere Geschlecht zu verwandeln, so schlage ich euch nun wieder.« Als er diesmal die männliche Schlange traf, erhielt er sofort sein ursprüngliches Geschlecht zurück. So berichtet jedenfalls Ovid in seinen »Metamorphosen«.

Dieser Teiresias eilte nun also auf den Olymp, um in der höchstgöttlichen Auseinandersetzung das Urteil zu sprechen. Und er behauptete, von zehn Anteilen des Vergnügens fielen neun der Frau zu. Die äußerst emotional veranlagte Hera geriet so in Zorn, dass sie Teiresias mit Blindheit schlug. Zeus verlieh ihm als Ausgleich die Sehergabe und die siebenfache Lebenszeit eines Menschen. Der Dichter Kallimachos wollte dagegen wissen, Teiresias habe die Sehergabe von Athene, Göttin der Weisheit, die ihn allerdings, weil er sie heimlich nackt beim Baden beobachtet hatte (Weisheit in ihrer unverhüllten Form), ebenfalls geblendet haben soll.

Teiresias diente als Berater den Königen Thebens, darunter dem Ödipus. Seine sprichwörtliche Weisheit und Gabe, in die Zukunft zu schauen, machte ihn zum Prototyp eines Sehers (→Sehergabe und Blindheit). So wusste Teiresias um die wahre Herkunft des Helden Herakles und erkannte in der tragischen Figur Ödipus das unabwendbare Schicksal des künftigen Vatermörders und Gatten der eigenen Mutter – mit allen Folgen.

Das ganze Ausmaß seiner Tragik wird aber erst im 20. Jahrhundert deutlich, als die Psychoanalyse aus König Ödipus von Theben einen Komplex zauberte.

Beim Krieg der »Sieben gegen Theben« riet der blinde Seher, die Angreifer durch Verhandlungen aufzuhalten und währenddessen die Stadt zu evakuieren. Bei der Flucht starb auch er, denn erhitzt und dürstend hatte er aus der Quelle Tilphusa getrunken. Das war schon ein wenig riskant, da die Quellnymphe, der Geist des Ortes, dem Sonnengott →Apollon und Schirmherr aller Seher gerade den Bau eines Tempels glattweg abgeschlagen hatte. Von nun an mussten diejenigen, die Teiresias' Rat suchten, wie beispielsweise Odysseus, seinen Schatten aus der Unterwelt heraufbeschwören (→Totenbeschwörung).

Teiresias soll zwei Töchter gezeugt haben. Daphne und Manto. Erstere blieb jungfräulich und wurde eine der →Sibyllen. Mantos Sohn war der berühmte Seher →Mopsos. Wegen seiner Geschlechtsumwandlung gilt der große Weise Teiresias für manche als ein Schamane. Andere sehen in ihm den ursprünglichen Androgyn, in der Alchemie »Mercurius« genannt: der impulsierende urgöttliche Schöpfungsimpuls als männliches Prinzip und gleichzeitig die bereitwillig aufnehmende Form oder das Gefäß des Urweiblichen. Die kosmische Vereinigung beider verursache alle irdischen Erscheinungen.

Tenskwatawa, der Prophet gemalt von Charles Bird King.

Tenskwatawa, der Prophet der Shawnee

1805 fiel Lalawethika (»der Lärmmacher«), der jüngere und halbblinde Bruder des Shawneehäuptlings Tecumseh, beim Anzünden seiner Pfeife in einen komaähnlichen Trancezustand. Als er wieder bei Bewusstsein war, berichtete er, er sei in die Welt der Geister emporgehoben worden und habe in einer Vision alle vergangenen und zukünftigen Dinge gesehen. Wenn sie wieder das Glück finden wollten, das ihre Väter vor der Ankunft der Weißen gekannt hatten, verkündete er seinen Landsleuten, müssten sie zu der Lebensform zurückkehren, die der Herr des Lebens einstmals die Vorfahren gelehrt habe. Dies bedeute Verzicht auf die Waren der Weißen (Brot, Alkohol, Eisenwerkzeuge, Spielkarten, Hüte, Tuchstoffe, Wolldecken), Rückkehr zur Wilderkleidung und Benutzung des Feuerstocks. Auch sollten Hunde und Katzen, die von den Weißen stammten, zurückgegeben werden.

Da er die Sonnenfinsternis im Sommer des Jahres 1806 vorausgesagt hatte, wurde der vorher in seinem Stamm nur als Prahlhans, Trunkenbold und Tölpel bekannt gewesene Mann als Prophet und Bote des Herrn des Lebens angesehen. Der »Lärmmacher« nannte sich fortan Tensquat-a-way (»die offene Tür«).

Als er seinen Anhängern Unverwundbarkeit in der Schlacht gegen den Gouverneur von Indiana, William H. Harrison, in Aussicht stellte, hatte er jedoch, als Harrison 1811 siegte, sein Ansehen verspielt. Als Rechtfertigung für das Versagen seines Zaubers erklärte er, dass die heiligen Gefäße, die er für die Bereitung seiner Medizin benutzt hatte, versehentlich von seiner Frau berührt und damit unwirksam gemacht worden waren. Er ging nach Kanada, wo ihm die englische Regierung aufgrund seines Kampfes gegen die Amerikaner eine Rente zusprach. Zwei Jahre vor seinem Tod, 1835, fertigte der berühmte Indianermaler George Catlin ein Bild von dem 55-Jährigen an.

Telmissos

Das Orakel von Telmissos in Phrygien ist uns vor allem durch Plutarch bekannt. In seinem Buch »Leben des Solon« erzählt er die Geschichte des Gordios.

Gordios, ein einfacher Bauer, sah eines Tages zu seinem Erstaunen, wie sich ein Königsadler auf der Deichsel seines Ochsenkarrens niederließ. Der Adler schien den ganzen Tag dort sitzen bleiben zu wollen. Gordios sah darin ein Zeichen und trieb seine Ochsen nach Telmissos, wo sich ein verlässliches Orakel befand. Vor der Stadt stieß er auf eine Prophetin. Als diese den Adler auf seiner Deichsel sitzen sah, bestand sie darauf, dass er umgehend dem Gott Zeus ein Opfer darbringen solle. Damit er das rechte Opfer wähle, bat sie, ihn begleiten zu dürfen. »So soll es sein«, erwiderte Gordios. »Du scheinst mir eine weise und kluge junge Frau zu sein. Bist du bereit, mich zu heiraten?« – »Erst wenn das Opfer dargebracht ist«, entgegnete sie.

Inzwischen war der König von Phrygien gestorben. Und da er keinen Erben hatte, verkündete das Orakel: »Phrygier, euer neuer König nähert sich mit seiner Braut auf einem Ochsenkarren!« Als nun Gordios auf dem Marktplatz von Telmissos einzog, galt die ganze Aufmerksamkeit des Volkes dem Adler, und sie wählten ihn einstimmig zum neuen König. Dankbar weihte Gordios Karren und Joch, das er auf besondere Art an die Deichsel geknotet hatte, dem Zeus.

Ein weiteres Orakel verkündete dann: Derjenige, der diesen Knoten zu lösen vermöge, würde Herr über ganz Asien werden. Joch und Deichsel wurden in der Akropolis der Stadt Gordion aufbewahrt. Diese Stadt, von König Gordios gegründet, galt als Tor zu Kleinasien und beherrschte mit ihrer Zitadelle die Handelsroute von Troja nach Antiochien. Mit Argusaugen behüteten die Priester des Zeus über Jahrhunderte dieses religiöse Mysterium – bis Alexander der Große kam und diesen Knoten mit seinem Schwert zerschlug.

Therese von Konnersreuth

Therese, eine Schneiderstochter aus Konnersreuth, die nach einem Unfall sieben Jahre schwer krank niederlag, blind und gelähmt war, sah am Nachmittag des 17. Mai 1925 vor ihrem inneren Auge plötzlich ein unbeschreiblich schönes, den Augen wohltuendes Licht. Sie schaute auf eine für die Umstehenden unsichtbare Person, hörte ihr zu, sprach mit ihr. Sie streckte ihre Hand aus und wurde »von etwas Kaltem« an der Hand gefasst und nach oben gezogen. Es war ihr, als

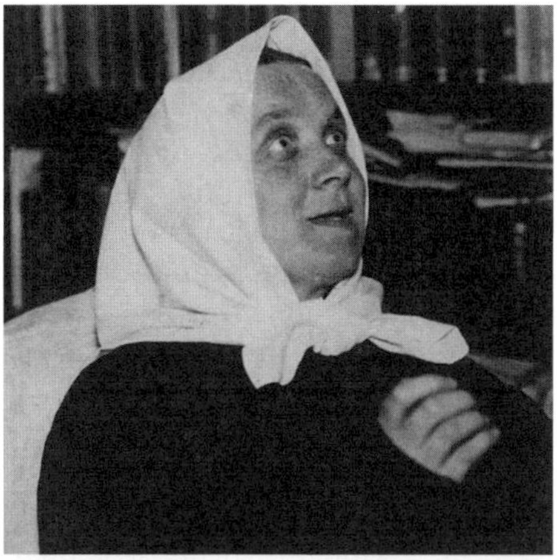

Therese von Konnersreuth (Therese Neumann).

wenn nach links etwas herausgerissen werde. Dann ein Knacks, wie wenn etwas einschnappt. Zwei seit Jahren seitlich gedrückte Wirbelknochen standen wieder richtig. Therese konnte sitzen und wieder gehen. Die Unsichtbare erwies sich (nach der Deutung des Seelsorgers) als die Kleine Therese vom Kind Jesu (Therese von Lisieux), eine 1923 selig gesprochene, französische Klosterfrau, die 1897, im Jahr vor Thereses Geburt, gestorben war, und die schon lange Therese Neumanns Lieblingsheilige war. In der Folge hat Therese noch häufiger Umgang mit der Unsichtbaren.

Als Therese aufgrund von Geschwüren ein Bein abgenommen werden sollte, hatte es geholfen, Rosenblätter vom Grab der Kleinen Therese in einen neuen Verband mit einzulegen. Die schweren Aufliegewunden heilten plötzlich ab. Auf die Amputation konnte verzichtet werden. Und am dem Tag der Seligsprechung der Kleinen Therese konnte Therese Neumann plötzlich wieder sehen.

Therese Neumann war zeit ihres Lebens der Natur, Pflanzen und Tieren sehr verbunden, hielt ein Pony, Fische und Tauben und zog junge Rehe auf, die ihr gebracht wurden. Blumen gediehen sowohl in ihrem Treibhaus als auch in ihrem großen Blumengarten auf das Beste. Das Aufstellen von Blumen in der Pfarrkirche war für sie eine andere Art, ein Gebet zu sprechen. Mitten in der Arbeit im Garten geriet sie in ekstatische Zustände, auch Sonnenuntergänge konnten sie in Verzückung bringen. Schon als Kind hatte sie, wenn sie die Kommunion empfing, seltsame Gesichte. Sie schwieg darüber, weil sie dachte, die anderen Kinder würden dasselbe erleben. Viele schamanistisch zu nennende Phänomene zeigten sich im Leben von Therese Neumann.

Im August 1926 sah Therese Neumann in einer Vision die Verklärung Jesu auf dem Berg Tabor. Seit dieser Zeit brauchte sie weder Speise noch

Trank, schied auch nichts mehr aus. Bis zu ihrem Tod im Jahr 1962 soll ihre einzige Nahrung am Tag aus einer geweihten Hostie bestanden haben.

Im »gehobenen Ruhezustand«, einem ihrer Trancezustände, sprach eine andere Person aus ihr, beschrieb genau Szenen, die sich zeitgleich an einem anderen Ort ereigneten, sagte Zukünftiges voraus oder berichtete über Geschehnisse aus vergangenen Zeiten. Therese selbst nahm an, es sei ihr Schutzengel, der durch sie spreche. In der Zeit des Dritten Reichs halfen Thereses Voraussagen, um Menschen vor der Verfolgung durch die Nazis in Sicherheit zu bringen.

Bei Thereses Tod zeigte der Körper keine Leichenstarre, keine Leichenflecken, keinen Leichengeruch. Die Lippen waren frisch und feucht, nur die Augen waren gebrochen.

Thummin →Losorakel

Tibetisches Staatsorakel

Als der 5. Dalai Lama 1642 die weltliche Macht in Tibet ergriff, erhob er das Orakel im Kloster Nechung zum Staatsorakel, das bis heute besteht. Noch immer lässt sich sowohl die tibetische Exilregierung im indischen Dharamsala als auch der amtierende 14. Dalai Lama an regelmäßigen Orakelfeiertagen und zu besonderen Anlässen in weltlichen und spirituellen Angelegenheiten divinatorisch beraten.

Im alten Tibet befehligte einer der ranghöchsten Lamas als menschliches Medium des Nechung-Orakels einen beachtlichen Hofstaat und zelebrierte seine Liturgien in einem eigenen schwarz gehaltenen Tempel. An den Wänden hingen rätselhafte Waffen, denen man eine große Zauberwirkung zuschrieb, in den Winkeln lauerten ausgestopfte Vögel, Tiger und Leoparden. Bilder von Schreckensgöttern und eine im ganzen Land gefürchtete Maske aus getrocknetem Leder blickten auf den Besucher.

Im heutigen Exil muss auf einiges Ambiente verzichtet werden. Zu Beginn einer Orakelsitzung wird der Lama von Nechung durch allerlei rituelle Gesänge und Räucherungen in Trance versetzt. Er trägt eine reich verzierte Robe und eine Art Rüstung von vier Fahnen und drei Siegbannern. Nach langen Gebeten setzt man ihm zusätzlich einen 15 Kilogramm (früher 40 Kilogramm) schweren Helm auf. Bald nimmt sein Gesicht einen sonderbar wilden Ausdruck an. Die Augen quellen hervor, die Wangen blähen sich auf. Sein Atem wird kurz und flach und er beginnt, laut zu zischen. Er gerät in vollkommene Besessenheit, »die sterbliche Hülle des Mediums dehnt sich sichtbar aus«. Abrupt springt er auf, ergreift das Ritualschwert und beginnt »einen würdevollen aber irgendwie bedrohlich wirkenden Tanz«, wobei er die vulkanische Energie der Gottheit kaum zu bändigen vermag (Dalai Lama 1990:262ff.).

Die durch den Nechung-Lama heraufbeschworene Gottheit heißt Pehar oder Pedkar. Meist zitiert man jedoch nur seinen Adjutanten Dorje

Drakden herbei, da Pehar so gewalttätig sein kann, dass er das Leben seines Mediums in Gefahr bringe. Pehar steht einer Gruppe von fünf zornigen Göttern vor, die zusammen »das Schutzrad« genannt wird oder »die fünf Könige des Dharma«. Dorje Drakden gilt als ihr Minister. Früher artikulierte er sich in einer kaum verständlichen Sakralsprache, die erst gedeutet werden musste. Heute spricht er gehobenes Tibetisch, in einer Mischung aus Prosa und Poesie.

Ob das Orakel immer vorteilhafte Ratschläge erteilte, bleibt umstritten. Der regierende Dalai Lama gesteht, dass es selbst unter Tibetern viel Kritik gibt, wenn er »fortwährend auf diese alte Methode« zurückgreife, behauptet allerdings, das Orakel hätte immer wieder Recht behalten. »Das heißt aber nicht, dass ich mich allein auf den Rat des Orakels verlasse. Das mache ich nicht. Ich befrage es ebenso, wie ich mein Kabinett oder mein Gewissen befrage. In gewisser Hinsicht fungieren die Gottheiten als mein Oberhaus, das Kabinett hingegen als mein Unterhaus. Wie jeder andere Staatsmann hole ich mir die Meinung von beiden ein, bevor ich eine politische Entscheidung treffe« (Orakel. Der Blick in die Zukunft 1999:112f.).

Tiere als Propheten

Viele Tiere stehen seit alters im Ruf, durch ihr Verhalten das Wetter anzuzeigen:

Die Spinne kündet heftigen Wind an, wenn sie die Grundfäden ihres Netzes zerreißt. Auch den Winter kündigt sie an: »Wenn September viel Spinnen kriechen, sie einen kalten Winter riechen.«

Ältere Leute kennen noch den Spruch über die Wegschnecke: »Wenn die Schnecke ein grünes Blatt mitführt, es gewiss gut Wetter wird, belädt sie sich mit Grund (Erde), tut sie starken Regen kund.« Kommen die Bienen in großer Zahl vom Ausflug in den Stock zurück, sind unruhig, gereizt und stechlustig, muss mit einem starken Gewitter gerechnet werden. Pfeifen die Hausmäuse in ihren Gängen, kommen schöne Tage. Fliegt die Fledermaus abends bei heiterem Wetter bis in die Nacht, bleibt das Wetter auch am nächsten Tag gut. Rufen am Abend die Kröten, darf man am anderen Tag bestes Wetter erwarten. Bei anhaltend schönem Wetter fliegen die Schwalben hoch, bei schlechtem Wetter niedrig.

Sobald der Kuckuck ruft, ist es mit dem Winter vorbei. Eine alte Bauernregel sagt: »Wenn die Kuckucke im März viel schreien, kann man sich auf einen nahen Frühling freuen«, ähnlich in dem auch Kindern noch bekannten Spruch:

Kuckuck, Kuckuck
Ruft aus dem Wald!
Kommt in die Wälder,
Wiesen und Felder,
Winter, Winter
Räumet das Feld!

Von Mai bis Juli ist das Kuckucksvierteljahr, das der Landmann fürchtet: »Solang der Kuckuck schreit, fürchte die Trockenheit.« Und: »Er verkündet teure Zeit, wenn er nach Johanni (dem Johannistag) schreit.«

Deckt der Storch seine Jungen im Nest sorgfältig zu, kommt Regen. Auch die Krähe sagt das Wetter an. »Wenn die Krähe schreit, ist Regen nicht weit.« Wirft der Maulwurf viel und hohe Haufen auf, regnet es anhaltend. Wäscht die Katze mit der angefeuchteten Pfote das Gesicht, soll es gutes Wetter geben und Gäste kommen, fährt sie sich aber mit der Pfote hinter das Ohr, gibt es Regen. Ein Hund, der Gras frisst und knurrt, zeigt Regen an.

Der Hahn steht bei der bäuerlichen Bevölkerung als Wetterprophet in besonderem Ansehen. Er ist des Landmanns Kalender und Uhr. Von ihm heißt es in einem alten Gedicht:

Der Hahn ist ein gelehrter Mann,
Der zeigt vorher das Wetter an.
Wenn droben hell die Sonne steht,
Die Wipfel ruh'n, kein Lüftchen weht,
Er weiß es und bemerkt es scharf,
Ob man dem Frieden trauen darf,
Ob nicht vielleicht denselben Tag
Noch Regen kommt und Hagelschlag.
Und wenn er so was hat erspäht,
Dann fliegt er schnell aufs Dach und kräht – kikeriki!

Kräht der Hahn am Mittag zum Beispiel lang anhaltend und antworten ihm die benachbarten Hähne schnell und oft, regnet es bald. Wenn die Hühner dagegen im Staub baden, bleibt das Wetter trocken und warm. Nörgler, Spötter und Zweifler sagen vom Hahn aber auch:

Kräht der Hahn auf dem Mist,
ändert sich 's Wetter oder bleibt, wie's ist.

Tischrücken

Schon im 2. Jahrhundert n.Chr. wird von Tertullian von weissagenden Tischen *(mensae divinantes)* berichtet. In seiner Schrift »Jüdisch abgestreifter Schlangenbalg« (Oettingen 1614) behauptet Samuel Friedrich Brentz, beim »Tisch-Aufgehen« handele es sich um praktische Kabbala und nicht um Zauberei und Teufelswerk, da dabei heilige Lieder gesungen würden. 1674 soll sich ein durch Steine im Gewicht von vier Zentnern beschwerter Tisch tatsächlich in die Höhe gehoben haben, als jüdische Studenten heilige Namen über ihm sprachen.

Das Tischrücken wurde mit dem im 19. Jahrhundert aufkommenden Spiritismus wieder modern. Praktiker empfehlen die Verwendung eines leichten, dreibeinigen, möglichst geleimten Tisches. Am Tischrücken sollen höchstens sieben Personen teilnehmen, die die Hände leicht gespreizt auf die Tischplatte legen und mit dem kleinen Finger den kleinen Finger des Nachbarn berühren. Die Füße der Teilnehmer stehen reihum aneinander. Vor Beginn können Gebete gesprochen, religiöse Lieder gesungen, Entspannungs- und Atemübungen durchgeführt werden.

Zur Einstimmung verlangt man vom Tisch, den man höflich als intelligentes Wesen anredet, dass er sich nach verschiedenen Richtungen neigt, hebt (»aufgeht«) oder senkt. Danach vereinbart man, dass zum Beispiel ein dreifaches Anheben »Ja«, ein einfaches Anheben »Nein« bedeutet, wenn man eine Frage stellt. Komplexe Antworten erhält man durch die Verwendung eines Ouija-

Bretts oder einer Planchette. Als Absender der Antworten, die auch von prophetischer Natur sein können, behaupten häufig die Seelen Verstorbener, Elementarwesen, Planetengeister oder Außerirdische, anwesend zu sein.

Hemmend wirkt sich aus, wenn Teilnehmer sehr müde oder durch Kaffeegenuss zu wach, seelisch oder körperlich indisponiert sind, am Tag vor der Sitzung Geschlechtsverkehr hatten oder wenn ein Glas Wasser auf dem Tisch steht. Dagegen soll sich der Genuss eines Glases Wein fördernd auf die Bewegung des Tisches auswirken.

Vorsicht: So mancher Mitmensch hat sich durch zu eifriges Tischerücken eine »Überschattung« fürs Leben geholt.

Totenbeschwörung

Bereits im Alten Testament ließ König Saul durch die Hexe von →Endor eine Totenbeschwörung durchführen, um seinen weisen Lehrer, den Propheten Samuel, zu befragen. →Gilgamesch suchte Rat bei seinem Ahnen Utnapischtim, Odysseus rief die Seele des →Teiresias aus dem Hades. Bedeutende Totenorakel befanden sich zu Herakleia am Pontos und zu Ephyre am Fluss Acheron, wo schon der Sänger Orpheus in die Unterwelt hinabgestiegen war. In Italien lag der Eingang zur Welt der Toten bei →Cumae am Avernersee. Nach Opfern und Gebeten erschien die Totenseele im Traumgesicht.

Anfangs suchte man bei den Toten einen weisen Rat. Im Laufe der Zeit verkam die Praxis zur spektakulären Nekromantie. Spezialisten zwangen mit der Magie geheimer Zauberpapyri Dämonen der unteren Hierarchien herbei, manchmal genügten Selbstmörder, früh Verstorbene oder Hingerichtete. Die Beschwörer zogen alle Register, um Grusel und Schauer zu verbreiten. Meist sollten die Herbeizitierten Diebe oder Lotterienummern benennen, Verstecktes finden oder gestehen, wo ihr eigenes Geld zu finden sei. Letztlich konnte man versuchen, sie nach allem zu befragen, wusste aber nie, wo die Wahrheit in die Lüge überging und umgekehrt.

In Mittelalter kursierte die Kunde vom bedeutendsten Totenorakel auf dem Venusberg. Aber niemand wusste genau, wo er lag. Manche verlegten ihn, zusammen mit einer Nekromantenausbildungsschule, an den Nursiner See in Umbrien. Dem Venusberg im thüringischen Hörselgebirge wurden erst im 19. Jahrhundert dieser Name und diese Funktion zugedacht. Daneben konkurrierten der Schweizer Pilatus, im Mittelalter Fractus mons genannt, mit dem kleinen See auf der Bründlialp, der imaginäre Blocksberg und der ebenso wenig genau zu lokalisierende Heuberg. Wichtig war in jedem Fall, dass in unmittelbarer Nähe des Venusbergs ein See lag, um dort vom Teufel die unverzichtbaren Zauberbücher weihen zu lassen. Zu diesen zählten »Claviculum Salomonis«, »Sigillum Salomonis«, »Jerauchia«, »Stamphoras« und »Der Höllenzwang des Dr. Faustus« (→Faust). Als der Habsburger Kaiser Maximilian sich über den Tod seiner Gattin untröstlich zeigte, zwang der Sage nach Abt

→Trithemius die Verstorbene, ihrem Mann zu erscheinen, ganz unpreziös bei ihm zu Haus.

Für die schlichte lokale Friedhofsnekromantie ohne teure Fachleute werden verschiedene Verfahrensformen empfohlen: Die Toten könne man zwingen zu antworten, indem man die Fragen durch reines Linnen stellt, das man sich vor den Mund hält, wenn man durchs Schlüsselloch der Kirchhofstür fragt, sich auf die Gräber stellt und droht oder sich, eine Kerze in der Hand haltend, mit dem Rücken vor einen Spiegel (→Magischer Spiegel) postiert und jeweils dabei energisch nach ihnen ruft. Das sollte immer zwischen elf und zwölf Uhr nachts, am besten Schlag Mitternacht geschehen. Wer außerdem einen Pakt mit dem Teufel schließt, muss einkalkulieren, nicht nur seine Seele zu verschreiben, sondern sein Leben lang nur noch ein- und dieselbe wollene Unterjacke und ein Strumpfband zu tragen sowie sich nur an Samstagen rasieren zu dürfen. Obendrein muss er mit einem frühzeitigen und gewaltsamen Exitus rechnen.

In vielen seriösen Überlieferungen heißt es jedoch, man solle die Toten nicht stören. Wer es trotzdem nicht lassen könne, dürfe sich nicht wundern, wenn sie wütend mit Steinen und Knochen werfen.

John Dee und Edward Kelly auf dem Friedhof. Kupferstich aus: »The Astrologer of the Nineteenth Century«, 1825.

Johannes Trithemius

Der Abt des Klosters in Sponheim und (später des Schottenklosters in Würzburg) ist einerseits in die Geschichte als einer der hervorragendsten Vertreter des frühen deutschen Humanismus eingegangen, andererseits gilt er als Experte auf dem Gebiet der Geheimen Künste. Die Landbevölkerung im Hunsrück kennt Trithemius aus der Volkssage und alten Schulbüchern noch bis heute als kundigen Zauberer.

Als Junge hatte Johannes im Traum eine Vision. Ein Jüngling in weißem Gewand zeigte ihm zwei Tafeln. Die eine war mit Buchstaben beschrieben, die andere mit Figuren bemalt. Der Jüngling ließ ihn wählen, welche er wolle. Spontan entschied Trithemius sich für die Tafeln mit den Buchstaben. Der Jüngling sagte ihm daraufhin, dass Gott seine Gebete, Wissen zu erlangen, erhört habe.

Seit Trithemius 1483 zum Abt des Klosters Sponheim gewählt worden war, kaufte er wundersame Bücher auf, ließ sie sich schenken oder lieh sie »für dauernd« aus, so dass die Bibliothek in Sponheim bald wegen ihrer Schätze berühmt war. 1502 fand sich dort die für die damalige Zeit ungeheure Zahl von 1646 Bänden in der Bibliothek! Immer mehr Gäste besuchten das von Trithemius renovierte und mit Gästestuben versehene Kloster. An die Wände ließ er Sinnsprüche in Griechisch, Lateinisch und Hebräisch einmeißeln, so dass ein Gast sich leicht wie in einer antiken Orakelstätte vorkommen konnte. Und für das Sommerrefektorium ließ er fiktive Porträts seiner Vorgänger malen und aufhängen.

Porträtzeichnung des Johannes Trithemius in seinem 44. Lebensjahr.

Trithemius, der in der Bewahrung des druidischen Erbes der Germanen eine seiner wichtigsten Aufgaben sah, nannte das Kloster in Briefen ganz unkirchlich *domus druidorum,* Haus der Druiden, und ließ sich von Freunden auch gern selbst als Druide feiern.

1500 hatte Trithemius den ersten und zweiten Teil des »vielleicht seltsamsten Buches der Welt« (M. Kuper), die »Steganographia« (Geheimschrift) fertig gestellt. Diese Schrift enthielt eine Anleitung zum Verfassen von Geheimschriften, im dritten, Fragment gebliebenen Teil finden sich Spekulationen über magische Beziehungen zwischen Zeichen, Zahlen und Buchstaben und den geheimen Namen von Geistern.

Die 31 Kapitel des ersten Buches enthalten ebenso viele Chiffrierweisen für die geheime Übermittlung von

Botschaften. »An der Spitze eines jeden Kapitels«, schreibt Isidor Silbernagl, Verfasser einer Trithemius-Biographie des 19. Jahrhunderts, »steht ein Geistername, gleichsam als Träger der hier enthaltenen Geheimschrift, dem dann wieder mehrere untergeordnete Geister, welche Worte oder Sylben bezeichnen, zur Seite stehen. Die Geisternamen sind beim ersten Buch aus der Kabbalah, im zweiten aus dem so genannten Schlüssel Salomonis oder aus den Werken des Hermes genommen. Die Geheimschrift selbst oder vielmehr die Regeln für die Anwendung derselben sind in den Beschwörungen enthalten.«

Trithemius hatte, wie er einem Studienfreund schrieb, diese besonderen Künste nachts durch eine Erscheinung im Traum gelehrt bekommen, und zwar alles einzeln der Ordnung nach: »Man zeigte mir, wie leicht das verwirklicht werden könnte, worüber ich viele Tage vergebens nachgedacht hatte.«

1676, in der von dem Juristen Heidel herausgegebenen gedruckten Version der »Steganographie«, die auch Texte enthielt, die Trithemius zu seinen Lebzeiten nicht an die Öffentlichkeit gelangen ließ, kommt die Katze aus dem Sack. Zur Übermittlung von Nachrichten in schwierigen Situationen empfahl Trithemius doch die Beschwörung von Geistern. »Wenn ... alle Vorschriften erfüllt sind«, führt Trithemius unter Bezug auf seine Experimente aus, »so werden dir, sobald du die Beschwörung gesprochen hast, die Geister erscheinen, welche du gerufen hast, bereit zu allem, was du ihnen vorschreibst.«

Im April des Jahres 1508 begleitete Trithemius Kaiser Maximilian mehrere Wochen auf einer Reise und fuhr als geschätzter Gesprächspartner zeitweise auch in der Kutsche mit. Während dieses Zusammenseins habe Trithemius, wie in Luthers Tischgesprächen dargestellt, den Kaiser Erscheinungen früherer Herrscher und auch seiner verstorbenen Braut Maria von Burgund sehen lassen. (Trithemius habe, vermutlich mit Hilfe einer Camera Obscura, für die erste Kinovorstellung der Weltgeschichte gesorgt, befand der, selbst auch als Bühnenmagier tätige, Schauspieler Orson Welles einmal im Gespräch mit dem Hollywood-Regisseur Fred Zinneman.)

Trithemius, der (wie ihn sein Biograph Michael Kuper nennt) »Schelm in der Kutte«, geriet bei einem anderen Zauberstückchen, das er für den Kaiser durchführte, in arge Nöte. Von dem in Bezug auf eine ehrwürdige Ahnenschaft sehr erwartungsfrohen Kaiser gebeten, eine Chronik zu schreiben, die, wie Trithemius angedeutet hatte, seine Abstammung von den Fürsten von Troja belegen könne, »verbesserte« der gut besoldete Trithemius »das überlieferte Alte« unter Einführung eines fiktiven Chronisten namens Hunibald und des Berichts über die Wahrsagekünste der weisen →Albruna im Sinne des Kaisers. Die Chronik geriet zum Fantasy-Roman. Als der Kaiser die zwölf Bücher des Hunibald in originaler Urschrift sehen wollte, kam Trithemius sehr ins Schwitzen.

Als den größten aller Fabelhälse musste sich Trithemius deshalb ein Jahr vor seinem Tod beschimpfen lassen. 1514 hatte er in der Einleitung zu seiner gerade geschriebenen »Hirschauer Chronik« noch vollmundig geschrieben: »Die erste Vorschrift für den Geschichtenschreiber ist, sich von der ungefälschten Wahrheit leiten zu lassen… Ein Mund, der lügt, tötet die Seele, und ein Schriftsteller, welcher Erlogenes mit Wahrem vermischt, bringt Verwirrung in die Geschichte.«

Trommelorakel

Zu den Aufgaben des Schamanen gehörte es auch, Verlorenes, ein Ren, einen Gegenstand, zu finden und die Zukunft vorherzusagen.

Die Schamamen der Samen in Skandinavien benutzten ihre Trommel, die mit Symbolen und Bildern bemalt war, als Hilfsmittel zum Orakeln. Auf die Trommel wurde ein Zeiger aus Rengeweih oder Knochen gelegt. Auch ein Frosch aus Metall konnte als Zeiger dienen. Leichte Schläge auf die Trommel setzten den Zeiger durch die Vibration in Bewegung. Die Abbildung, auf der der Zeiger liegen blieb, gab dem Schamanen Hinweise, über Verborgenes und Zukünftiges. Die Schamanen der sibirischen Ewenken dagegen warfen den Trommelschlegel als Zeiger auf die Trommel und bewerteten die Falllage im Verhältnis zu den Abbildungen.

Ein Lappenschamane bei der Wahrsagung (links). Während ihre Seele ins Jenseits fliegt, liegen sie manchmal unter ihrer Trommel. Holzschnitt von 1673.

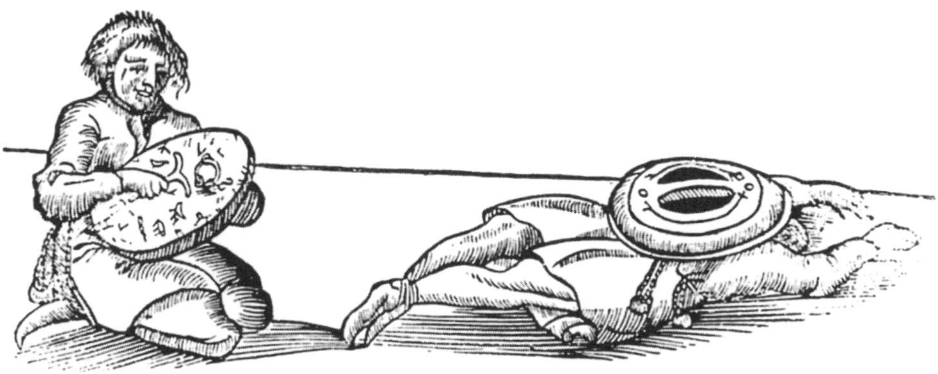

UV

Urim → Losorakel

Veleda

Veleda (germ. »Seherin«) ist eine der berühmtesten im römisch-keltischen Kulturkreis bekannten Sibyllen. Die in kultischer Keuschheit lebende Jungfrau wohnte im obersten Geschoss eines Turms an der Lippe und fungierte ursprünglich als Stammesorakel der Bructerer, die im Gebiet der oberen Ems lebten. 12 v. Chr. von den Römern unterworfen, hatten sich die Bructerer 9 n. Chr. am Kampf der Cherusker gegen den römischen Feldherrn Varus beteiligt.

Nach Neros Tod im Jahr 68 fanden in allen Provinzen Nachfolgekämpfe unter seinen Statthaltern statt. Im Jahr 69 wurde der Oberkommandierende der Rheinarmee, Aulus Vitelius, von seinen Truppen zum Kaiser ausgerufen. Er schickte deshalb einen Teil seiner Truppen nach Rom, um seinem Anspruch gegenüber den anderen Thronprätendenten Nachdruck zu verschaffen. Die an der Rheinmündung lebenden Bataver, die jetzt ihre Chance witterten, griffen unter ihrem Häuptling Julius Civilis, einem ehemaligen römischen Offizier, dessen Bruder aufgrund von falschen Anschuldigungen von den Römern hingerichtet worden war, die militärisch geschwächten Römer an. Als Veleda in prophetischen Aussprüchen dem Aufstand gegen die Römer ein glückliches Gelingen vorhersagte, beteiligten sich auch die rechtsrheinisch lebenden Bructerer und Tenkterer am Kampf.

Der römische Historiker Publius Cornelius Tacitus (55–116 n. Chr.) schreibt in seinen »Historien« Veleda einen weitreichenden Einfluss und eine hohe, schon göttinnenähnliche Verehrung bei den germanischen Stämmen zu. Nach der Erfüllung ihrer Weissagung über die Vernichtung der römischen Legionen sei ihr Ansehen als Prophetin noch weiter gestiegen.

Zum Zeichen seines Dankes schickte Civilis ihr neben anderen Geschenken auch den gefangenen Befehlshaber der XV. Legion, den Legionsrat Munius Lupercus. Später ließ er auch das Admiralsschiff des neuen römischen Befehlshabers, Petillius Cerealis, das er in einem nächtlichen Gefecht erbeutet hatte, zu ihr bringen und in der Nähe ihres Turms vor Anker legen. Cerealis hatte sich, kurz bevor die Römer sein Schiff kaperten, an Land zu einem Stelldichein mit einer (wie Tacitus betont) »verheirateten« Kölnerin mit dem schönen Namen Claudia Sacrata in ein Zelt begeben und entging so dem Schicksal des Lupercus.

Durch das zusätzliche Eingreifen der Treverer gelang es den Germanen bis zum Jahr 70, alle Kastelle nördlich von Mainz zu erobern und zu zerstören. Das mit Mauern befestigte, vom Stamm der Ubier und römischen Kolonisten bewohnte Oppidum Colonia Agrippinensis, das heutige Köln, war nicht angegriffen worden. Nach ihrem Sieg stellten die Tenkterer – wie Tacitus berichtet – aber eine Reihe von Forderungen, die mit der Drohung verbunden war, die Stadt sonst zu zerstören.

»Damit unsere Freundschaft, unser Bund für ewig besiegelt seien, fordern wir von euch: die Mauern der Koloniestadt, Zwingwerke eures Sklavenlebens – reißt sie nieder: auch wilde Tiere, hält man sie eingesperrt, vergessen ihren Mut; alle Römer in eurem Land – bringt sie um: nur schwer lassen sich Freiheit und Zwingherren vereinen; der Besitz der Getöteten soll Gemeingut sein, damit niemand etwas verheimlichen oder sich mit seinen Privatinteressen absondern kann. Freistehen soll es uns und euch, wie einst unseren Vorfahren, beide Ufer zu bewohnen. Wie das Tageslicht allen Menschen, so hat alle Länder die Natur den tapferen Männern freigegeben. Nehmt wieder Bräuche und Lebensgewohnheit der Väter an, reißt euch los vom Genussleben, durch das die Römer mehr Macht über die Unterworfenen ausüben als durch ihre Waffen. Ein echtes, unverdorbenes Volk, das die Knechtschaft vergessen hat, werdet ihr entweder anderen gleichberechtigt sein oder über andere gebieten.«

Die Ubier, die, wie sich bald zeigte, die Rückkehr der Römer fürchteten, boten an, die Zölle aufzuheben und den germanischen Stämmen am Tag die freie Durchfahrt durch die Stadt zu gewähren. Auf mehr mochten sie nicht eingehen. Als Schiedsrichterin benannten sie Veleda. Den ubischen Gesandten, die mit Geschenken zu Veleda reisten, wurde es aber nicht erlaubt, vor ihr persönlich zu erscheinen. Ein Verwandter, den sie ausgewählt hatte, überbrachte – als »Bote des göttlichen Waltens« – ihre Antwort. Veleda rettete mit ihrem Spruch, in dem sie den Tenkterern die Annahme des Vorschlags der Ubier empfahl, die Stadt vor der Zerstörung.

Auch in die späteren Verhandlungen zwischen Kaiser Titus Flavius Vespasianus, dem Nachfolger des im Dezember 79 getöteten Einjahreskaisers Aulus Vitelius, und den Aufständischen war Veleda mit eingeschaltet. Der auf Ausgleich und Frieden bedachte Vespasianus verzichtete darauf, die Colonia Agrippinensis mit Gewalt zurückzuerobern.

Als die Römer die Rheinkolonien zurückgewannen und die Bructerer besiegten, ging Veleda als Asylantin nach Italien.

1926 fand man bei Ausgrabungen südlich von Rom wundersamerweise ein 16,5 Zentimeter langes, mit Buchstaben in griechischer Schrift bedecktes Marmorbruchstück. Daraus geht hervor, dass Veleda von Kaiser Vespasianus dafür bezahlt wurde, in einem Tempel Dienst als Wahrsagerin zu tun. Die Inschrift beschreibt sie als »hochgewachsene Jungfrau, die verehrt wird bei den Rheinwassertrinkern« (= den Bructerern).

In einem Ausschuss, der sich in den achtziger Jahren darum kümmerte, welche Personen als Standbilder den Kölner Rathausturm schmücken sollten, schlugen die weiblichen Mitglieder einmütig die Retterin der Stadt, die Prophetin Veleda, vor. Die männlichen Mitglieder votierten dagegen geschlossen für die Kaiserin Agrippina, die 50 n.Chr. der Stadt der Ubier den Status einer Kolonie mit römischen Bürgerrechten verliehen hatte. Die Entscheidung der Männer hatte das größere Gewicht. Agrippinas Standbild grüßt seither vom Kölner Rathaus. So gedenkt Köln anstelle der einheimischen Prophetin stolz einer Frau, die ihren Gatten, den Kaiser Claudius, mit einem Gericht aus Kaiserpilzen, die mit Knollenblätterpilzen vergiftet waren, heimtückisch umgebracht hat und die mit ihrem Sohn Nero ein Ungeheuer in die Welt setzte, das nicht davor zurückschreckte, die eigene Mutter ermorden zu lassen.

Vogelschau

Ohne die Zustimmung von Mars, Jupiter und dem Stadtgott Quirinius durften Staatsdiener im alten Rom keine wichtige Staatshandlung vornehmen. Vor Einberufung des Senats, Verabschiedung eines Gesetzes oder etwa Planung eines Feldzuges musste die göttliche Meinung durch die Auspizien (= Vogelschau) eingeholt werden. Durchführung und Einholung oblag beamteten Auspices, angesehenen Persönlichkeiten des öffentlichen Lebens. Die Interpretation überwachten →Auguren, die sich nach einem minutiös ausgearbeiteten Formen- und Regelkatalog richteten. Rom hatte einen eigenen Platz dazu, das Auguraculum. Der Auspex erhob sich nach Mitternacht von seinem Lager und bezog seinen Posten im offenen *tabernaculum* des Tempels. Ein Augur sprach die Formel zur Bestimmung der Himmelsrichtung, in der man den Himmel beobachtete, den man dazu in vier Sektionen aufgeteilt hatte. Nun erwartete der Auspex regungslos die Zeichen, die er selber sah oder ein Assistent meldete. Der Augur deutete diese dann mit verbundenen Augen.

Vögel wie Raben, Krähen, Eulen und Spechte weissagten durch ihre Stimme, wobei man Lautstärke, Tonfall und Anzahl der Schreie untersuchte. Adler, Geier, Falken, Schwäne, Kraniche lieferten Zeichen durch Geschwindigkeit, Richtung und Bewegung ihres Fluges. Art der Vögel, Anzahl und die Richtung, von der sie nahten, Tages- oder Jahreszeit – alles hatte Informationswert. →Agrippa von Nettesheim (1982:117f.) führt Regeln an, auch für private Auspizien geltend: Setzt sich ein Vogel vor dich zu deiner Rechten, so ist es ein gutes Zeichen, steht er stille vor dir auf der linken Seite, ein böses. Kreuzt vor dir ein Vogel von rechts kommend nach links, so bietet dies ein gutes Omen, ebenfalls, wenn er fliegend oder stehend von rechts kommend stille hält. Hält ein Vogel aber von rechts kommend hinter dir stille oder beugt sich zu deiner Rechten vor deinen Augen zurück,

Hans Thoma: Wundervögel, 1892.

kann es nichts Gutes bedeuten. Erst wieder, wenn der Vogel dir hinter deinem Rücken folgt, an dir vorübergeht, aber bevor er zu dir gelangt oder du zu ihm, irgendwo, so dass du es siehst, zu deiner Rechten stille hält. Passiert dich ein Vogel und hält irgendwo zu deiner Linken stille, ist das Omen wiederum schlecht. Umso besser, kommt ein Vogel von links, verschwindet nach rechts an dir vorbei aus deinem Gesichtskreis, ohne irgendwo stille zu halten. Kommt er aber von rechts, zieht hinter deinem Rücken entlang nach links, und du siehst ihn irgendwo stille halten, vergiss dein Vorhaben!

Wartete man vergeblich auf irgendein Zeichen oder passierte irgendeine Störung durch ein unvorhergesehenes Ereignis, musste die Schau am nächsten Tag wiederholt werden. Das Orakel selbst gestaltete sich hochkompliziert und aufwändig. Später sank es zur reinen Formalität herab, wobei es bald nicht einmal mehr darauf ankam, ob wirklich ein bedeutsames Zeichen aufgetreten war. Dem Missbrauch öffneten sich damit Tür und Tor.

Auf der Insel Ogygia, in Homers Werk die Insel der Kalypso und von manchen mit Torrey Island vor der irischen Küste gleichgesetzt, kündeten Lachmöwen das Orakel. Tiora Matinea, ein berühmtes Orakel im Gebiet der Sabiner, besaß als feste Einrichtung einen Specht, der von einer hölzernen Säule aus, vermutlich als Ersatz eines abgestorbenen heiligen Baumes, seine Weissagungen erteilte.

Völuspa

Die Gesänge der isländischen »Lieder-Edda«, vermutlich Ende des 13. Jahrhunderts niedergeschrieben, stammen sicherlich aus vorchristlicher Zeit. Allerdings nahm Islands Althing erst im Jahr 999 das Christentum an. Zu den bedeutends-

Johann Gottlieb Puhlmann: Germanische Priesterin, 1807.

ten dieser Gesänge zählt »Der Seherin Gedicht« (Völuspa), oft als Gipfel germanischer Dichtkunst gepriesen. In der Art einer Ansprache teilt eine Seherin »das Wissen ihrer riesischen Verwandten, nicht aber deren Götterhass... In Odins Auftrag spricht sie zu den Menschen als einer aufhorchenden Thinggemeinde« (Edda 1984:26): »Gehör heisch ich / heilger Sippen / hoher und niedrer / Heimdallsöhne: / du willst, Walvater / dass wohl ich künde / was alter Mären / der Menschen ich weiß.«

Und sie weiß vieles und Rätselhaftes. Mit unerhörter Wucht malt sie uns ein Bild von der Weltschöpfung bis zu ihrem Weltuntergang – Ragnarök. Einige ihrer Bilder erinnern an den vegetativen Jahreskreislauf, wenn Garm und Fenrir, die Wölfe des Winters, sich von ihren Fesseln befreien. Odin, auch als Lauf der Sonne durch den Tierkreis zu verstehen, stirbt in diesem Kampf mit den Naturriesen, mit ihm ein Teil der zwölf Götter. »... arg ist die Welt / Ehbruch furchtbar / Schwertzeit, Beilzeit / Schilde bersten / Windzeit, Wolfszeit / bis die Welt vergeht – / nicht einer will / des andern schonen.«

Doch bald erschaut sie Licht am Horizont, die Neue Erde steigt aus den Fluten, es grünt wieder, der Rest der Götter trifft sich auf dem Idafeld. Bald kehrt auch der verstorbene Frühlingsgott Balder heim und »haust« mit den anderen »im Sieghof«. Die Strophen enden oft mit der Frage, oder ist es ein Aufruf: »Wisst ihr noch mehr?«

Wenn mitten in dieser Schlacht, in der größten Finsternis, bei der man an die Wintersonnenwende denkt, Heimdall in die Posaune bläst, erinnert dies an den Engel der →Offenbarung des Johannes. Dieser Engel, oft Gabriel genannt (→Mohammed), kündet nicht mehr nur von der vegetativen Neu- und Wiedergeburt. Seine Posaune weckt die Toten zum ewigen Leben, wenn der Mensch nach der harten und unübersehbar langen Arbeit an sich Vollkommenheit erreicht hat und endlich am Ziel angekommen ist, das einst auch Ausgangspunkt gewesen sein soll.

Damit aber würde die Seherin den Bogen von der sichtbaren zur unsichtbaren Welt spannen, von der körperlichen über die geistige zur seelischen Sphäre. Und in der Tradition aller alten wahren →Propheten hätte sie Anfang und Ende unserer erfassbaren Welt geschaut. Wisst ihr noch mehr?

W

Wackelsteine

So genannte Wackel- oder Waagsteine finden sich auf allen Kontinenten, auf markanten Felsen, auf den Grabhügeln megalithischer Kultur oder mitten im Gebirge. Sie tragen verschiedene Bezeichnungen: *clacha-brath* oder *logan* bei den Kelten, »Steine des Schicksals oder Gerichts«, »Orakel sprechende oder singende Steine« bei ihren Nachfahren. Sie sind auf ein oder zwei Unterlagen so aufgesetzt, dass man sie leicht wie den Balken einer Waage auf und ab bewegen kann. Anders die englischen *rokkingstones,* deren Unterlagen halbkugelförmige Vertiefungen ausweisen, in denen eine steinerne Kugel liegt, so dass sich die Auflagensteine auch drehen lassen. In aller Regel standen solche Wackelsteine mit einem archaischen Heiligtum in Verbindung oder waren die eigentliche Attraktion daselbst. Dienst tuenden Priesterinnen oder Priestern an solchen Orakelstätten eilte der Ruf voraus, einen solchen Stein mit ihrer Gedankenkraft zum Schaukeln bringen zu können – oder sie schürten zumindest das Gerücht.

Wackelstein in der Burgruine Koppenstein, Hunsrück.

Doch da man auch oft das Spiel des Windes mit einbezog, versuchten vielleicht einfühlsame und kreative →Auguren, die Geräusche der Reibung, das Ächzen des Steines, in Sprache umzusetzen. Oder ordnete man den beiden Seiten der Waag-Bewegung schlicht eine Ja-Nein-Antwort zu?

Keltische Überlieferungen berichten, dass einige Steine sich in der Nacht davonmachten und sogar dabei beobachtet wurden, wie sie Zuschauer in die Flucht schlugen. Andere schienen wiederum ausgesprochen ortsgebunden. Auf der Insel Mona stand ein solcher Stein, der jedes Mal an seinen Platz zurückkehrte. Dabei unternahmen Neider große Anstrengungen, ihn wegzutragen und anderswo festzuhalten. Selbst das Christentum musste diesem Eigenwillen Tribut zollen. Man errichtete über dem Heiligtum ein Kirchlein und soll den heute nicht mehr auffindbaren Stein in die Kirchenmauer eingebaut haben.

Mitten auf der Insel Bornholm liegt die großartigste Anlage: drei solcher »Rokkestene« auf einem Bergrücken (Mönchsthal), die mit der Hand bewegt werden können, ohne aus dem Gleichgewicht zu geraten, und alle drei bilden im Verhältnis zueinander ein gleichschenkliges Dreieck (Creuzer 1822–43: V, 269, VI, 395f.,438).

Bei der Frage, wie die meist riesigen Steine so punktgenau auf die Spitze der Unterlagen gelangten, scheiden sich die Geister: Waren es hohe Meister und Zauberer, die das spezifische Gewicht dieser Kolosse nach Belieben aufheben und so ein äußerst labiles Gleichgewicht auszujustieren vermochten? Auch geheimnisvolle Atlanter sind als Urheber im Gespräch, nebst anderen mythischen Riesen oder Titanen der Urzeit. Und alt müssen solche Orakel sein. Oder entstammen sie nur einer Laune der Natur? Wind, Regen und die Dichte verschiedener Steinschichten könnten durchaus solche Phänomene schaffen. Aber würden solche Kräfte nicht auf Dauer den Schwebezustand zersetzen und damit aufheben? So darf es nicht wundern, wenn das Christentum solche unerklärlichen Phänomene dem armen Teufel in die Schuhe oder Hufe schob.

Der Wackelstein an der Ruine Koppenstein im Hunsrück gewinnt eine zusätzliche Bedeutung, da er bis ins 13. Jahrhundert in eine Burgstadt einbezogen war. Ein nahe gelegener Ringwall bezeugt die lange Siedlungstradition im Umfeld dieses mutmaßlichen Heiligtums. Es gibt leider keine Nachricht darüber, ob dieser Stein je zur Weissagung genutzt wurde. Wenn aber doch, wie lange mag hier ein Orakel gesprochen haben?

Unabhängig davon, dass die Orakel aller Länder zeitgleich etwa im 3. und 4. Jahrhundert n.Chr. verstummten (→Bedeutung antiker Orakelstätten und ihre Schließung), wären solche Wackelsteine in unserer Zeit ausnahmslos Opfer der ebenso gründlichen wie mitunter unsensiblen deutschen Bauaufsicht geworden. Dem vermutlich berühmtesten Wackelstein an den Externsteinen im Teutoburger Wald vermögen heute dank überdimensionaler Dübel weder Stürme noch willensstarke Druiden ein Knirschen, Seufzen oder Singen zu entlocken.

Johanna Wagner – das Bündner Orakel

Am 10. Januar 1990 starb Dr. Johanna Wagner in der Nähe von München. Zwei Monate vorher war sie in Afrika, wo sie sich aufhielt, um einen heiligen Krokodilskult zu erforschen, schwer erkrankt. Damit setzte der Tod dem Wirken dieser außergewöhnlichen Frau ein jähes Ende. Die Ethnologie verlor in ihr eine wirklich frei arbeitende, das heißt keiner Universität, keinem Lehrstuhl verpflichtete Mitarbeiterin, der Naturschutz eine engagierte Fürsprecherin und Streiterin.

Sie wurde 1922 in Leipzig geboren. Zu Beginn des Zweiten Weltkriegs zog sie mit ihrer Familie nach Österreich. 1942 musste sie ihr Studium unterbrechen, da sie zur Arbeit in der Rüstungsindustrie dienstverpflichtet wurde. 1944 wurde sie von der Gestapo festgenommen und inhaftiert, weil sie Kriegsgefangene und »KZler« mit Lebensmitteln versorgt hatte.

Als bei einem Bombenangriff die Wachmannschaft in die Bunker verschwand und die Gefangenen eingeschlossen allein in den Zellen zurückließ, überwand sie, als ringsum die Bomben einschlugen, ihre Todesangst, indem sie mit den Mitinsassinnen zu singen anfing. »Plötzlich« wurde sie ganz ruhig und »wusste«, dass keine Bombe das Gefängnis treffen würde.

Mit ihrer Mutter floh sie – wegen des drohenden Einmarsches der Russen – 1945 von Tirol nach Innsbruck und studierte in den folgenden Jahren Germanistik, dazu begleitend Biologie, Medizin und Psychologie. 1950, nach ihrer Promotion, eröffnete sie eine kaufmännische Privatschule, deren Rektorin sie wurde.

Mit dem Fliegenpilz, einer uralten Schamanendroge, unternahm Johanna Wagner eine Reise in die Anderswelt (Foto: Martin Hanslmeier).

1972, nach dem Tod ihres Lebensgefährten und ihrer Mutter, nutzte sie den gestiegenen Goldpreis und machte Gold aus dem väterlichen Erbe zu Geld. Sie unternahm zahlreiche Reisen, vor allem nach Afrika. Schon Ende der fünfziger Jahre war sie nach Island, Grönland, Ceylon, Israel und Ägypten gereist. Das Auftreten von positiven Bewusstseinsveränderungen in extremem Stresssituationen, wie sie sie selbst im Gefängnis erfahren hatte und wie sie sie bei Naturvölkern als Trance induzierendes Mittel von Schamanen beobachten konnte, wurden zu einem ihrer Forschungsthemen. Systematisch setzte sie sich Hyperstresssituationen aus: Sie fuhr bei Moto-Cross-Rennen mit, hob Gewichte, focht Florett, dauerfastete, betrieb intensiv Karate und Yoga. Sie wurde auch Mitglied eines Schlangengeheimbunds. Ungeschützt und ohne Serum unternahm sie eine Interspecies-Kommunikation mit Giftschlangen und im afrikanischen Busch ging sie – ohne Kenntnis der Gegend und ohne Ausrüstung – einfach los, »um zu sehen, was passiert«. Ihr Ziel bei all dem: den Punkt zu bestimmen, an dem jener psychische Mechanismus eintritt, den die Wissenschaft heute als endorphinabhängiges »Omnipotenzmanöver« beschreibt.

Unter dem Einfluss afrikanischer Lehrer lernte sie die alten Künste der Schamanen – tranceinduzierende Trommelrhythmen, das Rufen von Hilfsgeistern, das Schicken heilsamer Vorstellungen und Bilder, das Fliegen zu weit entfernten Orten, das Besprechen von Dingen und Fertigen von Fetischen und Amuletten. Als sie übte, »wie eine Hexe zu fliegen«, wechselte sie im Eifer die Ebenen. Sie will durch die Wand gehen bzw. zur Decke fliegen, prellt sich stattdessen die Schulter und holt sich blaue Flecken.

Die Initiation durch afrikanische Medizinmänner ließ sie verändert nach Europa zurückkehren. Sie erinnerte sich an ihre Großmutter, die aus der Hand lesen konnte, sehr naturverbunden war und noch altes Wissen kannte und praktizierte. Auch sie begann jetzt, aus der Hand zu lesen. Später orakelte sie mit Kaurimuscheln.

Sie führte in Afrika und auch in Europa als Medizinfrau viele »psychosoziale Entgiftungen« durch. Von ihren Klienten nahm sie kein Geld, hieß sie aber, für ein Tierheim oder einen Naturschutzbund zu spenden oder einem armen Mann, einer armen Frau etwas zu geben.

Ihr Blick veränderte sich. Schaute sie anfänglich von der Zivilisation aus fasziniert in die Wildnis, so schaute sie jetzt aus der Wildnis entsetzt in die Zivilisation. Das ganze Ausmaß der Entfremdung, das die (wie sie sich und uns so treffend nannte) »westlich Indoktrinierten« zur Natur und ihren Lebewesen hergestellt hatten, zu sehen, ließ sie schaudern, ebenso die völlige Blindheit und das abhanden gekommene Einfühlungsvermögen für natürliche Beziehungen.

Sie lernte, mit dem ganzen Körper zu »denken«: Wenn sie in eine fremde Gegend kam, ließ sie erst einmal Bäume, Tiere und Dinge zu sich sprechen. Und oft bevor sie sich mit Menschen einließ, besuchte sie das örtliche Tierheim, brachte Futter mit, streichelte die »dort einsitzenden Tiere« und sprach mit ihnen. Bei einer Bundesgartenschau in München hechtete sie im Morgengrauen über die Absperrung und tröstete die Bäume, die man, wie sie sagte, »von ihrem Zuhause gewaltsam entfernt hatte, um sie törichterweise als etwas Exotisches vorzuführen«. Sie hasste zoologische Gärten und verabscheute Schnittblumen. Sie war auch dagegen, Fetische in Museen zu stellen und unbeopfert zu lassen. Dies sei Fetischquälerei.

Als die österreichische Regierung damit begann, eine alte Auenlandschaft zu zerstören, um Platz für ein Wasserkraftwerk zu schaffen, war sich die damals schon über 60-jährige Frau Doktor und hoch angesehene Frau Rektor nicht zu schade, dort über Wochen Tag und Nacht im Freien zu sein und mit Freunden durch eine Besetzung der Auen gegen die Naturzerstörung zu protestieren. Auch Handgreiflichkeiten und eine zeitweilige Sistierung konnten sie nicht am Bleiben hindern. Sie mochte sich nicht »in die Dinge fügen«.

Sie prophezeite, dass die Ausrottung wild lebender / frei lebender Pflanzen, Tiere und Menschen uns sowohl geistig als auch wirtschaftlich ärmer mache und dass dies auf die Zukunft gesehen unsere eigene Vernichtung nach sich ziehen werde.

Um den juristischen Folgen ihres Engagements zu entgehen, zog sie 1985 mit ihrem »Autoopa«, einem alten VW-1600, ihren Masken, Wandteppichen und Fetischfiguren, ihrer Schakalhündin Mwalimosh und ihren Kröten nach Chur (Graubünden) in die Schweiz. Hier erwarb sie sich als »Bündner Orakel« erneut Respekt und Anerkennung.

1982 hatte sie sich in einem mehrtägigen Selbstversuch an einem Projekt über den Fliegenpilz *(Amanita muscaria),* einer seit uralten Zeiten in Europa und Asien im Gebrauch befindlichen heiligen Pflanze, die von sibirischen Schamanen und nordamerikanischen Indianern zum Wahrsagen benutzt wurde, beteiligt. Erleben, Gefühle und Visionen sprach sie auf Tonband. Es entstand ein – in der bisherigen Literatur – einzigartiges Protokoll.

Die sehr angenehm verlaufene und stellenweise sehr humorvolle Kommunikation mit dem »Fliegenpilzmann« ermunterte sie zu weiteren eigenen Experimenten mit Tollkirschen *(Atropa belladonna)* und der Steppenraute *(Peganum harmala).* In ihrem letzten Artikel, den sie veröffentlichte (»Das Dawa der Matiwata«), beschrieb sie, wie in Kamerun mit Hilfe der psychoaktiv wirkenden Muskatnuss ein Kontakt zu den Wassergeistern hergestellt werden kann, um sie zu vergangenen und zukünftigen Dingen zu befragen.

In ihren Artikeln, Büchern, Vorträgen und Workshops wollte sie eine »Stimme überm Fluss von einem anderen kulturellen Ufer« sein.

Das Buch »Anleitung zu afrikanischen Orakeltechniken« (Berlin 1991) enthält ihre Arbeiten zu afrikanischen Orakelsystemen mit Strichen, Knochen, Spinnen und Kaurimuscheln, Dokumente ihres Lebens und puzzlestückhafte Beiträge von Freunden, Schülern und ehemaligen Angestellten, aus denen sich das Gesamtbild einer bis zu ihrem Tod geheim gehaltenen Biographie ergibt.

Wahrsager

Das so genannte Zweite Gesicht kann jemandem ungewollt kurze Einblicke in Vergangenheit und Zukünftiges gewähren. Doch diese beschränken sich zumeist auf die eigene Person und ihr Umfeld. Solche Fähigkeiten lassen sich sogar ein wenig trainieren. Menschen, die sehr offen sind für die Eindrücke aus ihrem Unbewussten, meist Frauen (→Weise Frau) oder Männer mit sehr viel weiblichen Anteilen, vermögen auch Zukünftiges von anderen Personen erschauen. Doch anders als bei →Propheten und →Sibyllen beschränkt sich diese Schau eher auf Details und hinterlässt nur einen vagen Eindruck (→Mother Shipton).

Cover des Buches »Warsager Kunst«, Frankfurt am Main 1541.

Außerdem bleiben sie in aller Regel dabei Herr/Frau ihrer selbst. Natürlich verlaufen die Übergänge fließend. Wenn berufsmäßige Wahrsager (berufsmäßige echte Propheten kann es nicht geben) als scheinbar unverzichtbare Werkzeuge einen →Kristall, →Wasser, →Magischen Spiegel, →Sprechenden Kopf oder etwa →Karten benutzen, dienen diese scheinbar lebendigen Devotionalien nur als Vehikel. Sie helfen, Bilder oder Nachrichten aus dem Unbewussten zu aktivieren und spiegeln sie gegebenenfalls wieder (Ashlati →El Fantadu). Und wer geschickt genug arbeitet, bräuchte nicht einmal einen besonderen Zugang zu diesem Schatzhaus der Erfahrungen.

Der Psychologe Hartmut Zinser begleitete einige Klienten zu einer Berliner Wahrsagerin. Eine Frau wollte wissen, ob sie den Mann, der ihr einen Heiratsantrag gemacht hatte, heiraten solle oder nicht. Die Wahrsagerin hüllte zunächst ihre Kugel mit Schwaden von Räucherstäbchen ein und ließ dann den Rauch verziehen. Jetzt sah sie einige glückliche Stunden mit dem potenziellen Ehemann voraus, aber auch einige Schwierigkeiten – wozu es keines Orakels bedarf. Sie gewichtete diese Aussagen aber nicht, sondern veranlasste die Klientin mit vorsichtig nichtssagenden Aussprüchen aus dem Kristall zu eigenen Mitteilungen und Phantasien.

Zinser fand hierbei große Ähnlichkeiten mit den Assoziationshilfen im psychoanalytischen Prozess (1989: 184). Die Wahrsagerin verhalf der Klientin mit dem Angebot gleichartig angenehmer und abschreckender Aussichten, sich eigener weitgehend unbewusst gebliebener Bedenken gegen diese Ehe klar zu werden (→Fragestellung bei Orakelverfahren). Raum, magisches Ambiente und Wahrsagerin waren nur Medium, die Ambivalenzen in dieser Frage deutlicher zu sehen. Am Ende der kurzen Sitzung hatte die Klientin sich und ihrer Zuhörerin die Zukunft so offen gelegt, dass sie schließlich dankbar mit der Entscheidung davonging, den Mann auf gar keinen Fall zu heiraten.

Wäscheaugurium

Auch das Wäschewaschen ist eine Form der Reinigung, die bestimmter Vorsichtsmaßregeln bedarf, da sie zur gleichen Zeit die Gegensätze anzieht. Wäsche waschen an Walpurgis, Johannis, in der Karwoche, Ostern, Pfingsten, Kreuzerhöhung (14. September), Luzie (13. Dezember), von Heiligabend bis Neujahr – das bringe Unglück. Den Wäschetag auf den Zwölften eines Monats zu legen, locke die Schmutzteufel an. Zieht man dabei an diesem Tag nur eine Leine, würden die Polaritäten und Widerstände im Leben geradezu herausgefordert. Dichte Nebelbänke raten dagegen zum Waschtag, da nun auch Feen und Wildweiber ihre Schleier reinigen. Hängt die Wäsche bereits an der Leine und es tritt heftiger Wind auf, fänden die Träger künftig möglicherweise keine Ruhe.

Wird ein lediges Mädchen bei der Wäsche sehr nass, drohe ihr ein Säufer als Beziehung oder ein »Krummer«. Strahlt Sonne beim Wäschetrocknen, stünden die Aussichten nicht schlecht für einen beständigen Partner; regnet es, bliebe der Kerl nicht treu.

Recken sich beim Waschen die Strumpfspitzen nach oben, nahe günstiges Trockenwetter. Findet die Hausfrau beim Aufhängen die eingestickten Buchstaben nicht, »langt's bei ihr auch im Haushalt nicht«. Mutterfreuden kündeten ein knisternder Waschkorb und größere Luftblasen beim Auswringen. Rostflecke und dunkle Kreuze in der Wäsche wiesen auf einen baldigen Todesfall. Kommt eine Nachbarin vorbei und bittet um die benutzte Lauge, könne das eine Hexe sein.

Fehlen beim Abnehmen der Wäsche die Dessous, streune ein heimlicher Verehrer oder Wäschefetischist. Ist die Wäsche nicht strahlend weiß geworden, war es das falsche Waschmittel. Wenn eine Frau um Mitternacht von Silvester Wäsche wasche, erscheine ihr der Zukünftige und bringe interessanterweise das Seifenpulver mit. Wer aber diese Wäsche an Neujahr im Freien hängen lässt, müsse dann im neuen Jahr jeden Tag waschen.

Warn- und Wahrträume

Es gehört zum festen Glauben der Menschheit, Träume könnten die Zukunft vorhersagen, verborgene Dinge aufdecken oder vor einer Gefahr warnen. Seit Jahrtausenden gibt es entsprechende Berichte von Träumen, die auf diese Weise in Erfüllung gegangen sind. Einige Beispiele:

- Bevor sich König Nebukadnezar – vom Wahnsinn ergriffen – sieben Jahre als wildes Tier gebärdete und in der Wildnis Gras fraß, träumte ihm, vom Höchsten Wesen werde ihm sein Menschenherz genommen und durch ein Tierherz ersetzt.
- Caesars Frau Capurnia soll in der Nacht vor seiner Ermordung ihren Gatten als blutige Leiche gesehen haben.
- →Albert Magnus träumte, dass er auf einer Brücke stand und sah, wie ein Knabe ins Wasser fiel und unter ein Mühlrad geriet. Als er nach dem Aufwachen diesen Traum den Personen seiner Umgebung erzählte, kam weinend eine ihm unbekannte Frau und erzählte von diesem Unglück ihres Sohns.
- Der Arzt, Philosoph und Schriftsteller Geronimo Cardano träumte 1531, er sei in einem überaus herrlichen paradiesischen Garten. Dort sah er ein Mädchen in weißem Gewand, er umarmte und küsste es. Kurze Zeit danach sah er das Mädchen seines Traums wirklich und hielt erfolgreich um ihre Hand an.
- Nach dem Tod von Goethes Großvater war man in Verlegenheit, das Testament zu finden. Goethes Schwester träumte, es sei zwischen Brettchen im Schreibpult, die durch ein geheimes Schloss verbunden waren, zu finden. Man untersuchte das Pult und fand alles genauso.
- Eine Konfirmandin träumte 1943, der Lastwagen, der sie und ihre Mitschülerinnen täglich vom Dorf zur Schule brachte, läge mit Achsbruch an einer Kurve der Straße im Graben. Als sie den Traum ihren Kameradinnen erzählte, beschlossen diese, mit ihr zu Fuß zur Schule zu gehen. Unterwegs fanden sie tatsächlich den Lastwagen auseinander gebrochen im Graben liegen.
- Eine 40-jährige, kinderlose Witwe hatte in einer fremden Stadt ein Treffen mit einem Mann, den sie über eine Heiratsanzeige kennen gelernt hatte. Er gefiel ihr sofort, da er sagte, er wünsche sich nichts sehnlicher, als mit ihr ein Kind zu haben. In der Nacht träumte sie von einem bunten Vogel, der von weitem wunderschön wirkte. Beim Näherkommen bemerkte sie, er war schmutzig, mottenzerfressen und hielt ein drittes Bein im Bauchgefieder versteckt, in dessen Kralle er ein langes Messer hielt. Der Vogel wurde immer größer und kam bedrohlich auf sie zu. Nach dem Aufwachen bezog sie den Traum auf ihr Treffen mit dem Fremden. Ihr wurde klar, dass der Mann nicht mehr der Jüngste war (mottenzerfressen), sich vor ihr als großer Vogel gespreizt und ihr in Bezug auf ihren Kinderwunsch nach dem Mund geredet hatte. Sie begann Nachforschungen anzustellen, und es stellte sich heraus, dass sie auf einen einschlägig bekannten Hochstapler getroffen war.

Wasserorakel

Die so genannten Heiligen Schriften der Menschheit stellen als Quelle aller Schöpfung und des Geistes die »Kosmischen Wasser« vor.

Heute sprechen Psychologen von dem Bereich des Unbewussten, der die gesamte individuelle und kollektive Erfahrung wie die Oberfläche des Wassers widerspiegelt, aber auch Impulse aus höheren Bereichen, aus dem so genannten Überbewusstsein. So finden wir die Befragung des Wassers und der →Brunnenorakel schon bei den frühen Völkern. Dabei entstanden viele unterschiedliche Techniken, Varianten der antiken Hydromantie.

Meist blickte man aber einfach nur ins klare Wasser hinein. Einige Orakelquellen waren berühmt dafür, was sie den Schauenden boten (→Patras, →Klaros, →Agnesbrünnl). Während einer Mondfinsternis oder bei Neumond standen die Erfolgschancen wohl besonders gut. Das christliche Mittelalter pries noch den Martinstag dafür, die Sonnenwende auf Johannis und die Christ- oder Silvesternacht. Schlag Mitternacht muss es nicht sein, doch viele haben hier besonders gute Ergebnisse erzielt, überhaupt in der Zeit zwischen 22 Uhr und 2 Uhr morgens.

Für einen Versuch in den eigenen vier Wänden reicht eine Kristallschüssel mit frischem Wasser. Manche stellen vier Kerzen herum, die vier Richtungen, Elemente und die Ordnung des Universums symbolisierend. Man stelle die Frage und fixiere einen bestimmten Punkt auf der Wasseroberfläche. Dabei sollte man versuchen, mit den Augen hindurchzuschauen, ohne sich durch den Grund der Schüssel bremsen zu lassen. Die Dämpfe des Wassers werden das Ihrige beitragen, dass relativ rasch ein Zustand erreicht wird, wo eine Spiegelung aus dem Unterbewusstsein die äußere Sicht überlagert. Nun können sich kurzfristig klare Bilder auf der Wasserfläche zeigen, die in ständiger Veränderung sogar ganze Geschichten erzählen.

Wer es vorzieht, dazu in der freien Natur einen lauschigen See zu suchen, der sei gewarnt. Vor allem Menschen, die leicht in Trance fallen, können von dunklem Wasser magnetisch angezogen und in die Tiefe gelockt werden. Man fixiere besser nur die Oberfläche der Gewässer. Das ständige Fließen eines Baches oder Flusses liefere bei kluger →Fragestellung eine besondere Klarheit zur Problembewältigung (Tegtmeier 1990:141). Wer sich gleichzeitig auf die Geräusche konzentriert, kann auch eine auditive Botschaft empfangen. Mitunter kündigt sie sich dadurch an, dass friedliches Plätschern zu einem Brausen anschwillt, um dann abrupt abzubrechen. In diese Stille hinein können Stimmen sprechen. Doch bei allen Stimmen überprüfe man mit aller zu Gebote stehenden Vernunft, was sie zu sagen haben (→Innere Stimme). Es melden sich gern Seiten von uns zu Wort, die besser den Mund halten sollten.

Aus dem alten Assyrien oder Babylonien stamme das Verfahren, mit und ohne Medium durch Zaubersprüche →Hilfsgeister oder andere Herrschaften zu zwingen, sich im Wasser durch gurgelnde oder andere Geräusche zu outen und auch auf diese Art Zukunftsaussagen von sich zu geben. Der Römer Hippolytus berichtete erbost über eine aufgedeckte Variante dieses Orakels. Im Hause eines Zauberers stand in der Öffnung des Fußbodens eine sie völlig ausfüllende Glasschale mit Wasser. Der Magier in feierlicher Robe verdunkelte den blau ausgemalten Raum und rezitierte die altertümlichen Beschwörungsformeln. Der Klient beugte sich über die Schale, und bald sah er tatsächlich im Wasser Gestalten, die ihm allerlei Zeichen machten. Doch die »höheren Wesen« in der durchsichtigen Schale waren die Kumpane des Magiers, die im Gelass darunter, entsprechend kostümiert, ihre Faxen machten (Jamblichus 1922:205).

Weise Frau →Nornen

Weizenhorchen

Horchen beschreibt im Gegensatz zum Hören ein bewusstes, willentliches und oft zielgerichtetes Empfangen, das letztlich im »Großen Lauschangriff« enden kann. Als mantische Disziplin verlangt Horchen Dunkelheit, zumeist sogar die Mitternachtsstunde und besondere Lostage. In Persien hielt man wohl jede Mittwochnacht als geeignet. Doch es gibt noch andere Voraussetzungen: Man dürfe sich auf dem Weg zum Stelldichein mit dem Orakel nicht umdrehen. Eine Stunde Wartefrist vor Ort unter völligem Stillschweigen müsse eingehalten werden, eine meditative Haltung sei empfehlenswert, ein Verstopfen der Ohren bis Mitternacht könne nicht schaden, von völliger Nacktheit müssen wir während des Winters abraten. In Frage kommt im Prinzip jedes Kornfeld, auch jeder Kreuzweg oder »heilige Berg«; ein Weizenfeld neben einem Kreuzweg wäre allerdings kaum zu überbieten.

Der Weizenanbau ist bereits für die jüngere Steinzeit nachgewiesen. Da er das Überleben der Menschen stärker absicherte, wurde Weizen zum Symbol der Vegetationskräfte, der fruchtbaren Liebe und Fürsorge der »Großen Mutter Natur« (Ährenmadonna), und oft mit Gold gleichgesetzt. Im Christentum diente der Weizen später als Sinnbild des »rechten Glaubens«, eine Folge »wahrhaftiger Einsichten«.

Um die zwölfte Stunde der Christ- oder Walpurgisnacht begebe man sich also mit ausreichend winterfester Kleidung auf ein Weizenfeld. Dort knie man sich hin und zeichne mit geweihter Kreide ein Dreieck um sich auf den Boden. Dann lege man das Ohr in dieses Dreieck. Zunächst ertöne alsbald starkes Rollen. Im Anschluss daran sollte sich eine unterirdische Stimme melden, die alle wichtigen Ereignisse der nächsten zwölf Monate verkündet.

Hat man eine bestimmte Frage, muss man sie vorher an den Geist des Ortes richten. In diesem Falle könne man Gespräche hören, die eine indirekte Antwort geben (→Geräuschwahrsagung). Bei Ja-Nein-Fragen darf man das erste Ja oder Nein des Gesprächs auf sich beziehen. Bleibt es aber still, auch nach einer Viertelstunde noch, ist vielleicht das Dreieck zu unsauber gezeichnet oder der Ort nicht gut gewählt!

Wettervorhersage

Manche glauben, die Geschichte der Wahrsagekunst hätte mit der Wettervorhersage begonnen. Meteorologen werden dagegen auf die Tatsache verweisen, dass die frühesten Wetterprognosen übergangslos in eine wissenschaftliche Untersuchung aller dabei beteiligten Vorgänge mündeten. Und doch haftet ihrem wissenschaftlichen Metier noch heute im Zeitalter der Wetter-Satelliten etwas von den vagen und dunklen Aussagen eines antiken Orakels an. Schon damals legte der Orakelservice gesteigerten Wert auf die Spannbreite der Interpretationsmöglichkeiten und vermied zumeist peinlich, sich genau festzulegen.

Seitdem der Mensch sesshaft wurde und Landwirtschaft betrieb, musste er versuchen, Einblick in die Veränderungen und Zyklen der Jahreszeiten zu gewinnen. Der harte Überlebenskampf gebot, die fruchtbarste Zeit bestmöglich zu nutzen und sich vor jeder einbrechenden Katastrophe zu schützen. Obwohl man alle klimatischen Bedingungen einer gut gelaunten oder verstimmten Gottheit zuschrieb, mussten doch bereits recht früh divinatorische Offenbarungspraktiken einer gründlichen Beobachtung und Erfahrung das Feld räumen. Wir wissen heute – als eines von vielen Beispielen –, dass die berühmte Anlage von →Stonehenge im Süden Englands, deren Entstehung zwischen 3000 und 2500 v. Chr. angesetzt wird, als eine Art frühes Observatorium mit Großcomputer konzipiert wurde, als ein in Stein erbauter riesiger Kalender. Er vermochte unter anderem Sonnen- und Mondfinsternisse zu berechnen und liefert dazu noch bis weit über das Jahr 2100 hinaus äußerst exakte Daten. Damit hatten die Erbauer die Voraussetzungen für eine genaue Wetterbeobachtung geschaffen.

Eine genaue Wettervorhersage erfordert vielfältige Bemühungen.

Auch die Priester Babylons waren sehr früh in der Lage, relativ verlässliche Wetterprognosen zu liefern. Eine Tontafelbibliothek des Herrschers Assurbanipal (669–627 v. Chr.) bot einen ganzen Katalog von Wetterregeln, aus denen bald handlichere Kalender entstanden. Griechenland stellte im 5. Jahrhundert v. Chr. solche Kalender mit so genannten Witterungsnotaten an öffentlichen Plätzen auf. Ein erstes Lehrbuch der Meteorologie verfasste der Philosoph Aristoteles (384–322 v. Chr.), der dabei den Einfluss von Kometen, Sternschnuppen, vor allem aber den von Meeren, Flüssen und Seen auf das

Wetter untersuchte. Der römische Dichter Vergil (70–19 v.Chr.) veröffentlichte eine Fülle von Wetterregeln in der Literatur, der Naturphilosoph Plinius (24–79 n.Chr.) arbeitete mit diesen Regeln in seinen wissenschaftlichen Arbeiten. Über Vermittlung arabischer und des Lateins kundiger Gelehrter traten diese Informationen ihren Siegeszug durch das mittelalterliche Europa an. Man glaubt, dass in der »Wahrsagekunst« heutiger Meteorologen drei alte Stränge zusammenlaufen: die langjährige gründliche Wetterbeobachtung, die zu Regeln führte, die wir noch heute aus den so genannten Bauernkalendern kennen; eine Art früher Naturwissenschaft im Rahmen einer Naturphilosophie und von Astronomie; und eine Meteorologie aufgrund astrologischer (→Astrologie) Voraussagen.

Als Beginn der modernen Wettervorhersage gilt das Jahr 1774. Der französische Pfarrer Louis Cotte veröffentlichte zu diesem Zeitpunkt seine »Abhandlung über die Meteorologie«, in der zum ersten Male Regeln für Wetterprognosen aufgrund »exakter Messungen« aufgestellt worden seien. Nur wenige Jahre später eröffnete am 1. Januar 1781 im bayerischen Schwaben die mutmaßlich älteste Bergwetterstation der Erde auf dem Hohenpeißenberg, die seitdem so gut wie ununterbrochen Daten sammelt und auswertet. Die höchste deutsche Wetterstation befindet sich auf der Zugspitze in etwa 2960 Meter Höhe. Angeschlossen sind das Fraunhofer Institut für »atmosphärische Umweltforschung« und ein Observatorium zur Beobachtung astronomischer Vorgänge.

Wir können also resümieren: Es hat sich im Prinzip wenig verändert. Nicht einmal das Wetter. Es schafft es nur mit einer allen Respekt abgewinnenden Leichtigkeit, sich unseren festen Kategorisierungen zu entziehen. Damit stuft es alle wissenschaftliche und global vernetzte Meteorologie immer wieder auf das Niveau unsicherer Augurendeutung herab. Und hätten →Auguren und andere Divinationskollegen früher schon den Konjunktiv gekannt, man hätte ihn vermutlich zum göttlichen Prinzip erhoben.

Wirklich neu aber ist der »Präsentator«. Glaubte man jahrtausendelang trotz allem frühaufklärerischem Gehabe eines Aristoteles oder Plinius, das System atmosphärischer »Entäußerungen« lege eine hohe und im Grunde genommen fast unerklärliche Intelligenz göttlicher Ordnung vor, wird uns heutzutage, allabendlich vor und nach dem Wetterbericht, das Wetter von einer Investmentsanlage, Altersvorsorgeversicherung oder Marmeladefabrikation präsentiert.

Windorakel →Luftorakel

Wolkensehen

Bei dieser als Nebenwirkung recht beruhigenden Beschäftigung brauchen wir einen recht kräftigen Wind, der die Wolken treibt und auseinander reißt. Sie dürfen sich aber auch nicht zu rasch bewegen. Tage mit gleichmäßig unbeweg-

Wenn der große Drache erscheint …

tem oder total verhangenem Himmel sollten wir anderweitig nutzen. Für dringende Fragen empfehlen wir daher andere Orakel.

Zum Wolkensehen können wir uns vor ein großes Fenster setzen, doch wenn es die Temperaturen zulassen, gelingt es vermutlich leichter, setzen wir uns draußen auf eine Bank oder legen uns flach auf den Boden. Der Rücken braucht auf jeden Fall eine Stütze, eine entspannte Haltung bleibt immer eine unabdingbare Voraussetzung – für jede Orakelsuche. Fühlt man sich ruhig und wohl, stelle man die Frage oder mache sie sich bewusst und bitte um Antwort. Nun müssen wir einen bestimmten Punkt am Himmel fixieren, aber nicht an einer Wolke kleben bleiben, sonst reisen wir mit ihr. Das ist zwar ein schönes Gefühl, doch zur Schau müssen wir durch sie hindurchsehen. Schon bald wird unser Bewusstsein uns auf verschiedene Formen aufmerksam machen, die sich kurzfristig bilden. Bei visionär veranlagten Menschen kann es auch passieren, dass gerade das Symbol Wolke auf dem inneren Bildschirm Bilder erzeugt, die wir scheinbar am Himmel sehen. Es bedarf nun wieder unserer subtilen Intuition, die Antwort in diesem unaufhörlichen Binden und Lösen, Aufbauen und Zersetzen, in diesem nie ruhenden Ablauf herauszufiltern. Wer dabei einen Drachen oder eine Riesenschlange erkennt, sollte wissen, dass diese meist nur anzeigen, alte und abgenutzte Vorstellungen müssen zerstört (aufgegeben) werden, um neuen und besseren Platz zu machen.

Wünschelrute

Bereits im 3. Jahrtausend v.Chr. sollen in China Rutengänger aufgetreten sein. In unseren Märchen und Sagen trugen Brunnennymphen eine Gerte in der Hand, mit deren Hilfe sie neue Quellen suchten. Ähnliche Bedeutung nahmen der Stab des Hermes an, der des Moses, seines Bruders Aaron und die Stäbe vieler Heiliger, mit denen sie an den Fels oder auf die Erde schlugen, und sogleich sprudelte ein Strahl frischen und reinsten Wassers hervor. Im übertragenen Sinne können wir in der korrekten Meditation oder geistigen Haltung mit der Wünschelrute einer geeigneten Orakeltechnik die reinen Quellen der Intuition suchen oder an die Schatzkammer individueller und kollektiver Erfahrung klopfen (→Befragung durch Meditation).

Der Glaube an die Wirkung von Wünschelruten fand in Deutschland seinen Höhepunkt im 15. und 16. Jahrhundert, als sie zur obligatorischen Ausrüstung aller Bergleute, Brunnenbohrer und Schatzsucher gehörte. →Paracelsus nannte die Arbeit damit aber eine »unsichere Kunst«. Bevorzugt scheinen früher Haselgerten gewesen zu sein, später Erlen- und Weidenzweige – alles Bäume, die in keltischer und germanischer Tradition der Orakelsuche dienten (→Baumorakel). Als sich im 17. Jahrhundert die Wissenschaft dafür interessierte, polarisierte sich der Trend. Während die einen von reinem Aberglauben sprachen, empfahlen andere dieses Werkzeug zusätzlich noch zur Entdeckung von Mördern, Dieben und versteckten Reliquien, zur Unterscheidung von Echtem und Unechtem, von treuen und untreuen Partnern.

Rutengänger nach Caspar Schott. Aus: G.H. Berndt: »Das Buch der Wunder«, Leipzig o.J.

Als besonders tauglich sollen sich zweigabelige Äste erwiesen haben, die in einem Jahr gewachsen sind, keinen Flecken von altem Holz aufweisen, dreifach gewunden sind und deren Zweige gleich lang und so am Ast sitzen, dass die Mittagssonne gerade hindurch scheinen kann. Die beste Zeit zum Schneiden liege zwischen zwölf und ein Uhr am Johannistag (Mittsommer), am Karfreitagnachmittag um vier Uhr und um Mitternacht dieser beiden Tage. Die besten Ergebnisse liefere eine Rute, die von einem Kind unter sieben Jahren geborgen wird, das an einem Sonntagmittag Schlag zwölf Uhr geboren ist und »im rechten Glauben« erzogen wurde. Dieses nähere sich stillschweigend und rückwärts, muss sie mit einem Schnitt eines noch nie benutzten Messers lösen und das Gesicht dabei zum Morgen der aufgehenden Sonne im Osten wenden. Hat es sie hinter dem Rücken abgeschnitten, darf es sich nicht umdrehen, sondern muss die Rute unbesehen von hinten zwischen den Beinen durchziehen.

Eine solche Rute reagiert sehr empfindlich auf Wasser und Metall im Boden, auf besondere Energien und Anomalitäten, Störzonen genannt. Bei Rutengängern stellt sich offensichtlich ein Muskelreflex ein, der sich auf die Rute überträgt. Wer sie wie das →Pendel als Orakel nutzen möchte, muss zur einfachen Ja-Nein-Befragung zunächst festlegen, wie die Ausschläge bewertet werden sollen. Meist gilt der Ausschlag nach unten als negative, der Ausschlag nach oben als positive Antwort. Dann konzentriere man sich auf die Frage, entlasse sie dann aus den Gedanken und spaziere los. Die Rute darf nicht zu wenig und nicht zu stark gespannt sein. Bei einem Ausschlag nach unten lohnt es sich aber immer, den Punkt auf dem Boden gründlich zu untersuchen, bevor man dies vorschnell als Verneinung akzeptiert.

Würfelorakel

Die in der Antike recht verbreiteten Würfelorakel waren nicht an bestimmte Orakelheiligtümer gebunden. Sie standen in vielen Städten an öffentlichen Plätzen der Allgemeinheit zur Verfügung. Zunächst nutzte man dabei wohl den sechsseitigen Würfel, dessen sechs Zahlenwerte kombiniert mit den ersten sechs Buchstaben des Alphabets auf den Ratschlag eines homerischen Verses verwiesen. Man würfelte meist dreimal. Hatte man dann beispielsweise eine Eins, eine Zwei und eine Sechs, gab die »Ilias« Vers 24,92 Auskunft: »Aber ich geh, nicht umsonst soll das Wort sein, was er auch sage!« Beim Geryonorakel in Patavium mussten die Würfel in einer heiligen Quelle ausgeworfen werden.

Scheinbar aus Kleinasien kamen und verbreiteten sich so genannte Astragale, Würfel aus Fußwurzelknöcheln von Ziegen, Schafen oder Schweinen. Sie boten nur vier Flächen, die Zahlen Zwei und Fünf fielen aus. Im Tempel lagen solche Knöchel wohl bereit, vielleicht musste man aber auch für alle Fälle solche immer mit sich führen. Der Ratsuchende hatte mit fünf Astragalen zu würfeln, zumeist auf einem Brett, und entsprechend dem Zahlmuster das Orakel auf der Tafel zu suchen. Im Tempel sollte man natürlich vorher zum Gott der Orakelstätte beten. Manchmal würfelte man wohl auf einem großen steinernen Quader, auf dem die Weissagungen direkt eingraviert standen, 56 mögliche vierzeilige Orakel in Hexametern. Über den Versen standen links fünf Zahlzeichen, in der Mitte die sich aus diesen Zahlen ergebende Quersumme, rechts der Name einer Gottheit. Der erste Hexameter enthält eine kurze Beschreibung des Wurfes, darauf folgt die eigentliche, inhaltlich allgemeine, in ihren Weisungen aber eindeutige Orakelvorschrift.

Gaukler würfelt vor Zuschauern. Holzschnitt aus dem 1470 entstandenen Blockbuch »Wirkung der Planeten«.

Beispiel der 42. Weissagung:

4.4.4.6.3 (Quersumme =) 21. Zeus Lichtbringer

Dreimal vier, dann einmal ein Sechser und fünftens ein Dreier.

Was Du auch willst, Du erreichst es, und findest, was Du suchest.

Mutig ans Werk, o Fremdling, schon ist Dir alles bereitet.

Das Verborgene entdeckst Du, der Tag der Rettung ist nahe!

Andere Orakel hatten 24 einversige Sprüche nach den 24 Buchstaben des damaligen Alphabets nummeriert. Auch dabei musste mit fünf Astragalen gewürfelt werden, deren Zahlenmuster dann den Buchstaben zugeordnet wurden: so etwa für 1.1.1.1.1 = A, 1.1.1.1.2 = B. Wesentlich einfacher funktionierte das direkte Buchstabenorakel. Dazu zog man aus einer Urne bronzene Buchstaben und suchte dann gleich den entsprechenden Vers dazu. Die Römer griffen bei den Versen besonders gern auf Vergil zurück. Doch bei diesem Verfahren verschwimmen Würfel- mit →Losorakel.

Als der römische Feldherr Caesar, statt auf Befehl des Senats sein Kommando in Gallien niederzulegen, mit seinem Heer auf Rom zumarschierte und den Rubicon überschritt, was für Freund oder Feind einer Kriegserklärung gleichkam, befand er denn auch, ohne bei einem Orakelvers nachzulesen: »Alea iacta est« – Der Würfel ist gefallen.

Z

Zaunrütteln

Der hölzerne Zaun hatte mit seinem Schutz, Bann- oder Hegecharakter auch eine sakrale Funktion. Wie man das Böse von außen fern halten wollte, so durfte das Gute nicht nach draußen entfliehen. Manchmal soll aber etwas herein, das sich bislang noch allzu sehr fern hielt. Zaunorakel gehörten zum wichtigen Brauchtum, das Nahen eines zukünftigen Partners etwas zu beschleunigen. Dazu rüttelten Mädchen die Holzplanken so lange, bis sich eine löste. Die verbargen sie bis Weihnachten, legten sie dann beim ersten Läuten in den Ofen, schoben sie beim zweiten Läuten nach, und beim dritten Läuten stellten sie sich ans Fenster. Sahen sie eine alte Frau, musste man noch ein Jahr warten. Ließ sich ein alter Mann oder kleiner Junge blicken, rückte die Partnerschaft in greifbare Nähe.

Wem das zu umständlich ist, der betrachte die Planke: Hat sie eine beachtliche Länge, wird's vielleicht ein langer Kerl. Ist nur ein recht kurzes Stück abgebrochen, na ja… Und dann gibt es noch gerade und krumme Planken, glatte und knorrige, schöne und nichts sagende. Wer an Dreikönig in der Nacht einen Zaunpfahl herauszieht und, flach auf der Erde liegend, das Ohr über das Loch hält, höre, ob er übers Jahr heirate oder Einzelheiten in Sachen künftiger Partnerschaft oder etwas über den Status quo. Wer sich mehr der Hilfe der Heiligen anvertrauen möchte, der rüttele am Andreastag oder auch sonst schon mal an der altehrwürdigen Umfriedung und rufe:

Erbzaun, ich schüttle dich,
Lieber Andreas, ich bitte dich,
Lass mir erscheinen
Den Herzallerliebsten meinen,
Wie er geht, wie er steht,
wie er mit mir zum Altare geht.

Man kann den letzten Halbsatz ja auch weglassen, will man gar nicht zum Altar. Aber dann endet die Beschwörung etwas frivol.

Männer denken sich eine beliebige Zahl aus und zählen die Stecken ab, bis sie zu dieser Zahl gelangen. Moos auf dem Pfahl bedeutet eine reiche Partie; keine Rinde und viele Risse lassen den Mut sinken, wenn man nicht auf die inneren Werte schauen will.

Mädchen schlugen auch mit einem Waschholz oder ähnlichem gegen den Zaun, und zwar so lange, bis ein Hund bellte. Aus Richtung, Lautstärke und Emotion des Gebells ließ sich einiges an Vorbedeutung heraushorchen. Andere achteten auf das erste Geräusch. Früher ließ sich bei Peitschenknallen beispielsweise auf einen Kutscher als Zukünftigen schließen, erklang eine Säge, konnte man an einen Schreiner denken. Heute scheint das mit dem Berufeabfragen schwieriger. Mit welchem Geräusch wollen wir Außenhandelsvertreter, Vertriebsmanager, Webmaster oder Buchhalter eindeutig identifizieren? Und wo nehmen wir einen Holzzaun her, an dem wir ungestraft rütteln können?

Zeltschüttler

Als *medicine-men* (Medizinmänner) bezeichneten die Weißen die Schamanen der Indianer Nordamerikas. Die Medizinmänner waren Menschen, die in Visionen große spirituelle Kräfte erlangt hatten und Kontakt zu einem oder mehreren →Hilfsgeistern hatten. Sie diagnostizierten Krankheiten, bereiteten Medizin aus heiligen Pflanzen zu, fanden verlorene Dinge wieder, sagten zukünftige Ereignisse, zum Beispiel den Ausgang eines Krieges, voraus und konnten Auskünfte über das Befinden weit entfernter Personen geben. Das Wort »Medizin« wurde aber

Ojibwa-Zeichnung einer Zeltschüttel-Zeremonie. Oben sieht man verschiedene Hilfsgeister im Anflug. Stahlstich von J.C. Tidball nach einer Chippewa-Zeichnung.

für alle Dinge verwendet, von denen man annahm, dass sie mit übernatürlichen Kräften behaftet waren.

Wegen ihrer Fähigkeiten besonders berühmt waren die »Zeltschüttler«. Zur Beschwörung ihrer Geisthelfer, übernatürlicher Wesen in der Gestalt von Schildkröte, Bär, Wolf, Schlange usw., errichteten sie in der Abenddämmerung ein rundes, oben offenes Zelt, sangen und trommelten. Das Zelt begann zu zittern, sobald sich die Geister auf den Zeltstangen niederließen. Aus ihren, für alle Anwesenden hörbaren, aber nicht verständlichen Stimmen, übersetzte der Zeltschüttler dann den Inhalt ihrer Antworten für die umherstehenden Frager. 1764 ließ ein Zeltschüttler der Ojibwa den Schildkröten-Hilfsgeist nach Fort Niagara und nach Montreal (Kanada) fliegen. Der Geist gab die Auskunft, dass sich viele Soldaten auf den Weg zu den Ojibwa gemacht hätten. Man solle schnellstens, was dann auch geschah, Friedensverhandlungen einleiten, wenn die Ojibwa – militärisch nicht ausgerüstet – eine schlimme Niederlage vermeiden wollten.

Zuckungsweissagung

Der Glaube an die Vorzeichenkraft des Juckens, Zuckens, Klopfens, Zitterns, Klingens oder anderer unwillkürlicher Nervenreize taucht schon in den indischen Veden auf, findet sich bei den meisten Völkern der Erde und brachte recht früh eine pseudowissenschaftliche Fachliteratur hervor: die »Zuckungsbücher«. Eine erste Systematisierung dieser Phänomene schuf der Stoiker und Universalgelehrte Poseidonius im 1. Jahrhundert v. Chr. Bekannter wurde das nach dem mythischen griechischen Propheten, Seher, Wunderarzt und sagenhaften Gründer des Dionysoskultes Melampus benannte Zuckungsbuch. Fachleute datieren es unterschiedlich in das 4. bis 7. Jahrhundert. Jedenfalls geht es sicher auf sehr viel ältere Formen zurück. Alle späteren Zuckungswerke greifen auf die Aussagen des Melampusbuchs zurück. Dieses Kompendium enthielt etwa 1000 Einzeldeutungen, nach Körperteilen und Ausdrucksform klassifiziert. Einzelne Körperteile wurden wie etwa bei →Chiromantie und →Physiognomik den Gestirnen zugeordnet. Natürlich mussten dabei Geschlecht, Beruf, soziale Stellung ebenso berücksichtigt werden wie der Zeitpunkt. Schon der Kirchenvater Augustinus verwarf solche Aufzählungen »höchst sinnloser Beobachtungen«. Im Volksglauben jedoch überlebten diese Vorstellungen.

Einige allgemeine Regeln: Jucken am linken Auge weise auf unangenehme Begegnung, am Vormittag auf Glück, am Nachmittag auf Unglück, beim rechten Auge gilt das Gegenteil. Zwickt die Nase, gibt's Neuigkeiten oder das Schmalz wird teurer. Kribbelt's in der rechten Hand, werde man bald Geld ausgeben, zittert die linke, winkten Einnahmen. Eine Reise mache sich durch Jucken in der zweiten Zehe des rechten Fußes bemerkbar, schlechtes Wetter an den Hühneraugen. Kopfjucken verkünde Schläge, zumindest Ungemach, ebenso Jucken am Rücken und am Hintern. Juckt es einer jungen Frau am Scheitel, heirate sie bald.

Zufall

Seit der Antike beschäftigen sich Denker schon mit dem Zufall. Der Philosoph Demokrit (470–360 n. Chr.) nimmt eine eindeutige Determiniertheit allen Geschehens an. Die Atome, aus der die Welt bestehen, bewegen sich nach festen, unverrückbaren Gesetzen. Der Eindruck eines zufälligen Ereignisses ist für Demokrit lediglich eine subjektive Täuschung.

Der in Königsberg lebende Philosoph Immanuel Kant (1724–1804) gar postulierte in seinem Kausalitätsprinzip, dass jedem Ereignis ein anderes Ereignis vorhergehen muss, aus dem es aufgrund von Gegebenheiten, die immer schon (»a priori«) da waren, folgt. Für den Zufall gibt es in Kants Weltbild keinen Platz.

Der griechische Philosoph Platon (427–347 v. Chr.) dagegen ließ den Zufall als eine fügende, aber vernunftfreie Macht ohne Intention zu. Auch der Philosoph Epikur (341–270 v. Chr.) nahm an, dass zufällige Ursachen das Geschehen der Welt mit bestimmen.

Nach allgemeinem Glauben treten zufällige Ereignisse oft in Serie auf, z. B. bei einer »Glückssträhne« eines Spielers oder in der Beobachtung, dass ein Unglück selten allein komme. Von seinem 20. bis zu seinem 40. Lebensjahr notierte der österreichische Biologe Paul Kammerer (1880–1926) alle Koinzidenzen, von denen er hörte oder die er selbst beobachtet hatte und gewann daraus eine Typologie der Zufälle. Aus der Analyse seines Materials kam er in seinem Buch »Das Gesetz der Serie – eine Lehre von den Wiederholungen im Lebens- und Weltgeschehen« (Stuttgart 1919) zu dem Schluss, dass ein akausales Prinzip verwandte Konfigurationen in Raum und Zeit zusammenfügt, die durch Affinität zusammenhängen, und dadurch überzufällig passieren. Ein Beispiel: Eine Frau sieht im Wartezimmer eines Arztes ein Kunstbuch an, in dem ihr besonders die Bilder eines Malers namens Schwalbach auffallen. In dem Moment öffnet sich die Tür und eine Bedienstete fragt, ob eine Frau Schwalbach anwesend sei. Sie werde am Telefon verlangt.

Der Schweizer Psychologe C. G. →Jung (1871–1961), dem ähnliche Zufallsserien bei seiner Arbeit aufgefallen waren, nannte derartige Ereignisse synchronistisch. Jung bezog sich bei seinen Überlegungen auch auf Ergebnisse des amerikanischen Parapsychologen J. B. Rhine bei seinen ESP-Experimenten mit einem Satz von 25 »Wahrsagekarten«. Bei einer Versuchsanordnung war der Versuchsperson die Aufgabe gestellt worden, eine in der näheren (in wenigen Minuten) oder ferneren Zukunft (bis zwei Wochen) noch herauszulegende Kartenserie zu erraten. Da ihr dies überzufälllig gut gelang, folgerte Jung: »Man kann sich nicht vorstellen, wie ein zukünftiges Ereignis ein solches in der Gegenwart zu bewirken vermochte. Da vorderhand keine Möglichkeiten einer Kausalerklärung vorliegen, so müssen wir provisorisch annehmen, dass unwahrscheinliche Zufälle beziehungsweise sinngemäße Koinzidenzen akausaler Natur eingetreten seien.«

Jungs Schülerin Marie-Louise von Franz nimmt an, dass er aus dem (wie Jung es nannte) »absoluten Wissen des Unbewußten« schöpfte. Die Trance, in die ein Wahrsager beim Anschauen eines chaotischen Musters (Handlinien oder Lichtreflexe einer Kugel usw.) fällt, ermöglichen es ihm, in einen Zustand eines niedrigen, dem Wissen des Unbewussten nahen Bewusstseinsniveau herabzusteigen, um Verborgenes über die Zukunft »heraufzubringen«.

Der holländische Botaniker und Künstler Herman de Vries setzte den Zufall als bestimmendes Moment ein, wenn er sich im Herbst einen Nachmittag lang unter einen Kirschbaum setzte, und auf einem großen weißen Blatt die Blätter so aufklebte, wie sie herabfielen.

De Vries kam nach 14 Jahren Arbeit mit solchen Zufallsbildern zu dem Schluss, dass der Zufall nur ein Hilfswort ist für das, was wir nicht fassen können, für das, was aus einer Vernetzung kausaler Prozesse entsteht, die zu komplex in ihren Zusammenhängen und Ursächlichkeiten sind, um sie mit dem heutigen Wissen schon verstehen zu können.

Zwiebelorakel

Die Zwiebel mit ihrem durch Schalen vielfach verhüllten Kern ist ein altes Symbol der Einheit und des Urgrunds. Sie genoss so große Achtung, dass die Krommyomantie entstand, die Weissagung mit und aus der Zwiebel. Weil sie den Ruf hat, schlechte Substanzen aufzunehmen, hängte man sie an die Decke von Krankenzimmern. Wurde sie nach wenigen Tagen schwarz, gesundete der Patient. Blieb sie weiß, lehnte sie die Krankheitsstoffe ab und der Kranke musste selbst mit seinem Los fertig werden.

Eine im gesamten deutschen Sprachraum beliebte und angeblich gut funktionierende →Wettervorhersage liefert der »Zwiebelkalender«. In der Christ- oder Silvesternacht (seltener auf St. Thomas) höhle man zwölf Zwiebelhälften aus. Jedes dieser Zwiebelschälchen wird nun mit dem Namen eines Monats und mit einer Prise Salz versehen und vor das Fenster gestellt. Bereits am nächsten Morgen liefert die in der Schalenwanne angesammelte Flüssigkeit ein Anzeichen für die Regenmenge in dem betreffenden Monat. Schwappt der Zwiebelsaft über den Rand, so ist in diesem Monat vielleicht sogar mit Hochwasser zu rechnen (→Hochwasservorzeichen).

Um die richtige Losnummer zu erkennen, wird eine Zwiebel bei Vollmond zuerst in Wasser und dann in die Erde gelegt. Nach neun Tagen nehme man sie heraus und kann mit etwas Glück und Phantasie in den Verschlingungen der Knolle Zahlen erblicken.

Nach einer im Mittelalter beliebten Heiratsweissagung soll man an Weihnachten in die vier Ecken der Stube jeweils eine Zwiebel deponieren und jede Zwiebel durch Zettel oder Aufschrift einem Wunschkandidaten zuzuordnen. An Dreikönig sieht man nach, welche Zwiebel ausgetrieben hat und wer sich damit in den Vordergrund drängt. Als besonders schlechtes →Omen galt es, wenn sich bei keiner Zwiebel etwas tat.

Träumt jemand, er werde mit Zwiebeln gekrönt, stehe etwas wirklich Interessantes bevor.

Danksagung

Wir bedanken uns bei Michael Günther für den Text zum I Ging und bei Bettina Riese, die die Texte zu den Stichwörtern Astrologie und Tarot geschrieben hat.

Für Hinweise, Materialien und anregende Diskussionen sagen wir folgenden Personen und Institutionen ein herzliches Dankeschön:

Leonard Ashley (New York), Gerd Bauer (Wiesbaden), Renate Blank (IPSA-Institut, Frankfurt a.M.), Werner F. Bonin (Tübingen), Axel Brück (Meginhouse Atelier, Förtha), Brita Dahlberg (Frankfurter Ring, Frankfurt a.M.), Wolfgang Dahlberg (Agnim, München), Rainer Dobramysl (Frankfurt a.M.), Susanne und Herman de Vries (Natural Relations, Eschenau), Nicole Erickson (München), Michael Fehr (Karl-Ernst-Osthaus-Museum, Hagen), Uschi Felix (Monash University, Melbourne), Antiquariat R.G. Feucht (Allmendingen), *finger* (Frankfurt a.M.), Arthur Fischer (Frankfurt a.M.), Doris und Ulrich Freund (Bad Orb), Hartmut Geerken (Sunra Archiv, Wartaweil), Madeleine Gläser (Reinhardshagen), Migki und Sergius Golowin (Allmendingen), Eckhard Graf (Göttingen), Ulrich Holbein (Allmuthshausen), Hans Holzer (New York), Ute und Edzard Klapp (Steinenbronn), Stanley Krippner (San Francisco), Bernd Kreuzer (Kassel), Eric Maple (London), Reinhild Massey (Rodgau), Samuel Pirate Morgan (Baltimore), Adelheid Mühlan (Antiquariat für Altes Wissen, Landau), Ömer Olgunsoy (Oxford), Barbara und Rainer Pließ (Institut für Erfahrungswissenschaften, Sulzheim), Heidi Ramseier (Bern), Christian Redemann (Frankfurt a.M.), Micky Remann (Liquid Sound Production, Bad Sulza), Matthias Rhein (Lagos), Norbert Rink (Traumwerkstatt, Schmitten), Alexandra Rosenbohm (Koemmet-Design, Wuppertal), Marita und Ingolf Schulze (Kronberg), Marion und Dorian Schwab (Frankfurt a.M.), John Symonds (London), Paul Tholey (Frankfurt a.M.), Johanna Wagner (Chur), Walter Wegmüller (Basel), Herbert Witzel (Frankfurt a.M.).

Für die Hilfe beim Erstellen der Texte sowie bei der Vorbereitung von Bildvorlagen danken wir Inge Wolfhard.

Unser besonderer Dank gilt den Verlegern Urs Hunziker und Michael Günther und ihrem Team.

Wolfgang Bauer, Clemens Zerling

Literatur

Abraham von Worms: *Buch Abramelin,* Worms 1995

Adrian, Franciscus: *Die Schule des I Ging.* Bd. 1: Hintergrundwissen; Bd. 2: Die Praxis, München 1994/95

Agrippa von Nettesheim, Heinrich Cornelius: *Die magischen Werke,* Wiesbaden 1982

»Alte und neue Seelenfähigkeiten«. In: *Flensburger Hefte. Anthroposophie im Gespräch,* Heft 34, 1991

Andritzky, Walter: *Schamanismus und rituelles Heilen im Alten Peru,* 2 Bde., Berlin 1989

Andritzky, Walter: »Peru: Das Koka-Orakel«. In: *Ethnologia Americana,* 24. Jahrgang, Nr. 113, Coquera 1988

Anthony, Carol K.: *Handbuch zum klassischen I Ging,* München 1989

Aquilina, L.: *Die megalithischen Tempel von Tarxien. Mit einer kurzen Beschreibung der praehistorischen Monumente von Hagar Qim,* Mnajdra/Ggantija/St. Venera 1984

Artemidor von Daldis: *Großes und vollkommenes Traumbuch,* Leipzig 1752

Bächtold-Stäubli, Hans: *Handwörterbuch des Deutschen Aberglaubens,* 9 Bde., Berlin/Leipzig 1927–1941

Bauer, Wolfgang: *Metamorphosen – Ein wahres Abracadabra der Kunst der Verwandlung,* Berlin 1984

Bauer, Wolfgang / Dümotz, Irmtraut / Golowin, Sergius: *Lexikon der Symbole. Mythen, Symbole und Zeichen in Kultur, Religion, Kunst und Alltag,* 23. Aufl., München 2002

Benz, Richard (Hrg.): *Jean Paul, Träume und Visionen,* München 1954

Bernhard, Marianne: *Altes Brauchtum. Von Lichtmess bis Dreikönig,* München 1985

Beltz, Walter: *Gott und die Götter. Biblische Mythologie,* München 1980

Berndt, Dr. med. G. H.: *Das Buch der Wunder und der Geheimwissenschaften,* 2. Aufl., Leipzig o. J.

Bibliographisches Institut: *Meyers Konversations-Lexikon,* 4. Aufl., Leipzig 1890

Biedermann, Hans: *Handlexikon der magischen Künste.* 2 Bde., 3. Aufl., Graz 1986

Bonin, Werner F.: *Das Buch der Träume,* Berlin 1984
Boron de, Robert: *Merlin der Künder des Grals,* Stuttgart 1975
Boxel, P.W. van: *Der Prophet Jeremia in der jüdischen und der frühchristlichen Tradition,* Bendorf 1992
Brettenthaler, Josef: *Das große Salzburger Sagenbuch,* Krispl 1994
Brier, Robert: *Zauber und Magie im alten Ägypten,* Augsburg 1990
Budge, E.A. Wallis: *The Dwellers on the Nile,* London 1926 (Reprint 1977)
Case, Paul Forster: *Daniel, Meister der Magier,* Los Angeles o.J.
Castaneda, Carlos: *Das Feuer von innen,* Frankfurt a.M. 1985
Cayce, Edgar: *Über das höhere Selbst,* München 1955
Cayce, Hugh Lynn: *Das Edgar Cayce Lesebuch,* München 1996
Chesterton, G.K.: *Franziskus – Der Heilige von Assisi,* Zürich 1981
Cicero, Marcus Tullius: *Von der Weissagung,* München 1967
Cohn, Norman: *Das Ringen um das Tausendjährige Reich. Revolutionärer Messianismus im Mittelalter und sein Fortleben in den modernen totalitären Bewegungen,* Bern 1961
Craemer-Ruegenberg, Ingrid: *Albertus Magnus,* München 1980
Cremer, Friedrich W.: *Die Chaldäischen Orakel und Jamblich de mysteriis,* Meisenheim 1969
Creuzer, Georg Friedrich: *Symbolik und Mythologie der alten Völker, besonders der Griechen,* 6 Bde., Leipzig/Darmstadt 1822–1843. Nachdruck Hildesheim/Zürich/New York 1990
Dahn, Felix: *Urgeschichte der germanischen und romanischen Völker,* 4 Bde., Berlin 1899
Dalai Lama: *Das Buch der Freiheit. Die Autobiographie eines Friedensnobelpreisträgers,* Bergisch Gladbach 1990
Derolez, R.L.M.: *Götter und Mythen der Germanen,* Einsiedeln/Zürich/Köln 1963
de vries, hermann: *to be, texte, textarbeiten, textbilder 1954–1995,* Stuttgart 1995
Doehler, Dr. Eduard: *Die Orakel,* Berlin 1872
Do-Dinh, Pierre: *Konfuzius,* Reinbek 1960
dtv-Lexikon der Antike: *Religion und Mythologie,* 2 Bde., München 1970
Die Edda: Götterdichtung, Spruchweisheit und Heldengesänge der Germanen. Übertragen von Felix Genzmer, 5. Aufl., Köln 1984
Eggenstein, Kurt: *Der Prophet Jakob Lorber verkündet Katastrophen und das wahre Christentum,* 4. Aufl., Bietigheim 1979
Ellis, Peter Berresford: *Die Druiden. Von der Weisheit der Kelten,* Augsburg 2000
Erickson, Milton H. / Rossi, Ernest: *Hypnotherapie. Aufbau – Beispiele – Forschungen,* München 1979
Evans-Pritchard, E.E.: *Witchcraft, Oracles and Magic among the Azande,* Oxford 1950
Franz, Marie-Louise von: *Wissen aus der Tiefe – Über Orakel und Synchronizität,* München 1987

Freud, Sigmund: *Die Traumdeutung,* Frankfurt a.M. 1961
Gattiker, Ernst und Luise: *Die Vögel im Volksglauben. Eine volkskundliche Sammlung aus verschiedenen europäischen Ländern von der Antike bis heute,* Wiesbaden 1989
Goethe, Johann Wolfgang von: *Satiren, Farcen und Hanswurstiaden,* Stuttgart 1967
Golowin, Sergius: *Magier Merlin,* Gifkendorf 1981
Gruner, H.: *Opfersteine Deutschlands,* Leipzig 1881
Gugitz, Gustav: *Die Wallfahrten Oberösterreichs. Versuch einer Bestandsaufnahme mit besonderer Hinsicht auf Volksglaube und Brauchtum,* Linz 1954
Gugitz, Gustav: *Österreichs Gnadenstätten in Kult und Brauch,* 5 Bde., Wien 1955–1958
Haiming, Peter: *Das große Gespensterlexikon,* Düsseldorf 1983
Haley, Jay: *Die Psychotherapie Milton H. Ericksons,* München 1973
Harding, Ésther: *Frauenmsterien und Jetzt.* Zürich 1949
Harmening, Dieter: *Superstitio,* Berlin 1979
Hartlieb, Johannes: *Das Buch aller verbotenen Künste,* hrsg. von Falk Eisermann und Eckhard Graf, Ahlerstedt 1989, Neuausgabe, ergänzt und bearbeitet von Christian Rätsch, München 1998
Hawkins, Gerald: *Merlin, Märchen und Computer. Das Rätsel Stonehenge gelöst?,* Berlin 1983
Hehlmann, Wilhelm: *Geschichte der Psychologie,* Stuttgart 1967
Heinz, Anette von / Kur, Frieder: *Propheten, Seher, Zukunftsforscher. Das große Buch der Geheimwissenschaften,* Zürich 2000
Hemleben, Johannes: *Rudolf Steiner,* Reinbek 1972
Henseler, Dr. Theodor Anton: *Spielbähn. Echte und gefälschte Prophezeiungen. Die Weissagungen von Köln,* Siegburg 1950
Herodot: *Historien,* 5 Bde., München 1961
Holitzka, Marlies und Klaus: *Der kosmische Wissensspeicher – Mit allem verbunden sein und es im Alltag nutzen,* München 2002
Horstmann, Erwin: *Der geheime Name der Stadt Rom. Ein Beitrag zur römischen Mysteriengeschichte,* Stuttgart 1979
Hoyle, Peter: *Delphi und sein Orakel. Wesen und Bedeutung des antiken Heiligtums,* Wiesbaden 1968
Hübsch, Hadayatullah: *Prophezeiungen des Islam,* München 1993
Hümmeler, Hans: *Helden und Heilige,* Bonn o.J.
Hunger, Herbert: *Lexikon der griechischen und römischen Mythologie,* Reinbek 1974
I Ging. Das Buch der Wandlungen (Reihe: »Quellen der Weisheit«), München 2004
Ions, Veronica: *Egyptian Mythology,* Feetham 1982
Irwin, Constance: *Kolumbus kam 2000 Jahre zu spät. Amerika vor 1492,* München 1968
Ishâq, Ibn: Mohammed. *Das Leben des Propheten,* München 1982

Jamblichus: *Über die Geheimlehren.* Aus dem Griechischen übersetzt, eingeleitet und erklärt von Theodor Hopfner. *Bd. 1: Quellenschriften der griechischen Mystik,* Leipzig 1922
Jeromin, Rolf (Hrsg.): *Orakelbuch. Die Kunst das Schicksal zu befragen,* Gütersloh 1981
Joachim von Fiore: *Das Reich des Heiligen Geistes,* bearbeitet von Alfons Rosenberg, München 1955
Johnson, Buffie: *Die Große Mutter in ihren Tieren. Göttinnen alter Kulturen,* Freiburg/Olten 1975
Jung C.G.: »Über Synchronizität«. In: *Archetyp und Unbewusstes,* Augsburg 2000
Jung, C.G. / Kerényi, Karl / Radin, Paul: *Der göttliche Schelm. Ein indianischer Mythen-Zyklus,* Zürich 1954
Kalweit, Holger: *Die Welt der Schamanen. Traumzeit und innerer Raum,* Bern/München/Wien 1987
Kaumann-Doig, F.: *Manual de la Arqueología Peruana,* Lima 1983
Kayser, Hans: *Schriften Theophrastus von Hohenheim genannt Paracelsus,* Leipzig 1921
Karl-Ernst-Osthaus-Museum (Hrsg.): *Demoscopia. Vorstellungen zur Zukunft,* Frankfurt a.M. 2001
Kerner, Justinus: *Ausgewählte Werke,* Stuttgart 1981
Kerényi, Karl: *Die Mythologie der Griechen,* 2 Bde., 22. Aufl., München 1966
Kiesewetter Karl / Kuper, Michael: *John Dee und der Engel vom westlichen Fenster,* Berlin 1993
Kirchhoff, Jochen: *Die Anderswelt. Eine Annäherung an die Wirklichkeit,* Klein-Jasedow 2002
Klonsky, Milton: *William Blake – The Seer and his Visions,* London 1977
Köstler, Arthur: *Die Wurzeln des Zufalls – Ist Zufall wirklich Zufall?,* 3. Aufl., Bern 1972
Krippner, Stanley: *Human possibilities,* New York 1980
Kriss, Rudolf: *Sitte und Brauch im Berchtesgadener Land,* Berchtesgaden o.J.
Kuchler, Franz: *Raunacht im Winterbrauchtum,* Tittling 1990
Kuper, Michael: *Agrippa von Nettesheim. Ein echter Faust,* Berlin 1994
Kuper, Michael (Hrsg.): *Wie der Widerspruch in die Welt kam. Von der Spinne und anderen Trickstern in Afrika,* Berlin 1998
Kuper, Michael: *Johannes Trithemius. Der Schwarze Abt,* Berlin 1988
Lehmann, Alfred: *Aberglaube und Zauberei. Von den ältesten Zeiten an bis in die Gegenwart,* Stuttgart 1898
Lehmann, Dr. Hans: *Wie's Wetter wird,* Band 1–4, Grenzach o.J.
Lüthardt, Ernst Otto: *Buch der Geister,* Würzburg 1995
Lukan, Karl: *Wanderungen in die Vorzeit. Kultstätten, Felsbilder und Opferstätten in Österreich,* Wien/München 1989
MacGregor Mathers, Samuel Liddel: *The Book of the sacred Magic,* Wellingborough 1976

Mahal, Günther: *Faust. Der Astrologe, Alchemist und Wunderheiler Johann Georg Faust, Zeitgenosse Luthers. Leben, Wirken und Zeit des großen deutschen Magiers,* Bern/München 1980
Mair, Lucy P.: *Magie im Schwarzen Erdteil,* München 1969
Maple, Eric: *The Dark World of Witches,* 3. Aufl., London 1971
Markale, Jean: *Die Druiden. Gesellschaft und Götter der Kelten,* München 1989
Martin, Kevin: *Das große Zigeuner-Wahrsagebuch,* Wien 1970
Masters, Robert / Houston, Jean: *Phantasie-Reisen. Zu neuen Stufen des Bewusstseins. Ein Führer durch unsere inneren Räume,* München 1984
Meyer, Richard M.: *Altgermanische Religionsgeschichte,* Leipzig 1910
Meyer-Renschhausen, Elisabeth: »Weiblicher Schamanismus oder Veleda und die Angst vor den schwarzen Künsten des anderen Geschlechts«. In: Ästhetik & Kommunikation, Heft 83, Jahrgang 22 (1993), September, Essen, S. 108–114
Miers, Horst E.: *Lexikon der Geheimwissenschaften,* München 1993
Miltner, Franz: *Germanische Führer der Antike,* Essen 1997 (Nachdruck von 1938)
Minois, Georges: *Die Geschichte der Prophezeiungen. Orakel, Utopien und Prognosen,* Düsseldorf 2002
Morus (Richard Lewinson): *Die Enthüllung der Zukunft,* Hamburg 1958
Müller-Will, Michael: Heidnische Opferplätze im frühgeschichtlichen Europa nördlich der Alpen, J. Jungius Gesellschaft der Wissenschaft, Hamburg 1989, Jahrgang 7, Heft 3
Museum Rietberg: *Orakel – Der Blick in die Zukunft,* Ausstellungskatalog, Zürich 1999
Nielsen, Enno (Hrsg.): *Die Hexe von Endor. Die merkwürdigsten Fälle aus dem Gebiet des Übersinnlichen von 1200 vor bis 1800 nach Christus,* München 1978
Nielsen, Enno: *Der Spuk im Grabgewölbe,* München 1978
Nuttke, Adolf: *Der deutsche Volksaberglaube in der Gegenwart,* 1900, Reprint Berlin 1970
Ogilvie, Robert M.: *... und bauten die Tempel wieder auf. Die Römer und ihre Götter im Zeitalter des Augustus,* München 1984
Orakel. Der Blick in die Zukunft, Sonderausstellung zur Jahrtausendwende. Ausstellungskatalog, Zürich 1999
Das Mädchen von Orlach, Katalog zur Ausstellung des Hallisch-Fränkischen Museums, Schwäbisch-Hall 1996
Orban, Peter / Zinnel, Ingrid / Weller, Thea: *Symbolon. Das Spiel der Erinnerungen. Zur Symbolik astrologischer Aspekte,* 3. Aufl., München 1996
Ovid: *Metamorphosen,* München 1981
Parker, Derek und Julia: *Das Gesicht – Spiegelbild des Charakters,* Wien 1993
Pelman, Carl: *Psychische Grenzzustände,* Bonn 1912
Petiscus, A.H.: *Der Olymp oder Mythologie der Griechen und Römer,* Leipzig 1878

Peuckert, Will-Erich: *Die große Wende. Das apokalyptische Saeculum und Luther,* Hamburg 1948
Pickering, David: *Lexikon der Magie und Hexerei,* Augsburg 1996
Plessen, Marie Louise, u. Daniel Spoerri: *Heilrituale an bretonischen Quellen,* Casti 1977
Pollak, Kurt: *Die Heilkunde der Antike. Griechenland, Rom, Byzanz. Die Medizin in Bibel und Talmud,* Wiesbaden 1978
Ranke-Graves, Robert von: *Die weiße Göttin,* Berlin 1981
Ranke-Graves, Robert von: *Griechische Mythologie. Quellen und Deutung,* 2 Bde., Reinbek 1980
Reden, Sibylle von: *Die Megalith-Kulturen. Zeugnisse einer verschollenen Urkultur,* 2. Aufl., Köln 1978
Reise ins unterirdische Italien. Grotten und Höhlen in der Goethezeit, Ausstellungskatalog des Frankfurter Goethe-Museums 2002
Renner, Christiane: *Arbeiten mit den Wahrsagekarten von Mademoiselle Lenormand,* Amsterdam 2001
Rickenbach, Judith (Hrsg.): *Praekolumbische Kulturen am Golf von Mexiko.* Museum Rietberg, Zürich 1997
Rijckenborgh, Jan van: *Das Nykthemeron des Apollonius von Tyana,* Haarlem 1992
Robinson, Lytle W.: *Rückschau und Prophezeiungen. Edgar Cayces Bericht von Ursprung und Bestimmung des Menschen,* 3. Aufl., München 1982
Rochholz, Ernst Ludwig: *Deutscher Glaube und Brauch im Spiegel der heidnischen Vorzeit,* 2 Bde., Berlin 1857
Rosen, Sidney: *My Voice will go with you. The Teaching Tales of Milton H. Erickson,* New York 1982
Rosenberg, Alfons: *J.F. Oberlin, Die Bleibstätten der Toten,* Bietigheim 1991
Rosenberger, Ludwig: *Geisterseher,* München 1952
Rosenberger, Veit: *Griechische Orakel. Eine Kulturgeschichte,* Darmstadt 2001
Scheffer, Mechthild: *Die Bach-Blütentherapie. Theorie und Praxis,* 15. Aufl., München 1990
Scheffer, Thassilo von: *Hellenische Mysterien und Orakel,* Stuttgart 1948
Schlender, J.H.: *Germanische Mythologie. Religion und Leben der Germanen,* Berlin 1937
Schneegans, Wilhelm: *Abt Johannes Trithemius und Kloster Sponheim,* Kreuznach 1882
Schneider, G., u. R. Sattelmair: *Jean Paul Bildbuch,* Würzburg 1963
Schöne, Albrecht: *Götterzeichen – Liebeszauber – Satanskult. Neue Einblicke in alte Goethetexte,* München 1982
Seligmann, Kurt: *Das Weltreich der Magie. 500 Jahre geheime Kunst,* Wiesbaden o.J.
Singer, Eric: *Die Handschrift sagt alles,* München 1954
Spiesberger, Karl: *Der erfolgreiche Pendel-Praktiker,* 7. Aufl., Freiburg 1963
Spiesberger, Karl: *Runenmagie. Handbuch der Runenkunde,* 2. Aufl., Berlin 1968

Walter, Katya: *Chaosforschung, I Ging und Genetischer Code,* München 1992
Walter, Sepp: *Der steirische Mandlkalender. Seine Zeichen und Symbole,* 2. Aufl., Graz 1988
Webb, Dominique (Hrsg.): *Das Geheimwissen des Albert Magnus,* Genf 1989
Wehr, Gerhard: *Jakob Böhme,* Reinbek 1977
Werfel, Franz: *Jeremias,* Freiburg 1961
Widlak, Franz: *Die abergläubischen und heidnischen Gebräuche der alten Deutschen nach dem Zeugnisse der Synode von Liftinae im Jahre 743,* Znaim o.J.
Wilhelm, Richard (Hrsg.): *Kun-Futze-Gespräche (Lun Yü),* Jena 1921
Wilhelm, Richard / Jung, C.G.: *Das Geheimnis der Goldenen Blüte,* Zürich 1929
Wilhelm, Richard (Hrsg.): *I Ging – Das Buch der Wandlungen,* Düsseldorf 1956
Wing, R.L.: *Das Arbeitsbuch zum I Ging,* München 7. Aufl. 1990
Wing, R.L.: *Der Weg und die Kraft. Laotses Tao-te-king als Orakel und Weisheitsbuch,* München 1987
Zeig, Jeffrey K. (Hrsg.): *Advanced Techniques of Hypnosis and Therapy. Selected Papers of Milton H. Erickson,* New York 1967
Zerling, Clemens: *Götter-, Götzen- und Gralstempel,* Aarau 2000
Zerling, Clemens: *Symbollexikon der Tiere,* München 2003
Zinser, Hartmut: »Religionsphilosophische Bemerkungen zum Orakel und anderen Divinationsverfahren«. In: *Fragmente. Schriftenreihe zur Psychoanalyse,* Nr. 29/30, Kassel 1989
Zippert, Erwin: »Die orphischen Mysterien (Dionysos, Apollon)«. In: *Die Große Befreiung,* 4 Hefte, München 1954–1960

Stege, Fritz: *Musik, Magie, Mystik,* St. Goar 1961
Stein, Rolf A.: *Die Kultur Tibets,* Berlin 1989
Steiner, Rudolf: »Der Sinn des Prophetentums«. In: *Menschengeschichte im Lichte der Geistesforschung,* Dornach 1987
Stewart, Robert John: *Merlin. Das Leben eines sagenumwobenen Magiers,* München 1988
Stingl, Miroslav: *Das Reich der Inka. Ruhm und Untergang der »Sonnensöhne«,* Düsseldorf/Wien 1982
Stumpfeld, Hans (Hrsg.): *Das Leben des Konfuzius. Bilder zu den Taten des Weisen,* Zürich 1991
Sun Bear: *Leben mit der Kraft,* München 1987
Swedenborg, Emanuel: *Himmel, Hölle, Geisterwelt,* Berlin 1925
Swedenborg, Emanuel: *Vision und Ekstase. Auswahl und Einleitung von Charles Waldemar,* München 1959
Tacitus: *Germania / Die Annalen,* München 1964
Tacitus, Publius: *Historien.* Buch I–V, München 1960
Tegtmeier, Bettina: *Orakel. 50 Techniken zur Schicksalsbefragung,* München 1991
Teikemeier, Lothar: *I Ging = Tarot. Aus den Aufzeichnungen eines ehemaligen Viehdiebs,* Bonn 1988
Temple, Robert K.G.: *Götter, Orakel und Visionen. Die Zukunftsschau im Altertum und heute,* Frankfurt a.M. 1982
Teudt, Wilhelm: *Germanische Heiligtümer,* Jena 1936
The Master Therion (Aleister Crowley): *The Book of Toth* (Egyptian Tarot), New York 1974
Tholey, Paul, u. Kaleb Utecht: *Schöpferisch Träumen – Der Klartraum als Lebenshilfe,* 4. Aufl., Eschborn 2000
Tolstoy, Nikolai: *Auf der Suche nach Merlin. Mythos und geschichtliche Wahrheit,* 3. Aufl., München 1992
Trimondi, Victor und Victoria: *Der Schatten des Dalai Lama. Sexualität, Magie und Politik im tibetischen Buddhismus,* Düsseldorf 1999
Vána, Zdenek: *Mythologie und Götterwelt der slawischen Völker. Die geistigen Impulse in Europa,* Stuttgart 1992
Vandenberg, Philipp: *Das Geheimnis der Orakel. Archäologen entschlüsseln das bestgehütetste Mysterium der Antike,* München 1979
Villoldo, Alberto / Krippner, Stanley: *Heilen und Schamanismus. Dokumente anderer Wirklichkeiten,* 2. Aufl., Basel 1986
Vitz, E., u. B. Pätzold, u. G. Beyreuther: *Herrscherinnen und Nonnen,* Berlin 1990
Wagner, Johann: *Die, die so aussehen wie jemand, aber möglicherweise etwas ganz anderes sind,* Berlin 1985
Wagner, Johanna: *Anleitung zu afrikanischen Orakeltechniken. Anleitung für eine Mganga Msungu,* Berlin 1991
Walker, Helen: *Statistische Methoden für Psychologen und Pädagogen,* 5. Aufl., Weinheim 1963